O NOVO INGLÊS
SEM CUSTO

ASSIMIL
método quotidiano

O novo inglês sem custo

por

A. BULGER
J. L DE LUNA

Ilustrações de J.L. Goussé

ASSIMIL
B.P. 25
94431 Chennevières-sur-Marne Cedex
FRANCE

ISBN 978-2-7005-0125-4

Métodos ASSIMIL

O novo alemão sem custo

Espanhol

O novo francês sem custo

O novo inglês sem custo

INTRODUÇÃO

PORQUÊ UM "NOVO INGLÊS SEM CUSTO"?

Somos os primeiro a reconhecê-lo : **o Inglês sem custo** distanciava-se, pouco a pouco, da nossa vida quotidiana. É verdade que continuava sendo um trunfo importante para aprender o inglês tradicional, literário ou escolar, mas uma boa parte do seu conteúdo, tanto pelo contexto como pela linguagem utilizada, já não era muito actual.

O QUE É O "NOVO INGLÊS SEM CUSTO"

A estrutura geral e o tom humorístico do **Inglês sem custo,** que tiveram a aceitação unânime de milhões de leitores, foram mantidos. A gramática é introduzida da mesma maneira e segue a mesma progressão. A diferença essencial é que o vocabulário foi totalmente actualizado e é talvez mais "funcional".

COMO APRENDER
COM "O NOVO INGLÊS SEM CUSTO"

"A gramática é fácil, mas a pronúncia é muito complicada!". Esta frase, tantas vezes ouvida, contém algo de verdade, mas também não exageremos!

O inglês é, sobretudo, uma língua falada, enquanto que o português é mais uma língua escrita. A pronúncia inglesa difere muito da sua escrita, facto perceptível nas palavras mais correntes. Ao aprender uma língua, tem-se tendência a pronunciar **todos os sons** muito claramente : tal não é o caso do inglês. A entoação (as inflexões de voz com que fazemos ressaltar certas palavras numa frase) tem grande importância, tanto para compreender como para nos fazermos compreender. Esta entoação é devida, em grande parte, ao acento tónico - ou "stress" (uma das sílabas de uma palavra é acentuada **ao detrimento das outras**).

Por exemplo : *tailor* e *sister.* Em ambos os casos a ênfase recai sobre a primeira parte da palavra : **tai-** (tei) e **sis-.** As "caudas" das palavras ficam reduzidas a um som surdo que representamos por "â", "ê" ou "ô", segundo os casos. Por conseguinte, as palavras escrevem-se **tei**lâ e **sis**tâ na nossa pronúncia figurada. **Não existe diferença** entre o "e" e o "o" finais. Ambos perdem o seu "valor".

Esta particularidade toma uma dimensão mais importante numa palavra mais longa : a palavra *ate* (passado do verbo "comer") pronuncia-se normalmente "eit", mas quando esta partícula é um sufixo, a sua pronúncia é novamente surda. Por exemplo : *doctorate* torna-se "**dok**târêt".

Se bem que os acentos regionais, em inglês, difiram enormemente entre Londres, Edimburgo, Nova Iorque e Melbourne (ainda mais do que o português de Lisboa, Porto, Brasil, Angola ou Moçambique), os acentos tónicos são sensivelmente **os mesmos.**

É quase impossível (e não desejável) dar regras para a colocação deste acento tónico ; também é extremamente difícil reproduzir fielmente os sons ingleses sem o auxílio de um alfabeto fonético muito vasto. Mas confie na nossa pronúncia figurada onde tentamos reproduzir o som da palavra no contexto da *frase.* Não repita uma palavra isolada ; repita, com a ajuda da pronúncia figurada, todo o grupo de palavras ou toda a frase. (Haverá vezes em que uma mesma palavra será transcrita na pronúncia figurada de uma maneira um pouco diferente em duas frases diferentes, ou consoante os sons que figurem antes ou depois dela).

Uma frase em inglês é quase como uma canção : todas as palavras pequenas – os elementos auxiliares, os artigos – são suprimidas ; as palavras importantes ressaltam naturalmente com a inflexão da voz.

Por causa destes ritmos, fielmente reproduzidos nas gravações, tomará conhecimento das nossas famosas contracções... mas não punhamos a carroça à frente dos bois.

Apesar de termos evitado o alfabeto fonético, recorremos a alguns sinais convencionais para reproduzir, na medida do possível, todos estes sons em português. São muito simples. Eis os mais importantes :

"â", "ê", "ô" – o som mais frequente. Representa uma vogal ou uma terminação não acentuada. Não deve tentar fazer a distinção entre estas letras tal como se escrevem em inglês, mas simplesmente emitir este som surdo e impreciso.

"i", "ii" – o **i** inglês é muito breve, semelhante ao "i" da palavra "fácil ; mas, por vezes, é longo, como em "aqui" e mais prolongado. Exemplos : m**ee**t, b**ea**t.

"r" – o **r** em inglês é pronunciado brandamente no começo e meio de uma palavra, e é quase imperceptível no final. Depois de uma vogal basta prolongar a dita.

"s" – no início e meio de uma palavra tem o mesmo som que em português, possuindo o valor de "ss" antes de uma consoante como, por exemplo, em "snob", "star", etc. No final de palavra lê-se como um "z" sibilino.

"th" – é um som quase equivalente ao **ce** de "foice" pronunciada com a língua entre os dentes ("thanks") ; não tem correspondente em português.

Pronuncie **sh** como na palavra "chá".

O **ch** é, na maior parte dos casos, pronunciada **tch.**
O "g" tem sempre o valor de "gue".
O "h", salvo raras excepções, tem som aspirado.
O "w" tem o som equivalente ao **u** da palavra "tu".
Ditongos :

"ai", como em "vai". Exemplos : **five, lie**
"au", como em "mau". Exemplos : **how, about**
"ei", como em leite. Exemplos : **late, ray, play**
"ou", como em "vou". Exemplos : **note, cold, so**
"ói", como na palavra "bóia". Exemplos : **boy, boil**
"ia", como em "tia". Exemplos : **here, ear**
A língua portuguesa possui uma gama fonética bastante vasta e, assim, não haverá problemas de maior para reproduzir todos os sons ingleses.

Tanto para aprender um idioma, como para tocar um instrumento, ou um assunto mais académico, tudo se assimila lendo, *esquecendo,* revendo novamente e repetindo várias vezes.

Pondo de parte as nossas lições de revisão, *a segunda vaga* obrigá-lo-á a praticar activamente o inglês.

O método de estudo será passivo até à 50ª lição ; quer dizer, terá que escutar, ler em voz alta e fazer uns pequenos exercícios por escrito. Mas, a partir da 51ª lição, terá que estudar, além da sua lição diária, a lição que lhe indicaremos e que, aliás, já conhece.
As duas lições estão assim associadas para poder rever as estruturas e as palavras importantes que possa ter esquecido. Deste modo aprenderá naturalmente e sem demasiados esforços.

O estudo deste livro inicia-se com a lição "zero"... o que é muito pouco habitual!

Esta lição era a primeira de *O Inglês sem custo* e começa pela já famosa frase : *"My tailor is rich"*. Tal frase constitui, para nós, uma recordação sentimental do nosso *best-seller* (comecemos já a falar em inglês!) e, para si, a melhor introdução possível às satisfações que o *Novo Inglês* sem custo lhe proporcionará. E desde já o prevenimos que vai encontrar muitas!

Não se esqueça de que **o seu ritmo de estudo deve ser, antes de tudo, regular.** É **absolutamente** necessário que passe a barreira das três primeiras semanas ; depois disso nada o poderá deter, na medida em que o progresso obtido será evidente e motivo de grande satisfação.

E AGORA... LET'S GO TO WORK!
(Mãos à obra!)

Antes de começar leia com muita atenção as indicações das páginas precedentes, mesmo que não seja um principiante.

1 — My **ta**ilor is rich.
2 — My **ta**ilor is not rich.
3 — Our **doc**tor is good.
4 — Our **doc**tor is not good.
5 — Your cigar**ette** is **fin**ished.
6 — Your cigar**ette** is not **fin**ished.
7 — My **pa**rents (1) are poor (2).
8 — My **pa**rents are not poor.
9 — Our books are **in**teresting.
10 — Our books are not **in**teresting.
11 — Your **flow**ers are **beau**tiful.
12 — Your **flow**ers are not **beau**tiful.
13 My; our; your; book; books; good.

PRONUNCIATION (pronônsi**ei**shên).
1. mai teilâ iz ritch. – **2. mai tei**lâ iz not ritch. – **3.** au**â dok**tâ iz gud. – **4.** au**â dok**tâ iz not gud. – **5.** iór cigâ**ret** iz **fi**nich't. – **6.** iór cigâ**ret** iz not finich't. – **7. mai pé**rêntz ar puâ. – **8. mai pé**rêntz ar not puâ. – **9. au**â bukz ar **in**'terésstingue. – **10. au**â bukz ar not **in**'terésstingue. – **11.** iór **flau**âz ar **biu**tiful. – **12.** iór **flau**âz ar not **biu**tiful. – **13. mai** ; **au**â ; iór ; buk ; bukz ; gud.

Articule bem todas as consoantes.

Marque nitidamente o acento tónico, indicado em caracteres mais grossos.

Em todas as lições o texto inglês e a **pronúncia figurada** encontram-se, em princípio, na página da esquerda (ímpar), e a versão portuguesa e as **anotações** na página da direita.

As particularidades da língua inglesa figuram literalmente traduzidas entre parênteses curvos, enquanto que as portuguesas são colocadas entre parênteses rectos.

1. [O] meu alfaiate é rico. – **2.** [O] meu alfaiate não é rico. – **3.** [O] nosso médico é bom. – **4.** [O] nosso médico não é bom. – **5.** [O] seu (teu ou vosso) cigarro acabou (está acabado). – **6.** [O] seu (teu ou vosso) cigarro não acabou (está acabado). – **7.** [Os] meus pais são pobres. – **8.** [Os] meus pais não são pobres. – **9.** [Os] nossos livros são interessantes. – **10.** [Os] nossos livros não são interessantes. – **11.** [As] suas (tuas ou vossas) flores são lindas. – **12.** [As] suas (tuas ou vossas) flores não são lindas. – **13.** Meu, minha, meus, minhas ; nosso, nossa, nossos, nossas ; seu, sua, seus, suas (ou teu, tua, teus, tuas, ou ainda, vosso, vossa, vossos, vossas) ; livro, livros ; bom (ou boa, ou bons ou boas).

NOTES

(1) O "s" do plural é sempre pronunciado.

(2) O adjectivo nunca varia, nem mesmo quando passa para o plural.

FIRST LESSON (fâst léssone)

Introduzimos aqui as contracções. Note que se trata do inglês falado. O singular **is** *converte-se en -'***s** *depois de um pronome, e o plural* **are** *converte-se em -'***re.**

1 — You're an **ex**cellent **doc**tor. — Thank you, you're **ve**ry po**lite.** (1)
2 — This is my **bro**ther John. — Hel**lo**, I'm David (2)
3 — Oh **dear**, we're late ag**ain.**
4 — It (3) **is**n't my fault. There **is**n't a clock in my house.
5 — This **is**n't very **dif**ficult. — Not at all. It's **ea**sy. (2)
6 — She **is**n't very **pre**tty. — No, but she's kind.
7 — I'm sure this is our house. — No, it **is**n't! (4) (N. 3)

8 I am; I'm - you are; you're.
9 it is; it's - he is; he's - we are; we're.
10 **is**n't; he **is**n't late.
11 aren't; we aren't po**lite.**

PRONUNCIATION (pronônsi**ei**shên)
1. yuê ân'**ek**ssâlent **dok**tâ. – çankiú, yuê **vé**ri pôl**ait**. – **2.** Dise iz mai **brô**dê Djone. H**él**ô, aime Deivid – **3.** ôo **dii**ê, uíiê leit **âguein**. – **4.** **Itiz**n't mai fólt. Dére izn't â klok ín mai hauze. – **5.** Dize izn't **vé**ri **di**fikôlt – Not ât ól. Itz **ii**si. – **6.** shi'zn't **vé**ri **pri**ti. – Nâu, bât shi'z kaind. – **7.** Aime shur dize iz auê hauze. – Nâu, it **iz**n't. – **8.** Ai eme ; Aime – iú ar ; yuê – **9.** it iz ; it'z – hi iz ; hi'z – uí ar ; uíiê – **10.** iz'nt ; hi'zn't leit – **11.** ahn't ; uí **ah**'nt pôl**ait**.

PRIMEIRA LIÇÃO

1. [Você é] (tu és, vós sois) um médico excelente (excelente médico). Obrigado, você é (tu és, vós sois) muito bem educado.
2. Este é [o] meu irmão João. Olá, eu sou [o] David.
3. Valha-me Deus, (nós) estamos atrasados (tarde) novamente.
4. [A culpa não é minha] (ele(a) não é minha falta). Não há um relógio em minha casa.
5. Isto é muito difícil. De forma alguma. (Ele)a), neutro) é fácil.
6. Ela não é muito bonita. Não, mas (ela) é amável.
7. [Tenho a certeza] (estou seguro) [de que] esta é [a] nossa casa. Não, (ele(a) não é.

8. Eu sou, ou estou ; contracção - tu és, vós sois, ou tu estás, vós estais ; contracção.
9. (Ele(a) é, ou está ; contracção - ele é, ou está ; contracção - nós somos, ou estamos ; contracção.
10. não é, ou não está (contracção) ; ele não está atrasado (tarde).
11. não somos, ou não estamos (contracção) ; nós não somos bem educados.

NOTES
(1) O pronome pessoal *"you",* que corresponde à 2ª pessoa do singular e do plural, traduz-se em português por "tu" e "vós" respectivamente. Como, no entanto, o primeiro é demasiado íntimo e o segundo em desuso, este pronome será traduzido pelas expressões mais comuns de "você, o senhor, a senhora" e "vocês, os senhores, as senhoras" e, por consequência, as formas verbais também mudarão.
(2) *This* - este(a), ou isto, dependendo unicamente do contexto.
(3) Além dos pronomes masculino e feminino *(he e she),* também existe o pronome *it* que se emprega para os objectos e a maior parte dos animais. Só há um pronome no plural - *they* - que significa "eles" ou "elas".
(4) Repare bem na pronúncia de *sure :* chuê.
(N3) Isto significa que há uma nota especial na revisão de fim de semana (lições múltiplas de 7).

3 three (çrí) Ver página 7 a pronúncia de **th**)

EXERCISES (ékzerçaisiz)

1 He **is**n't very kind. — **2** It's my fault. — **3** He's an **ex**cellent **doc**tor. — **4** I'm sure he's your **bro**ther. — **5** Oh **de**ar, we're late ag**ain**.

Fill in the missing words (fil in de **missin**gue uââdz)
Complete os espaços em branco
* Formas com contracções

1 *Ela é muito bonita*	*Ela não é muito bonita*
She . . very pretty.	She . . . . . . very pretty.
* She . . very	* She . . . . . very pretty.
2 *(Nós) somos bem educados*	*(Nós) não somos bem educados*
We . . . polite.	We . . . . polite.
* We . . . polite.	* . . . . polite.
3 *De forma alguma.*	*(Ele (neutro) não é de forma*
(Ele (neutro) é fácil	*alguma fácil*
. . . at all. It . . easy.	It . . not at all easy.
* Not at . . . . easy.	* . . . . not . . all easy.

SECOND LESSON

O **h** *tem som aspirado. Lembre-se do que foi dito na introdução.*

1 — Where (**1**) are you?
2 — We're **he**re, in the house.
3 — But where's (**2**) John?

PRONUNCIATION
1. uér ar iú? **2.** uíiê hiiê, ín de hauze. **3.** Bât uér'z Djone?

4 *Olá, eu sou [o] João* — *Olá, eu não sou [a] Ana.*

Hello, . . . John. — Hello, I . . . . . . Anne.

* Hello . . . John. — * . . . . not Anne.

5 *Isto não é difícil* — *(Ele) é minha culpa (falta)*

This . . . . . difficult. — It . . . . fault.

* . . . . difficult. — * . . . . my fault.

(Releia a nota 2 da 1ªLição que faz referência a **this**)

EXERCÍCIOS

1. Ele não é muito amável. – **2.** (Ele (neutro) é minha culpa. – **3.** Ele é um médico excelente. – **4.** Tenho a certeza [de que] é seu (teu, vosso) irmão. – **5.** Valha-me Deus, estamos atrasados novamente.

Correcção dos exercícios da 1ª Lição

1 is - is not / 's - pretty - isn't. — **2** are - are not / 're - We aren't. — **3** Not - is - is / all. It's - It's - at. — **4** I am - am not / I'm - Hello, I'm. — **5.** is not - is my / This isn't - It's.

SEGUNDA LIÇÃO

1. Onde estão vocês (estais vós)?
2. (Nós) estamos aqui, na casa.
3. Mas onde está [o] João?

NOTES

(1) Repare que as contracções existem para facilitar a maneira de falar. Assim, não se abrevia *where are* pois soaria mal, enquanto que where's se pronuncía naturalmente. Habituar--se-á facilmente às contracções porque estas são a forma natural de falar.

(2) Os nomes próprios, em inglês, não são precedidos de artigo.

4 — He's there, **ne**ar the trees.
5 — They're in the house but John **is**n't. He's **ne**ar the trees.
6 — Where are my ciga**rettes**? Are they on the **ta**ble?(3)
7 — Yes they are. — And my **pa**per (4), where is it?
8 — It's there, on the chair (5).
9 — Where's my **pa**per? — Your **pa**per is there.
10 — It's **ne**ar the tele**vi**sion (6). — **Thank**-you. You're **ve**ry kind.

11 Where's John? Where are my ciga**rettes**?
12 **He**re; there; in; on;

PRONUNCIATION

4. hiz dére, niiâ de triiz. – **5.** Dei ar ín de hauze, bât Djone iznt. Hiz **ni**ê de triiz. – **6.** uére ar mai siguê**retz**? Ar dei ón de teible? – **7.** Yess, dei ar. Ande mai **pei**pê, uére iz'it? – **8.** Itz dére, on de tchéê. – **9.** uér'z mai **pei**pê? Iór **pei**pê iz dére. – **10.** Itz niiâ de téle**vi**shên. **Çank** iú. Yuê **vé**ri kaind. – **11.** Uér'z Djone? Uére ar mai siguê**retz**? – **12.** Hiiê ; dére ; ín ; ón ;

EXERCISES

1 He's **ne**ar the house. — **2** Where are your **pa**pers? — **3** They're on the chair. — **4** Are they my ciga**ret**tes? — **5** **Pe**ter is in the house but John **is**n't.

Fill in the missing words :
* Formas com contracções

1 *Eles estão perto da televisão* — *Eles não estão perto da televisão*

. . . . near the television. — They . . . . near the television.

* . . . . near the tv. — * They . . . . . . near . . . television.

4. Ele está ali, perto das árvores.
5. Eles estão na casa, mas [o] João não está. Ele está perto das árvores.
6. Onde estão [os] meus cigarros? Estão (eles) [na] (sobre) mesa?
7. Sim, (eles) estão. E [o] meu jornal, onde está (ele)?
8. (Ele) está ali, na (sobre) cadeira.
9. Onde está [o] meu jornal? O seu (teu, vosso) jornal está ali.
10. (Ele) está perto [de] a televisão. Obrigado. Você é muito amável.
11. Onde está [o] João? Onde estão [os] meu cigarros?
12. Aqui ; ali ; em (dentro de) ; em (sobre)

NOTES (continued)
(3) Os pronomes possessivos também não são precedidos de artigo. Veja o que dissemos na Nota 1 quanto aos nomes próprios.
(4) *Paper* (papel) significa também *newspaper* (notícias-papel), quer dizer, jornal.
(5) *Chair* (tchéê). Consulte o que dissemos na introdução quanto ao som **ch** em inglês.
(6) a terminação *sion* pronuncía-se sempre "chên"

Observação : Note que o verbo *to be* significa "ser" ou "estar".

EXERCÍCIOS
1. Ele está perto [de] a casa. – **2.** Onde estão os seus jornais?. – **3.** (Eles) estão na (sobre) cadeira. – **4.** São [os] (eles) meus cigarros?. – **5.** [o] Pedro está na casa, mas [o] João não está.

7 seven (séven)

2 *Onde está o médico?*

Where . . the doctor?

* . . . . the . . . . .?

Onde estão [os] meus jornais?

Where . . . my **papers**.

Where are . . . .

3 *Ele está aqui perto [das] árvores*

. . . . here, near the trees.

* He . . here . . . . the . . . . .

Nós estamos atrasados (tarde)

We . . . . late.

* We . . . . late.

4 *Obrigado, você (tu, vós) é muito amável*

Thankyou . . . . very kind.

Este jornal, (ele) não é muito bom

This paper, it . . . . . very good.

THIRD LESSON

Pronúncia de **th** *: É um dos sons mais complexos em inglês. E, além disso, como pode ver na Introdução, nem sempre se pronuncia da mesma maneira. Nos casos em que tem o som de* **d** *surdo, como em* **the, this, there,** *não causa qualquer problema. Mas com o valor de* **ç** *deverá ser pronunciado com a língua entre os dentes.*

1 — **He**re's the book. — Is it **in**teresting?
2 — Yes, it's **ve**ry **in**teresting.
3 — There are the **pa**pers. — Where are they?
4 — There, on the **book**-case (**1**). — **Thank**you.

PRONUNCIATION
1. Hiiêz de buk. Is it **in**terésstingue? – **2.** Yess, it'z **véri** **in**terésstingue. – **3.** Dére ar de **pei**pêz. Uére ar dei? – **4.** Dére, on de buck-keise.

* Thankyou . . . . very . . . .

* . . . . paper, it . . . . . very good.

5 *[O] meu jornal está em (sobre) a mesa*

. . paper . . on the table.

* My paper is . . the table.

[O] meu jornal não está em (sobre) a mesa

. . paper . . . . . on the table.

* . . paper . . . . . on . . . table.

Correcções

1 They are - are not / They're - aren't - the. — **2** is - are / Where's - doctor - my papers. — **3** He is - are not / 's - near - trees - aren't. — **4** you are - is not / you're - kind - This - isn't. — **5** My - is - My - is not/on - My - isn't - the.

Preste atenção à numeração das páginas e das lições.

TERCEIRA LIÇÃO

1. Aqui está o livro. É (ele) interessante?
2. Sim, (ele) é muito interessante.
3. Ali estão os jornais. Onde estão eles?
4. Ali, na (sobre) estante. Obrigado.

NOTES

(1) Numa palavra composta, o acento tónico principal recai sobre a primeira, quer dizer, sobre *book,* (cf. thank- you). *Case :* caixa, mala, qualquer objecto que resguarda ou contém outros. *Book-case :* estante.

5 — **Here**'s your tea, James. **Sugar**? — No, **thank**you. (2)
6 — Milk? — Yes please (3).
7 — Ow! It's **ve**ry hot. — I'm **so**rry.
8 — Where's the **ash**tray? — **He**re, with my ciga**re**ttes.
9 — Where are the **mat**ches? — There, **near** your hand. — Thanks **ve**ry much (4).
10 — **He**re's your tea. **He**re are my ciga**re**ttes.
11 — There's the **ra**dio. There are (5) the **mat**ches.

12 It's hot. It **is**n't very **in**teresting.
13 Hand; **book**-case; **mat**ches.
14 Yes please. No, **thank**you.

PRONUNCIATION
5. **Hii**êz iór buk, Djeim z. **Chu**guâ? Nãu, **çan**kiú. – **6.** Milque? Yess pliiz. – **7.** Au! It'z **vé**ri hót. Aime sóri. – **8.** Uére'z de **ache**trei? Hiiê, uíd mai ciguê**rétz**. – **9.** Uére ar de **mé**tch'z? Dére, **nii**ê iór hand. Çankz véri mâtch. – **10.** **Hii**êz iór tii. **Hii**ê ar mai ciguê**rétz**. – **11.** Dére'z de **rei**dio. Dére ar de métch'z. – **12.** It'z höt. It **iz**n't **vé**ri **in**terésstingue. – **13.** Hand ; buk-keise ; métch'z. – **14.** Yess pliiz. Nâu, **çankiú.**

EXERCISES

1 Milk in your tea? — **2** Yes please, it's **ve**ry hot. — **3** The **su**gar is **near** your hand. — **4** Where? **He**re it is. — **5** The **mat**ches are on the **book**case. — **6** There's the **ash**tray and here are the ciga**re**ttes.

5. Aqui está [o] seu (teu, vosso) chá, James. Açúcar?-Não, obrigado
6. Leite? - Sim, por favor.
7. Ai! (ele) está muito quente. - Sinto muito (estou desolado).
8. Onde está o cinzeiro? - Aqui, com [os] meus cigarros.
9. Onde estão os fósforos? - Ali, perto [de] sua mão. - Muito (muitíssimo) obrigado.
10. Aqui está [o] seu chá. Aqui estão [os] meus cigarros.
11. Ali está a telefonia. Ali estão os fósforos.
12. (Ele) está quente. (Ele) não é muito interessante.
13. Mão ; estante ; fósforos.
14. Sim, por favor. Não, obrigado

NOTES (continued)
(2) Note que *thank you* pode ser "obrigado" ou "obrigada".
(3) *Please* (pliiz) : prazer, *to please* : dar prazer, agradar.
(4) *Thanks* (obrigado/a) é mais informal do que *thank you.*
(5) 2ª lição, nota 2.

EXERCÍCIOS
1. Leite no (em) seu chá? – **2.** Sim, por favor, (ele) está muito quente. – **3.** O açúcar está perto [de] sua mão. – **4.** Onde? Aqui (ele) está. – **5.** Os fósforos estão na (sobre) estante. – **6.** Ali está o cinzeiro e ali estão os cigarros.

11 eleven (ilévên)

Fill in the missing words :
* Formas com contracções

1 *Aqui está o livro.*

. . . . . . the book.

* . . . . . . the book.

O açúcar não está aqui.

The sugar . . . . . here.

* The sugar . . . . . here.

2 *Ela não está com [o] seu irmão.*

She . . with . . . . brother

* . . . . . with your . . . .

Ele não está aqui.

He . . . . . here.

* He . . . .

3 *Onde está [o] seu médico?*

Where . . your doctor?

* . . . . your . . . . . .?

Onde estão os fósforos?

Where . . . the matches?

. . . . . are the . . . . ?

FOURTH LESSON

1 — This is my **sis**ter. — How old (**1**) is she?
2 — She's thir**teen**.
3 — This is our **ga**rden. — Is it big? — Not **rea**lly.
4 — These are my **pa**rents. — Are they old? — I'm not sure!

PRONUNCIATION
1. Dize iz mai **siss**tê. – Hau ôld iz chi? – **2.** Chi'z çêe**tiin**? – **3.** Dize iz auê **gáa**rden. – Iz it big? – Note **rii**li. – Díze ar mai pérentz. – Ar dei old? – Aime note chuê!

4 *Ai! (Ele) está muito quente*

Ow! . . . . very . . .

* Ow! . . . . very hot.

[Valha-me Deus], (ele) não é muito interessante.

Oh dear, ...

very interesting.

* Oh . . . . it . . . . .

very . . . .

5 *Leite? Não, obrigado.*

Milk? . . . .

Açúcar? sim, por favor

Sugar? . . . .

Correcção

1 Here is - is not / Here's - isn't. — **2** is - your - is not / She's brother - isn't here. — **3** is - are / Where's - doctor - Where - matches. — **4** It is - hot - it is not / It's - dear - isn't - interesting. — **5** No, thankyou - Yes please.

QUARTA LIÇÃO

1. Esta é [a] minha irmã. – Quantos anos tem? (quão velha é ela?)
2. Ela tem (é, está) 13 [anos]
3. Este é [o] nosso jardim. - É (ele) grande? - [Nem por isso] (Não realmente).
4. Estes são [os] meus pais. - São (eles) velhos? - (Eu) não tenho a certeza (não estou seguro)!

NOTES

(1) Em inglês, "é-se" ou "está-se" com uma determinada idade ou anos. O verbo *to be* também se utiliza em relação ao ter calor ou frio *(I'm hot, she's cold)*.

5 — This is our new car. It's a big red car (**2**).
6 — That is our **li**brary. It's a small **li**brary.
7 — Is this **Sta**tion Street? — No, you're in Bridge Street (N.6) (3).
8 — **Sta**tion Street is **o**ver (**4**) there. — Where? — **Near** those (**5**) shops.

9 An old car but a new bike.
10 Our **pa**rents are in the car.
11 A small house with a big **ga**rden.
12 — Hello, John. Where are your **pa**rents? — I'm not **rea**lly sure.
13 — Per**haps** they are at the shops. Ah, **he**re they are!

PRONUNCIATION

5. Diz iz auê niu kar. It'z â big réd kar. – **6.** Dat iz auê **lai**bréri. It'z â smol **lai**bréri. – **7.** Iz diz **Stei**chên Striit? Nâu, yuê ín Bridje Striit (N. 6). – **8.** **Stei**chên Striit is ouvê dére. Uére? **Nii**ê doze chopz. – **9.** Ên ôld kar bât â niú baike. – **10.** Auê **pé**rentz ar in de kar. – **11.** Â smól hause uíd â big **gar**den. – **11.** Hélou, Djone. Uére ar iór **pé**rentz? Aime note **rii**li chuê. – **13.** Pê**rápz** dei ar ate de chops. Ah, hiiê dei ar!

EXERCISES

1 How old are you? — **2** Where is your new car? — **O**ver there. — **3** Is this your **li**brary? — **4** How old are they? — **5** I'm not sure. — **6** This is a big red car. — **7** Are these your **pa**rents?

5. Este é [o] nosso novo carro. (Ele) é um grande carro vermelho.
6. Essa é [a] nossa biblioteca. (Ela) é uma pequena biblioteca.
7. É esta [a] rua Estação? - Não, você está (3) em [a] rua Ponte.
8. [A] rua Estação [fica] está lá em baixo. - Onde? - Perto [de] aquelas lojas.
9. Um velho carro, mas uma bicicleta nova.
10. [Os] nossos pais estão no carro.
11. Uma casa pequena com um grande jardim.
12. Olá, John. Onde estão [os] seus pais? - Não tenho bem a certeza (eu não estou realmente seguro).
13. (Eles) estão talvez nas (em as) lojas. Ah, aqui estão eles!

NOTES (continued)

(2) Os adjectivos precedem sempre os substantivos e são invariáveis ; assim, *a new car,* um carro novo ; *new cars,* carros novos.

(3) Relembremos o leitor que *you* tanto pode ser "tu" como "vós". Pelas razões mencionadas na nota (1) da 1ª Lição este pronome será traduzido por "você, o senhor / a" ou "vocês, os senhores / as" formas mais comuns de tratamento.

(4) *Over* tem vários significados, como adjectivo, advérbio e preposiçao. Por enquanto, o melhor será reter apenas dois : "sobre" e "terminado" (*the lesson is over,* a lição está terminada). No nosso caso, contudo, tem função enfática. *Over here :* aqui ; *over there :* lá em baixo.

(5) *This,* plural : *these* (estes, estas) ; *that,* plural : *those* (aqueles / as).

EXERCÍCIOS

1. Que idade tem (é / está) você? – **2.** Onde está [o] seu novo carro? – Lá em baixo. – **3.** É esta [a] sua estante? – **4.** Que idade têm (são / estão) eles / as? – **5.** Não tenho a certeza (eu não estou seguro). – **6.** (Este)é um grande carro vermelho. – **7.** São estes [os] seus pais?

Fill in the words :
* Formas com contracção

1 *Este é [o] meu carro*

.... is .. car.

Estes são [os] nossos jardins

..... are ... gardens.

2 *[O] que é isto?*

.... is ....?

Estas são [as] minhas irmãs

..... are .. sisters.

3 *(Eles) estão talvez nas (em as) lojas.*

* Perhaps .... at the .....

Não tenho bem a certeza (eu não estou realmente seguro)

*... not .... sure.

4 *Estes são [os] meus cigarros*

..... are .. cigarettes.

Estes são [os] meus fósforos

..... are ....

FIFTH LESSON

1 — There's a good **pro**gramme on the television. There are **al**ways good **pro**grammes on (**1**) **Sa**turday.
2 — There are **al**ways friends in the house.
3 — Is **Mi**chael in his (**2**) room? — **Pro**bably, the door of his room is **o**pen.

PRONUNCIATION
1. Dére'z â gud **pró**grame on de téle**vi**chên. Dére ar ôlueiz gud **pró**grames on **Sá**têdei. – **2.** Dére ar **ô**lueiz frendz ín de hauze. – **3.** Iz **Mai**kel in hiz rume? – **Pró**bâbli, de dór ov hiz rume iz **ou**pên.

5 *Esta é uma casa pequena com um grande jardim*

* . . . a . . . . . house . . . . a . . . garden.

Correcção

1 This - my - These - our. — **2** What - that? - Those - my. — **3** they're - shops - I'm - really. — **4** These - my - Those - your matches. — **5** It's - small - with - big.

Não nos esqueçamos :

– de pronunciar todas as consoantes da pronúncia figurada ;
– de pronunciar o **i** de forma muito breve, contrariamente ao **ii** que deve ser pronunciado de maneira prolongada ;
– de pronunciar o **h** como indicámos ;
– e, principalmente, de elevar o tom de voz nas sílabas escritas em caracteres mais grossos (acento tónico) diferenciando-as bem das outras sílabas da palavra.

QUINTA LIÇÃO

1. Há um bom programa na televisão. Há sempre bons programas no sábado.
2. Há sempre amigos em (na) casa.
3. Está [o] Michael no (em) seu quarto? - Provavelmente, a porta do (de) seu quarto está aberta.

NOTES

(1) *On* (em, sobre) é sempre utilizado em relação aos dias da semana, os quais se escrevem com maiúscula. Exemplo : *On Monday we're open,* Na segunda-feira estamos abertos. Observe que *there* conjugado com o verbo *to be* significa também "haver". *There is* (*there's,* contracção), *there are* : há.

(2) O pronome possessivo "seu, sua, seus, suas" concorda com o **possuidor.** *His,* caso masculino. *Her,* no caso feminino. Exemplos : Michael tem um livro, uma cadeira, livros, cadeiras. *His book, his chair, his books, his chairs.* A minha irmã tem um jardim, uma casa, jardins, casas. *Her garden, her house, her gardens, her houses.* Os outros pronomes possessivos são invariáveis : *my, your, their* (seu, deles, do qual falaremos em breve).

4 — **He**re is **Pe**ter and his (**3**) friend Anne.
5 — This is her **bro**ther Paul.
6 — Her **bro**ther is **ve**ry **cle**ver (**4**). He's an **ar**chitect.
7 — Yes, but his clothes are **te**rrible (**5**)!
8 — Yes, his **tai**lor **pro**bably **is**n't rich!
9 — Where are Jim and Steve?
10 — They aren't **he**re yet (**6**).
11. — Well, there's still time. They're **ve**ry rude, they're **al**ways late.

12 **cle**ver; **pro**bably; **o**pen.

PRONUNCIATION
4. Hiiê iz **Pi**tê and hiz frend Ânne. – **5.** Diz iz hêr **brêu**dê Pól. – **6.** Hêr **brêu**dê iz **vé**ri clévê. Hi'z ên **ar**kitéct. – **7.** Yess, bât hiz klôdz ar **té**rible! – **8.** Yess, hiz **tei**lâ **pró**bâbli izn't ritch! – **9.** Uére ar Djime and Stive? – **10.** Dei arn't **hii**ê iét. – **11.** Uél, dér'z stil taime. Dei'ê **vé**ri rude, dei'ê **ó**lueiz leite. – **12. clé**vê ; **pró**bâbli ; ôpen.

EXERCISES

1 This is Anne. Her **bro**ther is a **doc**tor. — **2** This is a **te**rrible film. — **3** They're **al**ways late. It's **ve**ry rude. — **4 Mi**chael **is**n't in his room. — **5** There **is**n't a clock in my house.

Fill in the missing words :
* Formas com contracção

1 *Ela é rica.* *[O] seu irmão é pobre.*

* . . . . . rich. . . . brother . . poor.

2 *Eles ainda não estão aqui.* *Há ainda tempo.*

* They . . . . . . here . . . There's . . . . . time.

4. Aqui está [o] Peter e [a] sua amiga Anne.
5. Este é [o] seu irmão Paul.
6. [O] seu irmão é muito inteligente. Ele é (um) arquitecto.
7. Sim, mas [a] sua roupa é horrível.
8. Sim, [o] seu alfaite provavelmente não é rico!
9. Onde estão [o] Jim e [o] Steve?
10. Eles ainda não estão aqui.
11. Bem, ainda há tempo. Eles são muito mal educados, (eles) [chegam] estão sempre tarde.

12. inteligente ; provavelmente ; aberto.

NOTES (continued)

(3) *His* porque é a amiga de um rapaz (Peter) ; e no parágrafo 5 utiliza-se *her* porque Paul é o irmão dela.

(4) *Clever* tem um sentido mais amplo do que "inteligente". Engloba também a noção de esperto, engenhoso, uma pessoa dotada.

(5) *Clothes,* roupa, vestuário, não tem singular.

(6) "Ainda" : *still* numa frase afirmativa e *yet* numa frase negativa. Isto de um modo geral.

EXERCÍCIOS

1. Aqui está [a] Ana. [O] seu irmão é (um) médico. – **2.** (Este) é um filme horrível. – **3.** Eles estão sempre atrasados (tarde). É muito descortês. – **4.** Michael não está no (em) seu quarto. – **5.** Não há relógio em minha casa.

3 *Há sempre amigos no (em) seu quarto.*

. . . . always . . . . in his/her * room.

4 *Aqui está [o] John e [o] seu amigo. Eles são muito amáveis.*

. . . . . . John and . . . friend. . . . . very

. . . .

* Repare no exercício 3. Não se sabe o sexo da pessoa que possui o quarto. Em inglês, portanto, não é possível fazer uma tradução exacta, pois tanto pode ser *his*, seu (dele), como *her*, seu (dela).

Sixth Lesson

1 — Hello, how are you? — **Ve**ry well, thanks. And you?
2 — Oh, I'm al**right**. — What's the **ma**tter (**1**)?
3 — It's **Mon**day, the first day of the week; I'm **ne**ver (**2**) well on **Mon**day.
4 — Where's High Street please? — This is High Street. — Of course; thanks **ve**ry much.
5 — Is that your car? — No, my boss is still (**3**) **a**broad. It's his car.

PRONUNCIATION
1. Hél**ô**, ao ar iú? – **Vé**ri uél, çankz. And iú? – **2.** O, Aime ól**raite**. – uátz de **mé**tê? – **3.** Itz **Mên**dei, de fêst dei ov de uiik ; Aime **né**vê uél on **Mên**dei. – **4.** Uér'z Hai Striit, pliiz? – Diz iz Hai Striit. – Ov córce, çanks **vé**ri mêtch. – **5.** Iz dat iór kar? – Nâi, mai bóss iz stil **â**bród. Itz hiz kar.

5 *Ele é provavelmente (um) arquitecto. (Ele) é muito inteligente.*

* . . . . an architect. He's very . . . . . .

Correcção

1 She's - Her - is. — **2** aren't - yet - still. — **3** There are - friends. — **4** Here's - his - They're - kind. — **5** He's probably - clever.

Não se obstine a aprender todas as lições a fundo antes de passar à seguinte ; as lacunas que pensa ter serão preenchidas aos poucos. Permita que o orientemos.

SEXTA LIÇÃO

1. Olá, como está você? - Muito bem, obrigado. E você?
2. Oh, (eu) estou bem (certo, correcto) - O que é que há (qual é o assunto, o problema)?
3. (Ele) é Segunda-feira, o primeiro dia da (de a) semana ; (eu) nunca estou bem na (em) Segunda-feira.
4. Onde [fica] está [a] rua Alta, por favor? - Esta é [a] rua Alta. - Claro, muito obrigado.
5. É esse [o] seu carro? - Não, [o] meu patrão ainda está [no] estrangeiro. (Ele) é [o] seu carro.

NOTES

(1) Duas palavras muito úteis : *alright (all right)* e *matter.* A primeira significa, como se disse, "certo", "correcto", mas também "perfeitamente", "vai indo". É menos forte que *good* ou *fine* (bom, muito bem).
Matter, além da tradução que fizémos acima, também significa "matéria" ; *grey* (grei) *matter,* matéria cinzenta.

(2) Nunca se põem duas negativas na mesma frase em inglês.

(3) Lição 5, nº 6.

6 — What's that? — That is the **cassette player** and this is the **cigarette lighter**.
7 — **Very** nice (4). Is your boss **often** (5) **abroad**?
8 — Not **often enough** (6).
9 — Is his **brother** in (7) yet? — No, not yet.
10 — I'm well; we're **tired**; it's **Monday again**.
11 — **Sugar**? — No **thank**you, this is **enough**.
12 — How is your **sister**? — Not **very** well.

PRONUNCIATION
6. Uát'z dat? – Dat iz de ka**ssete pleiê** and diz iz de cigu**êréte lai**tê. – **7. Vé**ri naice. Iz iór bóss **ó**fên abród? – **8.** Nót ófên inâf. – **9.** Iz hiz brêudê in iét? Nâu, nót iét. – **10.** Aime uél ; uíiê **tai**red ; it'z **Mândei aguein**. – **11.** Chugâ? – Nâu, **çank** iú, diz iz in**âf**. – **12.** Ao iz iór **sis**tê? – Nót **vé**ri uél.

EXERCISES

1 How are your **par**ents? — Not very well. — **2** My friends aren't in. — **3** Is that your car? — **4** No, this is my car. — **5** What's that? — **6** That's my ciga**rette lighter**. — **7** They're in the house.

Fill in the missing words :

1 *O que é que há? (qual é o assunto, o problema) - Nunca estou bem na (em) Segunda-feira.*

What's . . . . ? — . . . never well . . Monday.

2 *Está você cansado? - Não, ainda não.*

. . . . . . tired? — No, ...

6. O que é isso? - Isso é o gravador (tocador de "cassettes") e isto é o isqueiro (acendedor de cigarros).
7. Muito bonito. Está [o] seu patrão frequentemente no (em) estrangeiro?
8. Não o suficiente (Não frequentemente bastante).
9. [O] seu irmão ainda está (em, dentro)? - Não, ainda não.
10. (Eu) estou bem ; (nós) estamos cansados ; (ele) é novamente Segunda-feira.
11. Açúcar? - Não, obrigado, isto é suficiente.
12. Como está [a] sua irmã? - não muito bem.

NOTES (continued)
(4) *Nice* é alguém ou qualquer coisa agradável, simpático, bonito.
(5) Atenção à pronúncia de *often :* **ófên.**
(6) Atenção à pronúncia de *enough :* inâf.
(7) *To be in* (estar em, dentro) no sentido de estar em casa, no seu escritório, ou em qualquer lugar fechado onde se é suposto estar. *He's in,* ele está ; *She isn't* in, ela não está, *she's out,* ela está fora.

EXERCÍCIOS
1. Como estão [os] seus pais? - Não muito bem – **2.** [Os] meus amigos não estão em casa – **3.** É (este) [o] seu carro? – **4.** Não, este é o meu carro – **5.** O que é isso? – **6.** Isso é [o] meu isqueiro – **7.** Eles estão na casa.

3 *Onde estão [as] minhas cassettes? - Ali, perto da estante.*

. . . . my cassettes? — . . . . there . . . . the book-case.

4 *Está [o] seu patrão frequentemente no estrangeiro? - Não o suficiente (Não bastante frequentemente).*

. . your boss . . . . . abroad? — . . . often . . . . . .

SEVENTH LESSON

REVISION AND NOTES

(Revichên and nâutz)

1 Releia as seguintes notas, referindo-se sempre ao texto respectivo :
1ª : (1) ; 2ª : (2), (5) ; 3ª : (1) ; 4ª : (1), (5) ; 5ª : (2), (6) ; 6ª : (2), (7).

2 As contracções não devem inquietá-lo, apenas existem para facilitar o modo de falar. Não se esqueceu certamente do seguinte : *I am - I'm ; you are - you're ; he is, she is - he's, she's ; we are - we're ; they are - they're. Is not - isn't ; are not - aren't.* Repetindo em voz alta irá se habituando e adquirirá um inglês desenvolto.

3 No "Asterix na Bretanha", os autores fazem os Britânicos falar assim : "Faz muito calor, não é ele?" - "Sim, ele é".

Embora exagerada, esta é a forma inglesa para fazer uma pergunta : *It's hot, isn't it? - Yes, it is. She is nice, isn't she?* (a resposta não se contrai porque nenhuma outra palavra se segue).

5 *Esta é [a] rua da Estação e essa é [a] rua da Ponte.*

. . . . is . . . . Street and . . . . is . . . . . . Street.

Correcção

1 the matter - I'm - on. — **2** Are you - not yet. — **3** Where are - Over - near. — **4** Is - often - Not - enough. — **5** This - Station - that - Bridge.

SÉTIMA LIÇÃO

4 A sua pronúncia – É o que mais nos preocupa nestas primeiras lições. Não nos cansaremos de lhe repetir que deve marcar bem o acento tónico em detrimento das outras sílabas. Na medida em que este acento não é regular, memorize bem a sua colocação em cada palavra.

O "s" do plural tem o som de um "z" sibilino. Releia o que dissemos sobre esta letra na página VIII da Introdução.

5 He's in his house in Holland : Pratique a pronúncia desta frase (hiz ín hiz hause ín **Hólâ**nd) sem perder o fôlego. Nunca se esqueça de pronunciar o "h" (de outro modo não fará a distinção entre *is* e *his*).

6 Também não se esqueça de que o "i" em inglês é muito breve, de som surdo e indeterminado ; é a letra "e" e as combinações "ee", "ea" que têm o som do "i" português - *he,* *she, street, easy* - mas ainda mais prolongado.

7 Lembra-se da pronúncia de *friend, often, enough, where, television, chair, eight, high, station?* Consulte o parágrafo 9 desta mesma lição.

EIGHTH (8th) LESSON

1 — Can I help you?

2 — Have you got (**1**) any tea?

3 — Of course. Do you want some (**1**)?

4 — Yes please. Give me two pounds (**2**). And a **pa**cket of **bis**cuits.

5 — Do you want some beans?

PRONUNCIATION

1. Kan Ai... – **2.** ... éni tii? – **3.** Ov kórse. Du iú uant sâme? – **4.** ... tu paundz... â **pá**ket ov **biss**kuitz. – **5.** sâme biinz?

8 Pronúncia figurada. - É um colete salva-vidas que lhe permite flutuar, mas que é bastante incómodo. Torná-lo--emos mais confortável à medida que for aprendendo a nadar. É importante que se habitue visualmente ao texto inglês e que só consulte a pronúncia em caso de dúvida. Se possuir as gravações este problema deixará de existir.

9 frênd ; **ó**fên ; i**nâf** ; uére ; téli**vichên** ; tchéê ; eite ; hai ; **stei**chên.

Lembramos-lhe que o seu trabalho deve limitar-se, por enquanto, a compreender o texto inglês e a repetir, em voz alta, todos os parágrafos das lições e exercícios imediatamente após tê-los lido. Esta simples repetição, renovada todos os dias, permitir-lhe-á assimilar aos poucos a língua inglesa, quer dizer, pensar directamente nesta língua sem tradução prévia.

OITAVA LIÇÃO

1. Posso ajudá-lo?
2. Tem (algum) chá?
3. Claro. Quer um pouco (algum)?
4. Sim, por favor. Dê-me duas libras. E um pacote de biscoitos.
5. Quer (alguns) feijões?

NOTES

(1) *Some* é utilizado nas frases afirmativas e *any* mas frases negativas ou interrogativas ; *some* significa "algum, alguma, alguns, algumas", e *any,* nas frases negativas, "nenhum, nenhuma, nenhuns, nenhumas", e, por vezes, nada.
Got é o passado de *to get,* o verbo mais versátil da língua inglesa. Aqui apenas realça a função do verbo *to have,* "ter". É uma expressão muito coloquial.

(2) *Pound,* neste caso, é uma medida de peso correspondente a 0,453 gr. e a sua abreviatura é *lb.* Mas também pode ser a moeda nacional britânica, a libra esterlina (£).

6 — No thanks. We've got (**N. 1**) some at home (**3**).
7 — Well, some bread?
8 — Yes please. Two loaves. Oh, and half a pound of **bu**tter. That's all.
9 How much (**4**) is that?
10 — That's one pound **twen**ty.
11 — Oh **dear**, I've **on**ly got one pound.
12 — You can pay the rest next time.
13 — Thanks **ve**ry much. Good**bye**.
14 — Good**bye ma**dam (**5**).

PRONUNCIATION
7. sâme bréd? – **8.** tu lôvz. O, end háf a paund ov **bâ**tâ. – **9.** Hau mâtch iz dat? **10.** datz uâne paund **tu**enti. – **11.** O **diiê** – **12.** kan pei.. néksst taima – **14.** **mé**dême.

EXERCISES

1 Can I help you? — **2** Have you got any **bu**tter? — **3** Do you want some bread? — **4** He can pay next time. — **5** Give me some **mo**ney. — **6** She's **on**ly got two pounds.

Put in the missing word :

1 Have we got . . . sugar?

2 They haven't got . . . money.

3 We've got . . . . beans at home.

4 I want . . . . sugar in my coffee.

5 Well, do you want . . . . cigars?

6 . . . I help you, madam?

Referências - *Se, no decorrer da lição diária, encontrar uma palavra, uma construção de frase, ou um detalhe de pronúncia que continua a escapar-lhe, faça uma* **marca** *: sublinhe a passagem e, um pouco mais adiante, inscreva na margem o número da página onde se encontra a dificuldade.*

6. Não, obrigada. (Nós) temos (alguns) em casa.
7. Bom (bem), (algum) pão?
8. Sim, por favor. Duas carcaças. Ah, e meia-libra de manteiga. É tudo.
9. Quanto é (isso)?
10. (Isso) é uma libra [e] vinte.
11. Valha-me Deus (Ah caro(a), (eu) somente tenho uma libra.
12. (Você) pode pagar o resto [da] próxima vez.
13. Muito obrigada. Adeus.
14. Adeus, [minha] senhora.

NOTES (continued)
(3) *Home* significa lar, casa. *At home,* em casa.
(4) *How much (money),* quanto dinheiro.
(5) Os ingleses não utilisam tanto como nós as expressões "senhora" e "senhor". Neste caso, o vendedor está a ser excessivamente bem educado. Em contrapartida, eles empregam muito mais facilmente o nome próprio em vez do apelido. Isto talvez se deva ao facto de não possuirem a forma "tu".

EXERCÍCIOS
1. Posso (eu) ajudá-lo(a)? – **2.** Tem (você) manteiga? – **3.** Quer (você) (algum) pão? – **4.** Ele pode pagar [da] próxima vez. – **5.** Dê--me (algum) dinheiro. – **6.** Ela somente [só] tem duas libras.

Correcção
1 any. — **2** any. — **3** some. — **4** some. — **5** some. — **6** Can.

Quando voltar a encontrar essa marca alguns dias mais tarde, é muito provável que a dificuldade em questão tenha desaparecido, na medida em que a expressão renitente já possa ter sido suficientemente repetida nas lições anteriores à página onde fez tal marca. No caso da dúvida persistir faça uma nova marca.

NINTH (9th) LESSON

1 — I've got some; I don't want any.
2 — Have you got any peas, please?
3 — Yes, I've got some big tins (1).

4 — Is **any**one (2) at home?. I can **hear some**one (3).
5 — Yes it's me. (4) I'm in the **kit**chen.
6 — Do (5) you want a cup of tea? – Yes please.
7 — Come in then.

8 — Have (6) a ciga**re**tte. — **Thank**you, I **ha**ven't got any.
9 — These are good! — Yes, they're **Tur**kish.
10 — I've got a pipe, but I pre**fer** ciga**ret**tes.
11 — A pipe **is**n't as **dan**gerous as ciga**ret**tes (7).
12 — I know... but it **is**n't as good!
13 — Have you got a light? (8). — Thanks.

PRONUNCIATION
1. sâme... eni. – **2.** eni piiz – **3.** sâme big tinz – **4. eniuân... hiiê sâme**uân – **5. kit**chen – **6.** â kâp ov tii – **9.** dei'ê **Tâ**kish – **10** â paipe... pri**fê** – **11. dân**djerôz – **13.** â lait.

NOTES
(1) Os "i" são muito breves : *big tins ; tin,* estanho, neste caso significa "lata de conservas".
(2) Assim como nos casos de *some* e *any,* veja Nota (1) da 8ª Lição, *someone* e *anyone,* ambas as palavras significando "alguém, utilizam-se respectivamente nos casos afirmativos e negativos (ou interrogativos, ou exprimindo dúvida). "Ninguém" diz-se *no-one* (nâu-uân).
(3) Os verbos de percepção involuntária, hear, see (ver), são precedidos de *can* no presente.
(4) *It's me, that's me, formas* coloquiais que significam "sou eu".
(5) *Do,* forma interrogativa aqui usada no presente *(did),* mas que também se emprega no passado *(did),* de todos os verbos, excepto to be e verbos defectivos (*may, can,* etc.). *To do* é um verbo e significa "fazer". Falaremos dele no momento oportuno.

NONA LIÇÃO

1. (Eu) tenho (algum, alguns) ; (eu) não quero (nenhum, nenhuns).
2. Tem (você) (algumas) ervilhas, por favor?
3. Sim, (eu) tenho (algumas) latas grandes.
4. Está alguém em casa? (Eu posso ouvir) ouço alguém.
5. Sim, (ele, neutro, é mim) sou eu. (Eu) estou na cozinha.
6. Quer (você) uma chávena de chá? - Sim, por favor.
7. Entre, então.
8. Tome (tenha) um cigarro - Obrigado, (eu) não tenho nenhuns.
9. (Estes) são bons! - Sim, (eles) são turcos.
10. (Eu) tenho um cachimbo, mas (eu) prefiro cigarros.
11. Um cachimbo não é tão perigoso como [os] cigarros.
12. Eu sei... mas (ele, neutro) não é tão bom!
13. Tem (você) (um) lume? - Obrigado.

NOTES (continued)

(6) Forma imperativa do verbo *to have*, ter. É usada quando se oferece qualquer coisa.

(7) Repare na fórmula *as... as* (tão, tanto... como). Na forma negativa também se pode dizer *so... as. He is not so big as John.* Ele não é tão grande como João.
As palavras breves, como *as, a, for,* passam por vezes despercebidas numa conversa. Ouvimos "â" em lugar de "a", "éz" em lugar de "as", etc.

(8) Retenha esta expressão : *have you got a light?* Se fizer uma tradução literal do português para inglês ao pedir fogo, poderá ser tomado por um pirómano. *Light,* luz.

EXERCISES

1 I don't want any, **than**kyou. — **2** **Some**one is in the **kit**chen. — **3** Dœs **an**yone want a cig**arette**? — **4** We can see **some**one in the **g**arden. — **5** Come in.

Fill in the missing words :

1 *(Eu) ouço alguém na sala de jantar*

I . . . hear . . . . in the . . . . room.

2 *Alguém tem lume?*

Has . . . . got a . . . . . ?

3 *(Nós) não queremos nenhum*

We . . . . . . want . . .

TENTH (10th) LESSON

On the telephone

1 — Hello. Who is this? Oh, good morning sir.
2 — No, he's not here. Have you got his **office** **num**ber?
3 — Wait a minute. Ah, it's four-two-six-eight (**1**).
4 — Ask for ex**ten**sion thirty five. It's a **plea**sure (**2**) Goodbye.

PRONUNCIATION
1. Hu iz diz – **2.** hiz **fi**ce nâmbê – **3.** fór-tu-sikss-eit – **4.** éksstenshên çê'ti faive. Itz â **pléj**â.

4 *Ela prefere cigarros turcos*

She . . . . cigarettes.

5 *Alguém quer uma chávena de chá?*

Does . . . . . . want a . . . of tea?

EXERCÍCIOS
1. (Eu) não quero, obrigado(a) – **2.** Está alguém na cozinha – **3.** Alguém quer um cigarro? – (Nós) vemos (podemos ver) alguém no jardim – **5.** Entre!

Correcção

1 I can hear someone in the dining room. — **2** Has anyone got a light? — **3** We don't want any. — **4** She prefers Turkish cigarettes — **5** Does anyone want a cup of tea?

DÉCIMA LIÇÃO

Ao telefone

1. Está! (Alô). Quem é (este)a). Ah, bom-dia (senhor).
2. Não, ele não está aqui. Tem [o] número de telefone do seu escritório?
3. Espere um minuto. Ah, é [o] 4-2-6-8.
4. Peça a extensão 35. O prazer é meu (ele, neutro, é um prazer). Adeus.

NOTES
(1) Os números de telefone, de quarto de hotel, etc, são ditos um a um quando são mais do que três algarismos.
(2) "É um prazer", "de nada", são expressões pouco usadas na conversa corrente. A tradução pode, portanto, variar segundo a situação, pois tratam-se de formas de cortesia.

5 — Hello. Who? No, I'm sorry.
6 — You've got the wrong (**3**) **num**ber. That's al**right**. Goodbye.

---

7 — Have you got a **min**ute? This **sen**tence is very strange (**4**) :
8 "I'm fed up".
9 — It's an **id**iom, it means (**5**) "I am bored".
10 — Thankyou, that's very **kind** of you.
11 — Don't **men**tion it.

PRONUNCIATION
6. rong **nâm**bê. Détz ól **raite** — **7. mi**nât... **sen**tance... strandje – **8.** Aime féd âp – **9.** en'**idi**om... minz ai éme bóred – **10.** véri **kaind** ov iú – **11. mensh**ôn.

EXERCISES

1 Is anyone in the office. — **2** Who is on the phone. — **3** These sentences are not very complicated. — **4** This is the wrong address. — **5** This word means « unhappy ». — **6** What do you mean?

Fill in the missing words :

1 *Você é muito amável. Não tem de quê.*

That's very . . . . of you. Don't . . . . it.

2 *Pergunte pelo Sr. Smith. Desculpe, ele está ao telefone.*

Ask . . . Mr. Smith. I'm sorry. He's . . the phone.

5. Está (Alô). Quem? Não, desculpe (eu estou desolado)
6. Você tem o número errado (mau número). Não faz mal (está tudo bem).
Adeus.

---

7. Tem um minuto? Esta frase é muito estranha :
8. **I'm fed up.**
9. É uma expressão idiomática, (isso) quer dizer "(eu) estou aborrecido, farto".
10. Obrigado(a), (isso) é muito amável (de si) [da sua parte].
11. Não tem de quê (não o mentione)

NOTES (continued)
(3) *Wrong :* errado, falso. *The right number :* o número correcto.
(4) Muitas palavras portuguesas que começam por "est" têm o seu equivalente em inglês nas palavras começadas por "st" : estábulo, *stable ;* estranho, *strange ;* etc.
(5) *To mean :* significar, querer dizer ; *meaning :* significado.

EXERCÍCIOS
1. Há alguém no escritório? – **2.** Quem está ao telefone? – **3.** Estas frases não são muito complicadas. – **4.** É o endereço errado. – **5.** Esta palavra quer dizer (significa) "infeliz". – **6.** O que quer dizer?

3 *Você tem o número errado. Você quer a extensão 38.*

You've got the . . . . You want . . . . thirty-eight.

4 *Tem um minuto? (Eu) não compreendo esta expressão.*

. . . . a minute? I . . . . this expression.

ELEVENTH (11th) LESSON

1 I play; we play; you play; he (or she) plays (**1**).
2 I speak; we speak; you speak; she (or he) speaks.
3 We play **ten**nis in the **mo**rning, and our **neigh**bours play in the **eve**ning.
4 They have a **ten**nis court in their **ga**rden.

5 — Do you want to play (**2**)? — Yes, but I **hav**en't got much time.
6 — Here's a **rac**ket for you; there are some balls in the **ga**rden.
7 — Are you **rea**dy? **Ser**vice! Out!
8 — That's e**nough** for to**day**. I'm **ti**red al**ready**.
9 — I know (**3**) **some**one who plays as **well** as you.

PRONUNCIATION
1. plei... pleiz – **2.** spik... spiks – **3.** **té**niz... **nei**bêz... **iv**ningue – **4.** **té**nis córt... dér – **5.** mâtch taime – **6.** **rák**ét... bólz – **7.** **ré**di? **Sê**vice! Aut! – **8.** I**nâf** (Repare no som "f" para o "gh" em inglês)... Aime **tai**rêd al**rédi** – **9.** Ai nâu... éz'ué éz...

5 *Sim, mas o que [é que] quer dizer?*

Yes, but what . . . . it . . . . ?

Correcção

1. That's very kind of you. Don't mention it. — 2. Ask for Mr. Smith. I'm sorry. He's on the phone. — 3 You've got the wrong number. You want extension 38. — 4 Have you got a minute? I don't understand this expression. — 5 Yes, but what does it mean?

DÉCIMA PRIMEIRA LIÇÃO

1. Eu jogo ; nós jogamos ; tu jogas, ou vós jogais (mas que **sempre** traduziremos pelas formas "você, vocês" pelas razões explicadas na Nota (1) da 1ª Lição). Assim, teremos : você joga, vocês jogam ; ele (ou ela) joga
2. eu falo ; nós falamos ; você fala, vocês falam ; ele (ou ela) fala
3. Nós jogamos ténis de (na) manhã e [os] nossos vizinhos jogam de (na) tarde.
4. Eles têm um "court" de ténis no (seu) jardim.
5. Quer jogar? - Sim, mas (eu) não tenho muito tempo.
6. Aqui está uma raquete para si (você) ; há algumas bolas no jardim.
7. Está (você) pronto(a)? Serviço! Fora!
8. Chega (isso é bastante, suficiente) por hoje. (Eu) já estou cansado(a).
9. (Eu) conheço alguém que joga tão bem como você.

NOTES

(1) Repare na simplicidade dos verbos ingleses no presente do indicativo. A única variação é um "s" na terceira pessoa do singular.
To play é um verbo com uma certa versatilidade : significa jogar um jogo, mas também tocar um instrumento musical, ou brincar. E *to play a role* significa "desempenhar um papel" no teatro, no cinema. Por exemplo, *Burt Lancaster plays the cow-boy,* Burt Lancaster desempenha o papel de "cow-boy".

(2) Como está a ver todos os verbos, exepto os defectivos e *to be* (por vezes *to have*) se conjugam nas formas interrogativas e negativas com o verbo *to do,* "fazer". Do you play?, joga? ; does she speak?, fala ela? A negativa de *do not* contrai-se em *don't,* e *does not* em *doesn't.*

(3) *To know,* conhecer ou saber. *I know English,* eu sei inglês.

10 — My **gir**lfriend speaks **Ru**ssian. Do you speak **Ru**ssian?
11 — Un**for**tunately no. Does she speak Greek, too?
12 — No, she **does**n't. Do you speak Greek?
13 — No, I don't, but I play **ten**nis well.
14 — Yes, you do (**4**). Too (**5**) well for me.

PRONUNCIATION
10. guâl frende... **râ**shiân – **11.** ân**fór**tchunâteli nâu – **12.** griik – **14.** Tu (alongando o "u").

EXERCISES

1 Where are your **neigh**bours? — They aren't here. — **2** Do you play as well as me? — No, I don't. — **3** She speaks three **lan**guages well. — **4** Does he play **foot**ball? — No, he **does**n't. — **5** Are the balls in the **ga**rden? — Yes, they are. — **6** Is he **ti**red? — Yes he is.

Fill in the missing words :

1 Do they play tennis? — No . . . .

2 Does he know your brother? — No, unfortunately . . . .

3 Is he a businessman? — . . . he is.

4 Do we pay now? — Yes . . . . .

5 Is it their racket? — No it . . . . .

6 Do you speak English well? — . . . .

(É você que tem de o dizer).

10. [A] minha namorada fala russo. Você fala russo?
11. Infelizmente, não. Ela fala grego também?
12. Não, (ela) não [fala]. Você fala grego?
13. Não, (eu) não [falo], mas (eu) jogo bem ténis.
14. Sim, você [joga ténis]. Demasiado bem para mim.

NOTES (continued)
(4) A repetição de *do* dá ênfase à resposta. É como a constatação de uma coisa óbvia. *He plays well - Yes, he does!*
(5) *Too,* no fim de uma frase quer dizer "também", mas antes de um adjectivo, ou advérbio, tem o sentido de "demasiado".

EXERCÍCIOS
1. Onde estão [os] nossos vizinhos? – Eles não estão aqui. – **2.** Joga você tão bem como eu? – Não, eu não jogo (não faço). – **3.** Ela fala bem três línguas. – **4.** Ele joga futebol? – Não, ele não joga (não faz). – **5.** As bolas estão no jardim? – Sim, elas estão. – **6.** Está ele cansado? – Sim, ele está.

Correcção
1 No they don't. — **2** No, unfortunately he doesn't. — **3** Yes he is. — **4** Yes we do. — **5** No it isn't. — **6** Yes, I do.

TWELFTH (12th) LESSON

1 Do I play? do we play? do you play? do they play? does he (or does she) play?
2 I don't (do not) play; we don't play; you don't play; they don't play;
3 he (or she) **doe**sn't (does not) play.
4 I like cars but I don't like **mo**tor-bikes.

5 — Do you like **su**gar in your **co**ffee? — Yes please, and a **li**ttle (**1**) milk.
6 — She plays the pi**a**no (**N. 2**) but not **ve**ry well.
7 — **For**tunately, she **does**n't play the vio**lin**!
8 — Do you play **ru**gby? — Oh no, I'm too **old**.
9 — Can (**2**) I help you? — Do you sell socks?
10 Do you want **any**thing from the shop?
11 I have **some**thing im**por**tant to tell you.
12 — Do you play Bridge? — No, I don't.
13 — Well, **some**thing else per**haps**? **Po**ker?
14 — Yes, but I don't play for **mo**ney.

15 We play Bridge. She **does**n't play the vio**lin**.

PRONUNCIATION
1. dâz – **2.** dont – **3. dâz**n't – **4.** kárz... **môtê**-baikz – **5.** laike **chu**gâ – **6.** piano... uél – **7. Fór**tchunateli... vaiu**lin** – **8. râg**bi... tu **ôld** – **9.** sél sókss – **10. éni**çing imp**ór**tante – **12.** Bridge – **13. sâme**çing élss pêr**ápz**? **Pô**ker?

Douzième leçon

1. Jogo eu? jogamos nós? jogas tu, jogais vós? (ver o que dissemos na 11ª lição) jogam eles? joga ele, ou ela?
2. Eu não jogo ; nós não jogamos, tu não jogas, vós não jogais ; eles, ou elas, não jogam ;
3. ele, ou ela, não joga.
4. Eu gosto de carros, mas (eu) não gosto de motos.

5. Gosta (você) de açúcar no (seu) café? - Sim, por favor, e um pouco [de] leite.
6. Ela toca (o) piano, mas não muito bem.
7. Felizmente, ela não toca (o) violino!
8. Você joga rúgbi? - Oh, não, (eu) sou demasiado velho.
9. Posso ajudá-lo/a (posso ajudar você)? - Você vende peúgas?
10. Quer (você) alguma coisa da loja?
11. (Eu) tenho algo importante a dizer-lhe (a dizer [a] você).
12. Você joga "bridge"? - Não, não jogo.
13. Bem, talvez outra coisa (algo mais)? Póquer?
14. Sim, mas (eu) não jogo (por, para) a dinheiro.

15. Nós jogamos "bridge". Ela não toca (o) violino.

NOTES
(1) *Little :* pequeno ; a little : um pouco de. *Have you got a little milk, please?* Tem (você) um pouco de leite, por favor?
(2) *Can* é um verbo defectivo e, portanto, não se conjuga com *do.*

EXERCISES

1 Do you play Bridge? — Yes, I do but not **ve**ry well. — 2 She **does**n't like milk in **co**ffee. — 3 We **ha**ven't got **enough** time to play with you. — 4 They don't like **sho**pping on **Sa**turdays. — 5 Here is **some**thing for you. — 6 Have you got **any**thing to sell?

Put into the negative :

1 They play tennis very well.
2 We like him very much.
3 He has something to tell you.
4 I've got something to sell.
5 He is very happy.
6 She plays the violin.

Thirteenth (13th) Lesson

1 — Where do you live? — I live in **Lon**don.
2 — Do you like it? — Yes I like big **ci**ties. Do you?
3 — Not **rea**lly. I **prefer** the **coun**try.
4 — How do you spend (1) your **eve**nings in the **coun**try?
5 — I read, I work in the **gar**den. My wife paints.
6 — Does she paint **por**traits?
7 — No, she paints the **bath**room and the hall.
8 — Does your wife like the **coun**try too?
9 — No, she **prefers** ho**tels** in **Lon**don.

PRONUNCIATION
1. Uére... liv (o "i" muito breve) – **2.** ... **ci**tiiz – **3.** Nót **rii**li... **kan**tri – **4.** Hao... ivningz – **5.** rid... uârk... peintz – **6.** **pór**tratz – **7.** **baç**rume... hól – **9.** **hó**telz.

EXERCÍCIOS
1. Você joga "bridge"? – Sim, (eu faço), mas não muito bem – **2.** Ela não gosta [de] leite no café – **3.** Nós não temos tempo suficiente para jogar consigo (com você) – **4.** Eles não gostam de fazer compras [no] sábado – **5.** Aqui está uma coisa (alguma coisa) para si (você) – **6.** Tem (você) alguma coisa para vender?

Correcção

1 They don't play tennis very well. — **2** We don't like him very much. — **3** He doesn't have anything to tell you. — **4** I haven't got anything to sell. — **5** He isn't very happy. — **6** She doesn't play the violin.

DÉCIMA TERCEIRA LIÇÃO

1. Onde mora (vive) você? - (Eu) moro (vivo) em Londres.
2. Gosta (ele, ela, neutro)? - Sim, (eu) gosto [de] grandes cidades. E você (gosta, subentendido)?
3. Não muito (não realmente). (Eu) prefiro o campo (por extensão, província)
4. Como passa [as] noites no campo?
5. (Eu) leio, (eu) trabalho no jardim. [A] minha mulher pinta.
6. Ela pinta retratos?
7. Não, ela pinta a casa de banho e a sala da entrada.
8. A sua mulher também gosta do campo?
9. Não, ela prefere [os] hoteis em Londres.

NOTES
(1) *To spend,* passar tempo ou gastar dinheiro. *To spend holidays,* passar férias ; *to spend money,* gastar dinheiro. *Evening,* anoitecer, as primeiras horas da noite, mas frequentemente utilisado com o mesmo sentido de *night,* noite.

10 To read is the **infi**nitive of the verb (**2**).
11 She likes to read **no**vels.
12 I pre**fer** to live in the **coun**try.
13 She **does**n't like to live in the **coun**try.
14 There is a lot of (**3**) work.

PRONUNCIATION
10. infi**ni**tive ov... vârb – **11.** nóvelz – **14.** â lót ov uârk.

EXERCISES

1 How do you say "**por**trait" in French? — **2** Where does your **bro**ther live? — **3** Do you like **mo**dern **no**vels? — Not **re**ally. — **4** How are you and how is your wife? — **5** Where is your **girl**friend? — In a ho**tel** in **Lon**don.

Fill in the missing words :

1 *Prefere morar (viver) na cidade ou no campo?*

Do you prefer . . . . the town or . . the country?

2 *Quanto custa isso, se faz favor?*

How . . . . is that, ... ?

3 *Ele gosta de ler [o] (seu) jornal e ver (no sentido de observar, olhar atentamente) a sua mulher trabalhar.*

He likes . . . . . . his paper and watch . . . wife work.

4 *[A] sua mulher também gosta [d]o campo?*

. . . . your wife like the country, . . . ?

5 *Ela não gosta [de] morar (viver) em Londres.*

She . . . . like to . . . . in London.

10. Ler é o infinitivo do verbo.
11. Ela gosta [de] ler romances.
12. (Eu) prefiro morar (viver) no campo.
13. Ela não gosta [de] viver no campo (ou província).
14. Há muito (grande quantidade de) trabalho.

NOTES (continued)

(2) O infinitivo dos verbos em inglês são precedidos de *to* - *to read,* ler ; *to buy,* comprar ; *to be,* ser ou estar - excepto, claro está, os verbos defectivos - *may, can,* etc.

(3) *A little :* um pouco ; *a lot of :* muito. Lot, porção ; *lots,* ou *a lot of,* grande quantidade.

EXERCÍCIOS

1. Como [é que] você diz "portrait" em português? – **2.** Onde mora [o] seu irmão – **3.** Você gosta [de] os romances modernos? – Não muito (não realmente) – **4.** Como está você e como está [a] sua mulher? – **5.** Onde está [a] sua namorada? – Num (em um) hotel em Londres.

Correcção

1 Do you prefer to live in the town or in the country? — **2** How much is that, please? — **3** He likes to read his paper and watch his wife work. — **4** Does your wife like the country, too? — **5** She doesn't like to live in London.

Sempre que uma palavra ou a construção de uma frase lhe escape, não se esqueça de fazer uma marca como indicámos na lição 8.

FOURTEENTH (14th) LESSON

REVISION AND NOTES

Notas a reler - 8ª lição : (1) - 9ª : (2) - 10ª : (4) - 11ª : (2), (4), (5) - 12ª : (1) - 13ª : (2).

1 Got - O passado do verbo *to get* (obter, receber, ganhar, alcançar, ficar, tornar-se, vir a ser, conseguir, etc. veja o que se disse na Nota (1) da 8ª Lição) é muito utilisado idiomaticamente em inglês. Não há regras para o seu emprego. Basta dizer, por enquanto, que quando o verbo *to have* tem sentido próprio (quer dizer, quando não tem função de verbo auxiliar), acrescenta-se *got* por razões eufónicas. Assim, o sentido de posse é repetido duas vezes, mas o ouvido capta o som duro do "g" mais facilmente do que o do "h" ou o "v" de *have.* Contente-se, por agora, em repetir e assimilar as frases que lhe apresentamos.

2. O artigo definido - O seu emprego é compreendido melhor através de exemplos do que através de explicações gramaticais. Assim, deve aprender o seguinte :

a) nunca se usa *the* antes das palavras tomadas em sentido geral : *I like tea,* o chá, em geral.

b) nunca precede o nome de um jogo : *she plays tennis, we play football.*

DÉCIMA QUARTA LIÇÃO

c) nunca precede títulos ou profissões : o doutor Smith - *Doctor Smith ;* o príncipe Carlos - *Prince Charles.* Em resumo, quando a palavra não é definida e tem apenas um sentido geral, este artigo é omitido.

d) mas é colocada antes do nome de instrumentos musicais : *she plays the guitar.*

3 Algumas "partidas" - É cometendo erros que se aprende a corrigi-los. Certamente que fará alguns erros nas frases seguintes, mas, dentro de algumas semanas, esses mesmos erros lhe parecerão de uma facilidade incrível. Cada uma das frases contem uma ratoeira, ou mesmo duas.

Limite-se, provisoriamente, a comparar estas frases com a sua tradução no parágrafo 5. Quando tiver chegado à fase activa da sua aprendizagem, quer dizer, no decorrer da "segunda vaga" (ver lição 49), faça, **por escrito**, a tradução do português em inglês.

1. Aqui está o chá, mas não há leite.
2. Tem ela dinheiro? - Ela tem, mas não muito.
3. Ela não fala tão bem como o seu irmão.
4. Eles ainda não estão aqui - Ainda há tempo.
5. Tem lume? Eu não tenho fósforos.
6. Como está? - Não muito bem. Na segunda-feira nunca estou bem.
7. Ana tem vinte anos, mas que idade tem a sua irmã? Eu não tenho a certeza.
8. Joga você ténis? - Não, mas toco piano.

4 O "th" - O som "d" e "ç" da nossa pronúncia figurada são, como se disse, aproximativos. Para pronunciar o "th" toque com a língua nos incisivos superiores e tente pronunciar o "th" de *the, there, this* como um "d" surdo e *three, thirteen* como um "c" cedilhado e como se fôsse cioso.

5 Tradução do parágrafo 3 :

1. Here's some tea, but there's no milk.
2. Has she got some money? - She has got some, but not much (a lot).
3. Shes doesn't speak as (so) well as her brother.
4. They aren't here yet - There's still time.
5. Have you got a light? I haven't got any matches.

FIFTEENTH (15th) LESSON

Let's meet David

1 Hel**lo** (**1**), I'm **Da**vid **Wil**son. I live in a **su**burb of **Lon**don.

2 It's called **Ha**rrow. There's a **fa**mous school **he**re.

3 I work in **Lon**don. I'm a **jour**nalist on (**2**) the "**Dai**ly (**3**) Wail".

4 I **tra**vel to work by tube.

PRONUNCIATION
1. Deivid Ulson... live (e "i" muito breve)... **sâ**bêrbe – **2.** kóled **Hé**rô... **fei**môz skul... – **3.** **djâ**rnalisst... **Dei**li ueil – **4.** **tré**vel tiube.

6. How are you? - Not very well. On Monday I'm never well.
7. Anne is twenty, but how old is her sister? I'm not sure.
8. Do you play tennis? - No, but I play the piano.

O seu inglês ainda é certamente um pouco inseguro ; a prática quotidiana remediará o problema. Principalmente **não interrompa** o seu estudo. Continue a estudar regularmente um quarto de hora por dia ; habitue-se a isso (recomendação supérflua se possuir as gravações, pois, nesse caso, temos a certeza de que estudará todos os dias!).

DÉCIMA QUINTA LIÇÃO

Encontremo-nos [com] David

1. Olá, eu sou David Wilson. Moro (eu vivo) num subúrbio de Londres.
2. Chama-se (é chamado) Harrow. Há, aqui, uma escola famosa.
3. Eu trabalho em Londres. (Eu) sou jornalista no "Daily Wail" (Grito Quotidiano) [e]
4. (eu) vou (viajo) ao trabalho de (por) metro.

NOTES
(1) *Hello* é uma saudação informal. Também se pode usar *Good morning,* de manhã, *Good afternoon,* de tarde, *Good evening,* de noite, e Good night, antes de nos deitarmos (Veja o que se disse na Nota (1) da 13ª lição a propósito de *evening*).
(2) Neste caso tanto se pode empregar *on* como *with* (com).
(3) *Day,* dia ; *daily,* diário, quotidiano, usado frequentemento no nome dos jornais ingleses (*Daily Telegraph, Daily Express,* etc.).

5 I go (4) from the **sta**tion to the **o**ffice on foot (5) (**N. 1**).

6 — What is his name? — He's **Da**vid **Wil**son.

7 — Where does he live? — He lives in **Har**row.

8 — Does he **tra**vel to work by car?

9 — No, he takes the tube, he **does**n't take his car.

10 Hello, I'm **Da**vid **Wil**son. I'm a **jour**nalist.

11 My wife's a **sec**retary.

12 We both (6) work in **Lon**don.

PRONUNCIATION
5. steichên... fute – **6.** Uátiz... neime – **8.** bai **kar** – **9.** ... teike – **11.** mai uaife'z â **sé**cretari

---

EXERCISES

1 This is Mr Smith. He's a **doc**tor. — **2** There are five **peo**ple on the tube this **mor**ning. — **3** Where do you live? — **4** I **al**ways **tra**vel by car.—
5 His wife's a **sec**retary and she lives in **Har**row. —
6 We both work very hard.

Fill in the missing words :

1 *Ambos trabalhamos para um jornal importante*

We . . . . work . . an important . . . .

5. (Eu) vou da estação para o escritório a pé.
6. Qual (o quê) é [o] seu nome? - (Ele) é [o] David Wilson.
7. Onde é que ele mora (vive)? - (Ele) mora em Harrow.
8. Ele vai (viaja) para [o] trabalho de (por) carro?
9. Não, (ele) toma o metro, (ele) não toma [o] seu carro.
10. Olá, eu sou David Wilson. (Eu) sou (um) jornalista.
11. [A] minha mulher é (uma) secretária.
12. Ambos (nós ambos) trabalhamos em Londres.

NOTES (continued)

(4) Diz-se *to travel* quando se utiliza um meio de transporte ; de outro modo, diz-se, como neste exemplo, *to go*.

(5) *On* em relação a transportes traduz-se por "de". Ir a pé é uma excepção, como em português. O plural de *foot* é irregular : *feet*.

(6) *Both*, os dois, ambos. *I like them both*, eu gosto de ambos. *I like all three, all four*, eu gosto dos três, dos quatro, etc. (eu gosto de todos os três, de todos os quatro).

EXERCÍCIOS

1. Este é [o] Sr. Smith. Ele é (um) médico – **2.** Há cinco pessoas no metro esta manhã – **3.** Onde mora você? – **4.** Eu viajo sempre de carro – **5.** [A] sua mulher é (uma) secretária e ela mora em Harrow – **6.** Nós trabalhamos ambos muito duro.

2 *Há alguma coisa de muito estranho na cozinha.*

There is . . . . very . . . . in the kitchen.

3 *[A] minha mulher viaja sempre de metro.*

. . . wife always travels . . tube.

4 *Quem é você? Eu sou David e sou jornalista.*

. . . are you? . . . David and . . . . journalist.

SIXTEENTH (16th) LESSON

1 — Where do you live? — I live in a **su**burb called **Ha**rrow.

2 — How do you go to work? — I take the tube **e**very **mor**ning.

3 — Why do you take the train? You've (**1**) got a car.

4 — There is too much (**2**) **traf**fic and there are too **ma**ny **peo**ple (**3**).

5 And **pet**rol is too ex**pen**sive.

6 — When do you use your car? — At week**ends** (**4**).

PRONUNCIATION
3. uai... treine – **4.** tu mâtch **trá**fik... tu **mé**ni **pi**ple – **5.** **pé**trol... éks**spen**sive – **6.** uéne do íu iuze iór kar.

5 *Eles moram num subúrbio de Londres que se chama (chamado) Harrow.*

They live in a ...... of London ...... Harrow.

Correcção

1 We both work on an important (news) paper. — **2** There is something very strange in the kitchen. — **3** My wife always travels by tube. — **4** Who are you? I'm David and I'm a journalist. — **5** They live in a suburb of London called Harrow.

DÉCIMA SEXTA LIÇÃO

1. Onde mora você? - Eu moro num subúrbio chamado Harrow.
2. Como vai você trabalhar? - Eu tomo o metro todos as manhãs.
3. Porquê [por que é que] você toma o comboio? Você tem (um) carro.
4. Há demasiado (muito) tráfego e há gente demais (muita).
5. E [a] gasolina é demasiado cara.
6. Quando usa você [o] seu carro? - Nos fins de semana.

NOTES

(1) *You've,* contracção de *you have. I've, we,ve,* etc. *He's* tanto pode ser *he is* como *he has,* segundo o contexto da frase, mas seguido de *got* é sempre *have.*

(2) *Much,* grande em quantidade, quantia ou grau, desmesurado, que não se pode contar. *Much traffic, much money, much of everything* (muito de tudo).
Many, quantia, empregue em relação a substantivos plurais ; *many cars, many people,* porque, em inglês, "gente" é um substantivo colectivo que exige o uso do plural. *People are good,* a gente é boa.

(3) *People,* gente. Veja o que foi dito na nota anterior.

(4) *On Saturday,* mas *at the weekend.* Neste caso, *weekends* tem um sentido geral (todos os fins de semana) e, assim, o artigo é suprimido.

7 We go to the **coun**try. We go to **Win**dsor quite **of**ten.

8 — I don't know **Win**dsor.

9 — I'm **go**ing there on **Sa**turday. Do you want to come?

10 — Yes please.

11 Too much **tra**ffic; too many cars.

12 Too much noise; too many **pe**ople.

PRONUNCIATION
7 ... tu **Uín**dsâ cuaite **ó**fên – **9** Aime **goí**ngue... **sá**têrdei... kâme – **10** trákik – **12** nóise... **pi**ple.

EXERCISES

1 There are many cars in **Lon**don and they make much noise. — **2** This bike is too ex**pen**sive. Take **some**thing else. — **3** I'm **go**ing to **Pa**ris next week. — **4** How many ciga**re**ttes are in the **pa**cket? — **5** How much is this car? No, it's too ex**pen**sive.

Fill in the missing words :

1 Too . . . . cigarettes are bad for you.

2 She drinks too . . . . coffee.

3 . . . . people like London very . . . .

4 There are too . . . . people in my car.

5 That's kind of you. Thanks very . . . .

7. Nós vamos para e campo. (Nós) vamos para Windsor [com] bastante frequência.
8. Eu não conheço Windsor.
9. Eu vou (estou indo) lá no Sábado. Você quer vir?
10. Sim, por favor.
11. Demasiado (muito) tráfego ; demasiados (muitos) carros.
12. Demasiado (muito) barulho ; demasiada (muita) gente.

EXERCÍCIOS
1. Há demasiados carros em Londres e eles fazem muito barulho – **2.** Esta bicicleta é demasiado cara. Compre (tome) outra coisa – **3.** Eu vou (estou indo) a Paris na próxima semana – **4.** Quantos cigarros há no pacote? – Quanto custa este carro? Não, é demasiado caro.

Correcção

1 Too many cigarettes are bad for you. — **2** She drinks too much coffee. — **3** Many people like London very much. — **4** There are too many people in my car. — **5** That's kind of you. Thanks very much.

Seventeenth (17th) **Lesson**

1 — What time is your train? — At eight **thirty** (**N. 2**).

2 — Well hurry up! It's eight **fifteen already**.

3 — Al**right**! Keep (**1**) **calm**.

4 — But **Da**vid, you're late.

5 — Don't shout. I can **hear** you.

6 Where are my shoes? — Here, with your **brief**-case.

7 — O**kay** (**2**). I'm **rea**dy. — At last (**3**)!

8 — What time is it now? — It's **twen**ty past eight.

9 — Right. I'm off. Bye **bye** (**4**) love. — Good**bye**!

10 It's now **twen**ty five past eight. **David** is at the station.

11 He has his **pa**per **un**der his (**5**) **arm**.

PRONUNCIATION

1. Uát taime iz fór treine?... eite **çê**ti – **2.** Uél hâri âp... eite fif**tiine** ál**ré**di – **3.** Ól **rai**te! Kiip **Kál**me – **4.** yuê **lei**te – **5.** chaute – **6.** chuz – **8.** **tuan**ti pást eite – **9.** Aime óf. Bai-bai lâve – **10.** ... de steishên – **11.** **pei**pê ândê hiz'árme.

NOTES

(1) *Keep* : quardar, manter. *Keep* calm, mantenha-se (esteja) calmo, *keep quiet,* mantenha-se tranquilo, por extensão, esteja calado.

DÉCIMA SÉTIMA LIÇÃO

1. [A] que horas (tempo) é [o] seu comboio? - Às oito [e] trinta.
2. Bem, despache-se! São (é) já oito [e] quinze.
3. Muito bem (tudo certo)! Esteja (mantenha-se) calmo.
4. Não grite. Eu ouço-o bem (posso ouvir você).
6. Onde estão [os] meus sapatos? - Aqui, com [a] sua pasta.
7. O.K. (Eu) estou pronto. Finalmente (Por fim, em último)!
8. Que horas são (tempo é) agora? - São (é) oito e vinte (vinte passados [depois das] oito.
9. Certo. Vou já (estou fora). Adeusinho, amor - Adeus!
10. São (é) agora oito e vinte. David está na estação.
11. Ele tem [o] seu jornal sob [debaixo de] o braço

NOTES (continued)

(2) Okay (O.K.), espressão internacional cuja origem vem de um Presidente dos E.U.A. que, para indicar que tudo estava bem, dizia com o seu sotaque do Sul : "Orl Krekt" *(all correct),* tudo correcto.

(3) *Last,* último. *The last train :* o último comboio. *At last :* por fim. *To last :* durar. *The lesson lasts ten minutes,* a lição dura 10 minutos.

(4) *Bye bye* equivale a *Good bye,* mas é mais familiar.

(5) As diferentes partes do corpo, em inglês, são personalizadas. *Under his arm,* no caso de ser uma pessoa do sexo masculino ; *under her arm,* no caso de ser feminino.

12 His **brief**-case is on the **plat**form and he is **wait**ing (**6**) for the eight **thir**ty train (**N. 3**).

13 "It's **ne**ver on time", he says im**pa**tiently.

14 What time is it? **Hu**rry up. — I'm off.

PRONUNCIATION
12. ón de **pla**tform – **13. né**vê ón taime... ím**pei**chíentli.

EXERCISES

1 **Da**vid, please **hu**rry up. You're late. — **2** That man **Wil**son is **ne**ver on time. — **3** I'm **rea**dy to go. Right, I'm off. — **4** We are on a **plat**form in a **sta**tion in **Lon**don. — **5** He ar**ri**ves at the **sta**tion at **twen**ty past nine. — **6** Your **pa**per is **un**der the chair.

Translate with the help of the diagram in Lesson 21
(Traduza com a ajuda do diagrama da Lição 21)

1 *São nove e vinte e cinco.*

2 *Qua horas são? São dez para as duas.*

3 *Estou atrasado. Já são sete e meia.*

4 *Chega sempre a horas. Às oito.*

5 *Agora são um quarto para as onze.*

EIGHTEENTH (18th) LESSON

Husband and wife

1 On the train, **Da**vid reads his **pa**per.

2 He stands (**1**) be**cause** the train is full.

PRONUNCIATION
Hâzbând... uaife – **1.** riidz – **2.** hi standz... ful.

12. [A] sua pasta está na plataforma e ele espera (está esperando) pelo comboio das oito e meia.
13. "Nunca está à hora", (ele) diz impacientemente.
14. Que horas são? Despache-se - Vou já (estou fora).

NOTES (continued)

(6) Quando a acção está a ser feita emprega-se esta forma progressiva (como, aliás, no Brasil e em certas regiões de Portugal ; "estar a fazer", "estar fazendo"). Assim, esta forma constrói-se como em português, com o verbo *to be* no Presente ou Passado e o verbo principal no gerúndio.

EXERCÍCIOS

1. David, por favor, despache-se. Está atrasado – **2.** Este homem Wilson nunca está [chega] a horas – **3.** Estou pronto a partir. Pois bem, vou já – **4.** Nós estamos na plataforma de uma estação em Londres – **5.** Ele chega à estação às nove e vinte – **6.** O seu jornal está debaixo da cadeira.

Correcção

1 It is twenty five past nine – **2** What time is it? – It is ten to two – **3** I'm late. It is already half past seven – **4** It (he/she) always arrives on time. At eight o'clock – **5** It is nom a quarter to eleven.

DÉCIMA OITAVA LIÇÃO

Marido e mulher

1. No comboio, David lê [o] seu jornal.
2. Ele está de pé porque o comboio está cheio.

NOTES

(1) *To stand :* estar de pé, estar situado ou localizado. *Stand up!* levante-se, ponha-se de pé.

3 **Pe**ople that **tra**vel to work **e**very day are called "comm**u**ters".
4 The **jour**ney takes **twen**ty **min**utes and he has ten **min**utes to walk to the **o**ffice.
5 He **has**n't much time, so he walks qu**i**ckly.
6 He cr**o**sses the **Ci**ty and ar**ri**ves at (2) his **o**ffice.
7 He takes the lift to the fourth floor.
8 He goes to his desk (3) and sits down (4). He is on time.

9 His wife Joan w**a**shes the d**i**shes (5) and leaves (6) the house at ten to nine.
10 Her **o**ffice is quite **near**, so she **al**ways walks.
11 It takes her eight **min**utes to ar**ri**ve at her **o**ffice.
12 She is a **sec**retary in an ac**cou**ntants firm.
13 At nine o'clock, both the **Wil**sons are w**or**king.

PRONUNCIATION
3. éveri dei... kó**miu**terz – **4.** djêrnei teik'z – **5.** uókss kuíkli – **6.** króss'z... **cíti** – **7.** teik'z de lift... fórç flóô – **8** dáune – **9.** uách'z de dich'z... liiv'z – **10.** **kuite niiê** – **12.** **sék**retéri... **akau**ntentz fê'me – **13.** uôrking.

NOTES (continued)
(2) Os verbos de movimento são habitualmente seguidos pela partícula *to* (excepto *to go home,* ir para sua própria casa). Mas "chegar" não indica movimento e, assim, emprega-se a partícula *at*.

EXERCISES

1 There are too many **pe**ople on the train, so she stands. — **2** They cross the hall and take the lift to the first floor. — **3** This **e**xercise is quite **in**teresting.

3. [A] gente que vai trabalhar (viaja para trabalhar) todos os dias (cada dia) é (são ; note que gente, *people,* é plural em inglês) chamada "commuters".
4. A viagem dura (toma) vinte minutos e ele tem dez minutos para chegar (andar, caminhar) ao escritório.
5. Ele não tem muito tempo, assim, (ele) caminha rapidamente.
6. (Ele) atravessa a "City" e chega ao seu escritório.
7. (Ele) toma o elevador até (para) o quarto andar.
8. (Ele) vai para [a] sua secretária (no sentido de móvel) e senta-se. Ele chega (está) a horas.
9. [A] sua mulher Joan lava a louça (os pratos) e sai (deixa) [de] casa às dez para as nove.
10. [O] seu escritório é muito perto, assim, ela vai (caminha) sempre a pé.
11. Leva (toma a ela) oito minutos para chegar ao seu escritório.
12. Ela é (uma) secretária numa firma de contabilidade.
13. Às nove horas ambos os Wilsons estão a trabalhar (trabalhando).

NOTES (continued)
(3) *Desk :* secretária, móvel ; *secretary :* secretária, pessoa.
(4) *To sit down :* sentar-se. *Sit down!* sente-se.
(5) *A dish :* um prato ; *to wash the dishes :* lavar a louça ; *dishwasher :* lava-louças.
(6) Repare no "i" longo de *leave* em contraste com o "i" breve de *live,* viver, morar.

EXERCÍCIOS
1. Há muita gente no comboio ; assim, ela viaja de pé – **2.** Eles atravessam o vestíbulo e tomam o elevador para o 1º andar – **3.** Este exercício é bastante interessante.

— **4** The **jour**ney to my **o**ffice takes ten **min**utes. — **5** I **al**ways **tra**vel by plane. — **6** Please wash the **dis**hes and **hu**rry up. We're late.

Fill in the missing words :

1 *Ele chega ao escritório e (ele) toma o elevador para o quarto andar*

He arrives . . the office and . . . . . the lift . . the fourth . . . . .

2 *Ele está de pé no comboio, mas [a] sua pasta está sob um assento*

He . . . . . . in the train but . . . brief-case is . . . . . a seat.

3 *[O] meu escritório está muito perto [de] minha casa*

My office is . . . . . near my . . . . .

NINETEENTH (19th) LESSON

1 **A**nswer **these** **ques**tions **a**bout **(1)** **le**sson eigh**teen**.

2 What does **Da**vid do **(2)** on the train?

3 Does he sit down?

PRONUNCIATION
1. ânzuêr dize **kuesh**tchenz abaut – **2.** Uát dâz... do – **3.** ... siit dáune.

EXERCÍCIOS (continuação)
4. O trajecto para o meu escritório dura 10 minutos – **5.** Eu viajo sempre de avião – **6.** Por favor lave a louça e despache-se. Estamos atrasados.

Fill in the missing words (continued) :

4 *Os "commuters" são as pessoa (gente) que tomam o comboio todos os dias*

Commuters . . . people . . . . take the train

. . . . . day.

5 *A viagem demora somente vinte minutos*

The . . . . only . . . . . twenty minutes.

Correcção

1 He arrives at the office and takes the lift to the fourth floor. — **2** He stands in the train but his brief-case is under a seat. — **3** My office is quite near my house. — **4** Commuters are people that take the train every day. — **5** The journey only takes twenty minutes.

DÉCIMA NONA LIÇÃO

1. Responda a estas perguntas sobre a lição 18.
2. O que faz David no comboio?
3. Ele senta-se?

NOTES

(1) *About* tem dois sentidos : (a) sobre, acerca de : *this book is about Shakespeare,* este livro é sobre Shakespeare ; *what is it about?,* de que é que se trata?. (b) por volta de, mais ou menos : *it was about seven thirty,* era mais ou menos sete e meia (trinta).

(2) Repare na fórmula *does* (auxiliar) e *do* (verbo principal). *What do you do?* Que faz você?

4 What are com**mu**ters?

5 How long does the **jour**ney take?

6 Does he walk **quick**ly? Why?

7 On what floor is his **of**fice?

8 Does he ar**ri**ve on time?

9 What does his wife do with the **di**shes?

10 What time does she leave the house?

11 Is her **of**fice **near** or far?

12 Her **of**fice is **near** the house; it is close.

13 The shop **clo**ses (**3**) at six o'clock.

14 Please (**4**) sit down. — No, I pre**fer** to stand.

PRONUNCIATION
5. djârni – **6.** uálk **kuí**kli – **7.** óne uát flór – **9** **di**ch'z – **11.** **nii**ê ór fár – **12.** clôse – **13.** clôs'z.

EXERCISES

1 Please **an**swer the **te**lephone. — **2** The church is close to the shops. You can walk there. — **3** **Hu**rry up, the shops close very **ear**ly. — **4** It is too far to walk. Take a **ta**xi. — **5** How far from **he**re is your **of**fice?

Fill in the missing words :

1 *As lojas estão demasiado longe da igreja.*

The . . . . . are too . . . from the church.

2 *Não está longe. Você pode ir lá a pé.*

It's not . . . You . . . go there . . . . . .

4. O que são [os] "commuters"?
5. Quanto tempo dura (toma) a viagem?
6. Ele caminha rapidamente?
7. Em que andar está [o] seu escritório?
8. Ele chega a horas (a tempo)?
9. O que [é que] [a] sua mulher faz com a louça (os pratos)?
10. [A] que horas deixa ela a casa?
11. [O] seu escritório está [fica] perto ou longe?
12. [O] seu escritório fica (está) perto [d]a casa ; está próximo.
13. A loja fecha às seis horas.
14. Sente-se, por favor. - Não, (eu) prefiro [ficar] de pé.

NOTES (continued)

(3) Repare na pronúncia de *close* (próximo), "clôse", e *closes* (do verbo *to close* "clôsiz".

(4) Fórmula de cortesia : por favor, queira. *Please answer my questions,* por favor responda às minhas perguntas, ou, queira responder às minhas perguntas.

EXERCÍCIOS

1. Queira responder ao telefone – **2.** A igreja está [fica] perto [d]as lojas. Pode lá ir a pé. – **3.** Despache-se, as lojas fecham muito cedo. – **4.** É demasiado longe para lá ir a pé (caminhar). Tome um táxi – **5.** A que distância daqui fica (está) [o] seu excritório?

3 *Mas despache-se. As lojas fecham às cinco horas.*

But . . . . The shops . . . . . at five . . . .

4 *Pode lá ir de táxi, de autocarro ou a pé.*

You can go . . . . taxi, . . bus or . . foot.

TWENTIETH (20th) LESSON

1 — Have you got any ciga**re**ttes?
2 — Yes, what kind (**1**) do you want?
3 — Oh, **Tur**kish ones (**2**) please. — **He**re you are, sir.
4 — **Thank**you. How much is that? — **Fifty** pence (**3**), please.

---

5 **Mo**ther. — My son's a **do**ctor of phi**lo**sophy.
6 **Neigh**bour. — Oh good. What kind of **ill**ness is "phi**lo**sophy"?

A bar**gain** (**4**)

7 — Do you want a **car**pet, sir? Here are some **beau**tiful **car**pets.
8 — How much is that **lit**tle one?

PRONUNCIATION
1. siga**rétz** – **2.** uáte kaind – **3. Tâ**kich uânez... **híê** – **4. fif**ti – **5. dól**tô ov fi**ló**sofi – **6.** neibô... uáte kaind... **il**néss (o "i" breve) – **Â bár**gâne – **7. kár**pét... **biu**tiful.

5 *Ela deixa a casa às dez para a nove.*

She . . . . . . the house at . . .   .

Correcção
1 The shops are too far from the church – **2** It's not far. You can go there on foot – **3** But, hurry up. The shops close at five o'clock – **4** You can go there by taxi, by bus or on foot – **5** She leaves the house at ten to nine.

VIGÉSIMA LIÇÃO

1. Você tem cigarros?
2. Sim, que tipo quer?
3. Oh, (uns) turcos, por favor. - Aqui estão (senhor).
4. Obrigado. Quanto é (isso)? - 50 pence, se faz favor

5. **Mãe** - [O] meu filho é (um) doutor em (de) filosofia.
6. **Vizinho** - Ah, bom. Que tipo de doença é [a] "filosofia"?

Una pechincha

7. O senhor quer um tapete? Aqui estão alguns belos tapetes?
8. Quanto custa (é) aquele pequeno (um)?

NOTES
(1) *Kind* :amável ou tipo, género. *He's a kind man,* ele é um homem amável ; *what kind of carpet is that?* Que tipo de tapete é esse?
(2) Para evitar a repetição, e uma vez que o substantivo já esteja subentendido, substitui-se este por *one,* no singular, e *ones* no plural.
(3) *Pence* é o plural de *penny,* e *p.* é a sua abreviação. Uma libra tem 100 p.
(4) *Bargain :* pechincha, bom negócio. *To bargain :* regatear.

9 — It is a **real** Oriental **car**pet sir. It is magnificent. It costs **fifty** pounds.
10 — Ri**dic**ulous! That's **much** too **dear**.
11 — Well, make me an **of**fer.
12 — **Fif**ty pence; and not one **pen**ny more.
13 — What? **Fif**ty pence for this **real** **Tur**kish **car**pet? Well, take it sir, it's yours.

PRONUNCIATION
9. riial órientêl... mágnifissent – **10.** ridikilêz... mâtch tu diê – **11.** ân'ófê – **12.** pénce... péni – **13.** itz iórz.

EXERCISES

1 I want a new car — and a good one. — **2** What kind of car do you want? — **3** One of these, per**haps**? — **4** Oh no, they are much too **dear**. — **5** I like this one — and it's not too ex**pen**sive.

Fill in the missing words :

1 *Eu gosto [d]ele (neutro) ; (eu) quero um desses.*

I . . . . it : I . . . . one of those . . . .

2 *Que tipo de tapete quer o senhor?*

What . . . . of carpet . . you . . . . sir?

3 *Você tem novos carros esta semana?*

. . . . you got . . . new cars . . . . week?

4 *Sim, temos alguns, mas (eles) são demasiado caros para si (você).*

Yes, we've got . . . ., but they . . . much too . . . . for you.

9. É um autêntico tapete oriental. É magnífico. Custa cinquenta libras
10. (É) ridículo! (Isso) é excessivamente (muito demasiado) caro.
11. Bom, faça-me uma oferta.
12. Cinquenta pence ; e nem (não) um penny mais.
13. O quê? Cinquenta pence por este autêntico tapete turco? Bom, leve-o (senhor), é seu.

5 *Quanto custa isso, se faz favor? Custa 32 libras e 23 pence.*

. . . . is that please? It . . . .

pounds and . . . . pence.

EXERCÍCIOS
1. Quero um carro novo – e um [que seja] bom – **2.** Que tipo de carro quer? – **3.** Talvez um destes? – **4.** Não, são excessivamente caros – **5.** Gosto deste, e ele não é muito caro.

Correcção
1 I like it ; I want one of those ones – **2** What kind of carpet do you want, sir? – **3** Have you got any new this week? – **4** Yes, we've got some, but they're much too dear (expensive) for you – **5** How much is that, please? It costs thirty-two pounds and twenty-three pence.

Estude em voz alta tão frequentemente quanto possível, marcando o acento tónico com clareza.

TWENTY-FIRST (21st) LESSON

REVISÃO E NOTAS

Notas a reler - 15ª lição : (1) - 16ª : (1), (2) - 17ª : (3), (5), (6) -18ª : (2), (6) - 19ª : (2), (4) - 20ª : (2).

1 Foot - Há uma dezena de substantivos em inglês cujo plural é irregular. Os mais importantes são *man* (homem), *men ; woman* (mulher), *women ; child* (criança), *children ; tooth* (dente), *teeth ; ox* (boi), *oxen ;* e, evidentemente, *foot* (pé), *feet.*

2 As horas

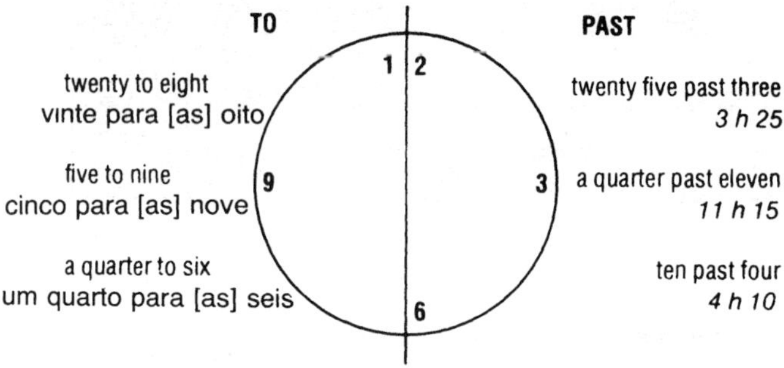

Antes da hora diz-se *to ;* depois da hora diz-se *past* (mas também se pode dizer *three twenty five* [três e vinte e cinco], *nine fifteen,* etc.). A hora certa diz-se-se *o'clock* (contracção de *of the clock*). Como o relógio de 24 horas não é muito usado, *ten past four,* por exemplo, quer dizer 4 : 10 e 16 : 10. Para os distinguir coloca-se A.M. (do latim, *ante meridian*) antes do meio-dia e P.M. *(post meridian)* antes da meia-noite.

3 A forma progressiva proporciona um carácter mais específico ao verbo (como, aliás em português). Assim, se a acção é habitual, emprega-se o Presente simples : *I work in*

VIGÉSIMA PRIMEIRA LIÇÃO

an office, eu trabalho num escritório, mas se estamos a executar uma acção nesse preciso momento, *I'm working hard at this moment,* estou a trabalhar duro neste momento.

Compare : *What does she do?,* o que é que ela faz?
What is she doing?, o que é que ela está a fazer, ou fazendo?

Escreva em inglês (segunda vaga)

1 Ele vai a Londres de metro, mas vai ao seu escritório a pé.
2 Há demasiados carros e demasiado tráfego.
3 Que hora[s] são (é)? São (é) oito e vinte. Já! Parto agora mesmo.
4 Ele tem a sua pasta na mão.
5 O que é que eles fazem? (Eles) esperam pelo comboio.
6 As lojas ficam (estão) perto? Sim, mas despache-se. (Elas) fecham às 5 h 30.
7 Que tipo de carro quer? Um carro rápido.

5 Tradução

1 *He travels to London by tube but he goes to his office on foot.*

2 *There are too many cars and too much traffic.*
3 *What time is it? It's twenty past eight (eight twenty). Already? I'm off.*
4 *He has (he's got) his brief case in his hand.*
5 *What are they doing? They're waiting for the train.*

Note que nos títulos das lições que são escritos em letras grossas, o acento tónico é indicado em caracteres finos (o contrário exactamente do que acontece nos textos).

TWENTY-SECOND (22nd) LESSON

At the weekend

1 At the week**e**nd, **pe**ople **u**sually do not work.
2 On **Sun**day, **ev**erything is **clo**sed ex**cept** the **ci**nemas and a few shops.
3 Few **pe**ople (1) leave **Lon**don, but many go to the parks.
4 There are many parks in **Lon**don and there is much grass (2).
5 In the parks, you can walk **any**where (3) (ex**cept** on the lakes).
6 At the week**end**, there is **al**ways too **li**ttle time and too **much** to **do**.

PRONUNCIATION
1. uiik'end... **í**uzuali – **2.** **san**dei, **é**veriçing... clôsed ék**ssépt**... **ci**nema... â fiu – **3.** liiv... méni... párkz – **4.** mâtch gráss – **5.** **éni**uére... leik'z – **6.** tu mâtch to do (o segundo "tu" pronunciado muito brevemente).

6 *Are the shops near (close). Yes, but hurry up. They close at half past five.*
7 *What kind of car do you want? A fast one.*

Repare como se diz vigésima primeira lição em inglês.

VIGÉSIMA SEGUNDA LIÇÃO

No fim-de-semana

1. No fim-de-semana as pessoas (a gente) habitualmente não trabalham.
2. No Domingo, tudo está fechado excepto os cinemas e algumas lojas.
3. Pouca gente sai (deixa) [de] Londres, mas muitos vão para os parques.
4. Há muitos parques em Londres e há muita relva.
5. Nos parques você pode caminhar por toda a parte (excepto nos lagos)
6. No fim-de-semana há sempre demasiado pouco tempo e muito que fazer.

NOTES

(1) Lembremos que *people* é frequentemente usado como plural de *person.* Diz-se *people are...*

(2) Emprega-se *many* com plurais ou em relação a coisas que se podem contar (*many cars,* muitos carros) e *much* com singulares ou coisas que não se podem contar (*much grass,* muita relva). Do mesmo modo, *few,* coisas que se podem contar ; *little,* coisas que não se podem contar.

(3) *Anywhere,* não importa onde ; *somewhere,* em alguma parte, *everywhere,* por toda a parte.

7 **Foot**ball is very **pop**ular and many **pe**ople go and watch (4) **mat**ches on **Sa**turday.
8 You can **al**so go to the **ci**nema or the **thea**tre;
9 or **sim**ply walk through the streets;
10 but on **Mon**day, you go back to work.

11 **Sun**day; **Mon**day; **Tues**day; **Wed**nesday; **Thurs**day; **Fri**day; **Sa**turday.
12 On **Sa**turday; at the week**end**; in Oc**to**ber.

PRONUNCIATION
7. **pó**piulâ – **8. ál**sô... **çi**iâtê – **9. si**pli... çru – **11. san**dei, **man**dei, **tius**dei, **ué**nesdei, **cêr**sdei, **frai**dei, **sá**tâdei – **12.** ók**tô**bê.

EXERCISES

1 There are very few **pe**ople at the match. — **2** That is why there is **lit**tle noise. — **3** I can see him through the **win**dow. — **4** **Ev**eryone **he**re is a **doc**tor, ex**cept** **Pe**ter who is a **jour**nalist. — **5** In **En**gland, many shops close on **Wed**nesday after**noon**.

Fill in the missing words :

1 *No domingo poucas pessoas vão às lojas porque (elas) estão fechadas.*

. . Sunday, . . . people go . . the shops . . . . they . . . .

2 *(Nós) temos muito pouco tempo : o concerto começa às 8 horas em ponto.*

We've . . . very . . . . . . time : the concert begins . . 8 . . . .

7. [O] futebol é muito popular e muita gente vai ver (ver com atenção, observar) [os] jogos no sábado.
8. Você também pode ir ao cinema ou ao teatro ;
9. ou simplesmente passear (caminhar) através das ruas ;
10. mas segunda-feira você volta ao trabalho (trabalhar).
11. Domingo, Segunda-feira, Terça-feira, Quarta-feira, Quinta-feira, Sexta-feira, Sábado.
12. No Sábado, ao/no fim-de-semana, em Outubro

NOTES (continued)

(4) *To watch* : observar, mas diz-se *to watch TV or a film, a game, a show* porque são espectáculos seguidos com atenção. *To look at,* olhar, *to see,* ver, mas não atentamente.

EXERCÍCIOS

1. Há muito pouca gente no jogo – **2.** É por isso que há pouco barulho – **3.** Eu vejo-o (posso ver) através da janela – **4.** Toda a gente (cada um) aqui é (um) médico, excepto Peter que é (um) jornalista – **5.** Em Inglaterra muitas lojas fecham na quarta-feira à tarde.

3 *Há muito poucos bolos, nós somos oito à mesa.*

There are . . . . . . cakes, we . . . eight . . table.

4 *[O] meu aniversário é o [a] 28 de Outubro, é uma quinta-feira.*

My birthday is the . . . . of October, . . a . . . .

TWENTY-THIRD (23rd) LESSON

Can (N. 1) I help you?

1 — **Mu**mmy, can I have some sweets (**1**)?
2 — You can, but you may (**2**) not.
3 — Oh! **Mu**mmy, may I have some sweets?
4 — Of course, **dea**r, help your**self** (**3**).

---

5 — Can I help you?
6 — Yes please. I want a map of **Lon**don.
7 — Do you like this one? It's **ve**ry **de**tailed.
8 — Yes, that's fine (**4**). How much is it?
9 — Well, it costs **twen**ty pence, but you can have it for fif**teen** pence.

PRONUNCIATION
1. mâmi... suiitz – **2.** mei – **4.** óv'córse, **dii**â, hélp iór**sélf** – **6.** â mép ov – **7. di**teiled – **8.** faine – **9.** cóstz... pénce.

5 *Há pouco tráfego e poucos peões.*

There is . . . . . . traffic and . . . pedestrians.

Correcção

1 On Sunday, few people go to the shops because they're closed. — **2** We've got very little time : the concert begins at 8 exactly. — **3** There are too few cakes: we are eight at table. — **4** My birthday is the twenty eight of October, on a Thursday. — **5** There is little traffic and few pedestrians.

VIGÉSIMA TERCEIRA LIÇÃO

Posso ajudá-lo[a]? (ajudar você)

1. Mamã, posso ter doces?
2. Pode, mas não tem licença.
3. Oh, mamã, dá licença que tenha doces?
4. Claro, [meu] querido, sirva-se.

---

5. Posso ajudá-lo[a]?
6. Sim, por favor. Eu quero um mapa de Londres.
7. Gosta deste (um)? É muito pormenorizado.
8. Sim, isso é perfeito. Quanto custa?
9. Bem, custa vinte pence, mas pode tê-lo [ficar com ele] por quinze p.

NOTES

(1) *Sweet* (como adjectivo), doce, açucarado. *A sweet wine,* um vinho doce.
Sweet (substantivo), bombom, doce.

(2) *Can,* poder, no sentido de ter a capacidade de fazer algo. *I can play tennis,* eu posso jogar ténis ; *may,* também significa "poder", mas é usado para exprimir permissão, concedida ou solicitada. *May I come in? Yes, you may.*

(3) Yourself : tu mesmo, você mesmo. *He does it himself,* ele mesmo/próprio faz isso ; *she does it herself,* ela mesma/própria... *We do it ourselves, they do it themselves. Help yourself,* sirva-se (sirva-se a você mesmo).

(4) *Fine,* muito bem, perfeito.

10 — Where can I find a **tel**ephone?
11 — You can find one at the **end** of the street.

12 — May I ask you **some**thing (5)? — Of course.
13 — Can you tell me the time? My watch **does**n't work.
14 — **Cer**tainly, it's ex**a**ctly two o'clock.

PRONUNCIATION
10. télêfône – **11.** de énd ov de setriit – **12. sâme**çing – **13.** mai uátch... uârk – **14.** éz**á**ktli.

EXERCISES

1 May I take a cake? — Of course. Help yourself. — **2** I'm **so**rry, I can't help you. — **3** He goes home at the end of the day. — **4** This **ra**dio **does**n't work. — **5** May we leave at **se**ven o'clock? — **6** No you may not. You can leave at nine o'clock like **ev**eryone.

Translate these expressions

1 *Sirva-se (você mesmo).*

. . . .

2 *Sim, é perfeito.*

. . . .

3 *[O] meu relógio não funciona.*

My watch . . . .

4 *Posso perguntar-lhe?*

. . . . you?

10. Onde [é que] eu posso encontrar um telefone?
11. Você pode encontrar um no fim da rua

---

12. Posso perguntar-lhe uma coisa (alguma coisa)? - Claro.
13. Pode dizer-me as horas (o tempo) O meu relógio não funciona.
14. Certamente, são exactamente duas em ponto.

NOTES (continued)
(5) Neste caso não se usa *anything,* não importa o quê, porque se trata de um coisa precisa.

5 *Claro! Oito horas em ponto.*

Of . . . . . . ! Eight o'clock . . . .

6 *Vou imediatamente.*

I'm . . .

EXERCÍCIOS
1. Posso ter um bolo? - Claro. Sirva-se. – **2.** Lamento, não posso ajudá-lo. – **3.** Ele entra em casa ao fim do dia. – **4.** Esta telefonia não funciona – **5.** Podemos partir às 7 horas? – **6.** Não, não podem. Vocês podem partir às 9 h. como toda a gente.

Correcção

1 Help yourself. — **2** Yes, that's fine. — **3** doesn't work. — **4** May I ask. — **5** course ... exactly. — **6** I'm off.

TWENTY-FOURTH (24th) LESSON

An unwelcome (1) conversation

1 — Excuse me, may I sit down?

2 — Please do. — Thanks very much.

3 Ah that's better! My name's Brian Sellers. — Oh, very interesting.

4 — Yes, I work in London. Do you work in London too?

5 — Yes, I do. — Have a cigarette.

6 — No, thankyou. This is a non-smoking compartment.

7 — Oh, do you mind (2) if I smoke? — Yes, I do!

8 — I'm cold. Are you cold too? — No, I'm not (N. 2).

9 — Oh, you have a paper. I don't like reading. I prefer talking (3).

10 — Yes, I see. — No, you hear. Ha! ha! ha!

11 — Goodbye sir. — Oh! goodbye.

12 Do you mind if I smoke? Mind your head.

13 He's cold; he's hot; he's unlucky.

PRONUNCIATION

1. éksskiuz'mi – **2.** pliiz **do** – **3.** dátz **bé**tê... **in**terésstingue – **6.** non-smôking com**pár**tment – **7.** do íu **maind** – **3.** Aime could – **9.** **rii**dingue ("r" surdo, como em "ar")... **tó**kingue – **10. hiiê** – **12.** maind iór héd – **13.** hi'z ân'**lâ**ki.

VIGÉSIMA QUARTA LIÇÃO

Uma conversa inoportuna (mal-vinda)

1. Desculpe, posso sentar-me?
2. Faz favor - Muito obrigado.
3. Ah, é melhor! O meu nome é Brian Sellers. - Oh, muito interessante.
4. Sim, trabalho em Londres. (Você) também trabalha em Londres?
5. Sim, trabalho. - Tome (tenha) um cigarro.
6. Não, obrigado. Isto é um compartimento para não-fumadores.
7. Oh, importa-se que eu fume? - Sim, importo-me.
8. Tenho frio. (Você) também tem frio? - Não, não tenho.
9. Oh, você tem um jornal. Eu não gosto de ler. Prefiro falar.
10. Sim, estou a ver (vejo) - não, está a ouvir (ouve). Ha! ah! ah!
11. Adeus, meu [caro] senhor - Oh adeus.

12. Importa-se que eu fume (se eu fumo)? Cuidado [com a] sua cabeça.
13. Ele tem (está) frio ; ele tem calor (está quente) ; ele não tem [tem azar] sorte

NOTES

(1) *Welcome,* bem-vindo[a] *(well come), You're welcome,* você é bem-vindo (nos E.U.A. também se emprega como forma de cortesia : não tem de quê, de nada). *Unwelcome,* mal-vindo, inoportuno.

(2) *The mind,* o espírito ; é usado em muitas expressões idiomáticas. Por exemplo, *mind your own business,* meta-se na sua vida. *To mind,* preocupar-se, ter objecções... *Mind!* (imperativo), atenção, cuidado!

(3) *Reading, talking,* são formas do gerúndio que, por vezes, podem substituir o infinitivo. *Smoking is dangerous,* é perigoso fumar ; *no spitting,* é proibido cuspir. Implica uma acção. Ao princípio pode parecer complicado, mas verá que se há-de habituar. Anote esta forma quando voltar a encontrá-la.

Se possuir as gravações, preste atenção ao tom da voz do segundo homem e tente imitá-lo.

EXERCISES

1 **Excuse** me, I'm cold. May I close the **win**dow? — 2 Have a **bee**r. — No thanks. I don't drink. — 3 Do you mind if I take your wife to the **con**cert? — 4 No, please do. I don't want to go. — 5 Come in. You are most **wel**come.

Fill in the missing words :

1 *Importa-se que eu fume (se eu fumo).*

. . you . . . . if I smoke?

2 *Posso fechar a janela. A minha mulher tem frio.*

. . . I close the window. . . wife . . cold.

3 *Entre. Tome qualquer coisa para beber. Você é bem-vindo.*

Come . . . . . . something . . drink. You are . . . .

4 *Ela não gosta de ler, prefere falar.*

She . . . . like . . . . she prefers . . . .

TWENTY-FIFTH (25th) LESSON

A polite conversation

1 **Da**vid and his wife are at a **par**ty. **Da**vid is **ta**lking to a tall (1), good-**loo**king **wo**man.

PRONUNCIATION
1. uaife... **pá**ati... tól... gud-**lu**kingue **uo**mân.

5 *Você tem sorte. Não posso ir esta noite.*

You're . . . . . I . . . . . go this . . . .

EXERCÍCIOS
1. Desculpe-me, tenho (estou) frio. Posso fechar a janela? – **2.** Tome (tenha) uma cerveja – Não, obrigado. Não bebo. – **3.** Importa-se que eu acompanhe (se eu acompanho) a sua mulher ao concerto? – **4.** Não, vá (queira fazer). Eu não quero ir. – **5.** Entre. Você é bem-vindo.

Correcção

1 Do - mind. — **2** May - My - is. — **3** in. - Have - to - welcome. — **4** doesn't - reading - talking. — **5** lucky - can't - evening.

VIGÉSIMA QUINTA LIÇÃO

Uma conversa cortês

1. David e a (sua) mulher estão numa festa. David está a falar com uma atraente (boa de olhar) mulher alta.

NOTES
(1) *Tall,* alto/a. *He's five feet tall,* ele tem cinco pés de altura.

2 — Hello, my name's David Wilson. — I'm Susan Price.

3 What do you do, David? — I'm a journalist.

4 — Oh, how interesting. Do you write for the "Times"?

5 — No. I work on the "Daily Wail", but I hope to change soon.

6 And what about you? — Oh, I'm an author.

7 I'm writing a book about British painters.

8 — Have we got any? — Don't be silly (2). Of course we have

9 people like Constable (3), Turner (4) and so on (5).

10 But it's taking a long time because the information (6) is difficult to find.

11 — May I read it when it's finished? — With pleasure.

12 — Oh dear, my wife's looking at me. I had better go.

13 — What do you do? — I'm an author.

14 — What are you doing? — I'm learning English.

PRONUNCIATION

4. interéstingue... raite ("r" rolado) – **5.** tchange sune – **6.** uát a**baut** íu... **ó**çê – **7. bri**tich **pei**nterz – **8. si**li – **9. kon**sstabel... Tâanê end sô óne – **10.** infor**me**ichen... **di**fikâlt... fainf – **11. fi**nished... uíd **plé**sâre – **12.** mai uaifz... Ai héd bétê gô – **13.** uát do íu do (o acento recai sobe o segundo "do") – **14. lê**eningue.

2. Olá, o meu nome é David Wilson - Eu sou Susan Price.
3. O que é que você faz, David? - Sou jornalista.
4. Oh, como é interessante. Você escreve para o "Times"?
5. Não. Trabalho no "Daily Wail", mas espero mudar em breve.
6. E você (e o quê acerca de você)? - Oh, eu sou escritora.
7. Estou a escrever um livro acerca dos pintores ingleses.
8. Nós temos algum? - Não seja parvo. Claro que temos
9. gente como Constable, Turner e etc.
10. Mas está a levar muito tempo porque é difícil encontrar informação.
11. Posso lê-lo quando estiver terminado? - Com prazer.
12. [Valha-me Deus], a minha mulher está a olhar para mim. É melhor eu ir [andando].

13. O que é que você faz? - Sou escritor.
14. O que é que está a fazer? - Estou a aprender inglês.

NOTES (continued)

(2) *Silly,* parvo, tolo, não tem carácter ofensivo. O contrário é *sensible,* alguém com sentido de responsabilidade, razoável.

(3) John Constable (1776-1837), famoso pintor paisagista.

(4) Joseph Turner (1775-1851), outro pintor inglês famoso. A tradição conta que se fez amarrar ao mastro de um barco para melhor poder pintar uma tempestade.

(5) *And so on,* e assim por diante. Etc.

(6) *Information* é sempre singular.

EXERCISES

1 Are you **wri**ting a book? — Yes I am. — **2** You had **b**etter ask my wife. — **3** He is **dri**ving his car and **si**nging. — **4** What are you **do**ing? — I'm **do**ing an **ex**ercise. — **5** When he comes, tell him I want to see him.

Fill in the missing words :

1 *Você fuma? - Sim...*

Do you smoke? — Yes, . . .

2 *Você está a fumar?*

Are you smoking? — No, ...

3 *É ela atraente? - Sim,...*

Is she good-looking? — Yes, ...

4 *Você gosta de Constable?*

Do you like Constable? — No, ...

TWENTY-SIXTH (26th) LESSON

1 — Can you lend me five pounds?
2 — But I don't know you!
3 — That's ex**a**ctly why I'm **a**sking you.

---

4 **Tea***cher*. — Jane, why do you **al**ways come to (**N. 3**) school with **di**rty hands?
5 *Jane*. — Well, miss, I **have**n't got any **o**thers.

PRONUNCIATION
1. lend mi – **2.** donte nô – **3.** ék**za**ctli... aime **é**sking – **4. tii**tchê. Djeina... **ó**lueiz... **dâ**ati héndz – **5.** uél, miss... âderz.

'5 *Está ela a ler (lendo) o jornal?*

Is she reading the paper? — Yes, ...

EXERCÍCIOS
1. Está a escrever um livro neste momento? – Sim, estou. – **2.** É melhor perguntar à minha mulher – **3.** Ele está a conduzir o seu carro e a cantar – **4.** O que é que está a fazer? – Estou a fazer um exercício – **5.** Quando ele vier diga-lhe que o quero ver.

Correcção

1 I do. — **2** I am not. — **3** she is. — **4** I do not. — **5** she is.

A progressão do nosso método é gradual de modo a aplainar as difuldades e é por essa razão que as vamos introduzindo aos poucos. Não se espante por encontrar problemas idiomáticos cuja explicação só é dada mais tarde. Quando a explicação surge já você está familiarizado com o problema em questão. Deixe-se guiar e o seu trabalho não será tão difícil.

VIGÉSIMA SEXTA LIÇÃO

1. Pode-me emprestar 5 libras?
2. Mas eu não o/a conheço!
3. É exactamente por isso (porquê) [que] eu [lhe] estou a pedir (você).

---

4. Professor - Jane, porque é que vens sempre à escola com as mãos sujas?
5. Jane - Bem, [minha] senhora, não tenho outras.

Não se esqueça :
Deve pronunciar as consoantes com energia.

At the concert

6 — This piece is a **sym**phony by **Mo**zart. I suppose it is **some**thing new.
7 — What! Don't you know that **Mo**zart is dead?
8 — Ex**cuse** me, I **ne**ver read the **pa**pers.

---

9 — He **ne**ver talks to me — Don't **e**ver (**1**) say that!
10 Say : he **al**ways talks to **o**ther **peo**ple.

A ner**vous** pa**ssenger**

11 — I'm scared of the **wa**ter. — Don't be **si**lly,
12 **peo**ple **ne**ver drown in these **wa**ters.
13 — Are you sure, young man? — Of course I am,
14 the sharks **ne**ver let **any**body (**2**) drown.

PRONUNCIATION
6. piisse... **simf**oni bai Môtzât... sâ**pôze**... niu. **7.** déde. – **8.** névê riid... – **9.** évê... – **10.** âder **pi**ple. Â nâvêss **pa**ssendjê. – **11.** aime skéred ov de **ua**tê... **si**li – **12.** dróne... dize... – **13.** churê, iang mén... – **14.** shaakz... lét **ani**bódi dróne.

EXERCISES

1 My son **ne**ver says **thank**you. — **2** I'm not scared of sharks, but I **ne**ver want to meet one. — **3** My **fa**ther lets me use his car at the week**end**. — **4** Let me help you **ma**dam. — **5** Lend me your **hand**kerchief, this film is **ve**ry sad.

No concerto

6. Esta obra (peça) é uma obra de (por) Mozart. Suponho [que] é algo (alguma coisa) [de] novo
7. O quê! Você não sabe que Mozart está morto. [morreu]?
8. Desculpe-me, eu nunca leio os jornais.

---

9. Ele nunca me fala - Nunca diga isso!
10. Diga : ele sempre fala aos outros.

Um passageiro nervoso

11. Tenho medo da água - Não seja parvo,
12. As pessoas nunca se afogam nestas águas.
13. Tem a certeza (jovem)? - Claro que tenho!
14. Os tubarões nunca deixam ninguém afogar-se.

NOTES

(1) *Never : not ever. He doesn't ever give me money,* ou *he never gives me money.*

(2) Lembremos mais uma vez que *someone* ou *somebody* são usados nas frases afirmativas ; e que *anyone* ou *anybody* nas frases negativas ou interrogativas. *Body,* corpo.

EXERCÍCIOS

1. O meu filho nunca diz obrigado – **2.** Não tenho medo dos tubarões, mas não quero encontrar-me nunca com um – **3.** O meu pai deixa-me usar o seu carro no fim-de-semana – **4.** Deixe-me ajudá-la, minha senhora – **5.** Empreste-me o seu lenço, este filme é muito triste.

Fill in the missing words :

1 *Elas nunca chegam a tempo.*

They . . . . . arrive . . . . . .

2 *Nunca diga isso em frente da sua mãe!*

Don't . . . . say . . . . in front of . . . . mother!

3 *Lamento, mas nunca leio os jornais.*

I'm . . . . . but I . . . . the papers.

TWENTY-SEVENTH (27th) LESSON

Some idioms

1 Here are some **i**dioms. We al**re**ady know some of them.
2 Please close the **win**dow, my wife is cold
3 You are very **lu**cky to have a **char**ming wife.
4 I don't want to swim. I'm scared of fish (**1**), esp**e**cially sharks.
5 You are right, it's very hot out**side** but I'm not hot.
6 I'm **go**ing to bed. I'm **ve**ry **slee**py and it's late.

PRONUNCIATION
1. sâme ídiomez... álr**é**di nâu – **2.** clôze – **3.** l**â**ki... **tchá**aming – **4.** suíme... fish, esspéchiali – **5.** ióre raite... aut**ssaide**... hót (não se esqueça de aspirar o "h") – **6.** gôing to béd... **slii**pi.

4 *Pode emprestar-me 5 libras? Não tenho dinheiro.*

. . . you . . . . me five . . . . . .? I haven't got . . . .

5 *Não posso deixar-lhe o carro [no] sábado.*

I can't . . . you use the car . . . .

Correcção

1 never - on time — **2** ever - that - your — **3** sorry - never read — **4** Can. - lend - pounds - any money. — **5** let - on - Saturday.

VIGÉSIMA SÉTIMA LIÇÃO

Algumas formas idiomáticas

1. Aqui estão algumas formas idiomáticas. Já sabemos algumas delas.
2. Por favor feche a janela, a minha mulher tem frio.
3. Você tem muita sorte de ter uma mulher encantadora.
4. Não quero nadar. Tenho medo dos peixes, especialmente tubarões.
5. Vou (estou a ir, ou indo) para a cama, tenho muito sono e é tarde.

NOTES

(1) O plural de *fish* é *fish*. A forma *fishes* é mais literária.

7 You're **wrong**, to**day** is the twen**ty**-fifth and not the twen**ty**-sixth.
8 Come close to the **fi**re, you're **ve**ry cold.
9 You're right, I'm **free**zing (**2**). I **have**n't got a coat and it's **sno**wing.
10 She's scared of **gho**sts and I'm a**fraid** of the dark.
11 I'm a**fraid** (**3**) I can't come, I have an im**por**tant ap**poin**tment.
12 **Ne**ver mind (**4**). You can come on **Fri**day in**stead**.
13 The months of the **ye**ar are : **Jan**uary (**5**) **Feb**ruary; March; **A**pril; May; June;
14 Ju**ly**; **Au**gust; Sep**tem**ber; Oc**to**ber; No**vem**ber; De**cem**ber.

PRONUNCIATION
7. ióre **rong**... tu**en**ti fifç... tu**en**ti sikssç – **8.** clôze... **faiê** – **9.** **frii**zing... kâut... snôing – **10.** skéred... **gâu**sstz... â**freid**... dárk – **11.** **apoin**tment – **12** **né**vê maind... in**sstée** – **13.** mânç... **íê**... **Dja**nuéri, **fé**bruéri, máatch, **ei**pril, mei, djune – **14.** djâ**lai**, **ó**guâsst, sép**tem**bê, ók**tô**bê, no**vem**bê, di**cem**bê.

EXERCISES

1 I'm not too hot, **thank**you. — **2** Go to bed, you're **ve**ry sleepy. — No, I'm not. — **3** In De**cem**ber, the **weath**er is **of**ten **free**zing. — **4** I can't **hear** you. — **Ne**ver mind, it's not im**por**tant. — **5** The shop is close to the farm, but it **clo**ses at five o'clock ex**act**ly.

7. Você não tem razão (está errado), hoje é o 25º e não o 26º
8. Venha [para] perto do fogo, você tem (está [com]) muito frio.
9. Você tem razão (está certo), estou a gelar. Não tenho casaco e está a nevar
10. Ela tem (está [com]) medo de fantasmas e eu tenho medo do escuro.
11. Receio não poder vir, tenho um encontro importante.
12. Não faz mal. Pode vir antes (em vez) sexta-feira.
13. Os meses dos ano são. Janeiro, Fevereiro, Março, Abril, Maio, Junho, Julho,
14. Agosto, Setembro, Outubro, Novembro, Dezembro.

NOTES (continued)
(2) *To freeze,* gelar ; *a freezer,* um congelador. *I'm freezing* é uma forma familiar para *I'm cold.*
(3) *To be afraid* : ter medo, estar com medo, mas também recear. *I'm afraid he's dead,* receio que ele esteja morto.
(4) Do verbo *to mind,* preocupar-se. *Never mind* é uma expressão idiomática, não tem importância, não faz mal.
(5) Os meses, dias da semana e os nomes das nacionalidades e línguas escrevem-se com maiúscula.

EXERCÍCIOS
1. Não tenho demasiado calor (quente), obrigado – **2.** Vá para a cama, está com muito sono – Não, não estou – **3.** Em Dezembro gela frequentemente (o tempo está a gelar) – **4.** Não o/a ouço – Não faz mal, não é importante – **5.** A loja está perto da fazenda, mas fecha exactamente às cinco horas.

Translate :

1 *Você está sempre errado.*

You . . . always , ...

2 *A criança não tem sono.*

The child . . . .

3 *Receio [que] não possa vir.*

I'm . . . . . . I . . . .

4 *Temos medo do escuro.*

We . . . . of the . . . .

TWENTY-EIGHTH (28th) LESSON

REVISIONS AND NOTES

Notas a reler – 21ª lição : (2), (3) – 24ª : (2), (3) – 25ª : (1), (6) – 26ª : (2) – 27ª : (3), (4), (5).

1 Depois de *can, may,* o infinitivo perde a partícula *to. I can go, you may talk. Can* e *may* não têm "s" na 3ª pessoa do singular do Presente : *he can, she may.*

2 Memorize as expressões que empregam o verbo "ser / estar" em vez de "ter". *I'm hot,* tenho calor ; *she's cold,* ela tem frio ; *you're lucky,* você tem sorte ; *to be right,* ter razão ; *to be wrong,* não ter razão, estar errado. Outros exemplos :

he's hungry (hângri), ele tem fome ;
we're thirsty (çêessti), temos sede ;
I'm sleepy (sliipi), tenho sono.

5 *Não faz mal. Venha amanhã.*

. . . . Come tomorrow

6 *Você sabe, ele tem razão.*

You know, ...

Correcção
1 are - wrong – **2** is not sleepy – **3** afraid - can't come – **4** are scared (afraid) - dark – **5** Never mind – **6** he is right.

VIGÉSIMA OITAVA LIÇÃO

3 *From... to* – quando "de" indica a proveniência ou origem, a forma correspondente em inglês é *from. I come from my room,* eu venho do meu quarto ; mas *the door of my room,* a porta do meu quarto.

To, "a" ou "para", implica a ideia de movimento, evolução ou mudança. *He goes to the post-office,* ele vai ao correio. *At,* em, no, na. *He is at the post-office,* ele está no correio.

É importante reter que as preposições modificam o sentido do verbo.
To go up, subir, *to go down,* descer, *to go in,* entrar, *to go out,* sair. Mas veremos tudo isto no seu devido tempo.

4 *Much... many – When a man has much money, he has many friends.* Reveja Nota (2) da 16ª Lição.

TWENTY NINTH (29th) LESSON

1 Let's (**1**) meet our friends the **Wil**sons (**2**) a**gain**.

2 At the **o**ffice, **Da**vid has a lot (**3**) of work.

3 He re**cei**ves calls from **pe**ople who phone to **o**ffer him infor**ma**tion.

4 If he can, he goes **out** to see them,

5 but if he is too **bu**sy (**4**), he sends a **co**llea-gue.

6 Be**cause** his is a **dai**ly **pa**per, the a**mount** (**5**) of work is huge.

PRONUNCIATION
1. létz miit... frendz... a**guein** – **3.** ri**cii**vz cólz... hu fône – **4.** gôz'aut... si – **5. bi**si... **có**liigue – **6.** hiz'iz... **dei**li... a**maunt**... hiudje.

5 *The – I like wine, but not the wine he gives me,* gosto de vinho (em geral), mas não [d]o vinho (em particular) [que] ele me dá.

6 *Memorize : Never mind,* não faz mal ; *I'm freezing,* estou a gelar ; *I'm afraid I'm late,* receio estar (estou) atrasado ; *You're right,* você tem razão (está certo) ; *do you mind if I smoke?* importa-se que eu fume (se eu fumo) ; *I haven't got a coat,* não tenho (um) casaco.

VIGÉSIMA NONA LIÇÃO

1. Encontremos [os] nossos amigos, os Wilsons, novamente.
2. No escritório, David tem muito (uma grande quantidade de) trabalho.
3. Ele recebe chamadas de gente que telefona para lhe [dar] oferecer informações.
4. Se (ele) pode, (ele) sai para os ver,
5. mas se está demasiado ocupado, (ele) envia um colega.
6. Porque [o] seu [jornal] é um jornal diário, a quantidade de trabalho é enorme.

NOTES

(1) Primeira pessoal do plural no Imperativo. *Let us,* contracção, *let's.*
Let's go, vamos, *let's dance,* dancemos. *To let,* como verbo, significa deixar, permitir, alugar, mas neste caso é apenas uma forma que dá ênfase a uma acção, a uma ordem.

(2) Os nomes de família podem ser postos no plural. Como, aliás, em português : os Silvas, os Pereiras, etc.

(3) Expressão muito prática que pode substituir *much* ou *many.* *He has much (a lot of) money, he has many (a lot of) friends.*

(4) *Busy,* ocupado ; *business,* ocupação, negócio ; *businessman,* homem de negócios.

(5) *Amount,* quantidade, soma, total, quantia.

7 At her **o**ffice, Joan types her **boss**'s (**6**) **let**ters and **a**nswers the phone.

8 She only works **par**t-time, so she goes home (**7**) at half past twelve.

9 Then she does the house**work**, be**cause** they **can**not a**fford** (**8**) a "help".

10 When she **fin**ishes, she makes a cup of tea and reads a maga**zine**.

11 Then she starts pre**pa**ring **Da**vid's **din**ner.

12 David **u**sually a**rrives** home **about** half-past six,

13 but **some**times he works late and does not a**rrive** home un**til** (**N. 1**) nine o'clock.

PRONUNCIATION
7. Djoan taipz... **bó**ss'z... **an**serz – **8.** páat-taime... hálf – **9.** hause-uôrk... a**fóod** – **10.** méga**zine** – **11.** stáatz... **Dei**vid'z **di**nâ – **12.** i**ú**zuali – **13.** ântil.

EXERCISES

1 Our **neigh**bours have a huge dog. — **2** If you are too **bu**sy, I can come back to**mor**row. — **3** **Da**vid's wife, Joan, is a **sec**retary. — **4** We can't a**fford** a new car this **year**. — **5** She **fin**ishes her work and starts **rea**ding a maga**zine**.

7. No seu escritório, Joan dactilografa as cartas do seu patrão e responde [a]o telefone.
8. Ela trabalha somente parte [do] tempo, [e] assim, (ela) vai [para] casa às 12 : 30.
9. Depois, ela faz o serviço doméstico (trabalho de casa) porque eles não se podem permitir [dar-se ao luxo] uma criada (ajuda).
10. Quando termina, ela faz uma chávena de chá e lê uma revista.
11. Depois, (ela) começa a preparar o jantar de David.
12. David chega normalmente a casa por volta das 6 : 30,
13. mas, às vezes, ele trabalha [até] tarde e não chega a casa antes (até) das 9 horas.

NOTES (continued)

(6) Acrescentando "s" a um nome próprio indica-se a posse. *David's wife* é como *the wife of David.* Do mesmo modo, sempre que o possuidor seja um ser animado emprega-se este caso possessivo. Assim, *my sister's book,* o livro da minha irmã ; *a dog's life,* uma vida de cão ; *his boss's son,* o filho do seu patrão. Ver Note (6) Lição 33.

(7) O verbo não toma partícula quando se vai para a própria casa. *To go home,* mas *to go to David's house,* por exemplo.

(8) *To afford,* permitir-se, dar-se ao luxo, ter os meios para... *We can't afford a new car.*

EXERCÍCIOS

1. Os nossos vizinhos têm um cão enorme – **2.** Se está demasiado ocupado, posso voltar amanhã – **3.** A mulher de David, Joan, é secretária – **4.** Não não nos podemos permitir um novo carro este ano – **5.** Ela termina o seu trabalho e começa a ler (lendo) uma revista.

Fill in the missing words :

1 *A mãe de David também se chama Sra. Wilson.*

. . . . mother is . . . . . . Mrs Wilson . . .

2 *Tomo o carro de um amigo hoje ; o meu não funciona.*

I'm taking a . . . . car today: mine

. . . .

3 *Ele trabalha até as 9 horas na sexta-feira.*

He works . . . . . nine o'clock . . . .

THIRTIETH (30th) LESSON

1 — Hello, Joan, is David in?

2 — No I'm afraid not. He isn't home yet.

3 — Is he still working?

4 — Yes; Sometimes he works until nine.

5 — Oh well, I can't wait.

6 Tell him there's a darts match at the pub (1) tonight.

7 — What time? — About half-past eight.

8 — If he's back in time (2), I'll (3) tell him.

9 — Thanks. Bye Joan. — Goodbye Pete.

PRONUNCIATION
1. iz **Dei**vidin? – **2.** af**reid**... iét – **3.** stil (o "i" é muito breve) – **4.** an**til** – **6.** â dáatz mátch... pâb tu**naite** – **8.** ín **taime** – **9.** Pit.

4 *O trabalho de Joan não é interessante.*

. . . . . . job . . . .

5 *Eles não se podem permitir uma criada (ajuda).*

They . . . . a 'help'.

Correcção

1 David's - called - too — **2** friend's - does not work — **3** until - on Friday. — **4** Joan's - is not very interesting. — **5** cannot afford.

TRIGÉSIMA LIÇÃO

1. Olá, Joan, o David está em [casa]?
2. Não, lamento (receio [que] não). Ainda não está [em] casa.
3. Ele ainda está [a] trabalhar?
4. Sim. Às vezes (ele) trabalha até as 9.
5. Pois bem, não posso esperar.
6. Diga-lhe [que] há um jogo de dardos no "pub" esta noite.
7. A que horas? - Por volta das 8 : 30
8. Se ele voltar a (em) tempo, eu digo-lhe (dir-lhe-ei)
9. Obrigado. Adeus, Joan. - Adeus, Pete.

NOTES

(1) *Pub* é a contracção de *public house* e equivale a uma mistura de bar e taberna em Portugal, mas mais familiar. Os *pubs* abrem ao meio-dia e fecham à 11 da noite. Vida difícil...

(2) *On time* : a horas, à hora exacta ; *in time,* a tempo, dentro da hora.

(3) Contracção de *will* que forma o futuro de todos os verbos em inglês, excepto, claro está, os verbos defectivos. O "s" da terceira pessoa do singular desaparece, como no "passado".

10 Hurry up! I'm not **ready** yet.
11 Are you still **wait**ing to **ma**rry a million**aire**?
12 He **al**ways asks for **mo**ney and I **ne**ver have any.
13 I can still re**mem**ber (**4**) a few words of **Ger**man.
14 Tell him a**bout** the match when (**5**) he comes in.

PRONUNCIATION
10. rédi iét – **11 mé**ri... milion**ér** – **13** rimem**b**ê... fiu uâdz... Djêmâne.

EXERCISES

1 Is your **hus**band in, Mrs **Wil**son? — **2** She is still **wai**ting for you at the **sta**tion. — **3** He is **al**ways back at nine o'clock. — **4** When he comes in he is **of**ten **ti**red. — **5** Walk to the end of the road and turn left.

Fill in the missing words :

1 *Ele está sempre muito ocupado e nunca tem nenhum tempo livre.*

He is . . . . . . very . . . . and never has . . . free time.

2 *O senhor não pode entrar. Ele ainda está ao telefone.*

You can't . . . . sir, he is . . . . the phone.

3 *Ela ainda não regressou (está de volta).*

She isn't . . . .

4 *Quando ele voltar (volta), perguntar-lhe-ei.*

When he . . . . I will ask him.

10. Despache-se! Eu ainda não estou pronto/a.
11. Você ainda está à espera [de] casar com um milionário?
12. Ele sempre pede dinheiro e eu nunca tenho nenhum.
13. Eu ainda me lembro (posso lembrar) [de] algumas palavras de alemão.
14. Diga-lhe sobre [fale-lhe do] o jogo quando ele voltar (entra)

NOTES (continued)

(4) *To remember,* lembrar-se (sem preposição) ; *to remind,* lembrar a alguém.
(5) Só se emprega o futuro depois de *when* quando se trata de uma pergunta.

5 *A senhora ainda não está pronta. Pode esperá-la aqui.*

Madam is not .... You can ....
her here.

EXERCÍCIOS

1. O seu marido está aí (em), senhora Wilson? – **2.** Ela ainda está à sua espera na estação – **3.** Ele está sempre de volta às 9 h. – **4.** Quando ele chega (entra) está frequentemente fatigado – **5.** Vá até ao fim da rua e volte à esquerda.

Correcção

1 always - busy - any. — **2** go in - still on — **3** back yet — **4** comes back (in) — **5** ready yet - wait for

THIRTY-FIRST (31st) LESSON

Eating

1 **Som**etimes, **Da**vid and Joan go out to eat.
2 There are **ve**ry few (**1**) **En**glish **res**taurants where they live (**N. 3**).
3 Most of them (**2**) are **ei**ther **In**dian or Chi**nese**, with a few **Ita**lian ones.
4 They like **In**dian food, though Joan finds it very hot.
5 The **mea**ls are quite cheap and there is a lot to eat.
6 They eat **cu**rry (**3**) and rice and fruit (**4**) — and Joan drinks a lot of **wa**ter.
7 You can find **En**glish food in pubs, as **well** as **be**er, but they shut quite **ea**rly.

8 — Hel**lo** **dar**ling. — Hel**lo** love (**5**).
9 Do you want to go out to a **res**taurant to**night**?

PRONUNCIATION
2. inglish **réss**tórantz... liv (o "i" muito breve, não é?) – **3. i**dê **in**dian... techa**inize**... **4.** fuud, dâu... faindz – **5.** ... kuaite tchiip – **6. kâ**ri... raice... frut – **7.** ... az'uél aze **bí**iê... shât... **ê**eli – **8. dá**aling... lâve.

NOTES
(1) *Few,* pouco ; *there are few people,* há pouca gente. *A few,* alguns, algumas ; *there are a few apples,* há algumas maçãs. No singular, emprega-se *little* (sem artigo definido). *There's little time,* há pouco tempo.

TRIGÉSIMA PRIMEIRA LIÇÃO

Comer (comendo)

1. Às vezes (algumas vezes) D. e J. saiem [para] comer [vão comer fora]
2. Há muito poucos restaurantes ingleses onde eles vivem.
3. A maior parte deles são ou indianos ou chineses, com alguns italianos.
4. Eles gostam [de] comida indiana, embora J. a ache muito picante (quente).
5. As refeições são bastante baratas e há muito (uma grande quantidade) para comer.
6. (Eles) comem caril e arroz e fruta - e J. bebe muita água.
7. Você pode encontrar comida inglesa nos "pubs",

8. Olá, querido/a - Olá, amor
9. Quer ir (sair) ao restaurante esta noite?

NOTES (continued)
(2) *Most :* a maior parte, a maioria, o máximo ; *most of them,* a maior parte deles.
(3) O caril é o prato nacional indiano.
(4) *Fruit,* fruta, é sempre singular.
(5) Como não têm a forma "tu", os ingleses usam muito as palavras carinhosas, tais como *darling, love, duck* (pato!).

10 — No. I've cooked a roast. We're **go**ing (**6**) to eat in.
11 — **Okay**, **I**'ll go and buy (**7**) some **wine** at the **off**-licence (**8**).
12 — Yes, but don't stop to play darts.
13 — No. The darts match (**N. 4**) was last night.

PRONUNCIATION
10. cuked... rousst – **11.** sâme **uaine**... **off**-laicence – **13.** uóz lásst...

EXERCISES

1 You can take **ei**ther the steak or the fish. — **2** There are many **tou**rists in **Lon**don. Most of them are **Ger**man. — **3** I like him, though he makes a lot of noise. — **4** **Yes**terday was **Wedn**esday. — **5** I'll go and buy some **cho**colate.

Fill in the missing words :

1 *Embora seja tarde, quero sair.*

. . . . . . it is late, I . . . . to go out.

2 *Há muito poucos restaurantes chineses na minha cidade.*

There . . . very . . . Chinese restaurants in my . . . .

3 *Você pode encontrar comida assim como bebidas.*

. . . can find food . . . . drinks.

10. Não, fiz (cozinhei) um assado. Vamos comer em casa (dentro, em)
11. Está bem. Eu irei (e) comprar (algum) vinho ao "off-licence".
12. Sim, mas não pare para jogar [aos] dardos.
13. Não. O jogo de dardos foi ontem à noite.

NOTES (continued)
(6) Neste caso, o gerúndio é usado como futuro imediato. *We're going to London tomorrow* (vamos a Londres amanhã).
(7) Repare na fórmula para traduzir dois infinitivos : ele quer vir ver, *he wants to come* **and** *see* (a repetição da partícula *to* seria pouco elegante).
(8) *Off-licence :* é a parte de um "pub" onde se pode comprar bebidas para levar. *Driving-licence,* carta de condução.

---

4 *O meu marido bebe muita cerveja, talvez demasiado.*

My . . . . drinks a . . . . . beer, perhaps . . . .

5 *Há muitos restaurantes e a maior parte deles são chineses.*

There are . . . . restaurants and . . . . are . . . .

EXERCÍCIOS
1. Você pode comer (tomar) ou o bife ou o peixe – **2.** Há muitos turistas em Londres. A maior parte deles são alemães – **3.** Eu gosto dele, embora ele faça (faz) muito barulho – **4.** Ontem foi quarta-feira – **5.** Irei (e) comprar chocolate.

Correcção
1 Though - want. — **2** are - few - town. — **3** you - as well as. — **4** husband - lot of - too much. — **5** many - most of them - Chinese.

THIRTY-SECOND (32nd) LESSON

1 Here are some **sen**tences with the verbs of the last few **les**sons:
2 Joan types (**1**) **let**ters all **mor**ning.
3 **Da**vid re**ceives** a call from a friend.
4 Joan cooks (**2**) at home if she is not too **ti**red.
5 — Is your **hus**band still **wor**king?
6 — Yes, he is not home yet.
7 Wait for him, he's ex**treme**ly **bu**sy.
8 The phone (**3**) is **rin**ging. **A**nswer it, please.
9 His wife works **full**-time,
10 but he only works **part**-time.
11. I can't af**ford** a new car. **They**'re too ex**pen**sive.
12 — Let's go out to a **res**taurant to**night**.
13 — No thanks, I'm not **hun**gry,
14 but I **am** (**4**) **thir**sty: let's go to the pub.

PRONUNCIATION
1. sentenciz... lást – **2.** taipz... móoning – **3.** ri**ciivz**... frend – **4.** kukz... **taiêd** – **7.** eks**strimeli** – anzêe – **9. ful**-taime – **11. afórd**... eks**pen**sive – **12.** résstórant – **13. han**gri – **14.** (note a ênfase sobre **am**) **çê**sti.

TRIGÉSIMA SEGUNDA LIÇÃO

1. Aqui estão algumas frases com os verbos das últimas (poucas) lições.
2. J. dactilografa cartas toda [a] manhã.
3. D. recebe uma chamada de um amigo
4. J. cozinha em casa se não está demasiado fatigada.
5. O seu marido ainda está a trabalhar?
6. Sim, ele ainda não está em casa.
7. Espere por ele, ele está extremamente ocupado.
8. O telefone está a tocar. Responda (-o), por favor.
9. A sua mulher trabalha [a] tempo inteiro.
10. mas ele apenas trabalha [a] meio-tempo.
11. Não me posso permitir um carro novo. São demasiado caros.
12. Vamos (saíamos) a[o] (um) restaurante esta noite.
13. Não, obrigado, não tenho fome (não estou[com] fome).
14. mas estou com sede : vamos ao "pub"

NOTES

(1) *To type :* dactilografar, escrever à máquina ; *typewriter :* máquina de escrever ; *a typist :* uma dactilógrafa.
(2) *To cook :* cozinhar ; *a cook :* um cozinheiro ; *a cooker :* um fogão.
(3) *Phone* é a contracção de *telephone.* E *to telephone* é o verbo correspondente.
(4) Escute a sua cassette ou disco : a ênfase sobre *am* transmite o sentido de "mas, em contrapartida, tenho sede".

Estude esta revisão cuidadosamente e não se esqueça de marcar as dificuldades que encontrar.

EXERCISES

1 They **ne**ver eat in a **res**taurant. — **2** His wife's **cook**ing is **ex**cellent. — **3** He is still **wai**ting for a call from his boss. — **4** We had **bet**ter buy a new car, the old one **does**n't work. — **5** **Lear**ning **En**glish is only a **par**t-time job.

Fill in the words :

1 *O seu marido tem sempre fome e come sempre no restaurante.*

. . . husband . . always . . . . . . and he . . . . . . eats in a restaurant.

2 *Vou beber uma cerveja embora não tenha sede.*

I'm . . . . . to drink a beer . . . . . . I'm . . . .

3 *Vamos ver [o] David se ele estiver (está) em casa.*

. . . . . go . . . see David, if he's . .

THIRTY-THIRD (33rd) LESSON

1. Mr **Mar**sden is **Da**vid's boss. He is the **ed**itor (1) of the **news**paper for which (2) **Da**vid works.

PRONUNCIATION
1 M**á**assden... **é**ditâ... fór uitch.

4 *Ele tem sempre muito [que] fazer em Fevereiro.*

He . . . . . . has a . . . . . do . . . .

5 *Em 1987 ; em Abril ; uma reunião no 28º.*

. . nineteen . . . .; . . April; a meeting . . the . . . .

EXERCÍCIOS
1. Eles nunca comem num restaurante – **2.** A cozinha da sua mulher é excelente – **3.** Ele ainda está à espera de uma chamada do seu amigo – **4.** Faríamos melhor (tínhamos melhor) comprar um novo carro, o antigo não funciona – **5.** Aprender (aprendendo) inglês não é uma tarefa a meio-tempo.

Correcção

1. Her - is - hungry - always. — **2.** going - though - not thirsty. — **3** Let's - and - in. — **4** always - lot to - in February. — **5** In - eighty-seven - in - on - twenty eighth.

TRIGÉSIMA TERCEIRA LIÇÃO

1. O sr. Marsden é o patrão de D. Ele é o redactor do jornal para [o] qual D. trabalha.

NOTES
(1) *Editor* não é "editor" em português *(publisher)*, mas sim redactor.
(2) Repare na pronúncia de *which* (uítch).

2 There are **ma**ny responsibi**li**ties in his job, but he en**joys** (**3**) it very much.
3 In his wife's o**pin**ion, there are too many responsi**bi**lities; she **ne**ver sees him!
4 She pre**fers** her son's job. He is a **bank** clerk and is home every day at six.
5 His job is not as well **paid** as his **fa**ther's (**4**), but he works less.
6 and the **ho**lidays are **be**tter.
7 In **Eng**land, twice (**5**) a year, there is a day's (**6**) **ho**liday called a "Bank **Ho**liday".

8 — I'll be home late to**night**, **dear**. — Why?
9 — I've got a new **ar**ticle **about** taxa**tion** to pre**pare**.
10 — But you **al**ways go to the **of**fice **ear**ly and come home late!
11 — I can't **help** it. An **ed**itor's life, you know...
12 — And his wife's life...!
13 — I'll see you to**night**, love, Good**bye**.

PRONUNCIATION
2. rispons**â**bi**li**tiz... djób... en**djoiz** – **3.** uaif'z ó**pin**ion... siiz – **4.** sân'z... bank **klêk** – **5.** az uél **peid** – **7.** **In**glande, tuaice – **9.** **á**aticle... ták**sseichên**... pri**pére** – **11.** Ai kân't **hél**pit... **éd**itôrz laife.

2. Há muitas responsabilidades no seu trabalho, mas ele gosta muito dele.
3. Na opinião da sua mulher, há demasiadas (muitas) responsabilidades ; ela nunca o vê!
4. Ela prefere o trabalho do seu filho. Ele é (um) empregado de banco e chega (está) [a] casa todos os dias às 6.
5. O seu trabalho não é tão bem pago como o do seu pai, mas ele trabalha menos
6. e as férias são melhores.
7. Em Inglaterra, duas vezes por (um) ano, há um dia de férias [feriado] chamado "Feriado de Banco".

8. Esta noite, chegarei (estarei) [a] casa tarde, querida (cara) - Porquê?
9. Tenho um novo artigo sobre impostos a preparar.
10. Mas você sempre vai para o escritório cedo e vem [para] casa tarde!
11. Nada posso fazer (não posso ajudar isso). [É] uma vida de redactor, sabe...
12. E a vida da sua mulher...!
13. Verei você esta noite, meu amor. Adeus.

NOTES (continued)

(3) *To enjoy,* disfrutar, achar agradável... *he enjoys his work,* ele gosta do seu trabalho (agrada-lhe).

(4) Subentenda-se *his father's job.* Já vimos esta reticência, em inglês, em repetir duas vezes a mesma palavra na mesma frase.

(5) *Once,* uma vez ; *twice,* duas vezes ; *three times,* três vezes ; etc.

(6) O caso possessivo ('s) também se emprega com as palavras que exprimem uma duração de tempo. Um ano de trabalho, *a year's work ;* um feriado de um dia, *a day's holiday ;* uma caminhada de 5 horas, *a five hour's walk.*

EXERCISES

1 He works less than his **fa**ther but is paid more. — 2 Her job is **be**tter than mine. — 3 Read the **ex**ercise twice and say it **aloud**. — 4 The **pa**per for which he works is called the "Star". — 5 His wife's o**pin**ion of him is not very good.

Fill in the missing words :

1 *A vida desse homem é apaixonante. Ele é explorador.*

That . . . . . life is fascinating. He's . . explorer.

2 *Duas vezes por ano vamos a Londres para ver a minha mãe.*

. . . . . . year, we go . . London . . . .

mother.

3 *A companhia para a qual ele trabalha está estabelecida em Dover.*

The company . . . . he works is based . .

Dover.

THIRTY-FOURTH (34th) LESSON

1 **We**'ll see you to**mo**rrow night at half-past **se**ven.

2 I've got **no**thing to do — and it makes me **ti**red.

3 Her **hus**band drinks too much — or that is her o**pin**ion.

4 *O seu trabalho não é tão bem pago como o meu.*

His . . . is . . . . paid as . . . .

5 *Estarei de volta tarde esta noite.*

. . . . be back . . . . this evening.

EXERCÍCIOS
1. Ele trabalha menos do que o seu pai, mas é mais bem pago (pago mais) – **2.** O seu trabalho é melhor do que o meu – **3.** Leia o exercício duas vezes e diga-o em voz alta – **4.** O jornal para o qual ele trabalha chama-se "Star" – **5.** A opinião da sua mulher sobre ele não é muito boa.

Correcção

1 man's - an. — **2** Twice a - to - to see my — **3** for which - in. — **4** job - not as well - mine. — **5** I'll - late.

TRIGÉSIMA QUARTA LIÇÃO

1. Nós vê-lo-emos (veremos você) amanhã [à] noite às 7 : 30
2. Não tenho nada para fazer - e isso fatiga-me (faz-me fatigado)
3. O seu marido bebe demasiado (muito) - ou essa é a sua opinião.

PRONUNCIATION
1. uí**l** si – **3.** hâzband... tu.

4 His wife's **spen**ding **wor**ries him.
5 **You**'ll meet his son next week. He's **co**ming (1) to **vi**sit us.
6 His son's **re**cord-**pla**yer is much too **noi**sy.
7 My **daug**hter **al**ways com**plains** that I work too much.
8 The man for whom (2) I work is **ve**ry mean. He **does**n't pay me e**nough**.
9 Please ex**cuse** me, it is not my fault.
10 I don't want to go home. May I come with you?
11 **Is** it **far** to the tube **sta**tion? — No, **about** five **min**utes' walk.
12 What is the **max**imum **pen**alty for **bi**gamy?
13 Two **moth**ers-in-law.

PRONUNCIATION

4. uôriz... **5. iul**... vizit – **6. ré**cord-**plei**â... **noi**si – **7. dó**tâ... compleinz – **8.** hum... miin... i**nâf** – **9.** fólt – **11.** Iz'it fár – **12. mákss**imâme **pé**nalti... **bi**guêmi – **13. mâdê**z ín ló.

EXERCISES

1 When he phones, **I**'ll tell him you are **here**. — 2 The man to whom she gives the **mo**ney is her **bro**ther. — 3 I live in **Ha**rrow, is it far? — No, ten **min**utes' walk. — 4 Don't **wo**rry, I'm sure **he**'ll come. — 5 My **mo**ther-in-law is **co**ming next **Tues**day.

4. As despesas da sua mulher inquietam-no (inquietam ele)
5. Você encontrará o seu filho [n]a próxima semana. Ele vem visitar-nos.
6. O gira-discos do seu filho é (muito) demasiado barulhento.
7. A minha filha queixa[-se] sempre que eu trabalho demasiado.
8. O homem para quem eu trabalho é muito avarento (mesquinho). Ele não me paga suficientemente.
9. Por favor desculpe-me, não é minha culpa.
10. Não quero ir para casa. Posso vir consigo?
11. A estação de metro é longe? - Não, cerca de 5 minutos a pé (uma caminhada de 5 minutos)
12. Qual é a pena máxima para bigamia?
13. Duas sogras.

NOTES

(1) *He is coming,* a forma progressiva do Presente. Futuro próximo ou certo, ele vem na próxima semana (certamente), mas ele virá se não houver greve (duvidoso).
(2) *For which,* para o/a qual ; *for whom,* para quem.

EXERCÍCIOS

1. Quando ele telefonar (telefona) dir-lhe-ei que você está aqui. – **2.** O homem a quem ela dá dinheiro é o seu irmão – **3.** Eu vivo em Harrow, é longe? – Não, dez minutos a pé – **4.** Não se inquiete, tenho a certeza que ele virá – **5.** A minha sogra vem na próxima terça-feira.

Fill in the missing words :

1 *É uma viagem de 2 h. de carro.*

It is a . . . . drive . . car.

2 *A mulher a quem ela fala não a escuta.*

The woman to . . . . she . . talking is not . . . . to . . .

3 *Estou (muito) demasiado ocupado para o ver.*

I . . . . to see . . .

THIRTY-FIFTH (35th) LESSON

REVISIONS AND NOTES

Notas a reler – 29ª Lição : (2), (5) – 30ª : (5) – 31ª : (1), (2), (7) – 33ª : (5), (6) – 34ª : (2), (3).

1 **Until** – "até" referindo-se a tempo traduz-se por *until* (ou *till*). Exemplos : *He works until nine o'clock,* ele trabalha até as 9 h. Referindo-se a distâncias, traduz-se, em inglês, por *to.* Vá até ao fim da rua, *go to the end of the road.*

2 O pronome impessoal português "se", como em "aqui fala-se inglês", é personalizada em inglês *(we, you, they,* no sentido de *people),* ou traduzido por *one, one speaks english.* O mais corrente é empregar a forme passiva, *English is spoken here.*

3 **Expressões de quantidade** – Mudam segundo o que se descreve é singular ou plural.

4 *A pessoa para quem ela trabalha é o redactor-chefe.*

The person ... . she works .. ...
......

5 *Queira desculpar-me, estou extremamente fatigada.*

.... me. I'm ....
.....

Correcção

1 two hours' - by. — **2** whom - is - listening - her. — **3** am much too busy - him. — **4** for whom - is the editor. — **5** Please excuse — extremely tired.

TRIGÉSIMA QUINTA LIÇÃO

Já estudámos *much* e *many,* e a expressão *a lot of,* a qual pode substituir ambas.

Também vimos *little* que, referinho-se a quantidades, significa "pouco" e deve ser colocado antes de um substantivo no singular, e *few* que significa a mesma coisa, mas é colocado antes de um substantivo no plural ; *He has little money and few friends,* ele tem pouco dinheiro e poucos amigos. Pondo o artigo indefinido *a* antes destas duas palavras obtém-se *a little, I speak a little German ;* falo um pouco de alemão ; e *a few, I speak a few words of Spanish,* falo algumas palavras de espanhol. *A few :* alguns, algumas. Reveja a Nota (1) da 31ª Lição.

4 As palavras compostas – A simplicidade do inglês é o seu ponto chave. Por exemplo, um "jogo de dardos", a segunda palavra é, na verdade, como se fôsse um adjectivo (que espécie de jogo?). Então, como os adjectivos são colocados antes dos substantivos, teremos, em inglês, *darts-match.*

O mesmo acontece com *tooth-brush,* escova de dentes ; *Lorry-driver,* motorista de camião, etc.

Atenção! Entre a *whisky bottle* (uma garrafa de “whisky”, no sentido de que foi feita para conter o dito líquido) e a *bottle of whisky* (uma garrafa de “whisky”, no sentido de que contem efectivamente o líquido), a diferença pode ser dolorosa.

5 Expressões a notar :
This restaurant is quite cheap, este restaurante é bastante barato.

THIRTY-SIXTH (36th) LESSON

1 **Da**vid and Joan are **go**ing to the **Ma**rsden's for **di**nner.
2 They ar**rive** at **se**ven **thir**ty and Mr **Ma**rsden **o**pens the door and in**vites** them in.
3 — Come (**N. 1**) into the **sit**ting-room and sit down. What will (**1**) you have to drink?

PRONUNCIATION
1. Máassden... – **2.** ôpenz... invait – **3.** Uát'uil'íu have.

Go and buy some wine, please : Vá comprar (e compre algum) vinho, por favor.
His job is better paid than is son's : [O] seu trabalho é mais bem (melhor) pago do que o de seu filho.
The phone is ringing, answer it please : O telefone está tocando, responda(-o) por favor.
The postman (pôstmén) *comes twice a day :* o carteiro vem duas vezes por (um) dia.
Have some fruit : Sirva-se (tenha alguma) de fruta.

Ao fim destas trinta e cinco lições, está satisfeito com seu trabalho? Os seus conhecimentos são, certamente, ainda hesitantes a vagos, mas dando-lhe todos os dias nova matéria recapitulamos constantemente o que já conhece (sobretudo durante a **nova vaga** *com os exercícios que retomam a lição do dia e os pontos essenciais da lição revista). Deste modo, a recapitulação é feita automaticamente. Não duvide do sucesso final.*

TRIGÉSIMA SEXTA LIÇÃO

1. David e Joan vão a casa dos Marsden para jantar.
2. Chegam às sete e meia e o Sr. Marsden abre a porta e convida-os a entrar.
3. Venham (no) para o salão e sentem-se. O que é que querem beber (ter para beber)?

NOTES

(1) *Will*, como já vimos, é o auxiliar do Futuro, mas também pode ser a forma "quer/querem", prestação eventual de um serviço. *Will you help me?* Quer ajudar-me?

4 — A **whis**ky (**2**) for me. — Joan what will you have?
5 — A **she**rry, if I may. Dry (**3**), please.
6 He serves the drinks and they all sit down.
7 Mrs **Ma**rsden comes down**stairs** (**N. 2**) and joins them.
8 The cook comes in and says: "**Di**nner is **re**ady". They go into the **di**ning-room.
9 The meal is **ex**cellent. They eat soup, lamb, fruit **sa**lad and cheese (**4**).
10 — You're very **lu**cky to have a cook, Mrs **Ma**rsden, says Joan.
11 — Yes. You see, I have so **li**ttle time to cook.
12 — So do **I** (**5**). But **Da**vid **does**n't earn e**nough mo**ney, so...
13 There is an em**ba**rassed **si**lence.
14 — Have a **bran**dy, says Mr **Ma**rsden.

PRONUNCIATION
4. uíssqui – **5. chéri** – **6.** sêevez – **7.** daune**sstérz** – **8.** kuk... **dai**ningue – **9. éksslent**... lame, frut... tchiize – **12.** sô-do-ai – **13.** em**bé**ressed **sai**lence.

4. Um uísque para mim - Joan, o que é que quer?
5. Um "sherry", se posso. Seco, por favor.
6. Ele serve as bebidas e todos se sentam.
7. A sra. Marsden desce a escada e junta-se a eles.
8. O cozinheiro/a cozinheira entra e diz : "O jantar está pronto". Eles vão para a sala de jantar.
9. A refeição é excelente. Comem sopa, cordeiro, salada de frutas e quiejo.
10. Tem muita sorte de ter uma cozinheira, sra. Marsden, diz Joan.
11. Sim. Você vê [está a ver], tenho tão pouco tempo para cozinhar.
12. Também eu. Mas [o] David não ganha bastante [muito] dinheiro, [e] assim...
13. Há um silêncio embaraçoso.
14. Tomem um conhaque, diz o sr. Marsden.

NOTES (continued)

(2) Só o *whisky* escocês se escreve sem "e". Na Irlanda, ou nos Estados-Unidos (e, agora, também no Japão), escreve-se *whiskey*. A palavra vem do galês para dizer "água" (uisque).
(3) *Dry,* seco. Neste caso, trata-se de licôr, ou vinho, seco (vinho dôce : *sweet wine*). Seco (ou seja, sem água) diz-se *straight*. Húmido, ou molhado : *wet*.
(4) Na Inglaterra come-se o queijo depois da sobremesa.
(5) *So do I,* expressão idiomática, assim faço eu. Em português : também eu. *I like whisky. So do I.* Ele também : *So does he,* etc.

Preste atenção ao número das páginas e das lições em inglês.

EXERCISES

1 Come in and sit down. What will you have to drink? — 2 There is so much to do and so **li**ttle time. — 3 How much **mo**ney do you earn? — 4 Come and join us. — 5 She serves **di**nner at eight e**xac**tly.

Fill in the missing words :

1 *Entrem no salão. Sentem-se.*

Come . . . . the . . . . -. . . . Sit . . . .

2 *Ela desce a escada a entra na sala de jantar.*

She . . . . and comes . . . .

the . . . . . . -room.

3 *Entrem, por favor. Eu segui-los-ei.*

. . . . . please. . . . . . follow you.

THIRTY-SEVENTH (37th) LESSON

Directions

1 — Can you tell (1) me the way to the **Bri**tish Mu**se**um?

2 — Mmm... Let me **see**. Yes. Are you on foot?

PRONUNCIATION
1. uei... miusiême – 2. lét-mi **sii**.

4 *Ele abre a porta e convida-os a entrar.*

He . . . . and invites . . . . to . . . .

5 *O que é que querem beber? Vinho branco seco, por favor.*

What . . . . you . . . . to drink? A . . . . please.

EXERCÍCIOS
1. Entrem e sentem-se. O que é que querem beber? – **2.** Há tanto para fazer e tão pouco tempo – **3.** Quanto dinheiro ganha? – **4.** Venham connosco (juntem-se a nós) – **5.** Ela serve o jantar às 8 horas em ponto.

Correcção

1 into - sitting-room - down. — **2** comes downstairs - into - dining. — **3** Go in - I will. — **4** opens the door - them - come in. — **5** will - have - dry white wine.

TRIGÉSIMA-SÉTIMA LIÇÃO

Informações

1. Pode indicar-me (dizer-me) o caminho para o British Museum?
2. ... Deixe-me ver. Sim. Vai (está) a pé?

NOTES
(1) *To tell,* dizer, contar. *Tell me a story,* conte-me uma história. O verbo comporta a ideia de informar, explicar.

3 — Yes, I am. Well, go up **Cha**ring Cross Road (2) and take **Sha**ftesbury **A**venue.
4 You come to New **Ox**ford Street. Er, then it's, er, just **o**pposite I think.
5 Yes, that's it, just **o**pposite is **Bloom**sbury Street. — **So**rry, say that **again** (**3**)?
6 — Just **o**pposite, you've got **Bloom**sbury Street. Go down there and it's on your right.
7 You can't **miss** it.
8 — Thanks very much. — That's o**kay**.

---

9 — Have **ano**ther **bee**r. — I don't want one, but have one your**self**.
10 — I **will**. I'm **ve**ry **thir**sty. — You're **al**ways **thir**sty.
11 — Per**haps** it's be**cause** I don't drink e**nough**.

A glutton

12 (A **mo**ther to her son, **a**fter the sixth piece of cake):
13 — Tom, you **are** a **glu**tton. How can you eat so much?
14 — I don't know. It's just good luck.

PRONUNCIATION
3. gô âp **Tché**ringue... Rôhd... **Shá**ftssbry – **4.** Níu **Ókss**fêd... opêsit – **5. Blim**zbri... – **7. miss**'it – **10.** Ai **uíl**.

Escute esta conversa "natural", prestando atenção às pausas e hesitações. Não é muito difícil de compreender, pois não?

3. Sim, vou (estou). - Bem, suba Charing Cross Road e siga (tome) [a] Shaftsbury Avenue.
4. (Você) chega a New Oxford Street. Eh, então é, eh, mesmo em frente, penso.
5. Sim, é isso, mesmo em frente [fica] está Bloomsbury Street -Desculpe, diga isso outra vez...
6. Mesmo em frente você tem Bloomsbury Street. Desça aí e fica à sua direita.
7. Não se pode enganar (não pode falhá-la).
8. Muito obrigado - Não tem de quê.

---

9. Tome outra cerveja - Não quero, mas tome você uma.
10. Com prazer. Tenho muita sede. - Você tem sempre sede.
11. Talvez seja porque não bebo [o] suficiente.

Um glutão

12. (Uma mãe ao filho, depois da sexta fatia de bolo) :
13. Tom, és um glutão. Como podes comer tanto?
14. Não sei. É somente (boa) sorte.

NOTES (continued)
(2) Influência francesa : *Charing* é a deformação de "chère reine" (cruz da querida rainha). A rainha em questão é Eleanor de Aquitânia.
(3) Em vez do prefixo "re" acrescenta-se, normalmente, o advérbio *again*.

EXERCISES

1 Take the first street on the right. — 2 Turn left at the end of the road. — 3 It's only a **twen**ty **min**utes' walk to **Ox**ford Street. — 4 **So**rry, say that **again**. I can't **hear**. — 5 **Hu**rry up. Don't miss the train. — 6 **O**pposite the church you can see the school.

Fill in the missing words :

1 *Há tanto barulho que ele se vai deitar (para a cama).*

There is . . . . that he . . . . bed.

2 *Pode indicar-me o caminho para o museu.*

Can you . . . . me . . . . the . . . . . .

3 *Suba esta rua e é à sua esquerda.*

. . . . street and it's . . your . . . .

THIRTY-EIGHTH (38th) LESSON

At the Pub

1 **Da**vid and Pete are **pla**ying darts.
2 — I'm good (1), Pete, but I think you're **bet**ter.
3 — No, that's not true. Oh, **six**ty! per**haps** you're right.

PRONUNCIATION
2. gude... **bétê** – **3.** tru.

4 *Vai a pé ou de carro?*

Are you . . . . or . . a car?

5 *Tenho sorte, nunca me perco.*

. . . . I . . . . . get lost.

EXERCÍCIOS
1. Tome a primeira rua à direita – **2.** Vire à esquerda ao fim da rua – **3.** São (isso é) somente 20 minutos a pé até (para) Oxford – **4.** Desculpe, repita por favor (volte a dizer isso). Não compreendo (não posso compreender) – **5.** Despache-se. Não perca (falhe) o comboio – **6.** Em frente da igreja pode ver a escola.

Correcção

1 so much noise - is going to. — **2** tell - the way to - museum. — **3** Go up this - on - left. — **4** on foot - in. — **5** I'm lucky - never.

TRIGÉSIMA OITAVA LIÇÃO

No "pub"

1. David e Pete estão a jogar (jogando) aos dardos.
2. Sou bom, Pete, mas penso que você é melhor.
3. Não, (isso) não é verdade. Oh, 60 ! [Afinal] talvez tenha razão.

NOTES
(1) Lembremos que *good* é um adjectivo e *well* um advérbio. *How are you? - Very well.* Já os americanos empregam estas duas palavras indiscriminadamente.

4 — Hey, look, you're **clo**ser (2) than me. — Yes, but I'm short-**sig**hted (3).
5 — **That's** no ex**cuse**. You can see from **he**re.
6 — Yes but not **ve**ry well. **Any**way (4). I don't **al**ways win (5).
7 — But you can buy the drinks. You're **ri**cher than me.
8 — Al**right**. What do you want? — I want to win.

9 Pete is **ri**cher than **Da**vid, but **Da**vid is **hap**pier.
10. I'm **bi**gger than you. — Yes but I'm more in**tel**ligent.
11. How is your poor **fa**ther? — He's worse (6), I'm a**fraid**.
12. This is the best way to go to the museum.
13. Close, **clo**ser, **clo**sest; rich, **ri**cher, **ri**chest;
14. good, **be**tter, best; more in**tel**ligent, most in**tel**ligent.

PRONUNCIATION

4. clôsê... shóht **sai**ted – **5.** détz nâu ék**sskiuse** **6. éni**uei – **7.** iór **ri**tchê dén mi – **8.** ól**rait**... uíne – **9. hé**piê – **10.** móhr – **11.** puê... uôrce... a**freid** – **12.** – úei.

NOTES (continued)

(2) *Close,* perto, próximo ; *closer,* mais perto. A maioria dos adjectivos de **uma** ou **duas** sílabas formam, assim, o seu comparativo de superioridade. Acrescenta-se "er" *(rich, richer),* axcepto se o adjectivo já termina em "e". Nesse caso, acrescentea-se simplesmente "r". Se o adjectivo termina em "y", substituise este em "i" : *happy* (feliz, contente), *happier* (mais feliz, mais contente). No superlativo acrescenta-se "est" com o adjectivo precedido de "the". *The happiest moment in my life,* o mais feliz momento da minha vida. *The closest,* o mais próximo. Para os adjectivos mais longos, emprega-se *more* e *the most* respectivamente para o comparativo de superioridade e superlativo. Não esquecer que depois do comparativo se emprega *than* (do que). *Happier than,* mais feliz do que.

4. Eh, olhe, você está mais perto do que eu. - Sim, mas eu sou míope.
5. Isso não é desculpa. Você pode ver daqui.
6. Sim, mas não muito bem. De qualquer modo, eu não ganho sempre.
7. Mas pode pagar (comprar) as bebidas. Você é mais rico do que eu.
8. Está bem. O que é que quer? - Quero ganhar.

9. Pete é mais rico do que David, mas David é mais feliz.
10. (Eu) sou maior do que você. - Sim, mas eu sou mais inteligente.
11. Como está [o] seu pobre pai? - Ele está pior, receio (tenho medo)
12. Este é o melhor caminho para o museu.
13. Perto, mais perto, o mais perto ; rico, mais rico, o mais rico ;
14. bom/boa, melhor, o/a melhor ; mais inteligente, o mais inteligente.

NOTES (continued)
(3) A palavra *myopic* existe, mas é muito técnica. *Short-sighted* é alguém que vê bem ao perto, mas não ao longe ; *long-sighted,* é o inverso. Daltónico, *colour-blind* (cego às cores).
(4) *Any* (qualquer) *way* (caminho) : de qualquer modo, de todas as maneiras, não importa como...
(5) *To win :* vencer, ganhar (em competição) ; *to earn :* ganhar, mas implicando recompensa em troca de trabalho ou serviço prestado.
(6) Há alguns comparativos e superlativos irregulares. *Good, better, the best, bad, worse, the worst.*

Continua a bem pronunciar as consoantes?

EXERCISES

1 I'm af**raid** I can't see. I'm short-**sigh**ted. — **2** How is your poor **daugh**ter? — Much **be**tter. — **3** We've got no **mo**ney at all. — **4** He **al**ways wins when we play **Po**ker. — **5** She earns more **mo**ney than her **fa**ther.

Fill in the missing words :

1 *O melhor jogador ganhará o jogo.*

. . . . player will . . . the match.

2 *Ele é mais rico, mas ela é mais feliz.*

He is . . . . . . but she is . . . .

3 *Os seus olhos são maiores do que seu estômago.*

Your . . . . are . . . . your stomach.

4 *Não tenho (nenhum) dinheiro [nem] (e nenhuns) problemas.*

I've got . . money and . . problems.

THIRTY-NINTH (39th) LESSON

Lon**don**

1 **Lon**don is **lar**ger than **Pa**ris but **sma**ller than New **York**.

5 *Ele é o pior estudante da classe.*

He . . the . . . . . student . . the class.

EXERCICES

1 Je regrette (j'ai peur) mais je ne peux pas voir. Je suis myope. — **2** Comment va (est) votre pauvre fille? — Beaucoup mieux. — **3** Nous n'avons pas d'argent du tout. — **4** Il gagne toujours quand nous jouons [au] poker. — **5** Elle gagne plus d'argent que son père.

Correcção

1 The best - win. — **2** richer - happier. — **3** eyes - bigger than. — **4** no - no. — **5** is - worst - in.

TRIGÉSIMA NONA LIÇÃO

Londres

1. Londres é maior do que Paris, mas mais pequena (menor) do que New York.

2 There are more than eight **mil**lion in**ha**bitants (**1**) in **Grea**ter **Lon**don (**2**),

3 more than the popu**la**tions of **Scot**land and **Wa**les to**geth**er.

4 **In**ner **Lon**don is **sma**ller. Here you find the "West **End**" with its **thea**tres

5 and the **Ci**ty (**3**), which (**4**) is the fi**nan**cial **cen**tre of **Eng**land.

6 It is **al**so the oldest part of **Lon**don and still has some **an**cient tra**di**tions.

7 For e**xam**ple, the Lord **Ma**yor of **Lon**don is **ma**yor of the **Ci**ty **on**ly.

8 The most im**por**tant (**5**) part of the **Ci**ty is the Stock Ex**change**

9 which is as im**por**tant as the Bourse in **Pa**ris.

10 In **al**most **e**very street, there is a **beau**tiful church, often de**sig**ned by Wren (**6**).

11 **Among** the **pla**ces of **in**terest to see are Tra**fal**gar Square,

12 with its **co**lony of **pi**geons and four bronze **li**ons;

13 and the **Hou**ses of **Pa**rliament and Big Ben.

14 In fact, it is the bell and not the clock which is called Big Ben.

PRONUNCIATION
2. in**há**bitantz... **greit** – **3.** pópu**lei**chen – **4.** **Í**na... Uésst**end**... **çi**têtêz – **5.** fai**nan**chial céntê – **6.** **én**chient tra**di**chionz – **7.** Fór'ég**zam**ple... Lórd Meiê – **8.** Stók ékss**tchandje** – **10.** tchêtch... dizain'd bai Réne – **11.** a**mangue**... **ín**trésst Skuére – **12.** **pid**jenz... brohnze **lai**on'z – **13.** **Hau**ziz'óv **Pâh**lêment.

2. Há mais de 8 milhões de habitantes na Grande Londres,
3. mais do que as populações da Escócia e do País de Gales juntas.
4. O interior de Londres é mais pequeno. Aqui você encontra o West-End (a extremidade oeste) com os seus teatros
5. e a City, (a qual) que é o centro financeiro de Inglaterra.
6. Também é a parte mais velha [antiga] de Londres e ainda tem algumas tradições antigas.
7. Por exemplo, o Lord Mayor (Presidente da Câmara) é apenas "mayor" da City.
8. A mais importante parte da City é a Bolsa
9. a qual é tão important como a Bolsa em Paris.
10. Em quase todas as ruas há uma bela igreja, frequentemente concebida por Wren.
11. Entre os lugares de interesse a (para) ver há (são) a Praça Trafalgar,
12. com a sua colónia de pombos e quatro leões de bronze ;
13. (e) as Casas do Parlamento e o Big Ben.
14. Na realidade, é o sino e não o relógio que se chama Big Ben.

NOTES

(1) Palavra que se presta a confusão : *inhabitants* (habitantes), *inhabited* (habitado), *uninhabited* (desabitado).

(2) *Greater London,* Londres e os seus subúrbios.

(3) *The City,* é a mais pequena capital do mundo : uma milha quadrada (259 hectares).

(4) Além de *that,* pronome relativo, *which* também pode ser traduzido por "que". Mas a sua tradução literal é "qual, quais". *Who,* quem ; *whom,* a quem.

(5) Christopher Wren (1632-1723), célebre arquitecto que reconstruíu a catedral de São Paulo após o incêndio de Londres (1666).

EXERCISES

1 Your **bro**ther-in-law and his friend are ar**ri**ving to**ge**ther. — **2** It is this **sen**tence which is the most **di**fficult. — **3** We have **co**ffee or tea. Which do you want? — **4** Which is the most **beau**tiful church in **Lon**don? — **5** She is a li**bra**rian, not a **se**cretary.

Fill in the missing words :

1 *O homem a quem está a falar é um antigo ministro.*

The man . . . . . . you are . . . . is an ex-minister.

2 *Temos um amigo que toca piano maravilhosamente.*

We have a . . . . plays . . . . marvelously.

3 *Quem quer vir a Londres connosco?*

. . . wants . . . . . . to London with . .?

4 *Qual é mais interessante, Londres ou Edimburgo?*

. . . . interesting, London . . . .?

The more the merrier : quanto mais formos

5 *Faríamos melhor partir agora. Já é tarde.*

We . . . . now. It's . . . .

EXERCÍCIOS
1. O seu cunhado e o seu amigo chegam juntos – **2.** É esta frase que é a mais difícil – **3.** Temos café e chá, qual é que quer? – **4.** Qual é a mais bela igreja de Londres? – **5.** Ela é uma bibliotecária, não uma secretária.

Correcção

1 to whom - talking. — **2** friend who - the piano. — **3** Who - to come - us. — **4** Which is more - or Edinburgh. — **5** had better leave - already late.

---

melhor (mais alegres seremos) – *merry* : alegre.

FORTIETH (40th) LESSON

Useful expressions

1 Can I help you? — Yes, I'm **loo**king for...
2 Please sit down. You look (**1**) **ti**red.
3 Have a drink. What will you have?
4 Can you tell (**N. 3**) me the way to the town **cen**tre?
5 **Lon**don is **lar**ger than **Pa**ris but **sma**ller than New **York**.
6 Please come in. Make your**self** at home.
7 **So**rry, say that **again**.
8 I don't like **bee**troot. — No, **nei**ther (**2**) do **I**.
9 Can't you do **be**tter than that?
10 This **le**sson is more **in**teresting than the first one.
11 I can't speak **En**glish **flu**ently yet, but I can under**stand** quite well.
12 Please speak a **li**ttle **slo**wer. Thanks.
13 How far is it from **Lon**don to **Ed**inburgh?
14 He won't (**3**) speak to you, he's in a bad mood.

PRONUNCIATION
2. luque **tai**êd – **4.** taune **cen**tê – **5. láa**djâ... **smó**hiâ – **6.** meike iór**célf** – **7.** a**gueine** – **8.** biit-rut... **nai**dê do-**ai** – **9.** kahnt – **11. flu**entli – **12. slô**hâ – **13.** Édinbrê.

EXERCISES

1 No, sir, I'm a**fraid** he's not in. — **2** Can you come back to**mo**rrow. — **3** I like **Tur**kish **co**ffee. — So do I. — **4** Un**for**tunately, there are no **ti**ckets for **Sa**turday.

QUADRAGÉSIMA LIÇÃO

Expressões úteis

1. Posso ajudá-lo[a]? - Sim, estou à procura de...
2. Por favor, sente-se. Você parece cansado.
3. Tome uma bebida. O que é que quer?
4. Pode dizer-me o caminho para o centro da cidade?
5. Londres é maior do que Paris, mas mais pequena (menor) do que New York
6. Entre, por favor. Esteja à vontade.
7. Desculpe, diga isso outra vez.
8. Não gosto de beterraba - Não, eu também não
9. Não pode fazer melhor do que isso?
10. Esta lição é mais interessante do que a primeira.
11. Ainda não falo (posso falar) inglês fluentemente, mas posso compreender bastante bem.
12. Por favor fale um pouco mais lentamente. Obrigado.
13. A que distância fica Londres de Edimburgo? (Quanto longe é de Londres para Edimburgo)
14. Ele não quer falar-lhe, está mal disposto.

NOTES

(1) *To look at,* olhar para ; *to look,* parecer, ter aspecto de. *You look like your father,* você parece-se com o seu pai ; *this meal looks good,* esta refeição tem bom aspecto. *To look for,* procurar.

(2) *Neither... nor,* nem... nem. *Neither John nor Peter speak French,* nem João nem Pedro falam francês. *Neither do I,* expressão idiomática, eu também não ; *neither does she,* ela também não. Ou... ou, diz-se *either... or. Either I or him,* ou eu, ou ele.

(3) *Won't - will not* (não se esqueça que *will* também tem o sentido de querer).

EXERCÍCIOS

1. Não, senhor, receio [que] ele não esteja (está) – **2.** Pode voltar amanhã? – **3.** Gosto do café turco – Eu também – **4.** Infelizmente, não há bilhetes para sábado.

— 5 We're going to see Pete. How far from here does he live?

Fill in the missing words :

1 *Não quero ir à Grécia em Setembro. - Eu também não.*

I . . . . to go . . Greece . . September. . . . . do I.

2 *Ela fala fluentemente inglês, mas não alemão.*

. . . speaks English . . . . but . . . .

3 *Habitualmente, ele vai para o trabalho de carro.*

. . . ., he . . . . to work

4 *Infelizmente, vamos jnatar a casa de minha mãe.*

. . . ., we are . . . . . to my . . . . for dinner.

FORTY-FIRST (41st) LESSON

Success

1 Pete and Dave are fishing:
Pete. — I've got a bite!
2 *Dave.* — Is it a trout?
3 *Pete.* — Ow, no! It's a wasp!

5. Vamos ver Pete. A que distância habita ele?

5 *Não como bastante - É o oposto, você come demasiado.*

I . . . . . eat . . . . . . It's the . . . . you eat . . . . . .

Correcção

1 don't want - to - in - Neither. — **2** She - fluently - no German. — **3** Usually - drives. — **4** Unfortunately - going - mother's. — **5** don't enough - opposite - too much.

QUADRAGÉSIMA PRIMEIRA LIÇÃO

Sucesso

1. Pete e David estão a pescar :
Pete - Mordeu! (tenho uma dentada)
2. David - É uma truta?
3. Pete - Ai, não! É uma vespa!

PRONUNCIATION
sâk**sséss** – **1.** baite – **2.** traute – **3.** uássp...

Innocence

4 *Little girl.* — Please drink your tea, Mr Williams. I want to watch (1) you.
5 *Mr Williams.* — Of course my dear. But why?
6 *Little girl* — Because Mummy says you drink like a fish!

A Scottish prayer

7 Heavenly Father, bless us
and keep (2) us all alive.
8 There are eight of us for dinner.
9 and there's only enough for five.

---

10 — What is the longest word in English? — I don't know.
11 — "Smiles", because there is a mile between the first and the last letter.

---

12 Keep quiet in the library. People are reading.
13 I don't want this old pullover. You can keep it.

PRONUNCIATION
ínecentz – **6. Mâ**mi seiz... laike – **prei**hê – **7. hé**venli... kiip... â**laive** – **8.** eite – **9. ináf** – **11.** smailez bi**cóse**... maile bi**tuíne** – **12.** kiip **kuai**ete... **lai**bréri – **13. pul**-ôver...

Pratique repetindo cada uma das quatro anedotas. Será fácil, pois são pequenas.

Inocência

4. Menina - Por favor beba o seu chá, sr. Williams. Quero vê-lo (observá-lo)
5. Sr. Williams - Claro, minha querida. Mas porquê?
6. Menina - Porque a mamã diz [que] bebe como um peixe!

Uma oração escocesa

7. Pai dos céus, abençoai-nos e conservai-nos todos em vida (vivos)
8. Somos oito (há oito de nós) a jantar
9. e há apenas [o] suficiente para cinco.

---

10. Qual é a palavra mais comprida em inglês? - Não sei.
11. "Smiles" (sorrisos), porque há uma "mile" [mìlha] entre a primeira e a segunda letra.

---

12. Mantenha-se tranquílo na biblioteca. As pessoas estão a ler.
13. Não quero esta velha camisola. Pode ficar com ela (guardá-la).

NOTES

(1) *To watch :* observar, mas também olhar com atenção. *To watch television.*

(2) *To keep :* guardar, conservar, manter, ficar. *To keep left,* manter-se à esquerda ; *to keep a promise,* manter uma promessa.

EXERCISES

1 Please keep **qui**et, there is too much noise. — 2 Stubbs, the famous **pa**inter, is still **alive**. — 3 There isn't e**nough** food for all of us. — 4 How many kil**o**meters are there in a mile? — 5 She works in a **l**ibrary out**side** **Lon**don.

Fill in the missing words :

1 *Vá à livraria e compre-me o novo romance de Greene.*

Go to the . . . . and buy . . the new . . . . .

by Greene.

2 *Qual é a palavra mais comprida em inglês? Eu conheço a mais curta.*

. . . . is the . . . . word . . English? I

. . . .

3 *Dê-me cinco. Pode guardar o resto.*

. . . . me five. You can . . . . the rest.

FORTY-SECOND (42nd) LESSON

REVISIONS AND NOTES

Notas a reler : 36ª lição : (1), (4) – 37ª : (3) – 38ª : (2), (6) – 39ª : (4) – 40ª : (2).

1 To come and **to go** – *To come :* vir, aproximar-se ; *to go :* ir, afastar-se. *She comes downstairs :* ele desce as escadas (aproxima-se de nós).

4 *Quando conduz [conduzir] em Inglaterra, deve lembrar-se : mantenha-se [à] esquerda.*

. . . . you . . . . . in England, you must remember:

. . . .

5 *Ele não pode vendê-lo[a]. Não faz mal.*

He can't . . . . . . Never . . . .

EXERCÍCIOS
1. Esteja quieto (mantenha-se tranquilo), por favor, há demasiado barulho. – **2.** Stubbs, o conhecido pintor, ainda está vivo. – **3.** Não há comida suficiente para todos nós. – **4.** Quantos quilómetros há numa milha? – **5.** Ela trabalha numa biblioteca fora de Londres.

Correcção

1 bookshop - me - novel. — **2** What - longest - in - know the shortest. — **3** Give - keep. — **4** When - drive - Keep left. — **5** sell it mind.

QUADRAGÉSIMA SEGUNDA LIÇÃO

She goes downstairs : ela desce as escadas (e nós permanecemos em cima, pois ela afasta-se de nós).

Come in (entre), a pessoa que fala encontra-se no interior ; *go in,* a pessoa que fala está com a pessoa a quem a ordem foi dirigida.

Into, immplica a ideia de movimento *(to)* e de entrar *(in). Go into your room,* vá para o seu quarto.

2 Verbos compostos – O emprego da preposição modifica o sentido do verbo : *come in,* entrar ; *come down,* descer ; *come out,* sair (mas a pessoa que dá a ordem já se encontra cá fora ; se não, *go out*) ; *go up,* subir ; *come back,* voltar.

Habitue-se a memorizar o verbo com a preposição apropriada. Por exemplo, *to ask,* perguntar, mas *to ask for,* pedir. *To ask a question,* fazer uma pergunta ; *to ask for money,* pedir dinheiro.

3 *To tell* (contar, dizer) tem sempre o sentido de informar. *Tell me about your job,* fale-me sobre o seu trabalho ; *tell him the truth,* diga-lhe a verdade ; *tell me a story,* conte-me uma história. **Este verbo é sempre seguido por um pronome** *(you, him, someone).*

To say, dizer, é habitualmente seguido por *that. He says that he is tired,* ele diz que está cansado.

To speak, falar ; *we speak English.*

4 Expressões a memorizar (ver igualmente a lição 37)
Il don't like this film. Neither do I : não gosto deste filme. Nem eu [eu também não]. *He drinks like a fish :* ele bebe como um peixe.
There are four of us for dinner : somos quatro para jantar.

Sorry, say that again : desculpe, diga isso outra vez.
The museum is on your right : o museu fica à sua direita.

5 Algumas medidas – *1 mile* : 1,609 quilómetros ; *1 foot* : 0,30 cm ; *1 pound* : 0,45 kg. ; *1 pint* : 0,56 litro ; *1 acre* : 0,40 hectare.

6 Escrever em inglês (segunda vaga) – Não olhe para o texto inglês antes de fazer a tradução ; mais vale fazer erros e aprender, assim, a corrigi-los.

1. Ele é mais rico do que eu, mas eu sou mais feliz.
2. Ela vem terça-feira. A que horas? Às quinze para as 9.
3. Pode dizer-me o caminho para a igreja de Wren?
4. Londres é a cidade mais importante da Inglaterra. Quantos habitantes tem?
5. Quero alguma coisa para beber. O que é que quer tomar?
6. Entre os mais interessantes, o Big Ben é o melhor monumento.

7 Tradução

1 *He's richer than me, but I'm happier.*
2 *She's coming on Tuesday. What time? At a quarter to nine.*
3 *Can you tell me the way to Wren's Church?*
4 *London is the largest city (town) in England. How many inhabitants are there?*
5 *I want something to drink. What will you have?*
6 *Among the most interesting, Big Ben is the best monument.*

FORTHY-THIRD (43rd) LESSON

The future

1 We will now look at the **fu**ture tense.
2 You form the **fu**ture by **pu**tting "will" in **front** of **near**ly all our verbs (**1**).
3 For **in**stance (**2**), the verb "to dress", in the **fu**ture, be**comes** "I will dress; you will dress".
4 We con**tin**ue with the con**trac**tion: "**we**'ll dress, **you**'ll dress, **they**'ll dress" (**3**).
5 You see, it's **ea**sy!
6 Let's look at some **sen**tences in the **fu**ture :
7 **I**'ll go to the **ci**nema to**night** if **you**'ll come with me.
8 You will learn **Eng**lish **quic**kly if you read a **les**son **ev**ery day.
9 The word "shall" is **main**ly **used** for sug**ges**tions : It's **rai**ning, **shall** we take a **ta**xi (**4**)?

PRONUNCIATION
1. fiutchâ tènse – **2.** fóhm... uíl in frônt'óv... vêebz – **3.** fór'**inss**tence... bi**câmeze**... uíl dréss – **5.** itssizi – **7. Ai**'l – **8.** iú uíl... riid – **9. mein**eli... sâguejéstchions... **shell**uí... **ték**ssi.

NOTES
(1) *Will* é colocado antes do infinitivo sem *to* para **todos os verbos.** *I'll be,* serei, estarei ; *he'll be,* ele será, estará.

QUADRAGÉSIMA TERCEIRA LIÇÃO

O futuro

1. Veremos (olharemos para), agora, o tempo futuro.
2. Você forma o futuro (por) pondo "will" diante de quase todos os verbos.
3. Por exemplo, o verbo "to dress" [vestir-se], no futuro é (torna-se) "I will dress, you will dress, etc".
4. Continuamos com as contracções : "we'll dress, you'll dress, they'll dress".
5. Está a ver (vê), é fácil!
6. Vejamos (vamos olhar para) algumas frases no futuro :
7. Irei ao cinema esta noite se vier (virá) comigo.
8. Você aprenderá inglês rapidamente se ler (lê) uma lição todos os dias (cada dia).
9. A palavra "shall" é usada principalmente no caso de (para) sugestões : está a chover, vamos tomar (tomaremos) um táxi?

NOTES (continued)
(2) *For instance* : por exèmplo.
(3) Repare na pronúncia : ai'l, iú'l, uí'l, dei'l.
(4) Em certos casos, *shall* ainda é usado para formar a primeira pessoa do singular e do plural, dando ênfase à frase. Mas, actualmente, o seu emprego, sobretudo nos E U.A., vai rareando.

10 How much **mo**ney will you need (**5**)? Shall I give you some more (**6**)?
11 Will you give me some more **co**ffee, please?
12 How will you go to work? The tube's on strike. — I'll take my car.
13 Shall I phone the **o**ffice and tell them **you**'ll be **la**te?
14 I'll drive; **you**'ll be late; you will have **prob**lems.

PRONUNCIATION
10. **mâni**... niid... sâme móre – **12.** tiube'z on straike – Ai'l – **13.** fône... iú'l bi leite.

EXERCISES

1 **You**'ll need some more **mo**ney. — **2** Shall we go to see that new film to**night**? — **3** If they don't **hu**rry up **they**'ll be late. — **4** Will I need my **pa**ssport to go to **E**ngland? — **5** Who will come with me?

Fill in the missing words :

1 *Quer ajudar-me, por favor, eu ainda não compreendo.*

. . . . you help me . . . . . ., I . . . . . don't understand.

2 *O metro estará em greve, faria melhor [se tomasse o] seu carro.*

The tube . . . . . . on strike, you . . . . take . . . . car.

10. Quanto dinheiro precisará? - Quer que lhe dê (algum) mais?
11. Quer dar-me (dar-me-á) [um pouco] mais [de] café, por favor?
12. Como irá trabalhar (ao trabalho)? O metro está em greve - Tomarei [o] meu carro.
13. Quer [que] telefone para o escritório e lhes diga [que] chegará (estará) tarde (atrasado)?
14. Conduzirei [o carro] ; você chegará (estará) tarde ; terá problemas.

NOTES (continued)

(5) *To need :* precisar, necessitar ; *she needs help,* ela precisa [de] ajuda.

(6) *Some more :* algo mais ou, simplesmente, mais. *Do you want some more?* quer mais ; *give me some more information,* dê-me mais alguma informação. A expressão implica, assim, a noção de adicionalidade.
No more, não mais. *I want no more,* não quero mais ; ou *I don't want any more.*

EXERCÍCIOS

1. Você precisará de mais dinheiro – **2.** E se formos ver este novo filme esta noite? – **3.** Se eles não se despacham chegarão tarde. – **4.** Necessitarei do meu passaporte para ir à Inglaterra? – **5.** Quem virá comigo?

---

3 *Quer que eu lhe telefone para lhe dizer que chagaremos (estaremos) tarde?*

. . . . . I phone him to . . . . him we . . . .

late?

4 *O que é que fará se ele não estiver (está) em casa?*

What . . . . you . . if he . . . . ?

5 *Procuro alguém que compre (comprará) [a] minha casa.*

I . . . . for . . . . will buy . . . .

FORTY-FOURTH (44th) LESSON

1. — Give me that **wa**llet, it's mine.
2 — How do you know? — Well, it's not yours, and there are ten pounds in**side** (1) it.
3 — He **bo**rrows my things (2), but he **is**n't pleased when I **bo**rrow (N. 2) his.
4 — These **peo**ple are all friends of hers (3). They want to come to the **par**ty.
5 — What, all of them? — Well, per**haps** only a few of them.
6 — **Where** is my pen? — Here, you can use mine. — That's very kind of you.
7 — Whose is this **sports**-car? — It's theirs.
8 — I sup**pose** they are **ve**ry rich. — No, their house is **sma**ller than yours.
9 In fact, they live in a tent!

PRONUNCIATION
1. uálét... maine – **2.** iórz... paundz in**saide** – **3. bó**rô... pliised... hiz – **4.** hêrz... **pá**hti – **5.** uát... â fíu – **6. ué**r'z... iusemaine – **7.** Huse... spóhtzkár... dérz – **8.** sâ**pôse**... ritch... **smó**lê – **9.** tente.

Correcção

1 Will - please - still. — **2** will be - had better - your. — **3** Shall - tell - will be. — **4** will - do - is not in. — **5** am looking - someone who - my house.

QUADRAGÉSIMA QUARTA LIÇÃO

1. Dê-me essa carteira, é minha.
2. Como [é que] sabe? - Bem, não é sua e há 10 libras dentro.
3. Ele pede emprestado as minhas coisas, mas não lhe agrada quando eu peço emprestado as suas [dele].
4. Estas pessoas (gente) são todas amigas dela. Eles querem vir à festa.
5. O quê, todos eles? - Bem, talvez apenas alguns deles.
6. Onde está a minha caneta? - Tome (aqui), pode usar a minha - É muito amável da sua parte (de você).
7. De quem é este carro de desporto? - É deles.
8. Suponho que são muito ricos. - Não, a casa deles é mais pequena do que a sua.
9. Para dizer a verdade, eles vivem numa tenda!

NOTES

(1) *Inside,* dentro, no interior ; *she is inside the house. Outside,* fora, no exterior.

(2) *Thing,* coisa ; *everything,* tudo, cada coisa ; *nothing,* nada. *To borrow,* pedir emprestado ; *to lend,* emprestar. *I borrow money, but I lend my things,* eu peço emprestado dinheiro, mas empresto as minhas coisas.

(3) Repare na expressão : *he's a friend of mine,* ele é um amigo meu ; *he's a friend of his,* ele é um amigo dele.

A **cy**nic

10 — So you're **go**ing to **ma**rry **Ha**rold. **What** is he **li**ke (**4**)?

11 — He's **ho**nest (**5**), kind, **gen**tle, sweet and **no**ble.

12 — And what are you **go**ing to eat?

13 — A **cy**nic is a **per**son who knows the price of **e**verything

14 **and the va**lue of **no**thing (**O**scar **Wi**lde).

PRONUNCIATION

â **cí**nic – **10. mé**ri **Há**rôld. **Uát**'z hi **lai**ke – **11. óh**nesst, kaind, **djen**tle, suíte... **nô**ble – **13. pâr**sen... praice – **14. vá**liu... **nâ**çing.

EXERCISES

1 Whose are these pens? — They're mine. — **2** I want to **bo**rrow one of your books. — **3** I'm pleased to know that you're **go**ing on **ho**liday. — **4** She still wants to **ma**rry a millio**naire**. — **5** He's **poo**rer than me. In fact, he has no **mo**ney! — **6** **Thank**you, that's very kind of you.

Fill in the missing words :

1 *Não é seu, é meu.*

It's . . . . , it's . . . .

2 *De quem é esta tenda? - É deles.*

. . . . . is this . . . . ? — It's . . . . . .

3 *Ele não pede emprestado a carteira, mas [sim] o dinheiro [lá] dentro.*

He . . . . the . . . . . , but the money . . . . !

Um cínico

10. Então, vai casar [como] Harold. Como e que ele é (o que é ele como)?
11. (Ele) é honesto, amável, gentil, doce e nobre.
12. E o que é que você vai comer?

13. Um cínico é uma pessoa que conhece o preço de tudo
14. e o valor de nada (Oscar Wilde)

NOTES (continued)
(4) *What's he like :* como é que ele é. *He's like his father,* ele é como o seu (dele) pai.
(5) *Honest :* o "h" não é aspirado, como em *hour, herb.*

EXERCÍCIOS
1. De quem são essas canetas? – São minhas – **2.** Quero pedir--lhe emprestado um dos seus livros. – **3.** Agrada-me saber que você parte de férias – **4.** Ela ainda quer casar[-se] com um milionário – **5.** Ele é mais pobre do que eu. Para dizer a verdade, ele não tem dinheiro! – **6.** Obrigado, você é muito gentil (é muito gentil da sua parte).

4 *O preço e o valor não são a mesma coisa.*

. . . . . and . . . . not the same . . . . .

5 *Você tem um novo carro de desporto. Como é que ele é?*

You've got a . . . . - . . . What's . . . . . . ?

FORTY-FIFTH (45th) LESSON

Holiday plans

1 David and Joan are discussing their plans.
2 — I think we'll (1) go to Brighton next weekend.
3 — But why? There's nothing to do at this time of the year.
4 — I know, but look- if the weather is fine, we can drive along the coast
5 and visit all those little villages.
6 — Yes, but David, er... My mother's coming next weekend.
7 — Damn (2)! But she only comes once a year.
8 — Yes, and it's always when we want to go away.
9 — You mean: when **you** want to go away.
10 — I'm sorry. — She's arriving on Friday.
11 — Then we'll take (3) her with us and visit the antique shops.

PRONUNCIATION
1. dis**câ**ssing – **2.** uí'l gô... **Brai**ten – **3.** **nâ**çing – **4.** **ué**dêr iz **fai**ne... a**long** de kâusst – **5.** dôze... **vi**ladjz – **7.** Dèm... uance – **8.** **ó**lueiz... a**uei** – **9.** miin – **11.** an**tik**.

Correcção

1 not yours - mine. — **2** whose - tent - theirs. — **3** doesn't borrow wallet - inside it. — **4.** Price - value - are - thing. — **5** new sports-car - it like?

QUADRAGÉSIMA QUINTA LIÇÃO

Projectos de férias

1. David e Joan estão a discutir os seus projectos.
2. Penso que iremos a Brighton [no] próximo fim de semana.
3. Mas porquê? Não há nada para fazer nesta altura do ano.
4. Eu sei, mas olhe : se o tempo estiver (está) bom, podemos guiar ao longo da costa
5. e visitar todas aquelas pequenas aldeias.
6. Sim, mas David, eh... [A] minha mãe chega (está vindo) no próximo fim de semana.
7. Sim, e é sempre quando queremos partir (ir embora).
8. Quer dizer : quando você quer partir
9. Desculpe - Ela chega na Sexta-feira.
10. Então, levá-la-emos connosco (e) a visitar as lojas de antiguidades.

NOTES

(1) Neste caso não se emprega a forma progressiva porque se trata de qualquer coisa incerta (penso que, em vez de estou a pensar).

(2) *Damn :* irra (literalmente, danar). É uma palavra um pouco chocante, mas utilizada correntemente em Inglaterra.

(3) *To take,* tomar, levar. Quando você vai *(go),* você leva *(take) ;* quando você vem *(come),* você traz *(bring).*

12 — **She**'ll **feel** at home **among** all those old things.
13 — **Da**vid! Don't be **na**sty!
14 — **I**'ll meet her at the **sta**tion, then **we**'ll be **a**ble (4) to make our plans to**ge**ther.

PRONUNCIATION
12 f**ii**l – **13. né**ssti – **14. stei**shion... uí'l bi **ei**ble.

EXERCISES

1 If you come to**mo**rrow, you will be **a**ble to help us. — **2** John feels at home in **Lon**don. — **3** Will you be **a**ble to lend me five pounds. — **4** All those **peo**ple are friends of mine. — **5** I will ask him the next time I see him.

Fill in the missing words :

1 *Joan, não seja desagradável! Ela é realmente muito agradável.*

Joan, don't . .   . .! She is . . . . . . very . . . .

2 *Irra. Ela chega às 7 horas e o carro ainda está na garagem.*

Damn. She . .   . . seven and the car . .   . . the . . . . . .

12. Ela sentir-se-á à vontade (em casa) entre todas aquelas coisas.
13. David, não seja desagradável!
14. Eu encontrar-me-ei com ela (encontrarei ela) na estação [e], depois, (seremos capazes de) poderemos fazer [os] nossos projectos juntos.

NOTES (continued)
(4) *To be able,* ser capaz de, ter a capacidade de, poder. *I'll be able to speak English.*

---

3 *Ele sentir-se-á à vontade entre todas aquelas antiguidades.*

He . . . . at . . . . with . . . those . . . .

4 *Nesta época do ano estamos sempre de férias.*

At . . . ., we are . . . . . . on holiday.

5 *Ela vem somente uma vez por ano. Desculpe, duas vezes.*

She . . . . comes . . . . . year. I'm . . . . ., ...

EXERCÍCIOS
1. Se vier amanhã, poderá ajudar-nos – **2.** John sente-se à vontade (em casa) em Londres – **3.** Pode emprestar-me 5 libras? – **4.** Toda aquela gente é amiga minha – **5.** Perguntar-lhe-ei na próxima vez que o vir (o vejo).

Correção

1 be nasty - really - nice. — **2** is arriving at - is still at - garage. — **3** will feel - home - all - antiques. — **4** this time of the year - always. — **5** only - once a - sorry twice.

FORTY-SIXTH (46th) LESSON

1 Read this **lesson** as **usual** then **answer** the **questions** about the pre**ce**ding one.
2 What are **David** and Joan **doing**?
3 Where does **David** want to go next week**end**?
4 Does he want to go to **Bi**rmingham?
5 Does he want to drive (**1**) to **Brigh**ton?
6 Who is arriving next week**end**?
7 How **o**ften (**2**) does she come (**N. 3**)?
8 What will they do?
9 Do you think they will go by **train**?
10 Will the **wea**ther be fine?
11 Where will **David** meet his **mo**ther-in-law?
12 When do **peo**ple take their **ho**lidays?
13 The four **sea**sons are: spring, **su**mmer, **au**tumn, **win**ter.

PRONUNCIATION :
1. éz'iujual... **ân**suer... **kués**tchien... pri**ci**ding – **3.** dâze – **4.** tu**Bâr**mingâm – **5.** ti **Brai**ten – **6.** Hu... a**rai**ving – **7.** ófân – **9.** bai treine – **10. ué**dêr... faine – **11.** uére uíl... **mâ**dêr ín ló – **12.** teike dér... – **13. sii**zânz... **sâ**mêr, **ó**tâme, **uín**tê.

QUADRAGÉSIMA SEXTA LIÇÃO

1. Leia esta lição como habitualmente (habitual) [e], depois, responda
2. O que é que [o] David e [a] Joan estão a fazer?
3. Onde é que [o] David quer ir [na] próxima semana?
4. Quer ir para Birmingham?
5. Quer guiar até (para) Brighton?
6. Quem chega (está chegando) [na] próxima semana?
7. Com que frequência vem ela?
8. O que é que eles farão?
9. Pensa que irão de comboio?
10. O tempo estará bom?
11. Onde é que [o] David se encontrará com a sua sogra?
12. Quando é que as pessoas têm (tomam) férias?
13. As quatro estações são : primavera, verão, outono, inverno.

NOTES

(1) *To drive :* guiar, conduzir um carro, ou qualquer veículo do mesmo génere.
Do you want to drive to London? quer guiar até Londres?
He drives two hundred miles every day, ele guia 200 milhas todos os dias.

(2) *How often,* com que frequência. *How often is there a plane to Paris?* Com que frequência há avião para Paris.

Não se esqueça de elevar o tom da voz no final de uma frase interrogativa. Continua a pronunciar as consoantes como deve ser?

EXERCISES

1 As **u**sual, we're **ta**king our **ho**lidays in **win**ter this **year**. — **2** If your **ra**dio **does**n't work, you can **bo**rrow mine. — **3** What are you **do**ing? — I'm **wri**ting a **let**ter. — **4** How **o**ften do you read this book? — Once a day? — **5** No, I'm **afraid** he **isn**'t back from **Bri**ghton yet.

Fill in the missing words:

1 *Fará (será) muito frio este inverno.*

It . . . . . . very . . . . this . . . . . .

2 *Como habitualmente (habitual), eles têm (tomam) [as] suas férias no verão.*

As . . . . . they . . . . holidays in . . . . . .

3 *Temos (tomamos) [as] nossas na primavera, espero [que] fará bom [tempo].*

We . . . taking . . . . in . . . . . ., I . . . . it . . . . fine.

FORTY-SEVENTH (47th) LESSON

1 An **Eng**lishman and a **Fren**chman are discussing their res**pec**tive **coun**tries (1).

2 — Of course, says the **Eng**lishman, you **Fren**chmen are not **gen**tlemen.

PRONUNCIATION
1 ris**pék**tive **cân**tiz – **2. djen**tlemên.

4 *O que é que ele quer dizer?*

What . . . . he . . . . ?

5 *Pensa que o exame será difícil?*

Do . . . . the exam . . . . . .

. . . . ?

EXERCÍCIOS

1. Como habitualmente (habitual), temos (tomamos) [as] nossas férias no inverno este ano – **2.** Se a sua telefonia não funciona (trabalha), pode pedir emprestado a minha – **3.** O que é que está a fazer? – Escrevo uma carta. – **4.** Lê este livro muitas vezes (frequentemente)? – Uma vez [por] (um) dia. – **5.** Não, lamento, ele ainda não voltou de Brighton.

Correcção

1 will be - cold - winter. — **2** usual - are taking their - summer. - **3** are - ours - spring - hope - will be. — **4** does - mean. — **5** you think - will be difficult.

QUADRAGÉSIMA SÉTIMA LIÇÃO

1. Um inglês e um francês estão a discutir [os] seus países respectivos.
2. Claro, diz o inglês, vocês, franceses, não são cavalheiros

---

NOTES

(1) Lembremos que os substantivos terminados em "y" formam o plural em "ies".
Note também que os países, nacionalidades e dias da semana

3 — And why not? **replies** his friend, **slightly** an**noyed** (2).

4 — Well, for e**xa**mple, if you enter a bathroom by mis**take** (3),

5 and you see a young **la**dy **wa**shing, what do you say?

6 — We say "Ex**cuse** me, **ma**dam".

7 — **Exac**tly, says the **Eng**lishman, but a **gen**tleman says: Ex**cuse** me, sir.

---

8 A **gen**tleman is a **per**son **ca**pable of two things.

9 He can de**scribe** a pretty girl with**out** **us**ing **ges**tures,

10 and he **al**ways **hears** a **fu**nny **sto**ry for the first time.

---

11 Two **Eng**lish **gen**tlemen are **ea**ting a **meal** in their club.

12 They **taste** (4) the soup with great **in**terest, and one says to the **o**ther:

13 — It's an **in**teresting soup, but not a great soup.

PRONUNCIATION

3. ri**plaiz**... frend... **slait**li ânóid – **4.** ég**zam**pe – **5.** **uá**shing – **6.** éks**skiuze** mi **7.** ég**zác**tli – **8.** **pêr**sên **kei**pâbél – **9.** diss**kraibe**... **í**using **djés**stchêz – **10.** **hi**iez... **fâ**ni – **11.** **í**ting ä **miil** – **12.** **teis**ste... **ín**trest... seiz – **13.** **ín**trésting... greite.

3. E porque não? responde o seu amigo, ligeiramente aborrecido.
4. Bem, por exemplo, se você entra numa casa de banho por engano
5. e vê uma rapariga a lavar-se, o que é que você diz?
6. Dizemos "Desculpe, minha senhora"
7. Exactamente, diz o inglês, mas um cavalheiro diz : Desculpe-me, [caro] senhor".

---

8. Um cavalheiro é uma pessoa capaz de duas coisas
9. Pode descrever uma bonita rapariga sem fazer [usar] gestos
10. e sempre ouve uma história engraçada [anedota] pela primeira vez.

---

11. Dois cavalheiros ingleses estão a comer uma refeição no seu clube.
12. (Eles) provam a sopa com grande interesse e um diz para o outro :
13. É uma sopa interessante, mas não [é] uma grande (notável) sopa.

NOTES (continued)
são escritos com maiúsculas.

(2) *Light,* ligeiro, leve ; *slight,* pouco, não importante : *slightly,* ligeiramente, levemente, superficialmente. *To knock* (nók) *lightly,* bater ligeiramente ; *slightly annoyed,* ligeiramente aborrecido.

(3) Um erro : *a mistake ; fault,* defeito, imperfeição, falha, falta, mas também erro. *By mistake,* por erro. *On purpose* (pêupôze), de propósito.

(4) *To taste :* provar.

EXERCISES

1 You **Eng**lishmen eat **ba**dly. — **2** He **does**n't want to come. Why not? — **3** This ma**chine** (më**shîn**) is **ca**pable of **ma**ny things. — **4** He speaks **Eng**lish with**out** **ma**king mis**takes**. — **5** I **al**ways take his bag by mis**take**. — **6** His friend is **cri**ticising him and he is **sli**ghtly an**noy**ed.

Fill in the missing words:

1 *Eles discutem os seus respectivos países com grande interesse.*

. . . . discussing . . . . . respective countries with . . . . . interest.

2 *Se você entra na cozinha, por engano (erro), o que é que diz?*

If you . . . . . the . . . . by . . . .; what . . . . ?

3 *Ele pode descrever uma bonita rapariga sem fazer (usar) gestos.*

He . . . . a . . . . . . girl without . . . .

FORTY-EIGHTH (48) LESSON

1 — How far is it to the **sta**tion? — Oh, not too (1) far.

PRONUNCIATION
1. **stei**shên – tu **fáh**.

4 *(Posso) ver dois senhores (cavalheiros) a comer [a] sopa.*

I . . . . . . two gentlemen . . . .

soup.

5 *Por favor, prove este vinho e diga-me o que pensa dele.*

. . . . . . taste . . . . wine and . . . . . . what

you . . . . . of it.

EXERCÍCIOS
1. Vocês, os ingleses, comem mal – **2.** Ele não quer vir. Porque não? – **3.** Esta máquina é capaz de muitas coisas – **4.** Ele fala inglês sem fazer erros – **5.** Pego (tomo) sempre na sua bolsa por engano (erro) – **6.** O seu amigo critica-o e ele fica (está) ligeiramente aborrecido.

Correcção

1 They are - their - great. — **2** enter - kitchen - mistake - do you say? — **3** can describe - pretty - using gestures. — **4** can see - eating their. — **5** Please - this - tell me - think.

QUADRAGÉSIMA OITAVA LIÇÃO

1. A que distância fica a estação? - Oh, não muito (demasiado) longe.

NOTES
(1) *Preste atenção à pronúncia deste ditongo oral. Pronuncia-se como two* (dois) e não como *to* (para).

2 It takes (**2**) about ten **min**utes on foot and only two by car.
3 Shall I call you a **ta**xi? — No thanks, **I'll** walk. I have **plen**ty of (**3**) time.

---

4 A soci**o**logist is **stu**dying the **a**verage height of the **En**glish **(4).**
5 — Do you know, he says to his **girl**friend, **o**nly one **En**glishman in nine **hun**dred **twen**ty (920) is six feet tall (**5**)?
6 — Yes, says the girl, but it's **alw**ays him
7 that sits in front of me in the **ci**nema.

8 A **bus**inessman is **wri**ting to a com**pe**titor who is very dish**o**nest (**6**) :
9 "As my **sec**retary is a **la**dy, she **can**not tell you what I think of you.
10 and as I am a **gen**tleman, I **can**not even think it;
11 but as you are **nei**ther one nor the **o**ther,
12 I hope you under**stand**!".

PRONUNCIATION
2. bai kár – **3.** Ai'l... **plen**ti – **4.** sôci**ó**b**l**êdjist... **ávri**dje heite – **5.** seiz... **guêl**frend... tól – **7.** in front'ov... **ci**nema – **8. biz**nêssmen... **rai**ting... kom**pétit**ê... di**zó**nêst – **9. sék**retri... **lei**di – **11. nai**dê... nór di **â**dê.

2. Leva (toma) cerca de 10 minutos a pé e somente 2 de carro.
3. Quer que chame um táxi? - Não, obrigado, irei a pé (caminharei).
Tenho muito tempo.

---

4. Um sociólogo está a estudar a altura média dos ingleses.
5. Você sabe, diz-ele à sua namorada, que apenas um inglês em 920 tem (é) 6 pés de altura?
6. Sim, diz a rapariga, mas é sempre ele
7. que se senta diante de mim no cinema.

---

8. Um homem de negócios está a escrever a um concorrente que é muito desonesto :
9. "Como a minha secretária é uma senhora, ela não pode dizer-lhe o que penso de si
10. e como eu sou um cavalheiro, não posso [até] mesmo pensar nisso ;
11. mas como você não é nem um nem outro,
12. espero [que] compreenda (compreende)!"

NOTES (continued)

(2) *How far is it?* A que distância fica? *How long does it take?* Quanto tempo leva. *It takes 1 hour,* leva 1 hora, ou é preciso 1 hora.

(3) *Plenty of,* sinónimo de *much* ou *many.* Emprega-se tanto no singular como no plural.

(4) *The English :* os ingleses (o povo inglês) ; Um inglês : *an Englishman.*

(5) *Tall :* alto. *It is six feet tall and three feet wide,* tem (é) 1,80 m de altura e 90 cm de largura. *Short :* baixo. Repare também que o plural de *foot* (pé) é *feet. How tall are you?* que altura tem...

(6) *Honest* (ónest) é uma das raras palavras inglesas em que o "h" não é aspirado. Por conseguinte, há elisão com a palavra *dishonest* (dizónêst).

EXERCISES

1 How long does it take to go to the **sta**tion? — 2 No thanks, **we**'ll go on foot. — 3 Who is **si**tting in front of them? — I think it's George. — 4 What do you think of this **le**sson? — 5 Only one man in **twen**ty wears a hat. — 6 How much is the **a**verage **sa**lary in **Eng**land? — About **for**ty pounds a week.

Fill in the missing words:

1 *Nem [o] Paulo nem eu podemos vir amanhã. Tenho pena.*

. . . . Paul . . . I . . . come tomorrow I'm . . . . .

2 *Estes exercícios apenas levam (tomam) uma meia-hora a fazer.*

. . . . . exercises . . . . half an hour . . . .

3 *Que altura tem? - Não posso dizer-lhe em metros.*

How . . . . are you? — I . . . . . . tell you . . meters.

FORTY-NINTH (49th) LESSON

REVISIONS AND NOTES

Notas a reler : 43ª lição : (1), (4), (6) – 44ª : (2), (3) – 45ª : (4) – 46ª : (2).

1 A thing (ver lição 44 (2) - *Something,* alguma coisa, qualquer coisa. *Anything,* alguma coisa (na interrogativa). *Is there anything wrong?* há alguma coisa errada?

4 *Quer que eu lhe peça para lhe telefonar amanhã às 6 horas?*

. . . . . I ask . . . to 'phone . . . tomorrow . . six . . . . ?

5 *Podemos ir a pé : temos muito tempo.*

We . . . go . . . . . . : we have . . . . time.

EXERCÍCIOS
1. Quanto tempo é preciso (toma) para ir à estação, – **2.** Não, obrigado, iremos a pé – **3.** Quem está sentado em frente deles? – Penso que é G. – **4.** O que é que pensa desta lição? – **5.** Apenas um homem em vinte usa chapéu – **6.** Quanto é [qual é] o salário médio em Inglaterra? – Cerca de £40 por semana.

Correcção
1 Neither - nor - can - sorry. — **2** These - only take - to do. — **3** tall - cannot (can't) - in. — **4** Shall - him - you - at - o'clock. — **5** can - on foot - plenty of.

Lembremos que o "s" final tem o som sibilino de "z".

QUADRAGÉSIMA NONA LIÇÃO

Ou nada (na negativa). *I don't have anything,* não tenho nada. *Anything* também pode significar qualquer coisa. *What do you drink? Anything.*

Acontece que, por vezes, a palavra justa pode escapar. Assim como em português não receie de empregar a palavra "coisa" quando não se lembrar do nome exacto de um objecto. *What is that thing called?* como se chama essa coisa?

2 Os pronomes possessivos nunca são precedido do artigo *(the)*. Voltamos a lembrar-lhe : *mine,* meu ; *yours,* seu, teu ; *hers, its, his,* seu, sua ; *ours,* nosso ; *theirs,* seu (deles). Também não se esqueça que não variam no plural.
This book is mine, este livro é meu ; *these books are mine,* estes livros são meus, etc.

3 As perguntas em que se emprega "how" - Algumas pequenas fórmulas muito úteis : - *How far...* (a que distância?) *How far is it to the station?* - *How often...* (com que frequência?) *How often do you go to England?* - *How long...* (quanto · tempo?) *How long is the journey from Brighton to Birmingham?* How tall... (que altura?) *How tall are you?*

4 Shall (lição 43, N4) - *Shall I open the window?* quer que eu abra a janela? *Shall I call a taxi?* quer que eu chame um táxi? - *What shall I do?* que devo fazer? - *Shall I...?* pode ser substituído por *do you want me* + infinitivo.

5 A memorizar :
When will you be able to leave? quando poderá partir? (quando será capaz de partir?)
She'll feel at home, ela sentir-se-á à vontade (em casa).

Don't be nasty, não seja desagradável (no sentido forte da palavra).
He's a friend of mine, ele é um amigo meu.

6 Escreva em inglês (segunda vaga) :
1 Dir-lhe-ei quando o vir (vejo).
2 Ele próprio não será capaz de [poderá] responder.
3 Não gosto de todas estas perguntas. - Nem eu.
4 De quem é esta carteira? - É minha.
5 Somos amigos dela. - O quê! todos vocês!
6 A que distância fica o Correio daqui?

Escolhemos propositadamente frases difíceis. Se não fizer erros... os nossos parabéns. Poderíamos ter-lhe dado frases mais fáceis, mas queremos insistir sobre os pontos mais fracos e não sobre os que já conhece.

Tradução :
1 *I'll tell him when I see him (lição 30, nº 5).*
2 *He will not (won't) be able to answer himself.*
3 *I don't like all these questions. - Neither do I.*
4 *Whose wallet is this? - It's mine.*
5 *We're friends of hers. - What, all of you!*
6 *How far is the Post Office from here?*

SEGUNDA VAGA – Abordaremos, amanhã, a fase activa do nosso curso. O modo a seguir será o seguinte : depois de ter lido, como é hábito, a lição seguinte, a 50ª, volte à primeira lição.

Depois de a ter bem escutado e relido, tente traduzir oralmente e por escrito o texto português em inglês fazendo você mesmo as correcções. Esperamos que não encontrará dificuldades. Reveja, todos os dias, uma lição anterior. Não há método melhor para consolidar os seus conhecimentos e fazer com que aprenda a exprimir-se em inglês naturalmente. Boa sorte!

FIFTIETH (50th) LESSON

The past tense

1 We worked (**1**) hard **ye**sterday, and to**day** we must look at **some**thing new.
2 You looked at the **le**sson and **lis**tened to the **re**cords (or tapes), so now you are **rea**dy to learn the past tense.
3 It is very **sim**ple. You add "ed" to the in**fi**nitive if it ends in a **con**sonant;
4 and **sim**ply "-d" to the in**fi**nitive **en**ding in "e".
5 For e**xa**mple: to look, I looked; to work, he worked;
6 To like, they liked; to smile, we smiled.
7 There are, of course, some ir**re**gular verbs, but they are not too **com**plicated.
8 Let's look at our old friends "to be" and "to have".
9 "To have" is ext**rem**ely **sim**ple. It be**comes** "had": you had (**N. 1**) he had.
10 "To be" has two forms: I was, he was; and "you were, they were" (**2**).
11 You see how **sim**ple it is!
12 We had **din**ner at eight o'clock, John and **Pe**ter were there.
13 I had a cold last week and I was quite ill.
14 We hoped to see her but she was **bu**sy.

PRONUNCIATION
1. uôrkt háhd... mâsst... **sâme**çing – **2.** lúked... líssend... **ré**codz... teipz... **ré**di... lâhn... pásst ténse – **3.** inf**íni**tif... éndz... **kon**sênat – **4.** **sim**pli – **5.** fór eg**zam**pel... lúkt... uôrkt – **6.** **lai**kt... smaile... smailed – **7.** ov kórse – **8.** éks**strimli**... bi**kâmez** – **10.** uóz... uêre – **11.** hao – **12.** eite... uêre – **13.** uóz kuaite – **14.** hôpt... uóz **bi**zi.

QUINQUAGÉSIMA LIÇÃO

O passado

1. Trabalhámos duro ontem e, hoje, devemos contemplar (olhar para) algo novo.
2. Você olhou [viu] para a lição e escutou os discos (ou fitas magnéticas) [e] assim, está agora preparado (pronto) para aprender o tempo passado.
3. É muito simples. Você acrescenta "ed" ao infinitivo se ele [este] termina em consoante ;
4. e simplesmente "-d" ao infinitivo terminando em "e".
5. Por exemplo : olhar, eu olhei (ou olhava) ; trabalhar, ele trabalhou (ou trabalhava) ;
6. Gostar, eles gostaram (ou gostavam) ; sorrir, nós sorrimos (ou sorríamos)
7. Há, naturalmente, alguns verbos irregulares, mas não são demasiado complicados.
8. Vejamos (olhemos para) os nossos velhos amigos "ser/estar" e "ter".
9. Ter é extremamente simples. Transforma-se em "had" : você teve (ou tinha), ele teve (ou tinha) - vocês [eles tiveram] tinham
10. Ser/Estar tem duas formas : eu fui/estive (ou era/estava), ele foi/esteve (ou era/estava) ; e você foi/esteve (ou era/estava); eles foram/estiveram (ou eram/estavam). **Nota :** como é sabido, as formas você, ele e vocês, eles conjugam-se do mesmo modo em português.
11. Está a ver como é simples!
12. Tivemos jantar às 8 horas, [o] John e [o] Paul estiveram (ou estavam) lá.
13. Tive uma constipação na semana passada e estive bastante doente.
14. Esperávamos vê-la, mas (ela) estava ocupada.

NOTES

(1) O passado, em inglês, indica acções que, em português, são expressas através do Pretérito Perfeito e Imperfeito. O "e" da terminação "ed" não se pronúncia, excepto quando precedido de "d" ou "t". Atenção à pronúncia figurada : **uôrkt.**

(2) Repare na pronúncia : **uêre.** Não há contracções no passado (salvo com o verbo ter).

EXERCISES

1 He must learn to be more po**li**te. — **2** We were both **re**ady at **se**ven o'clock, — **3** but **no**body was at home when we called. — **4** They **fi**nished their meal and went to bed. — **5** You see how **sim**ple it is!

Fill in the missing words :

1 *Quando terminou (tinha terminado), fechou o livro e fumou uma cachimbada.*
When he . . . finished, he . . . . . . the book and

. . . . . . a pipe.

2 *Eram 4 horas quando ele chegou. Estava atrasado.*

It . . . . four . . . . when he . . . . He

. . . .

3 *Ela teve uma constipação e esteve bastante doente.*

She . . . a cold and . . . . ill.

4 Cada vez que queria trabalhar, ele incomodava-me.

Every time I . . . . . . to . . . . , he disturbed . .

FIFTY-FIRST (51st) LESSON

More past ten**ses**

1 — Was he at home **yes**terday? — I think so, but I **did**n't (1) phone.

PRONUNCIATION
1. uóz... çink sô... **did**en't fône.

5 *Quando eramos jovems, tínhamos mais tempo.*

When we . . . . young, we . . . . time.

EXERCÍCIOS
1. Ele deve [tem de] aprender a ser mais bem-educado – **2.** Nós estávamos ambos prontos às 7 horas – **3.** mas ninguém estava em casa quando chamámos – **4.** Eles terminaram a sua refeição e foram para a cama – **5.** Vê como é fácil.

Correcção
1 had - closed - smoked. — **2** was - o'clock - arrived - was late. — **3** had - was quite. — **4** wanted - work - me. — **5** were - had more.

Second wave : 1st Lesson

QUINQUAGÉSIMA SEGUNDA LIÇÃO

Mais tempos do passado

1. Estava ele em casa ontem? - Penso que sim (assim), mas não telefonei.

NOTES
(1) Pronuncie energicamente o "d" de "did" e, claro está, o "i" de forma atenuada (quase como "ê").

2 — He called **yes**terday, but he **did**n't see me. — Did he phone? — I don't think so.

3 These are the inter**rog**ative and **neg**ative forms in the past.

4 You do not change the verb, you **sim**ply put the au**xil**liary "do" into the past "did":

5 I did not (**did**n't) like the food. He did not (**did**n't) phone. We did not (**did**n't) like him.

6 **Ques**tions are **ea**sy, too: Did he like it? Did she phone?

7 — Did you like (2) the play (3) last night? — I **did**n't see it.

8 — But did you go to the **the**atre? — Yes, but I was so **ti**red I closed my eyes.

9 — Tell me, was the play **in**teresting? — I **did**n't under**stand** very much, It was in Greek.

10 — Then why did you go? — I liked the main (4) **ac**tor.

11 — Did he act (5) well? — I **did**n't watch the **ac**ting. I looked at him.

12 — What did you do **a**fter the play? I dreamed (6) **about** the **ac**tor!

13 He did not, he **did**n't: He **did**n't like the play.

14 Did they..?: Did they phone you?

PRONUNCIATION

2. kóled... **di**dnt – **3.** Díze... inte**roga**tive... **né**gative – **4.** tchange... **ókssi**lieri – **5.** did nót... fude – **6. kué**stchên... ízi – **7.** plei... naite... – **8. çi**iâtê... **tai**êd... klôsed... aiz – **9.** ândês**stand**... griik – **10.** laikt... mein **ak**tê – **11. did**nt uótch... lukt – **12.** áftê... driimd abaut.

2. Ele chamou[-me] ontem mas não me viu.
- Ele telefonou? - Acho que não (não penso assim)
3. Estas são formas interrogativas no passado.
4. Vocês não muda o verbo, põe simplesmente o auxiliar "do" no passado "did" :
5. Não gostei da comida. Ele não telefonou. Não gostámos dele.
6. As perguntas também são fáceis : Ele gostou (disso)? Ela telefonou?

7. Gostou da peça ontem à noite? - Não a vi.
8. Mas foi ao teatro? - Sim, mas estava tão cansada [que] fechei os olhos.
9. Diga-me, era a peça interessante? - Não compreendi muito [bem], era em grego.
10. Então, por que é que foi? - Gosto (gostei, gostava) do actor principal.
11. Ele representou bem? - Não olhei (observar) a representação. Olhei para ele.
12. O que é que fez depois da peça? - Sonhei com (acerca de) o actor!

13. (forma auxiliar do passado na negativa) Ele não gostou da peça.
14. (forma auxiliar do passado na interrogativa) Eles telefonaram-lhe?

NOTES (continued)

(2) O tempo do passado que estamos a estudar equivale, como vimos e segundo os casos, ao Pretérito Perfeito e Imperfeito em português. Existe outro tempo do passado em inglês, indicando uma acção ainda não terminada que veremos mais tarde.
(3) *To play,* tocar (um instrumento musical), brincar, jogar (*to play a game,* jogar um jogo), representar (um papel).
(4) *Main,* principal ; *the main road,* a estrada principal.
(5) *To act,* representar, actuar. *The actor acts. A comedian* é um actor cómico.
(6) *To dream* também pode ter um passado irregular *dreamt* (dremt).

EXERCISES

1 I **did**n't **fin**ish it be**cause** I was dis**turbed**. — 2 Who dis**turbed** you? — 3 My **sis**ter and her friends in**vi**ted me to go out with them. — 4 Where did you go? — 5 To the **ci**nema, but I **did**n't like the film.

Fill in the missing words :

1 *Por que é que disse isso? Está zangado/a?*

Why . . . you . . . that? . . . you angry?

2 *Quem é que viu ontem à noite? Não saí.*

Who . . . you . . . last . . . . .? I . . . . go out.

3 *Onde pôs [o] meu jornal? Perto do sofá.*

Where . . . you . . . my paper? . . . . the sofa.

4 *O que é que fez depois da peça?*

. . . . did you . . after the . . . .?

FIFTY-SECOND (52nd) LESSON

1 Here are a few more **exam**ples of **reg**ular verbs in the **pres**ent, in the past and with the past par**tici**ple :

5 *Perguntei-lhes, mas não nos quiseram falar.*

I . . . ., but they . . . not . . . .

talk to us.

EXERCÍCIOS
1. Não acabei porque me incomodaram (fui incomodado) – **2.** Quem o incomodou? – **3.** A minha irmã e os seus amigos convidaram-me para sair com eles – **4.** Onde é que foram? – Ao cinema, mas não gostei do filme.

Correcção
1 did - say - Are. — **2** did - see - night - didn't. — **3** did - put - Near. — **4** What - do - play. — **5** asked them - did - want to.

Second wave: 2nd Lesson

QUINQUAGÉSIMA SEGUNDA LIÇÃO

1. Aqui estão mais alguns exemplos de verbos regulares no presente, no passado e particípio passado :

2 I hope, I hoped, I have hoped (1). He lives, he lived, he has lived. We **fin**ish, we **fin**ished (2) we have **fin**ished.

3 They talk, they talked, they have talked. She **chan**ges, she **chan**ged, she has **chan**ged. You play, you played, you have played.

4 Let's **prac**tise (3) the past of "do":

5 Does he smoke? Did he smoke? We don't ask **ques**tions; we **did**n't ask **ques**tions.

6 What do you do? What did you do?

7 Does he wait? Did he wait? She **does**n't **an**swer. She **did**n't **a**nswer.

8 "Can" and "will" are ir**reg**ular and be**come** "could" and "would" in the past. They have no past participle (4).

9 I can be**gin** now. I **could**n't be**gin** **yes**terday.

10 He **would**n't work this **mo**rning, but he will now.

11 I have (I've), I had.

12 I am (I'm), we are (we're), I was, we were, I have been.

PRONUNCIATION
2. hôpe, hôpt... lîvz (o "i" muito breve)... lîvd... **fi**nish... **fi**nisht – **3. tóhk... tóhkt... tcén**djez... **tchén**djd... plei... peid – **4. prák**tiss – 5. Dâze... smôke... dont ássk... **did**en't... **6.** uát... – **7.** ueite... dâzent âhnsê – **8.** Kann... uíl... kud... uûd – **9.** bi**guin** náu... kudn't – **10.** uûd'nt... uârk – **11.** héve... – **12.** Aime... uíre... wóze... uêre... biin.

2. Eu espero, eu esperei (ou esperava), eu tenho esperado. Ele vive, ele viveu (ou vivia), ele tem vivido. Nós terminamos, nós terminámos, temos terminado.
3. Eles conversam, eles conversaram, têm conversado. Ela muda, mudou, tem mudado. Você joga (ver lição 51, nota (3), jogou, tem jogado.

4. Pratiquemos o passado de "do" :
5. Ele fuma? Ele fumou (ou fumava)? Não fazemos perguntas ; não fizémos perguntas.
6. O que é que faz? O que é que fez?
7. Ele espera? Ele esperou? Ela não responde. Ela não respondeu.
8. *Can* e *will* são irregulares e transformam-se em *could* e *would* no passado. Não possuem particípio passado.
9. Posso começar agora. Não pude começar ontem.
10. Não queria trabalhar esta manhã, mas, agora, quer.
11. Eu tenho, eu tive (ou tinha).
12. Eu sou (ou estou), nós somos. Eu era, nós eramos, eu tenho sido.

NOTES

(1) Este é o tempo de que nos servimos para exprimir uma acção que ainda não terminou. Vê-lo-emos mais tarde. De momento, a nossa tradução é aproximativa pois as formas verbais inglesas nem sempre podem ser interpretadas literalmente. O seu contexto é da máxima importância.
(2) Pronúncia : **fi**nisht (ver lição 50, nº 1).
(3) *To practise :* praticar, exercitar-se. O substantivo escreve-se com "c" : *the practice,* a prática.
(4) *Can* e *will* não possuem particípio passado. Emprega-se "tenho sido capaz"
- *I have been able to* - para "tenho podido" e *I have wanted* para "tenho querido".

EXERCISES

1 I hoped he would ask me, but he **did**n't. — **2** Did you take the plane or the boat? — **3** She had a few **pro**blems with her **fa**ther. — **4** He was **so**rry he **coul**dn't help me. — **5** She walked **o**ver to the **win**dow and **o**pened it.

Fill in the missing words :

1 *Trocaram o seu carro por um mais pequeno.*

They . . . . their car for a . . . . one.

2 *Não pudemos comprar os bilhetes, a agência estava fechada.*

We . . . . the tickets, the agency . . .
. . . . . .

3 *Aqui estão algumas ideias para o seu próximo livro.*

. . . . a few ideas for . . . . book.

FIFTY-THIRD (53rd) LESSON

Di**fficult to please**

1 A man is **try**ing to enter**tain** (1) his guest in a club.
2 — Would you like (2) a Scotch? — No **thank** you.

PRONUNCIATION
1. entê**taine**... guésst... klâb – **2.** uûd.

4 *Jogaram bem? Sim, mas não suficientemente bem .*

. . . they . . . . well? Yes but . . . well . . . . . .

5 *Ele fumou 18 cigarros numa hora. É demasiado!*

He . . . . cigarettes . . an hour.

That's too . . . .!

EXERCÍCIOS
1. Esperei que ele me perguntásse, mas (ele) não o fez – **2.** Tomou o avião ou o barco? – **3.** Ela teve alguns problemas com o seu pai – **4.** Ele teve pena de não me poder ajudar – **5.** Ela dirigiu-se (caminhou) para a janela e abriu-a.

Correcção

1 changed - smaller. — **2** couldn't buy - was closed — **3** Here are - your next. — **4** Did - play - not - enough. — **5** smoked eighteen - in - many.

Second wave : 3rd Lesson

QUINQUAGÉSIMA TERCEIRA LIÇÃO

Difícil de contentar (agradar)

1. Um homem está a tentar acolher (distrair) o seu convidado num clube.
2. Quer (gostaria) um uísque? - Não, obrigado.

NOTES
(1) *To entertain,* distrair, divertir *(entertainer ; entertainment :* distracção) acolher um convidado.
(2) Outra forma de cortesia : *will you have...* (quer ter) ; *would you like...* (gostaria).

3 I tried it once and **did**n't like it. I never tried it a**gain**.

4 — Well, have some **be**er. — No **thank** you.

5 I tried some once and **did**n't like it. I **ne**ver drank it a**gain**.

6 — How a**bout** (3) a game of **bil**liards? — No **thank**you.

7 I played it once and **did**n't like it. I never tried it a**gain**.

8 — Well, a game of chess? — A**gain**, no **thank**you.

9 I played it once and **did**n't like it.

10 But here is my son. He's an **excel**lent **pla**yer.

11 — Your **on**ly son, I pre**sume?**

---

12 — What did you do in **Ame**rica? — We **ren**ted (4) a car and **vi**sited the West Coast.

13 — Did you see the Grand (5) **Can**yon? — No, we **did**n't have time.

PRONUNCIATION
3. tráid... uânce... âguein – **4.** biê – **5.** drank – **6.** â**báut**... gueime... **bil**iêhd – **7.** pleid... – **8.** tchéss – **10.** sâne... é**kss**lent **pleiê** – **11.** **ôn**li... pri**siume** – **12.** è**mé**rike... **ren**ted... uésst kôsst – **13.** grand **ké**nion.

EXERCISES

1 How a**bout** a cup of tea? — Yes, please. — **2** Did you write to him? — **3** No, we **did**n't have time. — **4** You are my **on**ly friend. — **5** They never enter**tain** their friends at home.

3. Tentei uma vez e não gostei. Nunca tentei (isso) novamente.
4. Bem, tome uma (alguma) cerveja - Não, obrigado.
5. Tentei (alguma) uma vez e não gostei. Nunca [mais] bebi novamente.
6. E um jogo de bilhar? - Não, obrigado.
7. Joguei uma vez e não gostei. Nunca [mais] tentei novamente.
8. Bem, um jogo de xadrez? - Novamente, não obrigado.
9. Joguei uma vez e não gostei.
10. Mas aqui está o meu filho. Ele é um excelente jogador.
11. O seu único filho, suponho?

---

12. O que é que fez na América? - Alugámos um carro e visitámos a costa oeste.
13. Viram o Grand Canyon? - Não, não tivemos tempo.

NOTES (continued)

(3) Locução idiomática utilizada ao propor, ou oferecer, qualquer coisa : *How about a cigar?* vai um charuto?

(4) Conhecemos a expressão *rent-a-car. The rent,* o aluguer, ou a renda de uma casa. Alugar qualquer tipo de serviços também se diz to *hire.*

(5) *Grand,* em inglês significa grandioso.

Não se esqueça de aspirar o "h", mas não perca o fôlego.

EXERCÍCIOS

1. Vai uma chávena de chá? - Sim, por favor – **2.** Escreveu-lhe? – **3.** Não, não tivemos tempo – **4.** Você é o meu único amigo – **5.** Eles nunca recebem (acolhem) os seus amigos em casa.

Fill in the missing words :

1 *Vai um jogo de xadrez? Obrigado, tentei uma vez.*

How . . . . . a . . . . of chess? No . . . . ! . . . . . it . . . .

2 *Estejam quietos, estou a tentar dormir.*

Be . . . . . , I'm . . . . . . to . . . . .

3 *Gostaria de tentar [provar] esta cerveja? É muito amável.*

. . . . . you . . . . to . . . . beer? . . . . . . very . . . .

4 *Visitaram-nos, mas não estávamos lá.*

They . . . . us but we . . . . in.

FIFTY-FOURTH (54th) LESSON

1 — Tell me more about your trip (**1**).
2 — Well; **Pe**ter and I took a plane to San Fran**cis**co. We stayed there for two days and went down to Monter**rey**.
3 There, we saw **Can**nery Row. — Didn't **some**one write a book **about** that?

PRONUNCIATION
1. móhr... trîp – **2.** Pitê... tuk a plaine... San Francisco... steied... uênt daun... Monter**i** – **3.** só **Ká**neri Rô... raite âbaut.

5 *[A] Ana e os seus amigos não gostavam do seu professor.*

Anne and . . . friends . . . . . . like . . . teacher.

Correcção

1 about - game - thankyou - tried - once. — **2** quiet - trying - sleep. — **3** Would - like - try this - You're - kind. — **4** visited - weren't. — **5** her - didn't - her.

Second wave : 4th Lesson

QUINQUAGÉSIMA QUARTA LIÇÃO

1. Conte-me mais sobre a sua viagem.
2. Bem, [o] Peter e eu tomámos um avião para São Francisco. Ficámos lá (por) dois dias e descemos em Monterrey.
3. Lá, vimos Cannery Row - Não escreveu alguém um livro sobre isso?

NOTES

(1) *A trip,* uma viagem que implica a ideia de volta ; *a journey,* uma viagem mais longa, um percurso através de grandes extensões ; *a voyage,* uma viagem por mar. *To travel,* viajar. *Travel agent,* agente de viagens.

4 — Yes, John **Stein**béck wrote one. They also held a pop-**fes**tival there in the **six**ties (**2**).
5 Then we drove to Los **An**geles and **vi**sited **Dis**neyland. John knew it al**ready**.
6 I thought (**3**) **Dis**neyland was fan**tas**tic. It re**min**ded me of the "Conciergerie" in **Pa**ris.
7 — What an **e**ducated **per**son!

---

8 — It was my **birth**day last week. — How old were you? — Oh, at least **thir**ty-**two**.

---

9 The ten best **y**ears of a w**o**man's life
10 are those be**tween** **twen**ty-nine and **thir**ty.

11 **Shop***keeper.* — Your bill (**4**) **is**n't paid yet.
12 **Cus***tomer.* — **Did**n't you re**ceive** my cheque?
13 **Shop***keeper.* — No, I **did**n't.
14 **Cus***tomer.* — I'll post it at once (**5**).

PRONUNCIATION

4. Djóne Stainebéck rôht... póp **fés**tival... **sikss**tiz – 6. drôve... Loss **An**geliz... niú – 6. çóht... fan**tás**tik... ri**main**ded – 7. édiukeited – 8. **bâaç**dei... lásst – 9. íêz... úmanz – 10. dôez bi**tuíne** **tuên**ti-naine... **çê**eti – 11. **Shóp**kipê... peid – 12. **Kâss**tâmê... ri**ciive**... tchéque – 13. didnt – 14. pôhst... uânce.

4. Sim, John Steinbeck escreveu um. Também foi organizado (eles também festejaram) um festival de pop [música pop] aí nos anos sessenta.
5. Depois (então) fomos de carro (conduzimos) até (a) Los Angeles e visitámos [a] Disneylândia. [O] John já conhecia.
6. Achei (pensei) [a] Disneylândia fantástica (era fantástica). Lembrou-me [fez-me pensar] a "Conciergerie" em Paris.
7. Que pessoa [tão] culta!

---

9. Os melhores dez anos da vida de uma mulher
10. são (aqueles) entre 29 e 30.

---

11. Empregado (guardador) da loja - A sua conta ainda não está paga.
12. Cliente - Não recebeu o meu cheque?
13. Empregado da loja - Não, não [recebi].
14. Cliente - Vou pô-lo no correio imediatamente.

NOTES (continued)

(2) Os anos sessenta ; *the thirties,* os anos trinta, e assim sucessivamente. Para dizer o ano, divide-se este em dois. Por exemplo, 1977, 19 *(nineteen)* e 77 *(seventy seven).* 1985 : *nineteen eighty-five.*

(3) *To think, thought, thought* - pensar, achar. *I think Lisbon is beautiful.*

(4) *Bill,* factura, conta. No comércio, diz-se *invoice.* E nos E.U.A., *bill* significa nota de banco.

(5) *At once :* imediatamente. Também se usa a expressão *straight away* (streite auei).

EXERCISES

1 How old were you last **bi**rthday? — **2** I'm **so**rry sir, I thought I knew you. — **3** I want to know more **about** your **o**ffer. — **4** The best **a**pples are those with green skins.

Fill in the missing words :

1 *Vimos um filme e ouvimos um concerto.*

We . . . a film and . . . . . a concert.

2 *Espero que ele tenha comido (tomou) bolo. Ele não quis nenhum.*

I hope he . . . . cake. He . . . . . . want . . .

3 *Ela guiou tão depressa como pôde.*

She . . . . . as fast . . she . . . . .

FIFTY-FIFTH (55th) LESSON

1 When I was in **Ame**rica, I took some **ve**ry good **pho**tos.

2 Hel**lo**, how are you? — I'm **ti**red. I **o**nly came back from my trip **ye**sterday.

3 That was my wife's car you saw me with.

4 We heard about his trip and the things he did. It was **ve**ry **in**teresting.

PRONUNCIATION
1. uóz... tuk... fôhtôhz – **2. tai**red... keime – **3.** uaife'z... só – **4.** hêd... çingz... **in**terésstingue.

4 *Quando ele me telefonou parti imediatamente.*

When he . . . ., I went . . . .

5 *Não escreveu alguém um livro sobre esta cidade?*

. . . . . . someone . . . . . a book . . . . . this town?

EXERCÍCIOS
1. Que idade tinha no seu último aniversário? – **2.** Desculpe (senhor), pensei que o conhecia – **3.** Quero saber mais sobre a sua oferta – **4.** As melhores maçãs são aquelas com casca (pele) verde.

Correcção

1 saw - heard. — **2** took some - didn't - any — **3** drove - as - could. — **4** (tele)phoned/called me - at once. — **5** Didn't - write - about.

Second wave : 5th Lesson

QUINQUAGÉSIMA QUINTA LIÇÃO

1. Quando estive [ou estava] na América tirei (tomei) fotografias muito boas
2. Olá, como está? - Estou cansado. Voltei da minha viagem somente ontem.
3. [O carro] com que você me viu era o carro da minha mulher (Era o carro da minha mulher [aquele] com que você me viu)
4. Ouvimos [falar] sobre a sua viagem e as coisas que ele fez. Foi muito interessante.

5 How **about** a glass of **be**er? — No thanks, I'm not **thir**sty.
6 Did you see him **yes**terday? — No, I **did**n't.
7 He **did**n't pay his bill be**cause** he **did**n't have any **mo**ney.
8 Who was that **la**dy (**1**) I saw you with last night?
9 That **was**n't a **la**dy, that was my wife.
10 We thought he had under**stood**.

---

11 **Mo***ther.* — What did you do on your first day at school?
12 *Child.* — I learnt to write.
13 **Mo***ther.* — Al**rea**dy! Well, what did you write?
14 *Child.* — I don't know. I can't (**2**) read.

PRONUNCIATION
5. Hau a**baut**... **ç**êssti – **6.** sii... didn't – **7.** pei... bi**kóze**... **mâ**ni – **8.** **lei**di... só... naite – **9.** **uóz**n't... – **10.** çóht... ânder**stud** – **11.** Mâdê... fâsst dei – **12.** Tchaild... lên't... raite – **13.** Ól**ré**di... uót – **14.** dont mâub... kahnt rid.

EXERCISES

1 He **cou**ldn't come be**cause** he **did**n't have time. — 2 Why **did**n't you tell me be**fore**? — **3** I only came back **yes**terday. — **4** What did you think of George? — **5** I thought he was kind, but a **li**ttle **stu**pid.

Fill in the missing words :

1 *Depois [de] ter (tinha) olhado (n) a montra, entrou na loja.*

After he . . . . in the window, he . . . . the shop.

5. Vai um copo de cerveja? - Não, obrigado, não tenho sede.
6. Viu-o ontem? - Não, não [o vi]
7. Ele não pagou a sua conta porque (ele) não tinha nenhum dinheiro.
8. Quem era a senhora [que] eu vi consigo ontem à noite (última noite)
9. Não era uma senhora, era a minha mulher.
10. Pensámos [que] ele tinha compreendido.

---

11. Mãe - O que é que fez no seu primeiro dia de escola?
12. Criança - Aprendi a escrever.
13. Mãe - Já! Bem, o que é que escreveu?
14. Não sei. [Ainda] não aprendi a ler (não posso ler)

NOTES
(1) *Lady :* uma senhora ; *woman* (plural *women*) : uma mulher ; *wife :* esposa.
Lady também corresponde a um título de nobreza.
(2) Não sei ler : *I can't read.* Ela não sabe nadar, *she can't swin.* Enquanto, em português, se diz que não sabemos fazer qualquer coisa, os ingleses dizem logo que são incapazes!

EXERCÍCIOS
1. Ele não pôde vir porque não teve tempo – **2.** Por que é que não me disse isso antes? – **3.** Voltei somente ontem – **4.** O que pensou de George? – **5.** Pensei que era amável, mas um pouco estúpido.

2 *Você viu-me com a gabardine da minha mulher.*

You . . . me with . . . . raincoat.

3 *O que é que fez hoje? - Aprendi [decorei] um poema.*

. . . . you . . today? — I . . . . . . a poem.

4 *Este verão fez tanto calor que eu tive sempre sede.*

. . . . summer, it . . . . . hot that I . . . always . . . .

FIFTY-SIX (56th) LESSON

REVISION AND NOTES

Notas a rever – 50ª lição : (1) – 51ª : (2) – 52ª : (4) 53ª : (2) – 54ª : (1), (5) – 55ª : (2).

1 Os verbos irregulares – Não são complicados :
I have, had, had ; I get, got, got ; I find, found, found ; ou, então , os verbos que têm apenas uma forma :
To put, put, put (pôr, pus/punha, posto) ; *to hit, hit, hit* (bater).
A única diferença é que o passado não tem "s" na 3ª pessoa do singular :
he puts, he put.

5 *Por que é que fez isso? - Pensei que era uma boa ideia.*

. . .   . . . you . . that? I . . . . it . . . a good . . . .

Correcção

1 had looked - went into. — **2** saw - my wife's. — **3** What did - do - learnt. — **4** This - was so - was - thirsty. — **5** Why did - do - thought - was - idea.

Second wave : 6th Lesson

QUINQUAGÉSIMA SEXTA LIÇÃO

A partir da próxima lição, os verbos irregulares serão seguidor por um asterisco (*) no texto inglês.

Sempre que encontrarmos um destes verbos, repita em voz alta o presente, o passado e o particípio passado ; depois, verifique a lista nas últimas páginas do livro. Ou, melhor ainda, anote os três tempos (presente, passado e particípio passado) numa folha de papel que lhe servirá de referência a, assim, não terá que folhear o livro constantemente.

Através da repetição diária familiarizar-se-á rapidamente com estes verbos à medida que os iremos empregando em vez de tentar memorizar a lista de uma vez só. O que seria uma tarefa tão horrível como inútil!

Convidamo-lo a começar imediatamente, anotando os três tempos de *to be, to have, to drive, to write* e *to think* na sua folha de referência. Ver página 568 e seguintes.

2 Pronomes relativos – Reparou, certamente, na tendência em inglês de omitir os pronomes relativos. Trata-se mais do ritmo próprio a esta língua do que uma regra gramatical. Quando o pronome relativo separa o **sujeito** e o **complemento** pode-se (sem ser obrigado) omití-lo :

The boy who(m) I saw : the boy I saw
The car which I want : The car I want

mas : *The man who is called Peter...* deve permanecer tal e qual.

Um pronome relativo e um pronome pessoal também não ficam "bem" juntos. Apesar de ser correcto, é um pouco pesado. Assim, em vez de dizer : *the man with who(m) you saw me...,* preferimos : *the man you saw me with.*

Por causa deste fenómeno, o acusativo pessoal *whom* está a desaparecer e é substituído, cada vez mais, e sobretudo nos E.U.A. (bem como *who* e *which*) por *that.*

Basta de explicações. Mas preste atenção aos exemplos. Quando começar a "sentir" a língua inglesa, empregará com naturalidade o que acabámos de explicar.

3 Acrescente-se novamente que o passado inglês pode ser traduzido em português, e segundo os casos, pelo Perfeito e Imperfeito. Use a sua intuição.
I was sick, eu estive doente ; *I was sick when he came,* eu estava doente quando ele veio.

4 Convem lembrar-se :
How about a game of cards? vai um jogo de cartas?
Would you like a beer? quer uma cerveja?
The man you saw me with, o homem com quem me viu.
I can't swin, não sei nadar.
I thought it was interesting, achei que era interessante.

5 Escreva em inglês :
1 Ele veio? Não o vi.
2 O que é que ele disse? Não compreendi.
3 Você pediu-lhe dinheiro?
4 Eles virão quando souberem (sabem).
5 O que é que fizeram ontem? Foram ver um filme.

6 Tradução :
1 *Did he come? I didn't see him.*
2 *What did he say? I didn't understand.*
3 *Did you ask him for money?*
4 *They'll come when they know.*
5 *What did they do yesterday? They went to see a film.*

Second wave : 7th (revision) Lesson

FIFTY-SEVENTH (57th) LESSON

A touch of 'flu

1 **Da**vid woke* **up** with a **head**ache and a sore (**1**) throat.
2 He called Joan and **told*** her he felt* ill.
3 She took* his **tem**perature and saw* it was 102° (one **hun**dred and two de**grees**) (**2**) so she called the **doc**tor.
4 David was **slee**ping* (**3**) when the **doc**tor ar**ri**ved.
5 — Hello. **What**'s the **ma**tter with you?
6 He felt* (**4**) David's **fo**rehead and **lis**tened to his chest.
7 Then he said*: "It's a touch of 'flu, **no**thing **se**rious (**5**).
8 Take* these **ta**blets and keep* warm. You'll soon be on your feet".

PRONUNCIATION
1. uôke **âp**... **héd**-eike... sóre çrôht – **2.** **tôld**'hê – **3.** tuk... **tem**prâtchâ... uâne **hân**dred and tu di**griz** – **4.** **ârai**ved – **5.** **uáts**s de **mah**tê – **6.** **fóre**-héd... **liss**ênd... tchésst – **7.** séd... â tâtchov flu, **nâ**çing **si**riuz – **8.** kiip uóhm.

QUINQUAGÉSIMA SÉTIMA LIÇÃO

Um pouco de gripe

1. David acordou com (uma) dor de cabeça e mal de garganta.
2. Chamou [a] Joan e disse-lhe [que] se sentia doente.
3. Ela tomou-lhe a temperatura e viu que era de 102° (cento e dois graus) [e], assim, chamou o médico.
4. David estava a dormir quando o médico chegou.
5. Olá [Bom-dia]. O que se passa consigo?
6. Ele tocou (sentiu) [n]a testa de David e auscultou-lhe (escutou) o peito.
7. Depois, (então) disse : "É um pouco de gripe, nada [de] grave (sério).
8. Tome estes comprimidos e não apanhe frio (mantenha-se quente). Em breve se levantará (estará nos seus pés)".

NOTES

(1) *A headache :* dor de cabeça ; *ear-ache :* dor de ouvidos ; *stomach-ache :* dor de estômago.

(2) Fahrenheit, claro!
0°C – 32°F ; 100°C – 212°F. A fórmula para obter F é C × 9 a dividir por 5 × 32.

(3) Como no presente : estar a... *John was working,* John estava a trabalhar, ou estava trabalhando.

(4) *To feel :* sentir, tatear, apalpar. *To feel the pulse :* tomar o pulso (de um doente). Os verbos em inglês são reflexos somente quando há lugar para confusão. Assim, *he talks to himself* (ele fala consigo próprio), mas : *he feels ill* (ele sente-se doente), pois ninguém se pode sentir doente por outra pessoa.

(5) *Serious* (grave, importante), também pode ser traduzido por "sério", dependendo das circunstâncias.

9 — That **doc**tor put* me on my feet very **qui**ckly.
10 — Oh, how did he do that?
11 — I had to (**6**) sell* my car (**7**) to pay the bill!

12 On the face, you have the eyes, the nose and the mouth.
13 My head aches and my hands are cold.
14 I think* I have a touch of 'flu or a cold.

PRONUNCIATION
9. put – **11.** tu pei – **12.** feice... aiz... nâuze... mauç – **13.** eikez – **14.** â kôld.

EXERCISES

1 What's the **ma**tter? I think I've got a cold. — **2** She felt his **fore**head and took his **tem**perature. — **3** Call the **doc**tor. I feel ill. — **4** She **clo**sed the **win**dow bec**ause** she was cold. — **5** Stay in bed and keep warm. **You**'ll soon be on your feet.

Fill in the missing words :

1 *Ele estava a trabalhar quando o carteiro chegou.*

He . . . . when the postman . . . .

2 *O que é que se passa? Uma constipação? Não é grave.*

. . . . ? . . . . . ? It's not . . . .

3 *Tive que pagar [com um] por cheque porque não tinha dinheiro (disponível, em líquido).*

I . . . . . . pay . . . . as I . . . no cash.

9. Esse médico pôs-me bem (nos meus pés) muito depressa.
10. Oh, como é que ele fez isso?
11. Tive de vender o meu carro para pagar a conta!

12. No rosto você tem os olhos, o nariz e a boca.
13. A minha cabeça dói e as minhas mãos estão frias.
14. Penso que tenho um pouco (toque) de gripe, ou uma constipação (resfriado).

NOTES (continued)

(6) *Must* : dever, ter de/que, mas somente no Presente. *To have to*, ter de/que, e pode ser conjugado em todos os tempos.

(7) "Para", em português, indica finalidade ou intenção (gasta dinheiro para comprar vinho). Em inglês, basta empregar o infinitivo : *he spends his money to buy wine.*

Vimos vários verbos irregulares nesta lição. Infelizmente, são os verbos irregulares os mais utilizados. Se seguir os nossos conselhos (lição 56, **N. 1***), aprendê-los-á,* **pouco a pouco,** *com facilidade.*
(Achámos que não valia a pena pôr asteriscos juntos dos verbos auxiliares "to be, to have" e "to do" apesar destes serem, evidentemente, irregulares).

Não é importante reter imediatamente todas as palavras de cada lição : elas aparecerão nas páginas seguintes. Mas não deixe de repetir os verbos irregulares sempre que eles sejam seguidos por um asterisco.

EXERCÍCIOS

1. O que é que se passa? Penso que apanhei uma constipação – **2.** Ela tocou na sua (dele) testa e tomou a sua temperatura – **3.** Chame o médico. Sinto-me doente – **4.** Ela fechou a janela porque tinha frio. – **5.** Fique na cama e agasalhe-se (mantenha-se quente). Em breve estará de pé (nos seus pés).

4 *Ela tem dor de garganta. Diga-lhe para se agasalhar.*

She has a . . . . her to . . . .

5 *Fique quieto. Joan está a telefonar ao médico.*

. . . . quiet. [A] Joan . . . . the . . . . . .

FIFTY-EIGHTH (58th) LESSON

Your body

1 There are **ma**ny words in **Eng**lish which in**clude** parts of the **bo**dy.

2 For **in**stance : When I **ha**ve the 'flu, I keep* a suppl**y** (1) of **pa**per **han**dkerchiefs (2).

3 You look very **bu**sy. Can I give* you a hand?

4 Mr. **Ma**rsden is head (3) of the board of di**rec**tors.

5 He is too **no**sy (4). He is **in**terested in **any**thing that **does**n't con**cern** him.

PRONUNCIATION
1. in**kliude**... **bó**di – **2.** flu... **han**kêtchifs – **3. bi**zi – **4.** héd... bóhd ov dairektorz – **5. nôh**zi... kon**sâhn**

NOTES
(1) *To supply :* formecer ; *supplier :* fornecedor ; *a supply :* um fornecimento, um estoque.

Correcção

1 was working - arrived. — **2** What's the matter? - A cold - serious. — **3** had to - by cheque - had. — **4** sore throat. Tell - keep warm. — **5** Keep - is phoning - doctor.

Second wave : 8th Lesson

QUINQUAGÉSIMA OITAVA LIÇÃO

O seu corpo

1. Há muitas palavras em inglês que incluem partes do corpo.
2. Por exemplo : Quando tenho uma gripe, guardo um estoque de lenços de papel (lenços de mão).
3. Você parece muito ocupado. Posso ajudá-lo (dar-lhe uma mão)?
4. O senhor Marsden é Presidente (cabeça) do conselho de directores.
5. Ele é demasiado curioso (narigudo). Está interessado em tudo (no que quer que seja) que não lhe diz respeito.

NOTES (continued)

(2) *Kerchief*, é um lenço de cabeça, mantilha ou mesmo xaile.
(3) *Head :* cabeça, dirigente, chefe. Neste caso, presidente. Presidente de um conselho de direcção também pode ser *Chairman of the board*, o homem da cadeira de um conselho.
(4) De *nose* (nariz). Alguém que mete o nariz por toda a parte.

6 **Tea***cher.* — Is "**trou**sers" (**5**) **sin**gular or **plu**ral?
7 **Pu***pil.* — Please sir, **sin**gular at the top and **plu**ral at the **bo**ttom.
8 That was a **chee**ky **a**nswer.
9 The two **run**ners were very close, they were **al**most neck and neck.
10 When you are **driv**ing*, always keep* the spare wheel **han**dy (**6**).
11 And, of course, when you are **drin**king* your **bee**r, you can say* "Chin chin" (**7**)!

12 Other parts of the **bo**dy are the arms, the **el**bows and the **fin**gers.
13 **Lo**wer, we have the legs, the knees (**8**), the feet and the toes.

PRONUNCIATION
6. trauzêz... **sin**guiulê... **plu**râl – **7. piu**pil – **8. tchi**iki – **9. râ**nez... klôze – **10.** spére uiil – **11.** tchin tchin – **12.** áhmz... élbôz... **fin**guez – **13. lôh**-ê... légz... niiz... fiit... tôhz.

EXERCISES

1 You look very **ti**red. Go to bed. — **2** His **trou**sers are full of holes. — **3** He had **be**tter buy a new pair. — **4** The **Pre**sident, or the Queen, is Head of State. — **5** Have you **an**ything **in**teresting to read? — **6** She was on her knees **wa**shing the floor.

6. Professor - "Calças" é singular ou plural?
7. Aluno - Por favor (senhor), singular em cima e plural em baixo.
8. Isso é (foi) uma resposta descarada (bochechuda).
9. Os dois corredores estavam muito próximo, estavam quase a par (pescoço e pescoço).
10. Quando guiar (estiver a guiar), guarde sempre uma roda sobressalente à mão.
11. E, claro está, quando beber (estiver a beber) a sua cerveja, poderá (pode) dizer "Chin chin" (queixo).

12. Outras partes de corpo são os braços, os cotovelos e os dedos.
13. Mais abaixo, temos as pernas, os joelhos, os pés e os dedos [dos pés].

NOTES (continued)
(5) Como em português, *trousers* é plural. Um par de calças : *a pair of trousers.*
(6) *Handy,* à mão, prático, jeitoso.
(7) Este brinde internacional é uma deformação do chinês "tsing-tsing". Como vê, o inglês vai buscar palavras a toda a parte e, depois, populariza-as pelo mundo. *Chin,* queixo.
(8) *"Kn"* pronuncia-se "n" (*knife* (naife), *know, knee,* etc).

EXERCÍCIOS
1. Você parece [está com um aspecto] muito fatigado. Vá para a cama – **2.** As suas calças estão cheias de buracos – **3.** Ele faria (tinha) melhor em comprar um par novo. – **4.** O Presidente, ou a Rainha, é Chefe de Estado – **5.** Tem qualquer coisa interessante para ler? – **6.** Ela estava de (nos seus) joelhos a lavar (lavando) o chão.

Fill in the missing words :

1 *Este texto é muito difícil. Pode dar-me uma ajuda (mão)?*

This text . . . . Can you . . . .?

2 *Preciso [de] um novo par de calças. Tem algumas?*

I . . . . a new . . . . Have you got . . .?

3 *No cimo da página escreva a data e, em baixo, o seu nome.*

. . . . of the page, ... and, ..., your . . . .

FIFTY-NINTH (59th) LESSON

1 Men speak* of **wo**men as the "fair sex" or the "**gen**tle sex" or the "**wea**ker sex".
2 Women **ra**rely speak* of men as the "**stron**ger sex".
3 Some men think* they are con**si**dered as the "**pay**ing sex".

---

4 — My wife dreams **e**very night that she's **ma**rried to a million**aire**.
5 — You're **lu**cky. Mine dreams she's **ma**rried to a million**aire** in the **day**time **(1)**!

PRONUNCIATION
1. spiik... **uí**men... **djen**têl... uíikê – **2. ré**reli – **3.** kon**si**derd – **4.** dríimz – **5.** taime.

4 *Isso não lhe diz respeito. Vá-se embora.*

That . . . . Go . . . .

5 *Este rapaz é muito descarado. Faria melhor em calar-se.*

. . . . boy is . . . ., he . . . better

. . . .

Correcção

1 is very difficult - give me a hand — **2** need - pair of trousers - any — **3** At the top - write the date - at the bottom - name — **4** doesn't concern you - away — **5** This - too cheeky - had - keep quiet

---

Second wave : 9th Lesson

QUINQUAGÉSIMA NONA LIÇÃO

1. Os homens falam das mulheres como o "belo sexo", ou o "sexo gentil" ou o "sexo fraco" (mais fraco).
2. As mulheres raramente falam dos homens como o "sexo forte" (mais forte).
3. Alguns homens pensam que são considerados como o "sexo que paga" (pagador).

---

4. A minha mulher sonha todas as noite (cada noite) que está casada com um milionário.
5. Você tem sorte. A minha sonha [que] está casada com um milionário durante o dia!

NOTES
(1) *Day-time* : o dia ; *Night-time,* a noite.

6 **Na**ture has **gi**ven* us **ea**rs which are **al**ways **o**pen
7 and a mouth which it is **o**ften **be**tter to keep shut

---

8 Two proud **pa**rents are **sho**wing their son his new **bro**ther.
9 The boy looked at the **ba**by for a **min**ute and then **sta**rted **cry**ing (**2**).
10 The **pa**rents **smi**led. "What's the **ma**tter?" they asked.
11 "It's got* no hair or teeth", the child sobbed.
12 "It's not fair. It's an old **ba**by".

---

13 We do not ask you to learn the ir**re**gular verbs in two or three days.
14 but only to re**peat** them when we meet* them.

PRONUNCIATION
6. **Nei**tchâre... haz **gi**ven' âz i-êz – **7.** kiip shât – **8.** praud pérents... **shô**ing... **brâ**dê – **9.** **crai**ing – **10.** smaild... ásskt – **11.** tiiç... sóbd – **13.** lâhn... i**ré**guiulê – **14.** ri**piit**... miit.

EXERCISES

1 It **ra**rely rains in the **su**mmer in **Eng**land. — **2** English **peo**ple are **fa**mous for their **spi**rit of fair-**play**. — **3** Let's go to the West **End** and see a show. — **4** What time do the banks shut? — At three **thir**ty. — **5** Look at this text for a **min**ute, then re**peat** it.

6. A Natureza deu-nos (tem-nos dado) ouvidos/orelhas que estão sempre abertos
7. e uma boca que é muitas vezes (com frequência) melhor manter fechada.

---

8. Dois orgulhosos pais estão a mostrar ao (seu) filho o seu novo irmão.
9. O rapaz olha para o bébé durante (por) um minuto e, depois, começa a chorar.
10. Os pais sorriram. "O que é que se passa?", perguntaram.
11. "Isto não tem nem cabelo nem dentes", a criança soluçou.
12. "Não é justo. É um bébé velho".

---

13. Não lhe pedimos para aprender os verbos irregulares em dois ou três dias,
14. mas apenas para repetí-los quando os encontramos.

NOTES (continued)
(2) Ou *started to cry.*

EXERCÍCIOS
1. Chove raramente em Inglaterra no verão – **2.** Os ingleses (povo inglês) são famosos pelo seu espírito de retidão (jogo limpo, justo) – **3.** Vamos ao West End (e) ver um espectáculo – **4.** A que horas fecham os bancos – Às 3 horas. – **5.** Olhe para este texto durante um minuto [e], depois, repita-o.

Fill in the missing words :

1 *Eu dei-lho ontem à noite. Ele não pode [consegue] encontrá-lo?*

I . . . . it . . . . . last . . . .
find it?

2 *Eles estavam a mostrar-nos os filmes que (os quais) fizeram (tomaram) nas férias.*

They . . . . the films . . . .
. . . . took . . . .

3 *Ela pôs o cão [lá] fora e fechou a porta.*

She . . . the dog . . . . and . . . . the door.

SIXTIETH (60th) LESSON

To get

1 Let's look at some ex**pres**sions with the verb "to get"* (**N. 1**).
2 These ex**pres**sions are very **com**mon (**1**), and you al**rea**dy know* a few.
3 Here are some more. Try and learn them.
4 He gets* **up** at half-past **se**ven **eve**ry **mor**ning.
5 The train gets* **in** at e**le**ven **thir**ty.

PRONUNCIATION
1. éksspréshion – **2.** kómen... olrédi nâu – **3.** lân – **4.** guétzâp – **5.** guétzin... çâ-ti.

4 *O meu carro não funciona - Você tem sorte, eu não tenho carro (um).*

My car . . . . ,   I

haven't . . .   . . .

5 *Somos considerados pelos franceses como sendo muito reservados.*

. .   . . the French as being

very reserved.

Correcção

1 gave - to him - night. Can't he. — **2** were showing us - that (which) they - on holiday. — **3** put - outside - shut. — **4** doesn't work. You're lucky - got one. — **5** We are considered by.

Second wave : 10th Lesson

SEXAGÉSIMA LIÇÃO

Verbo "to get"

1. Vejamos (vamos olhar para) algumas expressões com o verbo *to get*.
2. Estas expressões são muito correntes (comuns) e você já sabe algumas (umas poucas).
3. Aqui estão algumas mais. Tente (e) aprendê-las.
4. Ele levanta-se à 7 : 30 todas as manhãs.
5. O comboio chega às 11 : 30.

NOTES

(1) *Common* : comum, ou corrente ; o inimigo comum : *the common enemy*. Uma expressão corrente : *a common expression*.

6 It took* him a long time to get* **o**ver his **ill**ness (**2**).

7 Let's go* home. It's **ge**tting* dark.

8 Speak* **lou**der. She's **ge**tting* very deaf.

9 These **re**cords are **chea**per than those, but they are still quite ex**pen**sive.

10 Please, go* and get* me a **pa**per, I'm too busy to go* my**self**.

11 The **bur**glar got* into (**3**) the house through a small **win**dow.

12 Take* a **num**ber **thir**ty **se**ven bus and get* off at **Cha**ring Cross.

13 **E**veryone was **try**ing to get* on the bus at once (**4**).

14 What's the **ma**tter? — I've got* a **head**ache, a **tooth**ache, a sore throat and a cold,

15 and **no**body asks me how I feel*!

PRONUNCIATION

6. guétô**vê** – **7.** dáhk – **8. lau**dâ... déf – **9. tchi**ipâ – **11. bâglâ**... çru – **13. évri**uâne – **14 hé**deike... **tuç**-eike... sóh çrôt – **15.** hao **ai fiil**.

EXERCISES

1 Those books are mine; these are his. — **2** How do you feel to**day**? — **Ve**ry well, thanks. — **3** Don't all speak at once, I can't under**stand** a word. — **4** I have **tooth**ache and there is no **den**tist in my **vill**age. — **5** I have no more ciga**rettes**. — Here are some more.

6. Demorou (tomou) muito (longo) tempo a restabelecer-se [da] sua doença.
7. Vamos para casa. Está a ficar escuro.
8. Fale mais alto. Ela está a ficar surda.
9. Estes discos são mais baratos do que aqueles, mas ainda são bastante caros.
10. Por favor vá e compre-me um jornal, estou demasiado ocupado para ir eu mesmo.
11. O ladrão entrou na casa através de uma pequena janela.
12. Tome um autocarro número 37 e saia em Charing Cross.
13. Toda a gente estava a tentar entrar no autocarro ao mesmo tempo.
14. O que é que se passa? - Tenho (apanhei) (uma) dor de cabeça, (uma) dor de dentes, mal de garganta e uma constipação
15. e ninguém me pergunta como me sinto!

NOTES (continued)
(2) *Illness :* doença. *She's ill :* ela está doente. Um doente : *an ill person, an invalid.* Os americanos empregam mais a palavra *sick.*
(3) *To get* é o verbo mais versátil da língua inglesa. Terá de o empregar segundo as circunstâncias e usando a sua intuição.
(4) *At once :* imediatamente ou *ao* mesmo tempo. *I'll go at once,* irei imediatamente.

EXERCÍCIOS
1. Aqueles livros são meus ; estes são seus. – Como se sente hoje? – Muito bem, obrigado – **3.** Não falem todos ao mesmo tempo, não consigo (posso) compreender uma palavra – **4.** Tenho dor de dentes e não há dentista na minha aldeia. – **5.** Não tenho mais cigarros – Aqui estão alguns mais.

Fill in the missing words :

1 *A que horas se levanta ele habitualmente?*

. . . .   does he . . . .   get . .?

2 *Quando o comboio chegar (chega), telefone-me da estação.*

When the train . . . .   . . , phone me . . . .

. . . .

3 *Toda a gente estava a tentar entrar (subir) no autocarro ao mesmo tempo.*

. . . .   was trying to . . .   . . the bus

. .   . . . .

SIXTY-FIRST (61st) LESSON

Holidays

1 — I got* these **bro**chures **yes**terday from the **tra**vel-**a**gent's (**1**).
2 — Oh good! Let's have a look at them!
3 — I like the ones **about** Spain. Let's go* to Spain this **ye**ar.
4 — But **nei**ther you nor I (**2**) speak* **Spa**nish.
5 — It **does**n't **ma**tter. In these towns, **e**verybody speaks* **En**glish.

PRONUNCIATION
1. **brô**shêz... **tra**vêl eidjentz – **3.** â**baut** Speine – **4. mai**dâ... nór – **5. má**tê... **é**vri-bódi.

4 *Despachemo-nos. Está a escurecer.*

. . . . . hurry up. It's . . . .

5 *Saia nos Correios. - A que distância fica?*

. . . . . . at the post office. — How . . . . ?

Correcção

1 What time - usualiy - up. — **2** gets in - from the station. — **3** Everyone - get on - at once — **4** Let's - getting dark. — **5** Get off - far is it.

Second wave : 11th Lesson

SEXAGÉSIMA SEGUNDA LIÇÃO

As férias

1. Obtive estas brochuras ontem do agente de viagens (da agência do agente de viagens)
2. Muito bem! Vamos dar uma vista de olhos (ter um olhar para elas)
3. Gosto daquelas sobre a Espanha. Vamos a Espanha este ano.
4. Mas nem você nem eu falamos espanhol.
5. Não faz mal. Nestas [nessas] cidades toda a gente fala inglês.

NOTES

(1) O uso do possessivo, neste caso, faz com que o local fique subentendido.
At the butcher's, no talho (local do talho) ; *To go to the baker's :* ir à padaria.

(2) *I* e não *me* porque *neither you speak* nor *I speak,* ou seja, sujeito.
John and I took a plane - John took... and I took, mas *he saw John and me* (dois acusativos). *Neither* comporta já a negação.

6 — Well, we can (**N. 2**) **ei**ther go* to Spain or to **Scot**land.
7 — **Scot**land ! But it's cold in **Scot**land and I want some sun.
8 — It's not too cold, and it's **very beau**tiful. And you don't have to (**3**) take* a plane.
9 — I don't like **fly**ing and **nei**ther do you.
10 — But **Span**ish is **eas**ier to under**stand*** than the **Eng**lish they speak in **Scot**land.
11 — **Non**sense ! **Any**way, we might (**4**) see* the Loch Ness **Mon**ster.
12 — It **does**n't e**xist** ! — How do you know* ?
13 — It's **ei**ther a myth or an in**ven**tion to at**tract** **tou**rists.
14 — Well, we must de**cide** : **ei**ther Spain or **Scot**land.

PRONUNCIATION
6. aidêr... ór **Skó**tland – **8.** pleine – **9.** flaíng – **11. non**-sênss! **éni**uei... Lôk (a pronúncia escocêsa exige o "jota" espanhol)... **mons**stêr – **12.** ég**zist** – **13.** miç... in**ven**shion... â**trákt** – **14.** di**ssaide**.

Tome nota das expressões idiomáticas em vez das palavras novas, pois voltaremos a encontrar estas mais adiante.

Não se inquiete se as lições lhe parecem um pouco mais complicadas ; relei-as de tempos a tempos para assimilá-las bem. Depressa se habituará.

EXERCISES

1 I'm **afraid** I have to leave. It's late and it's **get**ting dark. — **2** I pre**fer**ed the ones he showed us **last** week. — **3** We must de**cide quick**ly or it will be too late. — **4** I'm **afraid** of **fly**ing. So am I. — **5** Let's have a look at those new **bro**chures.

6. Então, podemos ir à Espanha ou à Escócia.
7. A Escócia! Mas faz (está) frio na Escócia e eu quero (algum) sol.
8. Não é demasiado frio e é muito bonito. E não tem que tomar um avião.
9. Não gosto de voar e você também não (nem você).
10. Mas o espanhol é mais fácil de compreender do que o inglês [que] eles falam na Escócia.
11. Que disparate (contra-senso)! De qualquer modo, pode ser que vejamos o Monstro de Loch Ness.
12. Não existe! - Como sabe?
13. Ou é um mito, ou uma invenção para atrair turistas.
14. Bem, temos que (devemos) decidir : ou a Espanha, ou a Escócia.

NOTES (continued)

(3) *I must* (neg. *I must not, mustn't*) : devo.

(4) *Might* : Pode ser que + infinitivo sem *to*.
O substantivo *might* significa força, poder ; *with might and main,* com toda a força. *Mighty,* poderoso.

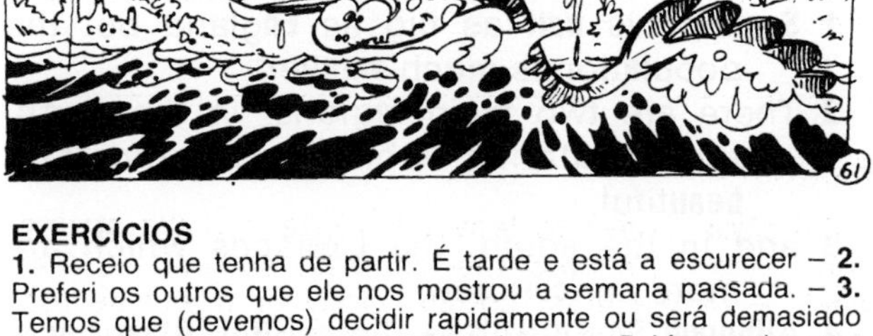

EXERCÍCIOS

1. Receio que tenha de partir. É tarde e está a escurecer – **2.** Preferi os outros que ele nos mostrou a semana passada. – **3.** Temos que (devemos) decidir rapidamente ou será demasiado tarde. – Tenho medo de voar. Também eu. – **5.** Vamos dar uma vista de olhos àquelas novas brochuras.

Fill in the missing words :

1 *Você pode ir ou de autocarro ou de automóvel. O autocarro é mais rápido.*

You can go . . . . bus or . . car. The bus is . . . .

2 *Nem você nem eu compreendemos espanhol. Não faz mal.*

. . . . you . . . I . . . . Spanish. It . . . .

3 *Pode ser que ele venha (por) de avião, mas penso que não (assim).*

He . . . . . come . . plane, but I . . . .

SIXTY-SECOND (62nd) LESSON

Scot**land**

1 **Scot**land is **half** as big as **En**gland but the popu**la**tion is much **sma**ller.

2 There are two main **re**gions: in the north, the **High**lands which are wild and **beau**tiful,

3 and in the south, the **Low**lands which are more agri**cul**tural.

4 Al**though** **Ed**inburgh is the **ca**pital, **Glas**gow is the main in**dus**trial **cen**tre.

4 *Ele tem medo de voar... e eu também.*

He's . . . . . . of . . . . . . and . . . . .

5 *Pode ser que ela telefone esta noite. Teremos que esperar.*

She . . . . . phone . . . . We will . . . . wait.

Correcção

1 either by - by - quicker (faster). — **2** Neither - nor - understand - doesn't matter. — **3** might - by - don't think so. — **4** afraid (scared) flying... - so am I. — **5** might - this evening - have to.

Second wave : 12th Lesson

SEXAGÉSIMA SEGUNDA LIÇÃO

A Escócia

1. A Escócia é duas vezes mais pequena (metade tão grande) do que a Inglaterra, mas a população e muito menor (mais pequena).
2. Há duas regiões principais : no norte, as Highlands (terras altas) que são selvagens e belas,
3. e no sul, as Lowlands (terras baixas) que são mais agricolas.
4. Embora Edinburgo seja a capital, Glasgow e o centro industrial mais importante.

PRONUNCIATION
1. háhf éz big... popiu**lei**shân – **2.** mein **rid**jènz... **Hai**landz. . uaild – **3.** sauç... **lôh**landz – **4.** Al**dou**... **Gláz**gou... centèr.

5 **Scot**land was **se**parated from **Eng**land by a wall, built* by the **Ro**man **em**peror **Ha**drian.
6 Parts of this wall still e**xist** to**day**.
7 Some **ol**der **peo**ple still speak* **Gae**lic, but most Scots (**1**) speak* **Eng**lish.
8 **Scot**tish towns look very **dif**ferent from **Eng**lish ones.
9 In **Eng**lish towns, the **hou**ses are **main**ly built of red brick,
10 where**as** in **Scot**land, the **hou**ses are **main**ly of grey slate.
11 **Bri**tain's (**2**) **hi**ghest **moun**tain, Ben (**3**) **Ne**vis, is in **Scot**land.
12 The Scots have their own (**4**) reli**gi**on, called Presby**te**rianism, and their own laws.
13 So, al**though Scot**land is part of Great **Bri**tain,
14 it has **ne**ver been u**ni**ted with **Eng**land in the same way as Wales.

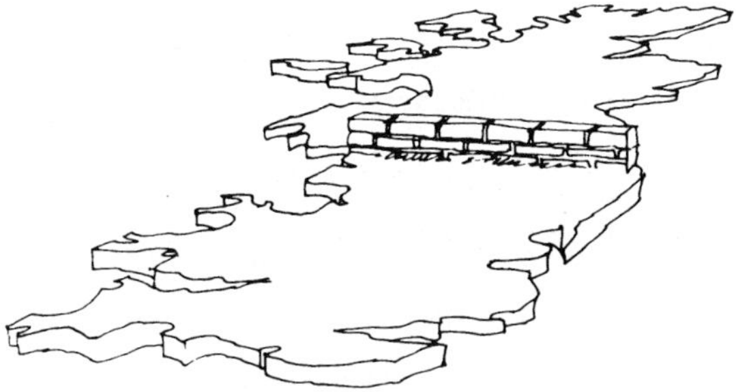

62

PRONUNCIATION
5. uál bilt... **Rô**hman **em**paire – **6.** égzi**st** – **gué**lik – **8.** taunz... **dif**rent – **9.** bilt... brik... – **10.** uére'az... **hau**siz... grei slét – **11. hai**-est. Bén **Néh**vis – **12.** ôhun re**li**djion... Présbi-**ti**-rienizm... ôhun lóhz – **13.** ál**dou**... Greit **Bri**tn – **14.** iu**nai**ted... seime uei... Ueilez.

5. A Escócia foi separada da Inglaterra por uma muralha [muro, parede], construída pelo imperador romano Adriano.
6. Partes desta muralha ainda hoje existem.
7. Algumas pessoas idosas (mais velhas) ainda falam Gaélico, mas a maior parte dos escoceses fala inglês.
8. As cidades escocesas têm um aspecto muito diferente das inglesas.
9. Nas cidades inglesas as casas são construídas principalmente de tijolos vermelhos,
10. enquanto na Escócia as casas são principalmente de ardósia cinzenta.
11. A montanha mais alta da Grande-Bretanha, Ben Nevis, fica (está) na Escócia.
12. Os escoceses têm a sua própria religião, chamada Presbiterianismo, e suas próprias leis.
13. Assim, embora a Escócia faça (é) parte da Grande--Bretanha,
14. nunca esteve unida com a Inglaterra da mesma maneira que o País de Gales.

NOTES

(1) *Scots :* escoceses, servindo, por vezes, também de adjectivo. *A Scots village,* embora o mais corrente seja a *Scottish village.*
(2) Repare no caso possessivo. A economia portuguesa, *Portuguese economy,* ou *the economy of Portugal,* ou ainda *Portugal's economy.*
(3) Palavra escocesa (do gaélico *beann*) que quer dizer pico, montanha.
(4) *To own :* possuir ; *owner :* possuídor, proprietário ; *own* (adj.) : próprio.

Não se assuste com os verbos irregulares. São menos complicados do que os verbos portugueses. Se continuar a praticá-los diariamente, verá que ao fim de algumas semanas não terá mais dificuldades.

EXERCISES

1 **Scot**land is half as big as **Eng**land. — 2 Most **pe**ople in **Scot**land speak **Eng**lish, — 3 al**though** some **ol**der **pe**ople still speak **Gae**lic. — 4 **Eng**lish is **ea**sy to learn, where**as** **Gae**lic is **com**plicated. — 5 Of course, that is my own o**pin**ion.

Fill in the missing words :

1 *Embora sejamos escoceses, nem eu nem a minha mulher falamos gaélico.*

. . . . we . . . Scottish, ... I . . .

my wife . . . . . . Gaelic.

2 *As casas são contruídas principalmente em ardósia.*

The houses are . . . .

3 *As cidades escocesas têm um aspecto muito diferente.*

. . . . towns . . . . very different.

SIXTY-THIRD (63rd) LESSON

REVISIONS AND NOTES

Notas a reler : 57ª lição : (3), (6), (7) – 58ª : (5) – 60ª : (4) – 61ª : (1), (4) – 62ª : (2).

1 To get – Este pequeno verbo é talvez mais utilizado do que o verbo "fazer" em português (o que pode ser desalentador ; basta consultar um dicionário para verificar os seus inumeráveis significados e sentidos). É preciso examiná-lo sob dois aspectos essenciais : o da eufonia (que se harmoniza com a frase) e o do verbo propriamente dito.

4 *Esta é a minha própria brochura. Tome a dele.*

This is . . . . . brochure. Take . . .

5 *Ele não pronuncia da mesma maneira que eu.*

He doesn't . . . . it . . the same . . . as . .

EXERCÍCIOS
1. A Escócia é duas vezes mais pequena do que a Inglaterra. – **2.** A maior parte das pessoas na Escócia fala inglês – **3.** Embora algumas pessoas mais velhas ainda falem o gaélico – **4.** O inglês é fácil de aprender, enquanto que o gaélico é complicado – **5.** Claro, essa é a minha própria opinião.

Correcção

1 Although - are - neither - nor - speaks. — **2** mainly built of slate — **3** Scottish - look. — **4** my own - his. — **5** pronounce - in - way - me.

Second wave : 13th Lesson

SEXAGÉSIMA TERCEIRA LIÇÃO

To get vai normalmente para o partícipio passado *(got)* a fim de reforçar os sons "fracos", como os de *have.* Neste caso, **não quer dizer absolutamente nada!** Dá simplesmente ênfase à ideia de posse : *I've got a cold, he's got 5 pounds.*

Como verbo propriamente dito, sem preposição, quer dizer "obter". *We got these brochures yesterday :* obtivémos estas brochuras ontem ; *get me a bottle of beer,* dê-me uma garrafa de cerveja.

Na forma progressiva, significa "tornar-se", "ficar", etc. *She's getting deaf* : está a ensurdecer (ficar surda) ; *it's getting dark* : está a escurecer.

Mas, com as preposições, pode ter muitos sentidos. Eis os mais correntes :
To get up : levantar-se ; *to get on* : entrar, subir ; *to get off* : sair, descer ; *to get over* : restabelecer-se : também descer, mas a pessoa em questão não se encontra no interior de uma viatura, por exemplo. *Get off* implica a noção de sair.
To get down : descer.

Não se trata de aprender todos os sentidos de *get* (seria tarefa praticamente impossível, pois inventam-se novos sentidos todos os dias), mas uma vez que tenha compreendido o princípio saberá aplicá-lo na prática. Consulte um dicionário : o "The Oxford English Dictionary" ou o "Chambers 20th Century". Será muito útil.

2 Os verbos defectivos : *can* e *must*.
Estas formas apenas existem no presente e não levam "s" na 3ª pessoa do singular. Passado de *can* : *could*.

Os seus infinitivos são *to be able to* e *to have to* respectivamente e, assim, não causam qualquer problema.

Eu poderei : *I'll be able to*. Eu devia : *I had to*, etc.
Might : pode ser que... (também se pode empregar *may*).

3 Os verbos irregulares – Não se aprendem em três dias, nem em doze, mas com a prática de várias semanas. Estes verbos não causam, realmente, verdadeiros problemas : a repetição e a sua anotação resolvem metade da tarefa. Encarregamo-nos da outra metade.

4 A não esquecer :

Joan and I are coming next week : A Joan e eu vimos na próxima semana.
He might phone later : pode ser que ele telefone mais tarde.
Let's have a look : Vamos dar uma vista de olhos.
What's the matter? O que é que se passa?
A pair of trousers : Um par de calças.
Nothing serious : Nada de grave, nada de importante.

5 Escreva em inglês :

1 Tive que vender o meu carro para pagar a conta.
2 Ele levanta-se às 8 horas.
3 Desça do autocarro depois da igreja.
4 Nem você nem eu queremos falar-lhe.
5 Parece muito ocupado. Posso ajudá-lo (dar uma mão).

(faça as correcções necessários consultando o parágrafo 6 e passe a limpo).

6 Tradução :

1 *I had to sell my car to pay the bill.*
2 *He gets up at eight o'clock.*
3 *Get off the bus after the church.*
4 *Neither you nor I want to speak to him.*
5 *You look very busy. Can I give you a hand?*

Second wave : 14th (revision) Lesson

SIXTY-FOURTH (64th) LESSON

1 When France and **Eng**land de**cid**ed to build* a **tu**nnel **un**der the **Cha**nnel, they asked for **ten**ders.
2 The firm with the **lo**west **o**ffer was ac**cep**ted. As**to**nished by the low price, they asked the di**rec**tor:
3 — How are you **go**ing to do it for so **li**ttle (1) **mo**ney?
4 — It's **ea**sy, the engi**neer** said, I will start **dig**ging* (2) on the **Eng**lish side,
5 and my son will start **dig**ging* on the French side,
6 and **we**'ll meet* in the **mi**ddle.
7 — But that's ri**di**culous! **You**'ll be miles a**part**.
8 What will **ha**ppen if you don't meet*?
9 — In that case, the engi**neer** said* **cal**mly, You will have two **tu**nnels for the price of one.

---

10 A **tou**rist in **Cai**ro saw* two skulls in a shop: a large one and a small one.
11 — What are **tho**se? he asked. — The big one is the skull of Queen Cleo**pa**tra, was the re**ply**.
12 — **Re**ally, said* the a**mazed** **tou**rist, and the **li**ttle one?

PRONUNCIATION :
1. bild â **tâ**nel **ân**da... **Tchá**nel... téndez – **2.** fâm... **lôh**-est... dai**rék**tâ – **4.** It'sizi... séd – **6.** uíl – **7.** mailez â-páht – **9.** keize... **káh**mli – **10.** **Kai**ro... skâlz – **11.** uát'áh **dôze**... Kuín Klio**patra.**

SEXAGÉSIMA QUARTA LIÇÃO

1. Quando a França e a Inglaterra decidiram construir um tunel sob o Canal, solicitaram (pediram) propostas.
2. A firma com a oferta mais baixa foi aceite. Supreendidos pelo baixo preço, perguntaram ao director :
3. Como vai fazê-lo [conseguir fazê-lo] por tão pouco dinheiro?
4. É fácil, disse o engenheiro, começarei a cavar no lado inglês,
5. e o meu filho começará a cavar no lado francês,
6. e encontrar-nos-emos no meio.
7. Mas é ridículo! Vocês estarão a quilómetros (separados) um do outro.
O que é que acontecerá se não se encontrarem?
9. Nesse caso, disse o engenheiro calmamente, vocês terão dois tuneis pelo preço de um.

---

10. Um turista no Cairo viu dois crânios numa loja : um grande e um pequeno.
11. O que são aqueles [crânios]? perguntou - O grande é o crânio da Rainha Cleópatra, foi a resposta.
12. Ah, sim (realmente), disse o turista espantado, e o pequeno?

NOTES

(1) *So little money* (tão pouco dinheiro), mas *so few people*. Trata-se de ser singular ou plural ; *so much noise*, mas *so many cars*.
(2) Ou *to dig*.

13 — That is the skull of Cleo**pa**tra when she was a young girl, **an**swered the **shop**keeper.

14. Don't for**get*** to re**peat** the ir**re**gular verbs.

PRONUNCIATION
12. riili... â**meized** – **13.** **ân**suâd.

EXERCISES

1 My son built his own house. — **2** Everyone knows **Cae**sar's words: I came, I saw, I **con**quered. — **3** They rang last night, but we weren't in. — **4** Do you re**mem**ber Jones? I met him in the street **yes**terday. — **5** He asked me how you were.

Fill in the missing words:

1 *É fácil começar a fumar, mas mais difícil parar.*

. . is easy to . . . ., but . . . . to . . . .

2 *Quem irá à (estará na) festa amanhã. Não me lembro.*

. . . . at the . . . . . tomorrow? I don't . . . .

3 *Quando poderá dar-me o seu preço? - Imediatamente.*

When . . . . to give . . . . ? — At once.

13. Esse é o crânio de Cleópatra quando ela era uma menina (rapariga jovem), respondeu o empregado da loja.

14. Não se esqueça de repetir os verbos irregulares.

Como vai a nossa segunda vaga? Certamente que não encontra grandes dificuldades. Continue, está no bom caminho.

---

4 *O que é aquilo (são aqueles)? Aqueles? São crânios de animais.*

. . . . ? — . . . . . ? They are

. . . .

5 *Como é que vai fazê-lo antes da próxima quinta-feira?*

How . . . . to do it . . . .

. . . . ?

EXERCÍCIOS
1. O meu filho construíu a sua própria casa – **2.** Toda a gente conhece as palavras de César : cheguei (vim), vi, conquistei. – **3.** Telefonaram (tocaram) ontem à noite, mas não estávamos em casa – **4.** Lembra-se [do] Jones? Encontrei-o na rua ontem – **5.** Perguntou-me como você estava.

Correcção

1 It - start smoking - more difficult - stop. — **2** Who will be - party - remember. — **3** will you be able - me your price. — **4** What are those? Those? - animal skulls. — **5** are you going - before next Thursday.

Second wave : 15th Lesson

SIXTY-FIFTH (65th) LESSON

Public transport

1 David Wilson travels to work every morning by tube.

2 The tube—or the Underground—is something like the Metro in Paris.

3 But, unlike (1) the Metro, it is rather old-fashioned and quite expensive.

4 You pay according to (2) the distance you want to travel.

5 You can buy* a season ticket, which allows you to travel for a certain period at a lower price.

6 Although most of the tube is automatic, there are still employees who check (3) your ticket at the exit.

7 So you must keep* your ticket until (4) you finish your journey.

8 You can also travel by bus, which is slower but gives* you a better view.

9 Most buses are double-deckers and you are allowed (5) to smoke upstairs.

PRONUNCIATION :
1. tiube – 2. **ân**dergraund – 3. ân**laike** – 4. â**kóh**ding... **dis**stance – 5. siizên **ti**ket – 6. ál**dou**... employ**iz**... tchéque... **ég**zit – 7. djâni – 8. **óhl**so... víu – 9. **dâ**bel-dékêz... â**laud**.

SEXAGÉSIMA QUINTA LIÇÃO

Os transportes públicos

1. [O] David Wilson vai (viaja) trabalhar todas as manhãs de metro.
2. O metro – ou o "Subterrâneo" – é (alguma coisa) como o Metro em Paris.
3. Mas, contrariamente ao Metro, é mais antiquado (à moda antiga) e bastante caro.
4. Você paga segundo a distância [que] quer percorrer (viajar).
5. (Você) pode comprar um passe (bilhete de estação) que lhe permite viajar durante um certo período a um preço mais baixo.
6. Embora quase todo (a maior parte) o metro seja automático, ainda há empregados que verificam o (seu) bilhete à saída.
7. Assim, você deve guardar o (seu) bilhete até terminar o (seu) percurso (viagem)
8. Também pode viajar de autocarro, o qual é mais lento mas que lhe proporciona (dá) uma vista melhor.
9. A maior parte dos autocarros têm dois andares (plataformas duplas) e você tem o direito de fumar em cima.

NOTES

(1) Já conhecemos *like* (como) : *it's like*, é como... Eis, agora, o oposto : *unlike ; it's unlike him to be late*, não é seu hábito chegar atrasado.

(2) *According to* : segundo, conforme. *According to him, this restaurant is terrible*, segundo ele, este restaurante é horrível.

(3) Verificar, controlar. *Please check my answers* : Por favor verique as minhas respostas. *To control* : controlar, comandar, dirigir.

(4) *He's working until 9 o'clock* : ele trabalha até as 9 horas ; **ou** até que.
I'll do nothing until he comes, não farei nada até que ele venha.
Till é simplesmente uma contracção de *until*.

(5) *To allow* : permitir. *To forbid* : proibir. *Smoking is not allowed*, não é permitido fumar.

10 On these **bu**ses, there is a **dri**ver and a con**duc**tor, who col**lects** your fares (**6**).

11 **Fi**nally, there are the **fa**mous **Lon**don **ta**xis, or "**Hack**ney Cabs" (**7**).

12 These large, black, **die**sel-**en**gined **ve**hicles are a fa**mi**liar sight in the **Ca**pital.

13 If the cab is free (**8**), you will see* a **li**ttle "For **Hi**re" sign in the front.

14 Of course, the best way to see the **ci**ty is on foot, but you need a rest from time to time.

PRONUNCIATION
10. kon**dâk**tâ... **kâléktz**... férez – **11. Fai**nêli... **fei**mâz – **12. di**izél-**en**djined **vi**hikelz... fa**mi**liâ – **13. Hai**-â sain.

EXERCISES

1 At the end of the **jour**ney, you must show your **ti**cket. — **2** It's un**like** him to say things like that. — **3** You are not al**lowed** to smoke in this **buil**ding. — **4** My **pass**port was checked by the po**lice**. — **5** From time to time, he looked at his watch to check the time.

Fill in the missing words:

1 *Segundo ele, não temos direito de estacionar aqui.*

. . . . him, we are . . .   .

to park here.

2 *Embora a maior parte deles não possa vir.*

. . . . cannot come,

10. Nestes autocarros há um motorista e um cobrador que recebe (recolhe) o seu dinheiro (tarifas).
11. Finalmente, há [também] os famosos táxis de Londres, ou "Hackney Cabs"
12. Estes grandes veículos pretos, com motor diesel, são um espectáculo familiar na capital.
13. Se o táxi estiver livre, verá um pequeno letreiro (sinal) "Para Alugar„ na frente.
14. Claro que a melhor maneira de ver a cidade é a pé, mas precisará de descansar de tempos a tempos.

NOTES (continued)

(6) *A fare :* uma tarifa. *Train fares are high :* as tarifas de comboio são elevadas.
Repare que a palavra *conductor* se presta a confusão : trata--se de um cobrador. Conductor diz-se *driver.*

(7) *Cab :* outra maneira de dizer táxi. Vem do francês "cabriolet". Também se diz *taxi-cab,* ou ainda *mini-cabs* (carros particulare). *Hackney* é um bairro de Londres.

(8) *Free :* livre ou gratuito. *Admission free :* entrada gratuita. *Are you free tomorrow :* está livre amanhã?

THERE ARE STILL EMPLOYEES WHO CHECK YOUR TICKET AT THE EXIT

EXERCÍCIOS

1. Deve mostrar o seu bilhete no fim do trajecto – **2.** Não é hábito dele dizer coisas como essas – **3.** Não lhe é permitido fumar neste edifício – **4.** O meu passaporte foi controlado pela polícia – **5.** Ele olhava para o seu relógio, de tempos a tempos, para verificar a hora.

3 *[O] David e [a] Joan ainda querem sair connosco.*

David and Joan . . . . . want to . . . . with . .

4 *Guarde o seu bilhete até (alcançar) à saída.*

. . . . your . . . . . . until you reach the . . . .

SIXTY-SIXTH (66th) LESSON

1 Learn this page as **u**sual, then **a**nswer the **ques**tions with the help of the pre**ce**ding **les**sons.
2 What is the **pop**ular name for the **Un**derground?
3 Where **else** can you find* an **un**derground **rail**way **sys**tem? What is it called?
4 Is the Tube ex**pen**sive? **Why** is it **dea**rer than the Pa**ris**ian **Me**tro?
5 Why must you keep* your **ti**cket un**til** you reach (1) the **e**xit?
6 What are **Lon**don **bu**ses called? Can you smoke on a **Lon**don bus? Where?
7 Who col**lects** the fares? Who drives* the bus?

PRONUNCIATION
1. az'**iu**zual – **2. pó**piulâ – Uér'**élss**... **rei**luei – **4. Uai**-izit – riitch – **6.** kóhld.

5 *Quer verificar o exercício quando eu tiver terminado?*

When I ...., will you ..... the ....?

Correcção

1 According to - not allowed. — **2** Although most of them. — **3** still come (go) out - us. — **4** Keep - ticket - exit. — **5** have finished - check - exercise.

Second wave : 16th Lesson

SEXAGÉSIMA SEXTA LIÇÃO

1. Aprenda esta página como habitualmente, [e], a seguir, responda às perguntas com a ajuda das lições precedentes.
2. Qual é o nome popular para o "Underground"?
3. Onde mais pode encontrar um sistema ferroviário subterrâneo? Como é ele chamado?
4. É o metro caro? Porquê é ele mais caro do que o metro parisiense?
5. Porquê tem de guardar o seu bilhete até (alcançar) à saída?
6. Como se chamam os autocarros londrinos, Pode fumar num autocarro londrino? Onde?
7. Quem cobra os bilhetes (tarifas)? Quem conduz o autocarro?

NOTES

(1) *To reach* : atingir, alcançar. *When you reach thirty* : quando chegar aos 30. *To reach the other side,* alcançar o outro lado.

8 What are **Hac**kney Cabs? What **co**lour are they?
9 How do you know* if a cab is free?
10 Which (**2**) is the best way to **tra**vel **around** **Lon**don?

---

11 — Fares please (**3**). — Hyde **Park**, please. — That's twelve pence.
12 — I don't know **Lon**don. Will you tell* me where I must get* off?
13 — Of course. Oh, if you want to smoke, you must go* up**stairs**.

PRONUNCIATION
8. keulë – **10.** eraound – **11.** haïd **pahk**.

EXERCISES

1 Must he leave at once? — Yes, I'm **so**rry. — **2** They left this **mor**ning be**fore** you got up. — **3** **Bri**ghton is a **po**pular place to go for your **ho**lidays. — **4** How do you know if you are right? — **5** What will **ha**ppen if he **does**n't phone?

Fill in the missing words:

1 *Porquê devo eu escrever-lhe? - Porque é a sua prima.*

Why . . . . to . . . ? — Because . . .

. . your . . . . . .

2 *Se vir o letreiro (sinal) "Para alugar", saberá (sabe) que ele está livre.*

. . you . . . the ". . . . ." . . . . , you know

. . is . . . .

8. O que são os táxis de Hackney? De que cor são eles?
9. Como sabe se um táxi está livre?
10. Qual é a melhor maneira de passear (viajar à volta de) em Londres?

---

11. Bilhetes, (tarifas), por favor – Hyde Park, se faz favor. – São doze "pence".
12. Eu não conheço Londres. Quer dizer-me onde devo descer?
13. Claro. Oh, se quiser (quer) fumar, tem que subir (as escadas).

NOTES (continued)
(2) *Which :* qual, quais.
Which do you prefer? qual prefere.
(3) É a expressão utilizada pelo cobrador. O revisor diria : *Tickets, please.*

EXERCÍCIOS :
1. Tem de (deve) partir imediatamente? - Sim, tenho pena. – **2.** Partiram esta manhã antes de você se levantar. – **3.** Brighton é um local popular para ir nas suas férias – **4.** Como sabe se está certo [tem razão]? – **5.** O que acontecerá se ele não telefonar?

3 *Diga-me onde devo descer, por favor. Não conheço Londres.*

. . . . where I . . . . please,

. . . .

4 *Onde se pode comprar um passe?*

Where . . .   . a . . . . . . - . . . . . . ?

SIXTY-SEVENTH (67th) LESSON

1 We took* my **cou**sin to see* a **cri**cket match last month.
2 But he fell* (**1**) **asleep du**ring the game (**N. 1**).
3 He slept* **peace**fully for (**2**) two hours until a ball hit* him on the head and woke* him up.

---

4 — Hel**lo**, it's nice to see* you **again**. How are you?
5 — Very well. I'm **go**ing to stay (**3**) with you for a few days.

PRONUNCIATION
1. **kâ**zin – 2. **diu**ring... gueime – 3. **piss**fêli – 4. â**guein**

NOTES
(1) *To fall, fell, fallen :* cair. *To fall in love :* apaixonar-se ; *To fall asleep :* adormecer.

5 *As quatro estações são : primavera, verão, outono, inverno.*

The four . . . . : . . . . , ... ,

. . . . , ...

Correcção

1 must I write - her - she is - cousin — **2** If - see - For Hire sign - it free. — **3** Tell me - must get off - I don't know London — **4** can you (I) buy - season - ticket — **5** seasons are spring summer autumn, winter

---

Second wave : 17th Lesson

SEXAGÉSIMA SÉTIMA LIÇÃO

1. Levámos o meu primo para ver um jogo de "cricket" o mês passado.
2. Mas ele adormeceu durante o jogo.
3. Ele dormiu traquilamente (em paz) durante duas horas até [que] uma bola lhe bateu na cabeça e o acordou.

---

4. Olá, é um prazer vê-lo de novo. Como está?
5. Muito bem. Vou ficar consigo durante alguns dias.

NOTES (continued)

(2) Durante diz-se *during* se se trata de um período de tempo no decorrer do qual algo acontece – *My uncle died DURING the war* – e *for* se se trata de uma duração de tempo – *The war lasted FOR seven years.*

(3) Não confunda : *to stay,* ficar, permanecer ; *to rest,* repousar, descansar.
(ver lição 65, linha 14).

6 — Ah, well, I'm **lea**ving* to**mor**row and my wife left* two hours a**go** (4) — Oh well, good**bye**.

---

7 Mrs **Hig**gins put* "Rest in Peace" on the **tomb**stone of her **hus**band's grave.

8 Then the so**li**citor told* her that there was **no**thing for her in her **hus**band's will.

9 so she told* the **ma**son to add the words: "un**til** I come*".

---

10 **Du**ring the week, try to read* (5) this book for at least half an hour,

11 and for a **lit**tle **lon**ger at the week**end**.

12 This **ev**eryday **con**tact will make* you feel* at home with **Eng**lish

13 and help (6) you to build* a wide vo**cab**ulary, but re**mem**ber:

14 Read* some **Eng**lish **ev**ery day.

PRONUNCIATION

6. â**gou** – **7. tum**sstône... **hâz**band'z... greive – **8.** sâ**licitâ**... uíl – **9. mei**son – **10.** trai – **12. évri**dei – **13.** uide vô**kab**iuléri.

EXERCISES

1 Keep **qui**et, your **fa**ther fell a**sleep** half an hour ag**o**. — **2** Hel**lo**, it's nice to see you a**gain**. How are you?

6. Ah, bem, parto amanhã e a minha mulher partiu há duas horas (atrás) - Oh, bem, adeus.

---

7. A senhora Higgins pôs [colocou] "Paz à sua alma" (repouse em paz) na pedra tumular da sepultura do seu marido.
8. Então, o advogado disse-lhe que não havia nada para ela no testamento do (seu) marido [e],
9. assim, ela disse ao pedreiro para acrescentar as palavras : "até que eu venha".

---

10. Durante a semana tente ler este livro pelo menos meia-hora
11. e por um pouco mais de tempo (mais longo) no fim de semana.
12. Este contacto diário fá-lo-á sentir-se à vontade com o inglês
13. e ajudá-lo-á a construir um amplo (largo) vocabulário, mas lembre-se :
14. Leia em (algum) inglês todos os dias.

NOTES (continued)
(4) Há duas horas. *Ago* é uma contracção de *agone* (ido, passado). Há três dias : *three days ago ;* há muito tempo : *a long time ago.* Há quanto tempo : *how long ago.*
(5) Preste atenção à pronúncia deste verbo no passado (réd) ; só através do contexto poderá saber se se trata do presente ou do passado.
Repare que *for* pode, muitas vezes, ser traduzido por "por" em português.
(6) Não se repete o auxiliar do futuro, *will,* na mesma frase.

EXERCÍCIOS
1. Cale-se, o seu pai adormeceu há uma hora – **2.** Olá, é um prazer vê-lo de novo. Como está?

3 He left **du**ring the first part of the match. — **4** He said he was bored and **wan**ted to go home. — **5** We **wai**ted for him for five **min**utes then left as well.

Fill in the missing words :

1 *Winston Churchill morreu em 1965.*

Winston Churchill died . . . . -

. . . .

2 *Ele foi Primeiro Ministro durante a guerra.*

. . . . . Prime Minister . . . . . . the war.

3 *Esteve no poder durante 9 anos.*

He was . . power . . . .

SIXTY-EIGHTH (68th) LESSON

Sport

1 **En**glish **peo**ple are very **fond** of (1) sport.

2 They play it and they watch (2) it; they talk about it and think* **about** it.

3 The most **ty**pically **En**glish game is **cric**ket, which is played **du**ring the **sum**mer months.

PRONUNCIATION
1. **fond**'ov... spóht – **3. ti**pikli.

3. Ele partiu durante a primeira parte do jogo – **2.** Ele disse que estava aborrecido e que queria ir para casa – Esperámos por ele cinco minutos [e], depois, também partimos.

---

4 *[O] John teve de ficar de cama uma semana.*

John . . . . . stay . . bed . . . .

5 *As lojas estão cheias de gente durante a semana antes do Natal.*

. . . . . . the week . . . . . . Christmas, the shops are . . . .

Correcção
1 in nineteen sixty-five — **2** He was - during. — **3** in - for nine years — **4** had to - in - for a week — **5** During - before - full of people

---

Second wave : 18th Lesson

SEXAGÉSIMA OITAVA LIÇÃO

O desporto

1. Os ingleses gostam muito (são apaixonados por) de desporto.
2. (Eles) praticam-no (jogam) e assistem (observam) [a acontecimentos despórtivos] ; falam sobre isso e pensam sobre isso.
3. O jogo mais tipicamente inglês é o "cricket", que é jogado durante os meses de verão.

NOTES
(1) *To be fond of :* ser apaixonado por, gostar muito de.
(2) Para assistir à progressão de um determinado acontecimento (jogo, televisão, ou qualquer outra coisa) diz-se *watch,* observar, vigiar.

4 But the most **pop**ular game is **foot**ball, which is played **du**ring the rest of the **ye**ar (for eight months).

5 Pro**fess**ional **foot**ball is very ex**ci**ting to watch and the **pla**yers earn large sums of **mo**ney.

6 An**o**ther **ball**-game, less **pop**ular than **foot**ball, is **Ru**gby.

7 Called **Ru**gby **foot**ball, it was in**ven**ted at **Ru**gby School in about 1820 (**eigh**teen twenty).

8 A boy, called **E**llis, was so bored with **pla**ying with his feet,

9 that he took* the ball in his hands—and a new game was born (**3**)!

10 An**o**ther **pop**ular sport is **horse-ra**cing, which is for**bi**dden* in **Eng**land on **Sun**days.

11 There is no State **lot**tery in **Eng**land, but a game called **Bi**ngo (**4**) is very suc**cess**ful (**5**).

12 **Ma**ny **ci**nemas are **clo**sing and **be**ing con**ver**ted **in**to **Bi**ngo halls.

13 It is **es**timated that **about** six **mil**lion **pe**ople, **main**ly **wo**men, play **Bi**ngo **reg**ularly.

PRONUNCIATION
5. pro**fésh**enêl... éks**sai**ting... âhn... ládje sâmz – **6. bóhl** – **8.** bórd – **10. hóhce rei**cing... fóh**bi**dên – **11.** sâk**sséss**ful – **12.** kân**vê**hted... hólz – **13. uí**men... **rég**uiulêli.

4. Mas o jogo mais popular é o futebol, que é jogado durante o resto do ano (por/durante oito meses).
5. O futebol professional é muito excitante de ver (observar) e os jogadores ganham importantes somas de dinheiro.
6. Outro jogo de bola, menos popular do que o futebol, é o "rugby".
7. Chamado futebol "rugby", foi inventado na Escola "Rugby" cerca de 1820.
8. Um rapaz, chamado Ellis, estava tão aborrecido de (com) jogar com os (seus) pés,
9. que pegou (tomou) [n]a bola com as (suas) mãos - e [assim] nasceu um novo jogo.
10. Outro desporto popular são (é) as corridas de cavalos, as quais são proibidas em Inglaterra aos domingos.
11. Não há lotaria nacional em Inglaterra, mas um jogo chamado Bingo tem (é) muito sucesso.
12. Muitos cinemas estão a fechar e a ser transformados em salões de Bingo.
13. Calcula-se que cerca de seis milhões de pessoas, principalmente mulheres, jogam [ao] Bingo regularmente.

NOTES (continued)

(3) *To be born* (nascer) emprega-se (aliás logicamente) sempre no passado.
I was born : nasci ; *Where were you born?* onde nasceu. Mesmo quando se diz, por exemplo, *I am born to win,* a conotação é de passado, nasci para ganhar.

(4) Este jogo é conhecido em Portugal pelo nome de loto.

(5) *Successful :* que tem sucesso ; do verbo *to succeed,* ter sucesso, ser bem sucedido, conseguir alguma coisa com sucesso. *He's a successful businessman :* é um homem de negócios bem sucedido.

EXERCISES

1 I was bored with **lis**tening to him, so I fell **asleep**. — **2 Dan**cing is for**bid**den in the church. — **3 Sto**bby **Ni**les is a suc**cess**ful **foot**ball **pla**yer. — **4** I am **ve**ry fond of your **si**ster. Is she **ma**rried? — **5** She plays **Bi**ngo **e**very week and wins large sums of **mo**ney.

Fill in the missing words:

1 *Ele estava a falar das suas aventuras em África, mas eu estava aborrecido.*

He was . . . . adventures . . Africa but I . . . .

2 *Um jogador de futebol ganha mais do que um director de banco.*

A football . . . . more . . . . a bank manager.

3 *É proibido fumar no metro de Londres.*

It . . . . smoke in the London tube.

SIXTY-NINTH (69th) LESSON

1 — Ex**cuse** me, **does**n't my **ne**phew (1) **Pe**ter Bates work in this **o**ffice?

2 — Oh, you're his **un**cle. He went* to your **fu**neral this **mor**ning.

PRONUNCIATION

1. dâz'nt... **né**fiu... **Pi**tâ Beitz – **2. ân**kêl... **fiune**ral.

4 *O "cricket" é menos excitante de ver (observar) do que o "rugby".*

Cricket is .... to ....
Rugby.

5 *Ele ganha muito dinheiro, mas trabalha durante o verão.*

He .. .. money but he works
...... the ......

EXERCÍCIOS
1. Aborrecia-me (com) ouvi-lo (escutá-lo), assim, adormeci. – **2.** É proibido dançar na igrejas – **3.** Stobby Niles é um jogador de futebol [que] tem muito sucesso – **4.** Gosto muito da sua irma. Ela é casada? – **5.** Ela joga o loto todas as semanas e ganha importantes somas de dinheiro.

Correcçao

1 talking about his - in - was bored — **2** player earns - than — **3** is forbidden to — **4** less exciting - watch than — **5** earns - lot of during - summer

---

Second wave : 19th Lesson

SEXAGÉSIMA NONA LIÇÃO

1. Desculpe-me, o meu sobrinho Peter Bates trabalha neste escritório?
2. Oh, você é o seu tio. Ele foi ao seu enterro esta manhã.

NOTES
(1) Enquanto *cousin* tem apenas uma forma para os dois casos, o feminino de *nephew* é *niece* (niice).

3 — **Da**vid, what are those **em**pty **whis**ky-**bo**ttles **do**ing in the **ce**llar?
4 — I don't know*, **dar**ling. I've **ne**ver bought* an **em**pty **bo**ttle of **whis**ky in my life (**2**).

---

5 — How many **pe**ople work in your **o**ffice?
6 — **About** half of them.

---

7 Mrs **Tho**mas and Mrs Jones met* in the **shop**ping-**cen**tre.
8 Mrs Jones was **pu**shing a pram with her two little boys in**side**.
9 — Good **mo**rning Mrs Jones. What **beau**tiful **chil**dren. Tell me, how old are they?
10 — Well, said Mrs Jones, the **doc**tor is two and the **law**yer (**3**) is three.

---

11 — I for**got** my wife's **birth**day. — What did she say*?
12 — **No**thing. — That's al**right** then.
13 — Yes, **no**thing... for three weeks.

14 Don't for**get*** to learn the ir**re**gular verbs we meet*.

PRONUNCIATION :
3. empti... **cé**lâ – **4.** bót (pronúncia irregular, não a esqueça.) – **6.** háhf – **7.** Tómêz... **cen**tâ – **8. pu**shing â pramm – **10.** lóh-yâ – **11.** fó**gót**.

Se tem repetido regularmente os verbos irregulares marcados com um asterisco, isso não significa que já os saiba, mas que os tem "na ponta da língua". Mais um pouco de paciência...

3. David, o que é que estão aquelas garrafas de uísque vazias a fazer na cave (a palavra significa, literalmente, adega).
4. Não sei, minha querida. Nunca comprei uma garrafa de uísque vazia na minha vida.

---

5. Quantas pessoas (gente) trabalham no seu escritório?
6. Cerca de metade (delas).

---

7. As senhoras Thomas e Jones encontraram-se no centro comercial.
8. A sra. Jones estava a empurrar um carrinho de criança com os seus dois rapazinhos [lá] dentro.
9. Bom-dia, sra. Jones. Que lindas crianças. Diga-me, que idade têm elas?
10. Bem, disse a sra. Jones, o médico tem dois e o advogado tem três [anos].

---

11. Esqueci[-me] do aniversário da minha mulher - O que é que ela disse?
12. Nada. - Então, está bem.
13. Sim, nada... durante três semanas.

14. Não se esqueça de aprender os verbos irregulares [com que] deparamos.

NOTES (continued)
(2) Pretérito perfeito composto : *I have never bought,* nunca tenho comprado, indica uma acção passada que ainda dura. Regra geral, é traduzido, em português, pelo pretérito perfeito simples : nunca comprei.
(3) A palavra *lawyer* é um termo geral que inclui *barrister,* advogado que intervem nos tribunais, e *solicitor,* procurador. Nos E.U.A. emprega-se o termo *attorney.*

EXERCISES

1 My uncle and aunt met during the war. — **2** What is that book doing in the middle of the table?. — **3** He never spends money, but last week he bought a house. — **4** Don't you speak German? I thought you did. — **5** How old are you madam? — That doesn't concern you.

Fill in the missing words:

1 *Ela não quer ver televisão? - Não, (ela) não quer.*

. . . . she want . . . . the television? —

No, ...

2 *O que é que está o cão a fazer com o carteiro? - Não tem importância.*

. . . . . . the dog . . . . . with the . . . .?

It . . . .

3 *Que belo tempo! Peguemos (tomemos) no carro e vamos ao campo.*

. . . . weather! . . . . the car

. . . . the country.

SEVENTIETH (70th) LESSON

REVISIONS AND NOTES

Notas a reler : 64ª lição : (1) – 65ª : (4) – 66ª : (2) – 67ª : (2), (4) – 68ª : (2), (3).

4 *Ele comprou o carrinho de criança, mas esqueceu-se dos lençóis.*

He . . . . . . the . . . . he . . . . . Thursday,

but he . . . . . . the sheets.

5 *A sua mulher está zangada. Não sei o que acontecerá.*

. . . wife is . . . . . I don't know . . . . will

. . . . . .

EXERCÍCIOS
1. O meu tio e a minha tia encontraram-se durante a guerra – **2.** O que é que está a fazer esse livro no meio da mesa? – **3.** Ele nunca gasta dinheiro, mas comprou uma casa na semana passada – **4.** Você não fala alemão? Pensei que sim – **5.** Que idade tem, minha senhora? – Isso não lhe diz respeito.

Correcção

1 Doesn't - to watch. - she doesn't. — **2** What is - doing - postman? - doesn't matter. — **3** What fine - Let's take - and go to — **4** bought - pram - saw on - forgot. — **5** His - angry - what - happen.

Second wave : 20th Lesson

SEPTUAGÉSIMA LIÇÃO

1 Durante – *For* para algo que se possa avaliar : *for a few weeks ;* during para um período determinado.
Atenção! *He was ill for a week. He was ill during the week before Christmas.*

Ago : traduz o tempo entre o acontecimento passado e o momento presente.
Vi o John há três semanas : *I saw John three weeks ago.* Há três anos que isso aconteceu : *It happened three years ago.*

Não traduza "há" (*there is, there are*) por *ago!*

2 O alfabeto – Eis todas as letras seguidas da sua pronúncia :
a (ei) – **b** (bi) – **c** (ci) – **d** (di) – **e** (î) – **f** (éf) – **g** (dji) – **h** (eitch) – **i** (ai) – **j** (djei) – **k** (kei) – **l** (él) – **m** (éme) – **n** (éne) – **o** (ô) – **p** (pî) – **q** (kiu) – **r** (ar) – **s** (éss) – **t** (tî) – **u** (yu) – **v** (vî) – **w** (dâbliu) – **x** (ékss) – **z** (zéd).

3 A não esquecer :

Check this please : verifique isto, por favor.
Have a rest : descanse.
Half of them : a metade deles.
That's alright then : então está bem.
I'm bored with working : estou farto (aborrecido) de trabalhar.
He was born : nasceu.
Until I came : até eu ter vindo.

4 Traduza para inglês :
1 Ele adormeceu durante o jogo. Há uma hora.
2 Você não tem o direito de falar (não é permitido falar).
3 Com tão poucos amigos e tantos problemas, ele deve ser infeliz.
4 Aqui estão dois livros. Qual prefere?
5 Guarde o seu bilhete até sair (alcançar a saída).
6 Ele trabalhou durante três horas e, depois, parou.

5 Tradução
1 *He fell asleep during the match. An hour agor.*
2 *You're not allowed to talk.*
3 *With so few friends and so many problems he must be unhappy.*
4 *Here are two books. Which do you prefer?*
5 *Keep your ticket until you reach the exit.*
6 *He worked for three hours and then he stopped.*

Começamos a empregar um certo número de expressões idiomáticas e é muito natural que faça erros ; mas confie em nós : a prática diária corrigirá os seus pontos fracos. Dá-se conta de que está a fazer progressos?

Já alguma vez fez uma bola de neve? O difícil é começar. Depois é só uma questão de amassar neve à volta de um centro consistente e o volume da bola aumentará rapidamente. Você já possui essa consistência em inglês e, no final do curso, a sua bola de neve terá um bom tamanho.

Second wave : 21st (revision) Lesson

SEVENTY-FIRST (71st) LESSON

Important news

1 Mr. **Mar**shall and Mr. Hobbs were **sit**ting (**1**) in the seats **near** the door, **o**pposite one an**o**ther (**2**).
2 **Da**vid **Wil**son got* **in**to the train and said*: "Good **mor**ning".
3 The two men re**plied** "**Mor**ning" and con**ti**nued **rea**ding* their **pa**pers.
4 **Da**vid put* his **brief**-case on the rack **o**ver his head and sat* down.
5 He lit* a ciga**rette**, threw* the match on the floor and **o**pened his **pa**per.
6 The three men read* in **si**lence for a while.
7 The **win**dow was half-**o**pen and there was a strong draught.
8 — I see* the Chi**nese** Prime **Mi**nister is dead (**3**) said **Mar**shall.
9 **No**-one said* a word.
10 **Af**ter a few **mi**nutes, Hobbs said*: "Oh **dear**, an**o**ther **ter**rible **plane**-crash".
11 The **o**ther two showed no **in**terest.
12 Then **Da**vid **shou**ted: "Oh no!", the **o**thers looked at him.
13 "Stiles, the **Chel**sea **cen**tre-**for**ward is ill and won't be **a**ble to play a**gain**st Spurs".

PRONUNCIATION
1. ópêzit uâne ânâdâ – **3.** ri**plaid** – **4. briif** keize – **5.** çru... flóh – **6.** réd... â uaile – **7.** dráft – **8.** déd, séd – **9.** séd – **10. téri**bêl pleine-krash – **11.** shoued... intresst – **12. shau**ted – **13.** Stailz... **Tchél**ssi **cen**tâ-fóhuad... bi-**ei**bel... â**gueinsst.**

SEPTUAGÉSIMA PRIMEIRA LIÇÃO

Notícia importante

1. O sr. Marshall e o sr. Hobbs estavam sentados (nos assentos) perto da porta, em frente um do outro.
2. David Wilson entrou no combóio e disse : Bom dia".
3. Os dois homens responderam (retorquiram) "...dia" e continuaram a ler os seus jornais.
4. David pôs a sua pasta no porta-bagagem sobre a sua cabeça e sentou-se.
5. Acendeu um cigarro, atirou o fósforo para (sobre) o chão e abriu o (seu) jornal.
6. Os três homens leram em silêncio durante (por) um momento.
7. A janela estava meia-aberta e havia uma forte corrente de ar.
8. Vejo [que] o Primeiro Ministro chinês morreu, disse Marshall.
9. Ninguém disse uma palavra.
10. Alguns minutos depois, Hobbs disse : "Meu Deus, outro horrível acidente de avião".
11. Os outros dois não mostraram nenhum interesse.
12. Então, David gritou : "Oh, não!", os outros olharam para ele.
13. "Stiles, o avançado-centro do Chelsea, está doente e não poderá jogar contra o Spurs."

NOTAS

(1) *To sit down :* sentar-se ; *to be sitting,* ou *to be seated :* estar sentado.

(2) *One another,* ou *each other,* referem-se a duas pessoas ; *they saw one another :* viram-se um ao outro ; *they talked to each other :* falaram-se, ou falaram um ao outro. *Opposite each other :* em frente um do outro. Nunca utilise *themselves* nestes casos.

(3) Morrer : *to die ;* ele morreu : *he died.* Estar morto : *to be dead ;*

14 The three men be**gan*** to dis**cuss** the **ter**rible, **tra**gic news (**4**).

PRONUNCIATION
14. tradjïk niouz.

EXERCISES

1 She lit a ciga**re**tte and threw the match on the floor — **2** They be**gan** to talk about the news. — **3** Lord **By**ron was born in seven**teen eigh**ty eight and died in eigh**teen twen**ty four. — **4** He put his coat on a chair and sat down. — **5** I am a**gainst** his i**dea**. I find it **non**sense.

Fill in the missing words :

1 *Eles estavam a ler o (seu) jornal quando a porta se abriu.*

They . . . . their . . . . . . when the . . . .

2 *Eles olharam um para o outro [olharam-se] durante cinco minutos antes de dizer bom-dia.*

They . . . . . . at . . . . five minutes before . . . .

3 *Não poderemos dar-nos ao luxo (permitirmo-nos) [de] férias no estrangeiro.*

We . . . . to . . . . . . a holiday . . . . . .

4 *A janela estava entreaberta e havia uma forte corrente de ar.*

. . . . was . . . . - . . . . and . . . . a strong . . . .

14. Os três homens começaram a discutir a terrível e trágica notícia

---

NOTES (continued)
(4) Apesar do "s", *news* escreve-se da mesma maneira para o singular e plural. O mesmo acontece com *means,* meio, método. *By means of,* por meio de. *He crossed by means of the bridge,* ele atravessou por meio da ponte.

5 *Ele viu o corpo e perguntou : "Ele está morto ou a dormir?"*

He . . . the . . . . and asked "Is . . . . . . or . . . . . . ? »

EXERCÍCIOS
1. Ela acendeu um cigarro e atirou o fósforo para o chão – **2.** Eles começaram a falar sobre as notícias. – **3.** Lord Byron nasceu em 1788 e morreu em 1824 – **4.** Ele pôs o casaco sobre a cadeira e sentou-se. – **5.** Sou contra a sua ideia. Acho-a absurda.

Correcção

1 were reading - papers - door opened. — **2** looked - one another for - saying Good morning (hello). — **3** will not be able - afford - abroad — **4** The window - half - open - there was - draught. — **5** saw - body - he dead - asleep (sleeping)

Second wave : 22nd Lesson

SEVENTY-SECOND (72nd) LESSON

1 The train stopped at a **sta**tion but **no**-one got* on.
2 At the last **mi**nute, the door **o**pened
3 and an old **gen**tleman (**1**) with a grey **be**ard and **gla**sses (**2**) got* **in**to (**3**) the com**part**ment.
4 I just caught (**4**) it! he said, **si**tting* down **hea**vily.
5 He took* off his **gla**sses and wiped his face (**N. 1**) with a striped **hand**kerchief.
6 **E**veryone was (**5**) **rea**ding* and **smo**king, ex**cept** the old **gen**tleman.
7 He had **ob**viously had no time to buy* a **pa**per be**fore** **ca**tching (**6**) the train.
8 **Da**vid soon **no**ticed that the man was **rea**ding* his **pa**per with him, but **ve**ry dis**creet**ly.

PRONUNCIATION :
1. – trein... nâu-uâne – **3.** **djent**lemén... **bí**êd... **glá**ssiz – **4.** kót... **hé**vili – **5.** uaipt... straipt **han**kêtchif – **6.** ék**sspét** – **7.** **ób**viâsli – **8.** **nôh**ticed... riiding... dis**skriitli.**

SEPTUAGÉSIMA SEGUNDA LIÇÃO

1. O comboio parou na estação, mas ninguém subiu.
2. No último minuto, a porta abriu-se
3. e um senhor de idade (velho cavalheiro) com barba cinzenta e óculos entrou no compartimento.
4. Apanhei-o a tempo! disse, sentando-se pesadamente.
5. (Ele) tirou os (seus) óculos e limpou o rosto com um lenço às riscas.
6. Toda a gente estava a ler e a fumar, excepto o senhor de idade.
7. (Ele) não tinha tido evidentemente tempo para comprar um jornal antes de apanhar o comboio.
8. David em breve se apercebeu [de] que o homem lhe estava a ler o jornal, mas muito discretamente.

NOTES

(1) *Gentleman,* uma palavra bem conhecida. Uma pessoa proveniente de um bom extracto social. Também pode, aliás, transformar-se em advérbio : *gentlemanly,* bem-educadamente, distintamente.
Meus senhores e minhas senhoras : *Ladies and Gentlemen* (repare no plural)

(2) *A glass :* um copo, vidro ; *glasses :* óculos.

(3) Esta preposição exprime a noção de movimento, *to,* para o interior, *in.* Emprega-se no caso dos verbos que impliquem o sentido de entrar em... deitar-se à água *(jump into the water),* subir para um carro *(get into a car).*

(4) *To catch a train* ou *a cold.* Exactamente como em português.

(5) Não se repete o auxiliar *was* se não houver mal entendido possível.

(6) Depois de uma preposição (*before, after,* etc) o verbo vai para o gerúndio.
Em português, como se sabe, o verbo vai para o infinitivo.
After reading the paper he fell asleep : depois de ler o jornal, adormeceu.

9 **Da**vid's **pa**per had **twen**ty **pa**ges and he woulo have liked (**7**) to share it with him,

10 but he did not want to show the old **gent**leman that he had **no**ticed he was **read**ing* it,

11 he was a**fraid** of of**fen**ding (**8**) him.

12 **Da**vid reached the **bot**tom of the page, but did not want to turn it, be**cause** his **neig**hbour was still **rea**ding*.

13 At last, **Da**vid solved the **prob**lem. He **fol**ded the **pa**per, put it on the seat,

14 closed his eyes and pre**ten**ded (**9**) to be a**sleep**.

PRONUNCIATION
9. uúd... shér – **10.** shâu... – **11.** ó**fending** – **12.** ritchd... peidje... tân... neibâ – **13.** put.

EXERCISES

1 With**out mo**ving his hands, he turned the page. — 2 He was a**fraid** of **wa**king his **fa**ther. — 3 It was so cold in **Scot**land that I caught a cold. — 4 He pre**ten**ded to be a **pa**rachutist, but he was **real**ly a **post**-man. — 5 When you have reached the end of this book, read it a**gain**.

Fill in the missing words:

1 *Antes de limpar o (seu) rosto, ele tirou os óculos.*

Before . . . . face, he . . . . his

. . . .

9. O jornal de David tinha 20 páginas e ele teria gostado de partilhá-lo com ele [o senhor de idade],
10. mas não querias mostrar-lhe que tinha notado que ele estava a lê-lo,
11. [pois] tinha receio de ofendê-lo.
12. David chegou (alcançou) [ao] fim (fundo) da página, mas não quis virá-la porque o seu vizinho ainda estava a ler.
13. Finalmente, David resolveu o problema. Dobrou o jornal e pô-lo no assento,
14. fechou os olhos e fingiu adormecer (estar adormecido).

NOTES (continued)

(7) O passado do condicional.
(8) Ver nota 6.
(9) *To pretend :* fingir, simular, aparentar, mas também pretender, tencionar. *He pretended to be a millionaire,* fingiu ser (fez-se passar por) um milionário.

EXERCÍCIOS

1. Sem mexer as mãos, (ele) virou a página – **2.** Ele tinha receio de acordar o seu pai – **3.** Estava tanto frio na Escócia que apanhei uma constipação – **4.** Ele fazia-se passar por um paraquedista, mas, na realidade, era (um) carteiro – **5.** Quando tiver alcançado o fim [acabar] (d)este livro, lei-ao novamente.

2 *Toda a gente estava a ler, excepto [o] David que fingia dormir.*

. . . . reading . . . . . . David who was

. . . . to . . . . .

3 *Lembre-se : (você) não pode aprender sem estudar.*

. . . .; you cannot . . . . . without . . . .

4 *Gostaria de ajudá-lo, mas, infelizmente, estou demasiado ocupado.*

I . . . . . like . . . . . . you, but, ..., I . . . .

SEVENTY-THIRD (73rd) LESSON

A little mystery

1 The **police** were **in**terviewing a **sol**dier suspected of **rob**bery (**1**).

2 — I don't know* the **rest**aurant. I've never been there in my life, said* the **sus**pect.

3 — Well, **pe**ople say* that a **sol**dier like you robbed the **rest**aurant and **wound**ed (**2**) the **ow**ner, re**plied** the de**tec**tive.

4 — But there must be **thou**sands (**3**) of **sol**diers in this town.

PRONUNCIATION
1. **in**tâviuing... sôldjâ sâss**pék**ted – **2. rés**strant, aive... sâsspékt.

5 *Depois de ler o relatório, (ele) pô-lo na sua pasta.*

After . . . . the report he . . . it . . . . .

. . . . . . - . . . .

Correcção

1 wiping his - took off - glasses — **2** Everyone was - except - pretending - sleep — **3** Remember - learn - studying — **4** would - to help - unfortunately - am too busy — **5** reading - put - in his brief-case

---

Second wave : 23rd Lesson

SEPTUAGÉSIMA TERCEIRA LIÇÃO

1. A polícia estava a interrogar um soldado suspeito de roubo.
2. Não conheço o restaurante. Nunca fui lá na minha vida, disse o suspeito.
3. Bem, [há] pessoas [que] dizem que um soldado como você roubou o restaurante e feriu o proprietário, replicou o detective.
4. Mas devem haver milhares de soldados nesta cidade.

NOTES

(1) *To rob* (*a bank,* etc), roubar ; *a robber,* um ladrão. Mas *to rob* implica violência. Se não, *to steal, stole, stolen* e o ladrão torna-se num *thief* (diif, o "d" pronunciado entre os dentes). *Hold up,* assalto à mão armada.
Repare que *police* é plural. *The police were...*

(2) *To wound* (verbo regular), ferir com uma arma ; *to injure :* ferir acidentalmente).

(3) Já vimos que 2 *million, 4 thousand,* etc., não têm "s". Só se coloca um "s" quando se trata de milhares : *thousands ;*

5 — Yes, but **on**ly one who was **ne**ar the scene of the crime.

6 — **Li**sten. I was **wal**king (**4**) quietly down the street,

7 when **som**eone ran* down the street **shou**ting : "He robbed the till!!!";

8 so, I **sto**pped and went* back to the **res**taurant

9 and the **wit**nesses said* I was the **rob**ber be**cause** of (**5**) my **u**niform.

10 So the po**lice** ar**res**ted me and here I am.

11 — You say* you **ne**ver saw* the **res**taurant be**fore**?

12 — Yes, that's **right**, said* the **sol**dier **ner**vously.

13 — Then I ar**rest** you for armed **rob**bery, said* the de**tec**tive.

14 What was the **sol**dier's mis**take**? (the **a**nswer is in the re**vi**sion **les**son).

PRONUNCIATION
5. niiâ... cine... kraime – **6. Li**ssen... kua**i**êtli – **7. shau**ting... til – **9. uít**néss séd... **ró**bâ... **fú**nifóhm – **10.** pô**lice** – **11.** só – **12.** détss **raite**... **nâ**vesli – **13.** áhmed – **15.** ri**vi**jen.

5. Sim, mas somente um que estava perto da cena do crime.
6. Ouça (escute). Eu descia calmamente a rua a pé,
7. quando alguém desceu a rua a correr [e] a gritar : "Ele roubou a caixa!!!"
8. então, (eu) parei e voltei ao restaurante
9. e as testemunhas disseram [que] eu era o ladrão por causa do meu uniforme.
10. Assim, a polícia prendeu-me e aqui estou eu.
11. Você diz que nunca viu o restaurante antes?
12. Sim, é verdade (está certo), disse o soldador nervosamente.
13. Então prendo-o por roubo [à mão] armada, disse o detective.
14. Qual foi o erro do soldado? (a resposta encontra-se na lição de revisão).

NOTES (continued)
de milhões de pessoas, por exemplo, *millions of people.* Centenas de milhares : *hundreds of thousands.*
(4) Repare nestas formas verbais : *to walk up and down the street,* subir e descer a rua a pé ; *to run upstairs,* subir as escadas a correr ; *to drive to London,* ir a Londres de carro ; *to ride a horse,* andar a cavalo.
(5) *Because :* porque ; *because of :* por causa de. *Thanks to :* graças a.

Não queremos tentar explicar tudo. As nossas notas servem simultaneamente de guia e de companheiras de viagem. No que se refere às frases "complicadas", não se preocupe. É familiarizando-se com elas que as assimilará. É por isso que lhe repetimos : lei-as todos os dias.

EXERCISES

1 I have **ne**ver been to **En**gland. — What's it like? — **2** There must be a mis**take**, I don't know you. — **3** She ran down the street **shou**ting "Help!". — **4** My plane was late be**cause** of a strike. — **5** I was **wor**king when the **te**lephone rang.

Fill in the missing words :

1 *Ele é o dono de três casas de campo e de um apartamento.*

He is . . . . three . . . . -
. . . . . . and a flat.

2 *Sem fazer perguntas, ele soube que o soldado tinha cometido (feito) o roubo.*

. . . . any questions, he . . . . the soldier . . . . the robbery.

3 *Centenas e milhares de pessoas compraram carros.*

. . . . and . . . . of . . . . . .
. . . . . . cars.

4 *Ele nunca foi ao estrangeiro na sua vida.*

She . . . never . . . . in . . . .

5 *Estaremos 20 minutos atrasados por causa da chuva.*

. . . . the . . . . we will . . twenty minutes . . . .

EXERCÍCIOS
1. Nunca estive em Inglaterra – Como é? – **2.** Deve haver um engano, eu não o conheço – **3.** Ela desceu a rua a correr gritando : "Socorro!" – **4.** O meu avião estava atrasado por causa de uma greve – **5.** Estava a trabalhar quando o telefone tocou.

Correcção
1 the owner of - country-houses — **2** Without asking - knew - had done — **3** Hundreds - thousands - people bought — **4** has - been abroad - her life — **5** Because of - rain - be - late

---

Não se esqueça de que, por agora, só tem que compreender o texto inglês e de repetir cada parágrafo depois de o ter lido em voz alta.

Second wave : 24th Lesson

SEVENTY-FOURTH (74th) LESSON

1 Let's learn some **u**seful ex**press**ions.

2 When **En**glish **peo**ple (**1**) meet* for the first time, they say*: "How do you do?"

3 The **a**nswer is: "How do you do?"

4 **A**fter this first **mee**ting (**2**), you may say: "How **a**re you?", or **sim**ply "Hel**lo**".

5 **Youn**ger **peo**ple find* these **for**mulas too **for**mal and try to **avoid** them.

6 **Pe**ople **ra**rely shake* hands in **En**gland.

---

7 Here is a **typ**ical "po**lite**" conver**sa**tion:

8 — Hel**lo**, **Da**vid, How are you?

9 — Fine, **thank**you. And you?

10 — I'm **ve**ry well. Let* me intro**duce** (**3**) **An**drew **Wil**liams.

11 — How do you do? — Pleased to meet* you.

12 — **Ter**rible **wea**ther, **isn**'t it? — Yes, but it's **get**ting* **war**mer (**N. 2**) now.

13 — I hope we will have some sun soon.

PRONUNCIATION

1. iuzeful ékss**préshê**nz – **2. Hau** do-iu-**do** – **3. a**ncâ – **4.** Hau **áhe**-iu – **5.** â**void** – **6. ré**rli sheik – **7.** pâ**lai**te konve**ssei**shen – **10.** intro**diuce An**dru – **11.** pliizd – **12. ué**dâ.

SEPTUAGÉSIMA QUARTA LIÇÃO

1. Vamos aprender algumas expressões úteis.
2. Quando os ingleses se encontram pela primeira vez, dizem : "Como vai?"
3. A resposta é : "Como vai?"
4. Depois deste primeiro encontro, você pode dizer : "Como está?", ou simplesmente "Olá".
5. Gente mais jovem acha estas fórmulas demasiado formais e tenta evitá-las.
6. As pessoas raramente apertam a mão em Inglaterra.

---

7. Aqui está uma conversa "bem educada" típica :
8. Olá, David, como está?
9. Bem, obrigado. E você?
10. Estou muito bem. Deixe-me apresentar[-lhe] [o] Andrew Williams.
11. Como vai? - Prazer em conhecê-lo.
12. [Que] mau tempo, não acha (é)? - Sim, mas está a ficar mais quente agora.
13. Espero que, em breve, tenhamos (teremos) algum sol.

NOTES

(1) *The English :* os ingleses, o povo inglês (*the French, the German, the Portuguese,* etc.), mas quando se quer dizer "ingleses", no sentido geral, não se põe artigo e acrescenta-se *people.* Do mesmo modo, na linha 5, *young people,* porque são os jovens em geral e não todos os jovens.

(2) *To meet :* encontrar[-se] e também conhecer alguém, no sentido de ter-lhe sido apresentado. *A meeting :* uma reunião. Repare na fórmula de cortesia da linha 11 : *Pleased to meet you.*

(3) *To introduce :* apresentar alguém. *Let me introduce myself :* permita que me apresente.

14 — Well, I must be off or **I'**ll be late. Give* my re**gards** (**4**) to your wife. Good**bye.**

15 — I will. Take* care of your**self.** Good**bye.**

PRONUNCIATION
14. Ail... rigáhdz – **15.** kér... iós**self.**

EXERCISES

1 We **rar**ely intro**duce** our friends to **An**drew. — **2** Pleased to meet you. What is your name? — **3** I hope he will ac**cept** our **o**ffer. — **4** He did it with**out** **thin**king. — **5** These **pa**pers are free. Please take one.

Fill in the missing words :

1 *Deixe-me oferecer-lhe uma bebida.*

. . . me . . . . a drink.

2 *Permita-me que o/a convide a jantar.*

. . . . . me . . . . to dinner.

3 *Devo [tenho que] partir ou chegarei (estarei) atrasado.*

I . . . . be . . . or I . . . . **Give** . . . . to . . . . wife.

4 *Tente evitar a auto-estrada, há demasiado tráfego.*

. . . to . . . . . the motorway, there . . . .

14. Bem, tenho que me ir embora ou chegarei tarde. Dê os meus cumprimentos a sua mulher. Adeus.
15. Assim farei. Tenha cuidado consigo [Vá com cuidado]. Adeus.

NOTES

(4) *To regard* : estimar, considerar, respeitar. *I regard him highly* : estimo-o/a muito. *Without regard* : sem consideração. Uma carta pode ser terminada com *Kindest regards,* as minhas respeitosas saudações.
In/With regard to : com referência a, relativamente a, quanto a.

5 ***Ele deixa-me sempre tomar [ficar com] o seu carro se [quando] não precisa dele.***

He always . . . . me . . . . car if . . . . . .

not . . . . . .

EXERCÍCIOS

1. (Nós) apresentamos raramente os nossos amigos a Andrew – **2.** Prazer em conhecê-lo. Qual é o seu nome? – **3.** Espero que ele aceite a nossa oferta – **4.** Ele fê-lo sem pensar – **5.** Estes jornais são gratuitos. Por favor fique com (tome) um.

Correcção

1 Let - offer you. — **2** Allow - to invite you — **3** must - off - will be late - my regards - your. — **4** Try - avoid - is too much traffic. — **5** lets - take his - he does - need it.

Second wave : 25th Lesson

SEVENTY-FIFTH (75th) LESSON

1 We have seen* a lot of words in the last few **les**sons.

2 It is now time to re**vise** some of them.

3 He lit* a cig**aret**te, **o**pened his **no**vel and be**gan*** to read.

4 Where did I put* my **brie**f-case? I can't re**mem**ber (**1**).

5 My young **nep**hew was **in**jured in a **plane**-crash.

6 He will not be **a**ble to come to**mor**row **as** (**2**) he has an im**port**ant **mee**ting.

7 The bank was robbed of **fif**ty **thous**and pounds **du**ring the night.

8 When you meet* **som**eone for the first time, you say* : "How do you do?"

9 They saw* one **anoth**er for the first time last week, al**though** they write* to one **anoth**er **reg**ularly.

10 I must be off or I'll be late for my ap**point**ment (**3**).

11 **You**'ll be **a**ble to **rec**ognise George, he wears* (**4**) **gla**sses and a **bow**ler hat.

12 Don't for**get*** the **exe**rcises at the **bot**tom of the page.

13 The door was half-**o**pen and he saw* his **par**ents **pla**ying cards.

14 The **wea**ther is **ter**rible, **is**n't it?

PRONUNCIATION
1. uádz... – **2.** rivaize – **3.** riid – **5. né**fiu... **in**djed – **7.** naite – **8.** sameuáne – **9.** só – **10.** ápóintment – **11. ré**kâgnaiz Djóhdj... uérz... bóhlá – **13. pé**rentz... káhdz – **14.** izn'tit.

SEPTUAGÉSIMA QUINTA LIÇÃO

1. Vimos muitas palavras nas últimas lições.
2. É agora a altura de rever algumas delas.
3. Ele acendeu um cigarro, abriu o seu romance e começou a ler.
4. Onde pus a minha pasta? Não consigo lembrar-me.
5. O meu (jovem) sobrinho foi ferido num acidente de avião.
6. Ele não poderá vir amanhã pois tem uma reunião importante.
7. O banco foi roubado em (de) 50.000 libras durante a noite.
8. Quando você encontra alguém pela primeira vez, (você) diz : "Como vai?"
9. (Eles) viram-se (um ao outro) pela primeira vez [a] semana passada, embora se escrevam regularmente.
10. Tenho que me ir embora ou chegarei atrasado ao meu encontro.
11. Você poderá reconhecer George, ele usa óculos e um chapéu de coco.
12. Não [se] esqueça dos exercícios ao fundo da página.
13. A porta estava entreaberta e ele viu os seus pais jogarem às cartas.
14. O tempo está horrível, não acha?

NOTES

(1) Os verbos de percepção involuntária (*see, hear, remember,* etc) conjugam-se, em geral e principalmente na Inglaterra, com o verbo *can.*

(2) *As* (como) também pode ser traduzido por "pois" ou "porque".

(3) *Appointment :* encontro marcado, compromisso. *A doctor's appointment,* visita marcada com o médico.

(4) *To carry :* trazer na mão ; *to wear, wore, worn :* usar, vestir, no sentido de trazer sobre o corpo. *Worn out :* usado, gasto.

EXERCISES

1 You're very tired. Will you be **a**ble to drive home? — 2 They weren't **ha**ppy with their **dau**ghter's **le**tter. — 3 Don't ring, he won't **a**nswer the phone. — 4 When they've **fi**nished, **they**'ll come and see us. — 5 I can't under**stand** why he left so **ea**rly.

Fill in the missing words :

1 *Tiveram de comprar um novo aparador.*

. . . . a new sideboard.

2 *Por favor verifique os (seus) pneus antes de partir.*

. . . . your tyres . . . .

3 *Embora seja muito pequeno, (ele) é muito forte.*

. . . . he . . very . . . . . , he is . . . .
. . . . . .

4 *Ele entreabriu a porta e examinou (olhou n)a cozinha.*

He . . . . - . . . . . . the door and . . . . . . into the
. . . .

SEVENTY-SISTH (76th) LESSON

Conditionals

1 — What can I do for you, sir? — I'd like to speak* to Mr **Da**vis.

PRONUNCIATION
1. Aid.

5 *Espero que o seu primo esteja melhor.*

I . . . . cousin . . . .

EXERCÍCIOS
1. Você está cansado. Será capaz de guiar [até] casa? – **2.** Eles não ficaram contentes com a carta da sua filha – **3.** Não toque [telefone], ele não responderá ao telefone – **4.** Quando tiverem terminado virão ver-nos – **5.** Não posso compreender porque é que ele partiu tão cedo.

Correcção

1 They had to buy. — **2** Please check - before leaving. — **3** Although - is - small (little) - very strong — **4** half-opened - looked - kitchen. — **5** hope your - is better.

Second wave : 26th Lesson

SEPTUAGÉSIMA SEXTA LIÇÃO

Condicionais

1. O que é que posso fazer por si? - Gostaria de falar com o sr. Davis.

2 — I'm **sorry**, he isn't in. **Would** (1) you like to see* **somebody** else?

3 — No, but would you take* a **message** for me, please?

4 — I'd be delighted.

---

5 "Would" is the **conditional** in **English** and is placed in **front** of the infinitive.

6 The **contraction** is easy : "would" **becomes*** ...'d.

7 For **instance** : I'd like a cup of tea.

8 He'd help you. We'd **prefer** **beer**, if you have any.

9 **Questions** are **easy** too : Would you like a cup of tea? Would you help me please?

10 Here are some more **sentences** : He would **understand*** if you spoke* more **slowly**.

11 He **wouldn't** ask for help if he **didn't** want it.

12 He **wouldn't** need a **teacher** if he spoke* **fluently**.

---

13 A **famous** **lawyer** had lost* a case (2) and was very **angry**.

14 — If this is the law, he **shouted**, **I'll** burn* my books!

15 The judge **replied** : "It would be **better** if you read* (3) them".

PRONUNCIATION
2. u**di**ú – **3.** **més**sâdje – **4.** Aid bi di**lai**ted – **5.** kân**dish**enél... pleiced... ín **front**'óv – **7.** Aid laike – **8.** Hid... Uid – **10.** spôhke – **11.** **úd**n't... uônt'it – **12.** niid... **flu**entli – **13.** keize... **an**gri – **14.** lóh... bân – **15.** djâdje... réd.

2. Lamento, [mas] ele não está. Gostaria de ver outra pessoa?
3. Não, mas poderia [o senhor] anotar (tomar) uma mensagem de minha parte, por favor.
4. Com muito gosto (Ficaria encantado).

---

5. *Would* é o condicional em inglês e é colocado antes do infinitivo.
6. A contracção é fácil : would transforma-se em ...'d.
7. Por exemplo : gostaria de uma chávena de chá.
8. Ele ajudá-lo-ia. Nós preferiríamos cerveja, se tem alguma.
9. As perguntas também são fáceis : Gostaria de uma chávena de chá? Poderia ajudar-me, por favor?
10. Aqui estão mais algumas frases : Ele compreenderia se você falásse mais lentamente.
11. Ele não pediria ajuda se não a quisesse.
12. Ele não precisaria de um professor se falásse fluentemente.

---

13. Um célebre advogado tinha perdido um caso e estava muito zangado.
14. Se isto é a lei, gritou, vou queimar (queimarei) os meus livros.
15. O juiz retorquiu : "Seria melhor se os lêsse".

NOTES

(1) Repare na pronúncia (úd), como em *could,* o "l" desaparece.
(2) *A case :* um caso (ou recipiente para objectos, como caixa, estôjo, etc.).
Bookcase : estante. *A legal case :* um caso jurídico.
(3) Pronúncia [réd]. A construção do condicional é quase como em português : condicional... se... imperfeito do conjuntivo. Como em inglês não existem conjuntivos, este tempo é substituído pelo pretérito perfeito.

EXERCISES

1 I would buy it, it is very cheap. — 2 He **does**n't let me use his car at week**ends**. — 3 I'm a**fraid**, he **is**n't back yet. — 4 What would you do if you had a lot of **mo**ney? — 5 How would you feel if **so**meone kicked you?

Fill in the missing words :

1 *Gostaria de (algun) café? - Preferiria chá, se tem (algum).*

. . . . . you . . . . some coffee? — I . . . . tea if you have . . .

2 *Não gostaria de estar no seu lugar!*

I . . . . like . . . . in your place!

3 *Quem gostaria de ver primeiro?*

Who . . . . like . . . . . first?

SEVENTY-SEVENTH (77th) LESSON

REVISIONS AND NOTES

Notas a reler : 71ª lição : (2), (4) – 72ª : (5) – 73ª :(3), (4) – 74ª : (1) – 75ª : (1), (4).

1 Lição 72 – *He wiped his face.* As partes do corpo são personalizadas em inglês. Há uma canção de G. Allwright em que se diz : "Sem falar de todas as vezes que cortei o "meu" dedo numa lata de sardinhas".

4 *Ela compraria algum/a se tivesse dinheiro.*

She . . . . . buy . . . . If she . . . . money.

5 *Não gostariámos de o incomodar.*

We . . . . like to disturb you.

EXERCÍCIOS
1. Eu comprá-lo-ia, é muito barato. – **2.** Ele não me deixa utilizar o seu carro nos fins de semana. – **3.** Receio que ele ainda não tenha voltado – **4.** O que é que faria se tivesse muito dinheiro? – **5.** Como se sentiria se alguém lhe desse um pontapé?

Correcção

1 Would - like - would prefer - any — 2 wouldn't - to be — 3 would you - to see — 4 would - some - had some — 5 wouldn't

---

Second wave : 27th Lesson

SEPTUAGÉSIMA SÉTIMA LIÇÃO

As suas mãos estão limpas : *his hands are clean.*
Ela tem um livro na mão : *she has a book in her hands.*

2 Lição 73 – Resposta ao enigma de *A little mistery* : na linha 8, o soldado diz : *I went back* (eu voltei). Como, segundo o seu depoimento, ele jamais vira aquele restaurante, ele não podia "voltar". Deveria ter dito : *I went to the restaurant.*

3 Alguns comparativos irregulares – Já vimos *good, better, the best* (bom, melhor, o melhor). Preste atenção : *bad, worse, (the) worst* : mau, pior, o pior ;
little, less (mais substantivo no singular), *the least* : pouco, menos, o menor.
Menos que (com substantivo no plural) traduz-se por *fewer. I have less time than I thought* ; tenho menos tempo do que pensava ; *She has fewer friends than her sister,* ela tem menos amigos do que a sua irmã.
Cada vez menos : *less and less* ; cada vez mais : *more and more* ; pelo menos : *at least.*

4 Expressões a recordar – 1 *She washed her hands* – 2 *He bought a paper before catching the train* – 3 *He pretended to be rich* – 4 *He ran down the stairs* – 5 *Yes, that's right* – 6 *Pleased to meet you* – 7 *I can't remember* – 8 *They saw one another* – 9 *I'd like a beer, please.*

5 Tradução – 1 Ela lavou as mãos – 2 Ele comprou um jornal antes de apanhar o comboio – 3 Fazia-se passar por rico – 4 Desceu as escadas a correr – 5 Sim, está certo – 6 Prazer em conhecê-lo – 7 Não me lembro – 8 Viram-se (um ao outro) – 9 Gostaria de um cerveja, por favor.

SEVENTY-EIGHTH (78th) LESSON

Don't worry

1 We have seen* many ex**pre**ssions and words al**rea**dy,

2 and per**haps** you are **wo**rried by some of the un**u**sual (1) ones, like:

PRONUNCIATION
lóhl**rédi** – **2.** âni**u**gêl.

Substituímos as **frases para transcrever em inglês** por **expressões a recordar.** A tradução encontra-se abaixo para que possa verificar mais rapidamente o seu trabalho.

Second wave : 28th (revision) Lesson

SEPTUAGÉSIMA OITAVA LIÇÃO

Não se preocupe

1. Já vimos muitas expressões e palavras,
2. e talvez esteja preocupado com algumas pouco correntes, como :

NOTES

(1) *Usually* : usualmente, habitualmente ; *unusual* : pouco habitual, incomum, invulgal, raro.

3 "They **began*** to read*" or "**Stu**dying is easy".

4 But, if you read* a **les**son **ev**ery day, you will come* to know* these words and **id**ioms

5 and will be **a**ble to use them **na**turally.

6 You al**read**y know* **enough Eng**lish to sur**vive** in **Eng**land

7 and you know a **lit**tle about the **coun**try.

8 All this with just one **les**son a day.

9 But you must con**tin**ue **read**ing* and **wri**ting*

10 and do not **wo**rry **about** (2) **ma**king* mis**takes**: you make* mis**takes** in your own **lan**guage, too!

11 You **pro**bably want to speak* **flu**ently now, after **on**ly **ele**ven weeks.

12 but you should (**N. 1**) re**mem**ber the **say**ing:

13 "You must learn to walk be**fore** you can run*".

PRONUNCIATION
4. idiômz – **5. natch**râli – **6. inâf**... sâ**vaive** – **8.** djâsst – **9. rai**ting – **10. uôri**... **lan**guhadje – **11. pró**bâbli – **12.** shud... **sei**-ing.

EXERCISES

1 You will soon come to know your **hus**band. — **2** But you must con**tin**ue **try**ing. — **3 Lea**rning is **ea**sy, but you must **prac**tise. — **4** I should go now, but I pre**fer** to stay. — **5** You should try her **cher**ry cake: it's **ex**cellent!

3. "Eles começaram a ler", ou "estudar é fácil".
4. Mas, se ler uma lição todos os dias, virá a conhecer estas palavras e expressões idiomáticas,
5. e poderá empregá-las naturalmente.
6. Já sabe suficiente inglês para sobreviver em Inglaterra
7. e [também] sabe um pouco sobre o país.
8. Tudo isto com apenas uma lição por dia.
9. Mas deve continuar a ler e a escrever
10. e não se preocupe em (acerca de) fazer erros : também faz erros na sua própria língua!
11. Provavelmente quer falar fluentemente agora, após somente onze semanas.
12. Mas deveria lembra-se do ditado :
13. "deve aprender a andar antes de poder correr".

NOTES (continued)

(2) *About,* é uma palavra muito útil em inglês. Recordemos : *to talk about,* discutir sobre, discutir de ; *to think about,* pensar sobre, reflectir ; *to worry about,* preocupar-se sobre.
O sr. Smith quer vê-lo. - Oh, do que é que se trata? : *Mr. Smith wants to see you. - Oh, what's it about?* (Lembremos que *about* também pode ter o sentido de "em redor", "perto".

EXERCÍCIOS

1. Em breve virá a conhecer o seu marido – **2.** Mas deve continuar a tentar – **3.** Aprender é fácil, mas deve praticar – **4.** Deveria ir agora, mas prefiro ficar – **5.** Deveria provar o seu bolo de cerejas : é excelente!

Fill in the missing words :

1 *Estou preocupado, ele deveria estar em casa agora.*

I am . . . . he . . . . . . be . . . . now.

2 *Ela não deveria conduzir tão depressa, (ela) mete-me medo.*

She . . . . drive so . . . . , she . . . .

3 *Cozinhar é fácil, qualquer pessoa pode fazê-lo.*

. . . . is easy, ... do it.

SEVENTY-NINTH (79th) LESSON

1 — Have you seen* that new film?
2 — You mean* 'Dis**a**ster'? Yes, I saw* it last week.
3 — Have you read* : "**An**imal Farm" (**1**) — Yes, I read* it when I was at school.
4 — Have you heard* the joke **about**...? — Yes, I heard* it ten **years ago**.

---

5 When we are **tal**king **about** a **defi**nite e**vent** in the past, we use the **sim**ple past tense;

PRONUNCIATION
1. siin – **2.** Di**zá**sstâ... só – **3.** réd... fáhm – **4.** hâd... djôke â**baut**... yi-âz â**gôh.**

4 *Já tem o suficiente no seu prato.*

You've . . . . in your plate . . . .

5 *Este deveria ser fácil, já o vi.*

This one . . . . easy, I . . . . it already.

Correcção

1 worried - should - home (back). — **2** should not - fast (quickly) - scares me. — **3** Cooking - anyone (anybody) can. — **4** got enough - already. — **5** shoud be - have seen.

Second wave : 29th Lesson

SEPTUAGÉSIMA NONA LIÇÃO

1. Viu esse novo filme?
2. Refere-se (quer dizer) a "Desastre"? Sim, viu-o a semana passada.
3. Leu "A Fazenda dos Animais"? - Sim, li-o quando estava na escola.
4. Conhece (ouviu) a anedota sobre...? - Sim, ouvia-a há 10 anos.

---

5. Quando estamos a falar sobre um acontecimento definido [que ocorreu] no passado empregamos o tempo do pretérito perfeito ;

NOTES

(1) *Animal Farm,* sátira de George Orwell (autor de *1984*) sobre o comunismo.

6 but when we are **re**fe**rr**ing to the past in **gen**eral (**N. 2**) we use "have" (or "has") with the past par**tic**iple.
7 You use this with words such as "**ev**er" "bef**ore**" "al**read**y" and "just".
8 For e**xam**ple : I have read* this book al**rea**dy,
9 or : he has **ne**ver seen* the snow.
10 We say : She has al**rea**dy **wri**tten* five **no**vels,
11 but we must say : She wrote* a **no**vel last **ye**ar,
12 or : she read* the book last night (**2**).

---

13 — Am I the first man you have **e**ver loved? he said*.
14 — Of course, she re**plied**, why do men **al**ways ask the **s**a**me** **ques**tion?

PRONUNCIATION
6. ri**fâ**ring... in **djé**neral... iúz... pásst pahticipêl – **7.** bi**fóh**... djâsst – **8.** ég**zem**pêl – **9.** snâuh – **10.** **ri**tên – **11.** râute – **13.** lâvd – **14.** **kués**tchên.

« *All men are equal, but some are more equal than others* », George Orwell, *Animal Farm* (todos os homens são iguais, mas alguns são mais iguais do que outros).

EXERCISES

1 Have you heard the new **rec**ord by the "Flops"? — 2 In **gen**eral, men are **stron**ger than **wo**men, but **wo**men are more in**tel**ligent. — **3** I **should**n't eat this be**cause** I am al**read**y too fat. — **4** She has **ne**ver **dri**ven a car be**fore**. — **5** Let me show you my new **flat**.

6. mas quando nos referimos ao passado em geral, empregamos "have" (ou "has") com o particípio passado.
7. Usa-se isto com palavras tais como "ever" (jamais, nunca), "before" (antes), "already" (já) e "just" (agora mesmo, há pouco).
8. Por exemplo : Já li este livro,
9. ou ele nunca viu neve.
10. Dizemos : Ela já escreveu cinco novelas.
11. mas devemos dizer : ela escreveu uma novela o ano passado,
12. ou : ela leu o livro a noite passada

---

13. Sou o primeiro homem que jamais amou? disse [perguntou] ele.
14. Claro, respondeu, por que é que os homens fazem (perguntam) sempre a mesma pergunta?

NOTES (continued)
(2) *Last night* : ontem à noite ; *tomorrow morning* : amanhã de manhã. A palavra *evening* significa o período entre 18 h e 20 h, enquanto que noite se diz, normalmente, *night*. Esta noite : *tonight*.

EXERCÍCIOS
1. Ouviu o último disco pelos Flops? – **2.** Em geral, os homens são mais fortes do que as mulheres, mas as mulheres são mais inteligentes – **3.** Não deveria comer isto porque já estou demasiado gordo – **4.** Ela nunca guiou um carro antes – **5.** Deixe--me mostrar-lhe o meu novo apartamento.

Fill in the missing words :

1 *Jamais [já] esteve nos desportos de inverno?*

. . . . you . . . . been to . . . . ?

2 *Sim, a minha mulher e eu fomos pela primeira vez o ano passado.*

Yes, . . wife and . . . . . for the first time . . . .

3 *Tem visto George? - Sim, viu-o sexta-feira.*

. . . . you . . . . George? — Yes, I . . . him . . . .

EIGHTIETH (80th) LESSON

1 John saw* his **neigh**bour **smo**king a pipe.

2 He took* his own pipe out of his **poc**ket and said* :

3 — Have you got* a match? — Yes, here you are.

4 — Oh **dea**r, said John, I've left* my to**bac**co at home.

5 — In that case, said* his **neigh**bour, give* me back my match.

PRONUNCIATION
1. **nei**bâ... paipe – 2. âuhn... séd – 4. diâ... tâ**bakô.**

4 *Comprei agora mesmo [acabei de comprar] um novo par de calças.*
I . . . . just . . . . . . a new . . . .

5 *Nunca fumei uma folha de alface. É bom?*

I . . . . smoked a lettuce leaf. . . . . good?

Correcção

1 Have - ever - winter sports? — **2** my - I went - last year. — **3** Have - seen - saw - on Friday. — **4** have - bought - pair of trousers. — **5** have never - Is it.

Second wave : 30th Lesson

OCTOGÉSIMA LIÇÃO

1. [O] John viu o seu vizinho a fumar (um) cachimbo.
2. Tirou o seu próprio cachimbo do bolso e disse :
3. Tem um fósforo? - Sim, aqui está [tem].
4. Meu Deus, disse [o] John, deixei o meu tabaco em casa.
5. Nesse caso, disse o vizinho, devolva-me o fósforo.

6 An **ac**tor saw* him**self** on film (**1**) for the first time.
7 Yes, said* the **cri**tic, now you see* what we have to **suf**fer.

---

8 — Ex**cuse** me sir, I want to **ma**rry your **daugh**ter.
9 — Have you seen* my wife, young man?
10 — Yes sir, and I still (**2**) want to **ma**rry your **daugh**ter.

---

11 A Rolls Royce stopped in front of **Ha**rrods (**3**) and a **la**dy in a fur coat (**4**) and **dia**mond **neck**lace got* out.
12 A tramp ran* up to her and said : "Please, **la**dy (**5**), I **hav**en't **eat**en* for a week.
13 — Well you will have to force your**self**, was the re**ply**.

PRONUNCIATION
6. áktâ – **7.** **sâ**hfâ – **8.** **dó**htâ – **9.** iâng – **10.** Rôhlz Roice... fâh kâhut... **dai**mand **né**klâce – **12.** tramp... **hav**en't iitên – **13.** fóhce... ri**plai**.

EXERCISES

1 I must take back **Pe**ter's book soon. — **2** She put the jar back on the shelf. — **3** Give him back his pipe be**fore** he gets **an**gry. — **4** You will have to run, the po**lice** have seen us. — **5** The man in the grey suit and **glas**ses is a **law**yer.

Fill in the missing words :

1 *Ele não tem comido [come] (por) há uma semana, ou mais.*

He . . . . for . . . . . or . . . .

6. Um actor viu-se num (em) filme pela primeira vez.
7. Sim, disse o crítico, agora você vê o que temos de sofrer.

---

8. Desculpe-me (senhor), quero casar com a sua filha.
9. Você viu a minha mulher, [meu rapaz]?
10. Sim, senhor, e ainda quero casar com a sua filha.

---

11. Um Rolls Royce parou em frente do Harrods e uma senhora de (num) casaco de peles e colar de diamantes desceu [do carro].
12. Um vagabundo precipitou-se (correu até ela) e disse : "Por favor, [minha] senhora, há uma semana que não como (não tenho comido por uma semana).
13. Bem, terá que fazer um esforço (esforçar-se), foi a resposta.

NOTES

(1) *On film :* em/num filme ; *on television :* na televisão, mas *on the radio* (na rádio). Lembremos que se diz *to watch the television.*

(2) *Still :* ainda, todavia. *That shop is still here :* essa loja ainda está aqui.

(3) Harrods, famoso armazém no bairro de Knightsbridge, em Londres.

(4) *The man in a grey suit :* o homem de fato cinzento ; *a lady in a fur coat,* uma senhora de casaco de peles.

(5) Forma popular. Deveria antes dizer-se : *excuse me, Madam.*

EXERCÍCIOS

1. Tenho que (devo) levar [devolver] o livro do Pedro (de volta) em breve – **2.** Ela voltou a pôr a jarra na prateleira – **3.** Devolva-lhe o (seu) cachimbo antes [que] ele se zangue – **4.** Terá que correr, a polícia viu-nos – **5.** O homem de fato cinzento e óculos é um advogado.

2 *Há pela menos dois meses [que] não lhe falo (tenho falado).*

I . . . . spoken . . him . . . . two months.

3 *Há anos que não se vêem (têm visto).*

They haven't . . . . for . . . . .

4 *Saíu do carro, subiu as escadas e entrou no edifício.*

He . . . . the car, ... the steps and . . . . the building.

EIGHTY-FIRST (81st) LESSON

A little about England

1 Have you seen* a map of **England before**?
2 You must have (**N. 3**) **no**ticed (**1**) the **num**ber of large towns and **ci**ties.
3 **Eng**land is less **cen**tralised than France. **Ci**ties like **Man**chester and **Bris**tol
4 have an im**por**tant (**2**) **cul**tural life of their own (**N. 4**).
5 A city is **lar**ger than a town and, **u**sually, has a ca**the**dral.

PRONUNCIATION
1. bi**fóh** – 2. taunz... citiz – 3. **cen**trelaisd... **Man**tchéstâ... **Bris**tel – 4. **kâl**tcherâl... âun – 5. **láh**djâ... ka**çi**drel.

5 *Deveria partir, é muito tarde e está a escurecer.*

You . . . . , it is . . . . and it is

. . . . dark.

Correcção

1 has not eaten - a week - more. — **2** haven't - to - for at least. — **3** seen one another - years. — **4** got out of - went up - went into. — **5** should leave - very late - getting.

Second wave : 31st Lesson

OCTOGÉSIMA PRIMEIRA LIÇÃO

1. [Já alguma vez] viu (tem visto) um mapa de Inglaterra (anteriormente)?
2. Deve ter notado [no] número de grandes cidades e vilas.
3. A Inglaterra é menos centralizada do que a França. Cidades como Manchester e Bristol
4. têm uma importante vida cultural própria.
5. Uma cidade é maior do que uma vila e, normalmente, possui' uma catedral.

NOTES

(1) *A notice :* um aviso, mas *to notice :* reparar, notar ; *to note :* anotar, tomar nota.

(2) A diferença entre *town* e *city* nem sempre é clara. Em geral, a primeira é menos importante do que a segunda.

6 **Bir**mingham, **No**ttingham, **Le**icester and Southa**mp**ton (**3**) are all **ci**ties;

7 and **Guil**dford, W**ar**wick and **Glou**cester are towns.

8 There is a large and im**por**tant **dif**ference be**tween** the North and the South of the **coun**try :

9 a **dif**ference in the **pe**ople and a **dif**ference in the **ac**cent.

10 You are **lear**ning to speak* with a **sou**thern **ac**cent.

11 **En**gland is di**vi**ded into "**coun**ties" of which there are a**bout for**ty.

12 **Corn**wall, the **sou**thern tip (**4**) of **England**, is **ve**ry wild and **beau**tiful.

13 In the north, **York**shire is the **lar**gest **coun**ty.

14 Kent is called "The **Gar**den of **En**gland".

PRONUNCIATION

6. Bâmingham... **Lé**sstâ... Sau**çam**pten – **7. Guil**fâd, U**ó**rik... Glohstâ – **8.** bi**tuín**... Nóhç... Sauç – **9. ak**cent – **10. lâ**ning – **11.** di**vai**ded... **kaun**tiz ov uítch – **12. Koh**nuól... **sau**dâne... uaild – **13. Yóhk**shâ.

EXERCISES

1 What is the **dif**ference be**tween** the North and the South? — **2** You **should**n't read in bed, it's bad for your eyes. — **3** Mr **Mar**sden is a **ve**ry im**por**tant man. — **4** He works for a large **news**paper. — **5** He has a **bi**cycle of his own.

Fill in the missing words :

1 *Ele viria se você lhe pedisse.*

He . . . . if you . . . .

6. Birmingham, Nottingham, Leicester and Southampton são todas elas cidades ;
7. e Guildford, Warwick e Gloucester são vilas.
8. Existe uma grande e importante diferença entre o Norte e o Sul do país :
9. uma diferença nas pessoas e uma diferença no sotaque.
10. Você está a aprender a falar com um acento do sul.
11. A Inglaterra está divida em condados dos quais há cerca de quarenta.
12. Cornwall, a extremidade sul da Inglaterra, é muito selvagem e bela.
13. No norte, Yorkshire, é o maior condado.
14. Kent é chamado "O Jardim de Inglaterra".

NOTES (continued)

(3) Repare na pronúncia, muito particular, destas cidades.

(4) *The tip* : a ponta, a extremidade, mas também o cume, o pico. *A tip* é uma gorgeta. Dar uma gorgeta : *to tip*.

EXERCÍCIOS

1. Qual é a diferença entre o Norte e o Sul? – **2.** Não deve ler na cama, é mau para os olhos – **3.** O sr. Narsden é um homem muito importante – **4.** (Ele) trabalha para um grande jornal – **5.** Ele tem uma bicicleta (dele próprio).

2 *Ela não deveria pedir dinheiro emprestado ao seu irmão.*

She . . . . money . . . .
brother.

3 *Ele tem 4 bicicletas, das quais 3 não funcionam!*

He has four bikes, ... three . . . . .
. . . . !

4 *Estiveram duas vezes na Escócia e uma vez na Irlanda.*

They . . . . to Scotland . . . . . and . .
Ireland . . . .

EIGHTY-SECOND (82nd) LESSON

1 Read* this **les**son as **u**sual and when you have (**1**) **fi**nished it, **an**swer the **ques**tions.
2 What is the **di**fference be**tween** a **ci**ty and a town?
3 Where would you find* a ca**the**dral?
4 Is **Eng**land as **cen**tralised as France?
5 Are there any **di**fferences be**tween** the North and South of **Eng**land?
6 Which (**2**) **ac**cent are you **lear**ning?
7 Which **coun**ty is called the "**Gar**den of **Eng**land"?
8 In which part of the **coun**try is **Corn**wall?
9 Have you ever been (**3**) to **Eng**land?

PRONUNCIATION
1. riid... **ahn**sâ – **2. di**frence bi**tuíne** – **3.** ka**ç**idrel – **4. cen**trelaized – **6. ák**cent – **7. kaun**ti – **8. kân**tri – **9.** biin.

5 *Devem ter partido, não vejo nenhuma luz no apartamento.*

They . . . . left, I . . . . . see . light . .

. . . .

Correcção

1 would come - asked him. — **2** shouldn't borrow - from her. — **3** of which - don't work. — **4** have been - twice - to - once. — **5** must have - can't - a (any) - in the flat.

Second wave : 32nd Lesson

OCTOGÉSIMA SEGUNDA LIÇÃO

1. Leia esta lição como habitualmente e, quando a tiver terminado, responda às perguntas.
2. Qual é a diferança entre uma cidade e uma vila?
3. Onde encontraria uma catedral?
4. É a Inglaterra tão centralizada como a França?
5. Existem quaisquer diferenças entre o Norte e o Sul da Inglaterra?
6. Que condado é denominado o Jardim da Inglaterra?
8. Em que parte do país fica Cornwall?
9. Já [alguma vez] esteve em Inglaterra?

NOTES

(1) Nunca se emprega o futuro depois de *when,* excepto na interrogativa.

(2) *Which* (qual) emprega-se quando implica uma escolha.

(3) Particularidade que também existe em português : utilizar *to be* (ser, estar) para implicar *to go,* neste caso evidente pelo emprego da preposição que indica direcção : *to.* A frase também poderia, portanto, ser traduzida por "já [alguma] vez foi a Inglaterra?"

10 — I want you all to write* an **e**ssay, said the **tea**cher, Miss Smith, to her class,
11 **about** what you would do if you won* a **for**tune.
12 **E**verybody **star**ted **wri**ting*, ex**cept** **Wi**lly who looked out of the **win**dow.
13 At the end of the **less**òn, the **tea**cher col**lec**ted the **e**ssays and saw that **Wi**lly had written* **no**thing.
14 — But you've done **no**thing, **Wi**lly! — That's what I'd do if I won* a **for**tune... **no**thing.

PRONUNCIATION
lo **é**ssei... **tii**tchâ – **11 uôn – 12. Uí**li – **13.** kâ**lék**ted... só – **14.** iúve dâne... Aid... uôn.

EXERCISES

1 Which is more im**pres**sive, **Lon**don or **Bris**tol? — 2 What would you do if you won a **for**tune? — 3 I'd spend it **quic**kly be**fore** my wife dis**co**vered. — 4 Have you **e**ver been to **Tur**key? — 5 No, but I'd like to go.

Fill in the missing words :

1 *Quero que me diga a verdade.*

I want . . . . me the truth.

2 *Os seus pais querem que ela se case com um milionário.*

. . . parents want . . . . . . marry a millionaire.

3 *Quero que eles se divirtam durante a sua estadia.*

. . want . . . . to . . . . . themselves . . . . . .
. . . . . stay.

10. Quero que vocês todos escrevam uma composição, disse a professora, a senhorita Smith, à classe,
11. sobre o que fariam se ganhassem uma fortuna.
12. Todos começaram a escrever, exceptoWilly que ficou a olhar pela janela (que olhou para fora da janela).
13. No fim da lição, a professora recolheu as composições e viu que Willy nada tinha escrito.
14. Mas, Willy, não fez nada! - É o que eu faria se ganhasse uma fortuna... nada.

EXERCÍCIOS
1. Qual é mais impressionante, Londres ou Bristol? – **2.** O que é que faria se ganhasse uma fortuna? – **3.** Gastá-la-ía rapidamente antes que a minha mulher descobrisse – **4.** Já [alguma vez] esteve na Turquía? – **5.** Não, mas gostaria de ir.

4 *Ela quer que eu lhe empreste o meu carro, o que é que acha?*

She . . . . to lend . . . my car, ... do you think?

5 *Quero que ele me compreenda [e], assim, falarei lentamente.*

. want . . . . . . understand, . . I . . . . speak . . . . . .

EIGHTY-THIRD (83rd) LESSON

Sho**pping**

1 I **hav**en't done the **sho**pping yet.
2 I'd **bet**ter go* now or **it**'ll be too late.
3 Let's see*, we need some meat. **I'll** get* some chops for to**night**, and a joint (**1**) of beef.
4 I can put* that in the **free**zer.
5 Then **veg**etables: **I'll** buy* some **cab**bage, some peas and some rice. We've al**read**y got* **beet**root and **let**tuce.
6 **I'll** buy some **flour** and make* a **Yor**kshire **pud**ding (**N. 5**) to eat* with the roast beef on **Sun**day.
7 What else do we need? Some **toi**let **pa**per and some bleach... and some sweets for the kids (**2**).
8 I think* that's all. I can get* **ev**erything at the **su**permarket.

PRONUNCIATION
1. haven't dâne – **2.** it uíl bi – **3.** niid... miit... tchópz... djoint... biif – **4. fri**zâ – **védj**etâbelz – **6. flauâ**... **pu**ding... rôhst biif – **7. toi**lét... bliitch... suíts... kidz – **8. su**pâmáhkit.

Correcção

1 you to tell. — 2 Her - her to. — 3 we - them - enjoy - during their. — 4 wants me - her - what. — 5 I - him to - so - will - slowly.

. **Second wave : 33rd Lesson**

OCTOGÉSIMA TERCEIRA LIÇÃO

1. Ainda não fiz as compras.
2. É melhor que eu vá (iria melhor) agora ou ficará demasiado tarde.
3. Vejamos, precisamos de (alguma) carne. Comprarei umas costeletas para hoje à noite e um pedaço de carne de boi [pernil].
4. Posso pôr isso no congelador.
5. Depois, legumes : Comprarei cove, ervilhas e arroz. Já temos beterraba e alface.
6. Comprarei farinha e farei um pudim de Yorkshire para comer com o rosbife no domingo.
7. O que mais precisamos? Papel higiénico e lexívia... e doces para os garotos.
8. Penso que é tudo. Posso comprar tudo no supermercado.

NOTES

(1) *A joint :* uma articulação (do verbo to join : juntar(-se), aderir, associar(-se). Increver-se : *to join a club. A joint of meat :* um pedaço de carne cortado junto da articulação.

(2) *Kid :* literalmente um cabrito, mas, no trato familiar, um garoto.

9 — John, may I take* the car? — Yes. Do you want a hand?
10 — If you're not doing **any**thing, that would be **lov**ely.
11 — Let me watch the end of this **pro**gramme.
12 — Al**right**, **I**'ll take* the car out of the **ga**rage and fetch (**3**) the **sho**pping-bags.
13 — I won't be a **min**ute, but I've been **wai**ting (**4**) to see this **pro**gramme for a week.

PRONUNCIATION
10. **é**niçing... **lâ**veli – **11.** uátch... **pró**hgrame – **12.** ól**raite** – **13.** uônt... Áiv binn **uei**ting.

EXERCISES

1 Do you need **any**thing else? — **2** He has been **tal**king for two hours. — **3** Take the **sho**pping out of the bag and put it on the table. — **4** You'd **bet**ter tell him now or **he**'ll get **a**ngry. — **5** Do you want me to buy you **any**thing at the **su**permarket?

Fill in the missing words :

1 *Há uma hora que o espero, e começo a ter frio.*

I . . . . waiting . . . him . . . an hour and I . . . . to . . . . . .

2 *Não deveria [devia] comprar arroz, não precisamos ([de] nenhum).*

You . . . . any . . . . , we . . . .

9. John, posso levar (tomar) o carro? - Sim, quer uma ajuda?
10. Se não está a fazer nada, seria perfeito (adorável).
11. Deixe-me ver (observar) o fim deste programa.
12. Está bem, vou tirar o carro (fora) da garagem e buscar os sacos das compras.
13. Não demoro um minuto (não serei um minuto), mas há uma semana que estou à espera para ver este programa.

NOTES (continued)

(3) *To fetch* : ir buscar. *I'll fetch you a glass of milk* : vou buscar--lhe um copo de leite.

EXERCÍCIOS

1. Precisa de mais alguma coisa? – **2.** Ele tem estado a falar há duas horas – **3.** Tire as comprar do saco e ponha-as sobre a mesa – **4.** Faria melhor de lhe dizer agora ou ele ficará zangado. – **5.** Quer que eu lhe compre alguma coisa no super-mercado.

3 *Não estava você lá quando ele nos contou a sua viagem?*

. . . . you . . . . . when he . . . . us . . . . .
his journey?

4 *Ainda não lhe escrevi. Quer que eu lhe diga olá [da sua parte]?*

I . . . . to him . . . Do you
. . . . say Hello?

EIGHTY-FOURTH (84th) LESSON

REVISION AND NOTES

Notas a reler – 78ª lição : (2) – 79ª : (2) – 80ª : (2), (4) – 82ª : (3).

1 Should – Assim como existem as formas *shall* e *will* no futuro, *should* era a primeira pessoa do singular e do plural no condicional. Dizemos "era" porque, apesar de no inglês gramatical se encontrar ainda esta forma, no inglês moderno a diferença perdeu-se por causa das contracções. *Should* emprega-se, agora, no sentido do condicional de "dever". *You should tell him* : deveria dizer-lhe (é evidente que não há contracção).

Utilizamo-lo, portanto, neste manual, com esse sentido e só nos resta pedir desculpa aos puristas.

2 O tempo, formado com o verbo *to have* mais o partícipio passado, possui, como temos visto, correspondente em Português. O único problema é a flexibilidade da sua tradução, pois, em português, pode, por vezes, ser traduzido literalmente e, outras vezes, pelo Pretérito Perfeito Simples.

5 *O que é que precisamos mais? - Farinha e ovos.*

. . . . else . . . . ? — . . . . . and eggs.

Correcção

1 have been - for - for - am beginning - be cold. — **2** shouldn't buy rice - don't need any. — **3** Weren't - there - told - about. — **4** haven't written - yet - want me to. — **5** What - do we need? — Flour.

Second wave : 34th Lesson

OCTOGÉSIMA QUARTA LIÇÃO

Por exemplo, *I have seen him* : tenho-o visto. Significa que vimos a pessoa em questão regularmente. Agora, quando numa frase este mesmo tempo sugere uma indicação presente - *I have received a letter, here it is* (recebi uma carta, aqui está) - traduzima-lo pelo Pretérito Perfeito Simples.

Com a prática da leitura e da conversão, você conseguirá aperceber-se desta diferença, até porque a tradução "lógica", em português, lhe dará a chave do problema.

3 Must have - "Dever" tem dois sentidos : o primeiro implica obrigação. "Ser obrigado a" ou "ter de/que" (o verbo inglês *to have to*). No Presente, estes dois verbos podem ser usados indiscriminadamente : *She must/has to leave because it is late,* ela deve/tem que partir porque é tarde. Mas, no passado, uma única forma é possível : *she had to leave because it was late,* ela teve que partir porque era tarde. Não se esqueça de que *must* é um dever moral.

O segundo sentido indica dúvida ou possibilidade : e, neste caso, emprega-se *must have. He must have left because I can't see his car,* ele deve ter partido porque não vejo o seu carro.

Como está a ver, a tradução em português é literal e não há motivo para confusões.

4 Of their own – *A room of my own* (o meu próprio quarto) é uma forma corrente de *my own room.* A nossa própria casa : *our own house,* ou *a house of our own.*

5 Yorkshire pudding – A tradução que demos, pudim, tem mais a ver com o aspecto do que com o sabor deste prato tipicamente inglês. Aqui vai a receita :

4 .oz (115 g) *of flour,* *salt,*
1/2 pt (0,28 l) *of milk,* *1 egg.*

Mix the salt and flour in a bowl. Break the egg into the middle. Add half the milk and mix to form a smooth paste. Beat with a spoon. Add the rest of the milk and leave in a cool place for an hour. Grease a dish and pour in the mixture. Cook in a hot oven (450° F) until the pudding has risen. Serve with roast beef.

To mix : misturar ; *a mixture :* uma mistura ; *smooth :* macio (neste caso particular, bem batido) ; *paste :* pasta ; *cool :* fresco ; *to pour :* derramar ; *to rise, rose, risen :* levantar(-se), erguer(-se) (aqui, subir).

EIGHTY-FIFTH (85th) LESSON

Two Sundays

1 **Da**vid and Joan de**ci**ded to go* for a **pic**nic in **Rich**mond.

6 Expressões a reter : — 1 *Don't worry about me.* — 2 *Have you read this novel?* — 3 *Give me back my money.* — 4 *A man in a grey suit.* — 5 *Have you been to France?* — 6 *Which one do you prefer?* — 7 *What else do we need?* — 8 *Do you want a hand?*

7 Tradução – 1 Não se preocupe comigo – 2 Leu este romance? – 3 Devolva-me o meu dinheiro – 4 Um homem de (num) fato cinzento – 5 Já esteve em França? – 6 Qual deles prefere? – 7 Que mais precisamos? 8 Quer uma ajuda?

Second wave : 35th (revision) Lesson

OCTOGÉSIMA QUINTA LIÇÃO

Dois Domingos

1. [O] David e [a] Joan decidiram ir [fazer] um piquenique em Richmond.

PRONUNCIATION
Ritchmând.

2 On **Sun**days, **Da**vid has a **lie**-in (**1**) and Joan brings* him **break**fast in bed.

3 This **Sun**day, **Da**vid got* up at **ele**ven o'clock and, **af**ter **sha**ving and **wa**shing, went down**stairs**.

4 Joan was pre**par**ing the **pic**nic **bas**ket.

5 She put* in cold meat, hard boiled eggs, some cold **sau**sages and a **let**tuce.

6 She **a**dded a loaf of bread, some **bu**tter and the knives and forks.

7 **Mean**while (**2**) **Da**vid got* the car out of the **ga**rage.

8 They put* the **bas**ket in the boot and set* off for **Bu**shey Park.

9 On the way, **Da**vid stopped to buy some wine.

10 **Bu**shey Park is a huge park on the **outs**kirts of **Lon**don.

11 When they a**rrived**, they found* a **quiet** place and sat* down on a rug (**3**) to eat their lunch.

12 — Pass me some **chic**ken, please... and some salt, as **well**.

13 — Oh **dear**, said* Joan, I think* I've for**got**ten* the salt.

PRONUNCIATION
2. lai-in – **3. shei**ving... u**ó**shing – **4.** prep**é**ring... **báhs**ket – **5.** hahd boild égz... **sóh**cidjez... **lé**tis – **6.** lóhf ov bréd... naiv... fóhks – **7. mii**nuail – **8.** but... **Bu**shi Páhk – **9.** stópt... uaine – **10.** hiudje... **aus**skâtz – **11. kuai**âte pleice... râg – **12.** sólt, éz'uél.

2. Aos Domingos, [o] David fica na cama e Joan traz-lhe o pequeno almoço.
3. Este domingo, [o] David levantou-se às 11 e, depois de fazer a barba e lavar-se, desceu ao andar inferior.
4. [A] Joan estava a preparar o cesto do pique-nique.
5. (Ela) pôs [lá] dentro carnes frias, ovos cozidos, umas salsichas e (uma) alface.
6. (Ela) juntou pão, manteiga (e) facas e garfos.
7. Entretanto, [o] David tirou o carro da garagem.
8. Puseram o cesto no porta-bagagens e dirigiram-se para Bushey Park.
9. No caminho, [o] David parou para comprar vinho.
10. [O] Bushey Park é um parque imenso nos arredores de Londres.
11. Quando chegaram, encontraram um lugar sossegado e sentaram-se sobre uma manta para comer a merenda.
12. Passe-me um pouco de galinha, por favor... e sal também.
13. Meu Deus! disse [a] Joan. Acho que me esqueci do sal.

NOTES

(1) *To lie (lay, lain)* : jazer, deitar-se, repousar. *She lay down on the bed,* ela estendeu-se na cama. *A lie-in* : ficar na cama. *To lie (lied, lied),* verbo regular, mentir.

(2) *A while* : um período de tempo. *He stayed in London for a while,* ele ficou em Londres durante algum tempo. *Meanwhile* : entretanto.

(3) *A rug* : uma manta de viagem ou tapete. Um cobertor diz-se *blanket.*

14 — **Id**iot! said* **Da**vid, but **see**ing* she was up**set** (**4**), he said :

15 — **Ne**ver mind. Let's have a glass of wine.

16 He took* the **bo**ttle out of the **bas**ket, then said* : "Oh **dear**, I've f◌r**got**ten the **cork**screw!"

PRONUNCIATION
14. Idiât... âp**sét** – **16. kóhk**scru.

EXERCISES

1 She got over her **ill**ness very **quic**kly. — **2** Will you get the car out of the **ga**rage, please? — **3** On **Sa**turdays, he has a lie in, and gets up at **ele**ven. — **4** She got on the bus with**out** any **mo**ney. — **5 Win**ter must be **co**ming. It's **get**ting dark very **ear**ly.

Fill in the missing words :

1 *Na volta (no caminho para casa), ele parou para comprar vinho.*

. . . . home, he stopped . . . . . some . . . .

2 *Depois de se lavar e vestir, (ele) partiu sem comer.*

After . . . . and . . . . he eft . . . .

3 *Ponha as coisas no porta-bagagens [e], entretanto, (eu) procurarei o saca-rolhas.*

. . . the . . . . the boot, ... I . . . . the . . . .

14. Idiota! disse David, mas vendo que ela estava aflita, disse :
15. Não faz mal. Vamos tomar um copo de vinho.
16. Ela tirou a garrafa do cesto [e], então, disse : "Meu Deus, esqueci-me do saca-rolhas".

NOTES (continued)

(4) Literalmente "tombo", "queda", "virado". *The child upset the milk,* a criança entornou o leite. *To be upset :* estar / ficar aflito, preocupado. *To upset :* perturbar.

---

4 *Ele acordou, viu que eram 2 h. e desceu ao andar inferior.*

He . . . . . ., . . . it . . . two o'clock and . . . . downstairs.

5 *(Ela) estava muito perturbada pela [com a] morte do (seu) filho.*

She . . . very . . . . . by the . . . . . of . . . son.

EXERCÍCIOS

1. (Ela) restabeleu-se da sua doença muito rapidamente – **2.** Quer tirar o carro da garagem, por favor? – **3.** Aos sábados, ele fica na cama e levanta-se às 11 – **4.** Ela entrou no autocarro sem nenhum dinheiro – **5.** O inverno deve estar a chegar. Escurece muito cedo.

Correcção

1 On the way - to buy - wine — **2** washing - dressing - without eating. — **3** Put - things in - meanwhile - will look for - corkscrew — **4** woke up. saw - was - went — **5** was - upset - death - her

---

It never rains but it pours (nunca chove sem ser a cântaros) : os males nunca vêm sós.

Second wave : 36th Lesson

EIGHTY-SIXTH (86th) LESSON

1 **Da**vid's **pa**rents spent (**1**) a tra**diti**onal **En**glish **Sun**day :
2 They got* up early and went* to church.
3 When they came* back, Mrs **Wil**son put* the joint in the **o**ven
4 while (**2**) Mr **Wil**son took* the **Sun**day **pa**per and sat down to read*.
5 Just be**fore** lunch, he poured two **gla**sses of **she**rry and they both drank*.
6 Mrs **Wil**son **ser**ved the food and they sat* down to eat.
7 **A**fter lunch, which con**sis**ted of roast beef, po**ta**toes and **Bru**ssel sprouts and fruit,
8 they both did the w**a**shing-**up**.
9 When **ev**ery thing was put* a**way** (**3**), Mrs **Wil**son went* into the **gar**den
10 and Mr **Wil**son sat* in front of the tele**vi**sion.
11 He was in**ten**ding to watch a play, but he was full, and **ev**erything was so **peace**ful that he dozed.

PRONUNCIATION
1. trâ**dish**ional – **2.** **â**li... tchâtch – **3.** **ô**ven – **4.** uaile – **5.** póhd... bâuç – **7.** kon**sis**ted'óv... pâ**tei**tohz... **Brâ**ssel sprauts... frut – **8.** u**ó**shing-**âp** – **9.** put'a**uei** – **11.** plei... ful... **piice**fâl... dôhzd.

NOTES

(1) Não se esqueça : "gastamos" tempo em inglês. Passar as férias : *to spend the holidays.*

OCTOGÉSIMA SEXTA LIÇÃO

1. Os pais de David passaram um domingo inglês típico (tradicional) :
2. Levantaram-se cedo e foram à igreja.
3. Quando voltaram, a sra. Wilson pôs a carne (o quarto de carne) no forno
4. enquanto o sr. Wilson pegou no jornal de domingo e se sentou para ler.
5. (Exactamente) antes do almoço, serviu (verteu) dois copos de "sherry" e ambos beberam.
6. A sra. Wilson serviu a comida e sentaram-se para comer.
7. Depois do almoço, o qual consistiu de rósbife, batatas, couves de Bruxelas e fruta,
8. ambos lavaram a louça (fizeram a lavagem)
9. Quando tudo ficou arrumado, a sra. Wilson foi para o jardim
10. e o sr. Wilson sentou-se em frente da televisão.
11. (Ele) tencionava ver uma peça, mas estava cheio [tinha comido bem] e tudo estava tão sossegado que dormitou.

NOTES (continued)

(2) *While*, neste caso (ver lição 85, N° 2), enquanto.

(3) *To put :* pôr, meter. *To put on* pôr uma peça de vestuário. *To take off :* tirar. *To put back :* repôr. *To put away :* arrumar, ou afastar qualquer coisa.

12 **La**ter on, Mrs **Wil**son came* in from the **gar**den and made* some tea.

13 In the **ev**ening, Mr **Wil**son did the **cross**word while Mrs **Wil**son did some **knit**ting.

PRONUNCIATION
12. létë. – **13. kros**-oueud... **nï**tïng.

EXERCISES

1 We would both come if we had the **mo**ney. — **2** While he was **rea**ding, the **chil**dren were **fi**ghting. — **3** You should **al**ways tell the truth. — **4** When you have put the joint in the **o**ven, **we**'ll have a glass of **she**rry. — **5** Will you both do the **wa**shing-up please?

Fill in the missing words :

1 *Quero que ambos arrumem a louça.*

I . . . . you . . . . . . put . . . . the disches.

2 *Antes de ver uma peça deveria ler o texto.*

. . . . a . . . . , you . . . . the text.

3 *Estou farto! Sentem-se frente da televisão e calem-se.*

I'm fed up! . . . . the television and . . . .

---

12. Mais tarde, a sra. Wilson voltou do jardim e fez chá.
13. À noite, o sr. Wilson fez as palavras cruzadas enquanto a sra. Wilson tricotava.

---

4 *Enquanto você ler o jornal, vou fazer uma soneca.*

. . . . . you . . . . the paper, ...

. . . . a little.

5 *Ele serviu um uísque enquanto eles se sentavam.*

He . . . . . . a whisky . . . . . they . . . .

. . . .

EXERCÍCIOS
1. Viriamos ambos se tivéssemos dinheiro – **2.** Enquanto ele estava a ler, as crianças lutavam – **3.** Deveria sempre dizer a verdade – **4.** Quando tiver posto o quarto de carne no forno, tomaremos um cálice de "sherry" – **5.** Querem ambos lavar a louça, por favor?

Correcção

1 want - both to - away — **2** Before watching - play - should read — **3** Sit in front of - keep quiet. — **4** While - are reading - I'll doze — **5** poured - while - were sitting down.

Second wave : 37th Lesson

EIGHTY-SEVENTH (87th) LESSON

A tal**kative** neigh**bour**

1 — I must tell* you **about** my **ho**liday!

2 **Eventually** (**1**), we had to go* to France. We **could**n't get* a ho**tel** **any**where (**2**) in Spain.

3 Have you **e**ver been to France? No? You should go* there some day, it's **fas**cinating.

4 We **cou**ldn't get* a **char**ter, so we had to take* a **nor**mal flight, which was ex**pen**sive,

5 but it was **wor**th it (**3**), it was much more **com**fortable.

6 — I should start **plan**ning my **ho**lidays soon. We have been **tal**king (**N. 1**) a**bout** them for **a**ges.

7 — **Any**way, we flew* to Nice and spent* ten days in the South of France.

8 When we **could**n't find* a ho**tel**, we stayed in what they call "**pen**sions".

9 **They**'re like Bed and **Break**fasts in **Lon**don, but **dea**rer.

10 Then we flew* up to **Pa**ris. You must know* **Pa**ris?

PRONUNCIATION

2. **event**chali... kudnt... **éni**uére – **3.** shud... **fahs**cineiting – **tcháh**tâ... **nóh**mal flait – **5.** **uâç**'it... **kom**ftâbel – **6.** **tóh**king... **eid**jez – **7.** **éni**ue... flu – **8.** steid – **9.** **Dei**-â... **die**râ – **10.** flu.

OCTOGÉSIMA SÉTIMA LIÇÃO

Um vizinho falador

1. Tenho que lhe contar (sobre) as minhas férias!
2. Finalmente, tivemos de ir para França.
3. Não conseguimos encontrar hotel em nenhum lugar em Espanha.
4. Já alguma vez esteve em França? Não? Deveria lá ir um dia destes, é fascinante.
4. Não conseguimos arranjar um "charter" [e], assim, tivemos que tomar um vôo normal, o que foi caro,
5. mas valeu a pena, foi muito mais confortável.
6. Deveria começar a planear, em breve, as minhas férias. Há séculos que andamos a falar (temos estado a falar) delas.
7. Portanto, tomámos o avião (voámos) para Nice e passámos dez dias no sul da França.
8. Quando não podíamos encontrar um hotel, ficávamos no que eles chamam pensões.
9. São como os "Bed & Breakfasts" em Londres, mas mais caras.
10. Depois tomámos o avião até Paris. (Você) deve conhecer Paris?

NOTES

(1) *Eventually :* finalmente, consequentemente.
(2) *Somewhere :* alguma parte, algum lugar ; *anywhere :* nenhuma parte, onde quer que seja (correspondente a *something* e *anything*).
Também existe *nowhere : I could find it nowhere,* não consegui encontrá-lo em nenhuma parte ; ou, *I couldn't find it anywhere.*
(3) *To be worth :* valer. *The watch is worth 10 pounds :* o relógio vale 10 £.

Você conta em inglês de vez em quando?

11 — Yes, **ac**tually (**4**) I've been there a few times...

12 — Well, you should go* back. It's an ex**ci**ting city and it...

13 — I **rea**lly must go now, Joan will be **wai**ting for me. Thanks for the chat.

PRONUNCIATION
11. aktchuali – **12.** éks**sai**ting – **13.** tchát.

EXERCISES

1 Actually, I don't know him at all. — **2** But I'd love to meet him one day. — **3** Would that be **pos**sible? — **4** What could we do to ar**range** it? — **5** What a **pi**ty! He **was**n't **a**ble to come.

Fill in the missing words :

1 *Tomámos o avião para Nice onde alugámos um carro.*

We . . . . to Nice . . . . . we . . . . . a car.

2 *Ela não podia dar-se ao luxo de [comprar] uma máquina de lavar o ano passado.*

She . . . . a washing machine . . . . year.

3 *Quando (eu) voltar a casa, ela estará a cozinhar.*

When I . . . ., she . . . . . . cooking.

4 *Tem que me ouvir (escutar), é muito importante.*

You . . . ., it's very important.

11. Sim, efectivamente estive lá algumas vezes...
12. Bem, deveria voltar, é uma cidade apaixonante e...
13. Tenho que, realmente, me ir [embora], a Joan está à minha espera. Obrigado pelo bate-papo [conversa].

NOTES (continued)
(4) *Actually* : realmente, na verdade, de facto. *At present, nowadays* : actualmente, hoje em dia.

5 *Mesmo se tivéssemos tempo, não poderíamos (podíamos) dar--nos ao luxo de ir.*

. . . . if we . . . the time, we . . . .

. . . . . . to go.

EXERCÍCIOS
1. Na verdade, eu não o conheço de todo – **2.** Mas gostaria de encontrá-lo um dia – **3.** Seria isso possível? – **4.** O que é que podíamos fazer para arranjar isso? – **5.** Que pena! Ele não pôde (foi capaz de) vir.

Correcção
1 flew - where - hired — 2 couldn't afford - last — 3 get back (go home) - will be — 4 must listen to me — 5 Even - had - couldn't afford

---

Second wave : 38th Lesson

EIGHTY-EIGHTH (88th) LESSON

1 — Hel**lo** Joan! **So**rry, I'm late. I've just (**1**) met* old **Bar**ker. He's so **bo**ring.

2 He **star**ted **tel**ling* me a**bout** his **ho**liday: "You must go here, You should go there".

3 — **Ac**tually, we should start **thin**king* a**bout** our **ho**liday you know*.

4 — Yes; where did we say we would (**2**) go*?

5 — Well, you said* we would (**N. 2**) go* **ei**ther to Spain or to **Scot**land.

6 — Ah, but I've also been **thin**king* of Wales since I met* a **col**league who went* there last **year**.

7 — Oh, no! You **pro**mised we could go* a**broad** this **year**!

8 — Yes, but that was be**fore** I re**ceiv**ed my bank-**sta**tement. Wales is **chea**per than Spain.

9 — Yes, but I want a sun tan! I've **e**ven bought* a new bi**ki**ni.

10 — Well, it's **su**nny in Wales, the **sce**nery is fan**tas**tic... and **we**'re broke (**3**).

11 — You're im**pos**sible! I'm **go**ing* to the **tra**vel **a**gent's to**mo**rrow to book two seats on any (**4**) plane. Good**night**!

12 **Da**vid sighed as Joan slammed the door.

PRONUNCIATION
1. sô **bó**ring – **3. ák**tchuali – **4.** uí ud – **6. Ai**ve... Ueilz since... **kó**liig – **7.** â**bród** – **8.** ri**civd**... **steit**ment – **9.** sân tân... bóht... bi**ki**ni – **10. sâ**ni... **ci**nári... brôke – **12.** said... slamb.

OCTOGÉSIMA OITAVA LIÇÃO

1. Olá, Joan! Desculpe, estou atrasado. Acabo de encontrar o velho Barker.
Ele é tão aborrecido.
2. Começou a contar-me as suas férias : "Tem que ir aqui. Deveria ir ali."
3. De facto, deveríamos começar a pensar nas nossas férias, sabe?
4. Sim. Onde é que dissémos que iríamos?
5. Bem, você disse que iríamos ou a Espanha, ou à Escócia.
6. Ah, mas também estive a pensar no País de Gales desde que encontrei um colega que lá foi o ano passado.
7. Oh, não! Você prometeu que que podíamos ir ao estrangeiro este ano!
8. Sim, mas isso foi antes de receber o meu saldo bancário. O País de Gales é mais barato do que a Espanha.
9. Sim, mas (eu) quero bronzear-me (um bronzeamento)! Até comprei um novo bikini.
10. Bem, faz sol (é ensolarado) no País de Gales, a paisagem é fantástica... e não temos dinheiro
11. Você é impossível! Vou à agência de viagem amanhã para reservar dois lugares em qualquer avião. Boa-noite!
12. [O] David suspirou quando [a] Joan bateu com a porta.

NOTES

(1) *I've just :* acabo de... ou, acabei de... *He has just eaten :* ele/acabou de comer. Acabámos de comprar uma casa : *we've just bought a house.*

(2) *Will* concorda com o presente, enquanto *would* concorda com o passado.
You say you will go, diz que irá ; *you said you would go,* disse que iria. Exactamente como em português.

(3) *To break (broke, broken) :* partir, quebrar. Ele partiu o braço : *he broke his arm. To be broken :* estar partido/quebrado. *To be broke :* não ter/estar sem dinheiro. *I'm broke :* não tenho dinheiro, estou teso...

(4) *Any :* qualquer, não importa o quê. *Take anything you want :* fique com o que quiser.

13 He sat* down in an **arm**chair and poured him**self** a Scotch

14 and be**gan*** to look at the **tra**vel **a**gent's **bro**chures.

PRONUNCIATION
13. **áhm**tcher... póhd.

EXERCISES

1 She said she would take me to **Lon**don. — **2** I **cou**ldn't **he**ar what he was **sa**ying, so I left. — **3** May I help you? — Yes, I would like some infor**ma**tion, please. — **4** Can you lend me **twen**ty pence. — I'm **so**rry, I'm broke. — **5** You must choose **ei**ther one or the **o**ther.

Fill in the missing words:

1 *Tenho estado à espera dele desde as 10 e (ele) ainda não está cá.*

I . . . . waiting for him . . . . . ten and he

. . . . . here . . .

2 *Ele tem estado a dormir desde que partimos de Londres.*

He has . . . . we . . . .

London.

3 *Sim, mas isso foi antes de receber o meu saldo bancário.*

Yes, but . . . . before . . . . my

. . . . - . . . .

4 *Nem você nem ela podiam fazê-lo.*

. . . . you . . . she . . . .

13. (Ele) sentou-se numa poltrona e serviu-se de um "scotch."
14. e começou a ver (olhar) as brochuras da agência de viagens.

5 *Ele disse-me que me mostraria a sua poltrona. É o novo modelo.*

He . . . . . . he . . . . me . . .

. . . . It's the . . . .

EXERCÍCIOS

1. Ela disse que me levaria a Londres – **2.** Não pude ouvir o que ela estava a dizer, [e], assim, parti – **3.** Posso ajudá-lo/a? – Sim, queria (gostaria) uma informação – **4.** Pode emprestar-me 20 pence? – Lamento, [mas] não tenho dinheiro – **5.** Tem que escolher ou um ou outro.

Correcção

1 have been - since - isn't - yet — **2** been sleeping since - left — **3** that was - I received (got) - bank-statement — **4** Neither - nor - could do it — **5** told me - would show - his armchair - new model

Continuamos a progredir : o que estamos agora a ver é o inglês corrente. Se não se sentir muito à vontade, não se espante : é como as primeiras semanas que passaria se estivesse em Inglaterra. Mas depressa se acostumará. A prova está na relativa facilidade com que faz a revisão da segunda vaga.

Second wave : 39th Lesson

EIGHTY-NINTH (89th) LESSON

About Wales

1 Wales, unlike Scotland, is politically united to England.

2 The whole (1) of Wales is mountainous and there is much breath-taking scenery.

3 The main industry is coal-mining and the majority of the Welsh live around the industrial towns.

4 These are in the South.

5 The Welsh language—a Celtic language—survives more than in Scotland, but it is difficult to speak.

6 The Welsh have a deep love of poetry and music and the international festival is famous throughout (2) the world.

7 Wales has contributed much to the language and politics (3) of England.

8 The son and heir (4) of the monarch is given* the title: "The Prince of Wales", but this has no political significance.

PRONUNCIATION
1. politkâli iu**nai**ted – **2.** hôhl... **maun**tânz... **bréc- tei**king **ci**nâri – **3.** kôl **mai**ning... mâd**jó**riti... uélsh... â**raund**... in**dâs**triel – **5.** **lân**guadje... céltik... sâ**vaivz** – **6.** diip... **pô**hétri... **miu**sik... intâ**náshi**onel... çru-**aut** – **8.** ét... **mó**nâk... **tai**tel... Prince... sig**nifi**kânce.

OCTOGÉSIMA NONA LIÇÃO

Acerca do País de Gales

1. O País de Gales, contrariamente à Escócia, está politicamente unido à Inglaterra.

2. Todo o País de Gales é montanhoso e há muitas paisagens empolgantes (de tirar o fôlego).

3. A principal indústria é a extracção (mineração) de carvão e a maioria dos galeses vivem à volta das cidades industriais.

4. Estas ficam no sul.

5. A língua galês - uma língua celta - permanece mais viva do que na Escócia, mas é difícil de falar.

6. Os galeses têm um amor profundo pela (de) poesia e música e o festival internacional é famoso em todo o mundo.

7. O País de Gales contribuíu muito para a língua e política da Inglaterra.

8. Ao filho e herdeiro do monarca é dado o título de "Princípe de Gales", mas isto não possui significado político.

NOTES

(1) *Whole :* todo, totalidade, conjunto. *The whole family :* a família inteira.

(2) Repare na pronúncia (çru-aut). *Through :* através [de]. *Throughout the whole world :* através de todo o mundo. *Out,* neste caso, proporciona um sentido mais amplo do que apenas *through.*

(3) A política : *politics* (plural) ; a economia : *economics* (matéria de estudo). O adjectivo de "política" é, em inglês, *political.*

(4) A pronúncia é a mesma que para *air* (ar). É uma das raras palavras com "h" onde este não é aspirado (outros exemplos : *hour, honour*).

9 Now, **an**swer these **ques**tions:
10 Does the Welsh **lan**guage still e**xist**?
11 What is the main **in**dustry in Wales?
12 What is the **sce**nery like?
13 Who is the Prince of Wales? (**N. 7**).

PRONUNCIATION
10. èg**zist**.

EXERCISES

1 Through**out** **En**gland, there are many **ex**cellent pubs. — **2** The Prince of Wales is heir to the throne. — **3** Is that your comb? — No, it's hers. — **4** You have been to **Chi**na? What is it like? — **5** **Cou**ldn't you try and help me?

Fill in the missing words:

1 *Ela não podia fazer melhor do que isso?*

. . . . she . . . . than . . . . ?

2 *Ele está de tão bom humor que convidou toda a gente.*

He is in . . . . a good . . . . that he . . . .

3 *Não gostei do primeiro filme. - Nem eu.*

. . . . the first film. — No, ...

4 *Você parece muito cansado. Entre e sente-se.*

You . . . . Come . . and . . . .

9. Agora, responda a estas perguntas :
10. A língua galesa ainda existe?
11. Qual é a indústria mais importante do País de Gales?
12. Como é a paisagem?
13. Quem é o Príncipe de Gales?

5 *Toda a família foi para o campo. Não há ninguém.*

. . .   .   family   has   . . . .

. . . .   There is   . . - . . .

EXERCÍCIOS

1. Há muitos "pubs" excelentes através de toda a Inglaterra – **2.** O Príncipe de Gales é herdeiro ao trono – **3.** É esse o seu pente? – Não, é o dela – **4.** Já esteve na China? Como é? – **5.** Não poderia (podia) tentar ajudar-me?

Correcção

1 couldn't - do better - that. — **2** such - mood - has invited everybody (everyone) — **3** I didn't like - neither did I — **4** look very tired - in - sit down — **5** The whole - gone to the country - no-one (nobody)

Second wave : 40th Lesson

NINETIETH (90th) LESSON

1 A **Scots**man who was **dri**ving* home one night, ran* **in**to (**1**) a car **dri**ven* by an **Eng**lishman.
2 The Scot got* out of the car to **apo**logise and **o**ffered the **Eng**lishman a drink from a **bo**ttle of **whis**ky.
3 The **Eng**lishman was glad (**2**) to have a drink.
4 — Go on, said the Scot, have a**no**ther drink.
5 The **Eng**lishman drank* **gra**tefully (**3**). — But don't you want one? he asked the Scot.
6 Per**haps**, the **o**ther **replied**, when the po**lice** have gone.

---

7 The park-**kee**per walked up to a tramp who was **slee**ping* on a bench in Green Park.
8 Hey! you! he **shou**ted, I'm **go**ing to shut* (**4**) the park gates!
9 Al**right**, re**plied** the tramp, try not to (**5**) slam them.

---

10 When Mrs **Da**vis told* her **hus**band that guests were **co**ming* to **din**ner that night,
11 he went* out **in**to the hall and hid* all the um**brel**las.

PRONUNCIATION
1. draiving... nait – **2.** â**póhl**âdjaiz... óhfâd – **3.** glad – **5. greit**fâl – **6.** pâr**háps** – **7.** páhk-kipâ... tramp... bentch – **8.** Hei! iú... gueits – **9.** ri**plaid**... slam – **11.** hól... âm**bréla.**

NONAGÉSIMA LIÇÃO

1. Um escocês que, uma noite, voltava a casa de carro, foi de encontro a um [outro] carro conduzido por um inglês.
2. O escocês saíu do carro para se desculpar e ofereceu uma bebida ao inglês da sua garrafa de uísque.
3. O inglês ficou contente por tomar uma bebida.
4. Vá, disse o escocês, tome outra bebida.
5. O inglês bebeu reconhecidamente (com gratidão) - Mas você não quer uma? perguntou ao escocês.
6. Talvez, respondeu o outro, quando a polícia se for embora.

---

7. O guarda do parque dirigiu-se (até) a um vagabundo que estava a dormir num banco [de jardim] em Green Park.
8. Eh ; você! gritou, vou fechar os portões do parque!
9. Está bem, retorquiu o vagabundo, [mas] tente não bater com eles [evite fechá-los com força).

---

10. Quando a sra. Davis disse ao (seu) marido que tinham (vinham) convidados para jantar essa noite,
11. ele dirigiu-se (saíu) à sala de entrada e escondeu todos os guarda-chuvas.

NOTES

(1) *To run (ran, run) :* correr. *To run into :* ir de encontro a. *To run out :* esgotar. *We've run out of petrol :* não temos mais gasolina.
(2) *I'm glad to see you :* estou contente de o ver. É uma palavra menos forte que *happy* (feliz).
(3) *He's grateful :* está agradecido, grato. *I'm grateful for you help,* estou-lhe grato pela ajuda.
(4) *To shut - to close :* fechar.
(5) *To try :* tentar. *Try not :* evitar. *Try not to do that,* evite fazer isso. *To slam* é um verbo onomatopáico e significa fechar com força e barulho.

12 — What's the **ma**tter? asked his wife, are you a**fraid** **som**eone will steal* them?
13 — It's not that, re**plied** her **hus**band, but I'm a**fraid** **som**eone might **rec**ognise them.

PRONUNCIATION
12. stîl – **13.** maït **rè**kĕgnaïz.

EXERCISES

1 Do you mind if I shut the **win**dow? I'm cold. — **2** No, but try not to slam it. — **3** There **is**n't e**nough** **whis**ky for both of us. — **4** He was **ve**ry glad to see me a**gain** **af**ter all this time. — **5** He kept that **bot**tle of **whis**ky for a **year** be**fore** **o**pening it.

Fill in the missing words:

1 *Pode ser que ele trabalhe numa livraria, mas não tenho a certeza.*

He . . . . in a . . . . but . . . .

2 *Pode ser que chova, seria melhor levarmos os (nossos) guarda-chuvas.*

. . . . rain, we . . . . take . . . .

3 *Ele tenta não fazer nenhuns erros, mas é-lhe muito difícil.*

He tries . . . . any . . . ., but . . . . too difficult . . . .

12. O que é que há? perguntou-lhe a mulher, tem medo que alguém os roube?
13. Não é isso, respondeu o marido, mas receio que alguém os possa reconhecer.

4 *Estava muito grata pela sua ajuda quando tinha problemas.*

. . . . . . very . . . . for . . . help when . . . . . . problems.

5 *É tão difícil não rir. Ela é tão engraçada.*

. . . . . . difficult . . . . . laugh, ... funny.

EXERCÍCIOS
1. Importa-se que eu feche a janela? – **2.** Tenho frio – **2.** Não, mas evite fechá-la com força – **3.** Não há uísque suficiente para nos dois – **4.** Ele estava muito contente de me ver novamente depois de todo este tempo – **6.** Ele guardou aquela garrafa de uísque durante um ano antes de a abrir.

Correcção

1 might work - book-shop - I'm not sure — **2** It might - had better - our umbrellas — **3** not to make - mistakes - it's - for him — **4** She was - grateful - his (her) - she had. — **5** It is so - not to - she is so

---

Second wave : 41st Lesson

NINETY-FIRST (91st) LESSON

REVISION AND NOTES

Notas a reler : 86ª lição : (3) – 87ª : (2) – 88ª : (1), (2) – 89ª : (3) – 90ª : (1), (4).

1 We have been talking – Eis a forma progressiva do *present perfect* (ver lição 84ª (2) e que se pode traduzir literalmente (temos estado a falar) ou empregando um Presente que indica uma acção que se vem desenvolvendo ao longo do tempo : *I've been living here for three years,* vivo aqui há 3 anos. *They've been talking for two hours,* falam há duas horas/estão a falar há 2 horas.

Utiliza-se, portanto, esta forma para uma acção que vem do passado e que ainda dura, ou que acaba de terminar. Isto não se aplica, evidentemente, aos verbos de percepção involuntária (*see, hear, know,* etc.) pois estes não possuem forma progressiva. Eles conhecem-se desde a infância : *they've known each other since their childhood.*

Desde e desde há - traduz-se por *for* (que também pode significar "durante") quando, em português, dizemos "desde há", ou simplesmente "há" - *I know him for years,* conheço-o há anos - e por *since* no caso de ser o ponto de partida da acção - *I know him since my childhood,* conheço-o desde a infância. Como vê, ambas as expressões têm a ver com o tempo.

É um automatismo que se adquire com prática. Não se limite a aprender estas regras isoladamente.

2 Would – como já sabemos, é o auxiliar do Condicional. Não se esqueça que também pode ser utilizada com o significado de "quer" [ter a bondade]..." - *Would you tell me...* quer dizer-me...

Mas poderia haver confusão entre "ele iria" e "ele quereria ir". Como fazer? Empregando *he would like* (contracção : *he'd like*) *to go* (gostaria de ir).

NONAGÉSIMA PRIMEIRA LIÇÃO

Não se assuste, pois as crianças inglesas também tiveram de aprender estas mesmas coisas. E como o fizeram? **Falando todos os dias.** E, agora, desembaraçam-se bastante bem.

3 Algumas expressões idiomáticas – Desde o começo que temos deparado com a expressão **Oh dear!** que vimos traduzindo por "oh meu Deus". Claro que não há tradução exacta possível. *Oh dear* é um suspiro de aborrecimento, ou de lástima, ou de desespero, quando se chega atrasado, quando nos esquecemos de qualquer coisa ou alguém não nos compreende, etc. etc. É uma expressão de bom tom e não ofende ninguém.

Alright é o mesmo que O.K. e quer dizer "está bem, de acordo".

Never mind : não faz mal, não se preocupe.

Para captar o "sabor" do inglês é preferível "sentir" quando estas expressões devem ser usadas do que poder traduzi--las correctamente.

4 ... not to – Evite bater com a porta : *try not to slam the door.* Disse-me para não me mexer : *he hold me not to move.*

5 *Holiday* : deve-se dizer *on holiday* ; mas, de outro modo, tanto se diz *Summer holiday* como *Summer holidays.* A palavra pode ser usada no singular ou plural.

6 *The stairs* : as escadas, a escadaria. *Upstairs,* andar superior, em cima.
Downstairs, andar inferior, em baixo. Não se esqueça : *she ran downstairs,* ela desceu as escadas a correr.

7 Repare na diferença entre as lições 88 e 89 ; a conversa com poucos adjectivos, contracções, *Ah* e *well* e a descrição : frases mais longas, linguagem com mais imagens, mais estilizada.

8 Expressões a memorizar. 1 *I've been waiting for two hours* – 2 *Try not to make noise* – 3 *What's the matter* – 4 *He might recognize them.*

NINETY-SECOND (92nd) LESSON

1 — Jack, I'm **free**zing. Close the **win**dow, it's cold **out**side.

2 — You want me to get out (**N. 1**) of bed and close the **win**dow,

3 but if I do, it won't be warm (**1**) out**side.**

PRONUNCIATION :
1. **frî**zïng... klôhz... **aout**saïd – **2. ouïn**dôh.

5 *What is Wales like?* — 6 *I'm afraid I'm broke.* — 7 *She said she would come at ten.* — 8 *It's not worth it.* — **9** *Put your things away.*

9 Tradução – 1 Tenho estado à espera há 2 horas [há 2 horas que espero] – 2 Tente não fazer barulho – 3 O que é que se passa? – 4 Pode ser que ele os reconheça – 5 Como é o País de Gales? – 6 Receio estar sem dinheiro – 7 Ela disse que viria às 10 – 8 Não vale a pena – 9 Arrume as suas coisas.

Não se colocarão mais asteriscos juntos verbos **to go, to get** e **to say** porque já os conhece, não é verdade?

Second wave : 42nd (revision) Lesson

NONAGÉSIMA SEGUNDA LIÇÃO

1. Jack, estou a gelar. Feche a janela, está frio [lá] fora.
2. Quer que eu saia da cama e feche a janela,
3. mas, se o faço, não estará quente [agradável] fora.

NOTES

(1) Em inglês é-se muito preciso em relação à temperatura. *Hot :* quente ; *warm :* morno (uma temperatura agradável) ; *cool :* fresco ; *cold :* frio. *To heat :* aquecer ; *the heat :* o calor.

4 — Do (2) tell* me about Mrs Haines' di**vorce**.
5 — I'd pre**fer** you to ask Mrs Haines her**self**! (**N. 2**)
6 We ex**pect** (**3**) her to ar**rive** at eight o'clock.
7 — I hope the train will be on time. I don't like **wait**ing.

---

8 He'd like them to intro**duce** them**selves** be**cause** he has for**got**ten* their names.
9 We've asked them to come* round (**4**) for drinks this **eve**ning,
10 but they would like to come* to **din**ner.

---

11 — Would you like me to make* reser**va**tions for the **the**atre?
12 — No thanks, **I'll** do it my**self**.

---

13 — I'd like you to say a **pra**yer be**fore** your **meal**.
14 — But why? My **mo**ther is a good cook.

PRONUNCIATION
3. uônt – **4.** Heinz div**óh**ce – **5.** hâs**sélf** – **6.** éks**spékt** – **8.** hi'd... intrâ**diuce** – **9.** uí've – **10.** únd – **11.** rézâ**vei**shionz... **çii**atâ – **12.** mais**sélf** – **13.** Ai'd... **prér**.

EXERCISES

1 Will you ask him your**self**; I **hav**en't e**nough** time. — **2** Shall I do it, or do you want her to do it? — **3** We ex**pect** them to bring a **bot**tle of wine. — **4** I'd pre**fer** them to bring a cake. — **5** How much time will you need to **fin**ish?

4. Fale-me do divórcio da sra. Haines.
5. Preferiria [que] perguntásse (perguntar) à própria sra. Haines!
6. Esperamos que ela chegue às 8.
7. Espero que o comboío chegue à hora. Não gosto de esperar.

---

8. Ele gostaria que eles se apresentassem (eles mesmos) porque se esqueceu dos seus nomes.
9. Pedimos-lhes [convidámo-los] para passar [e tomar] umas bebidas esta noite,
10. mas eles gostariam de vir jantar.

---

11. Gostaria que eu marcásse lugares (fazer reservas) para o teatro?
12. Não, obrigado. Eu próprio o farei.

---

13. Gostaria que dissesse uma prece antes da sua refeição.
14. Mas porquê? A minha mãe é uma boa cozinheira.

NOTES (continued)
(2) *Do.* Neste caso, ou sempre que se emprega *to do* na afirmativa, reforça o verbo. É como que uma ênfase ao que se diz.
(3) Há uma diferença entre *to wait for someone* (esperar alguém) e *to expect for something* (aguardar qualquer coisa ou contar com, no sentido que isso é suposto acontecer). *He expects to make a lot of money :* ele espera fazer muito dinheiro.
(4) *To come round :* passar, aparecer ; restabelecer-se. Sempre que aprender um verbo em inglês, habitue-se a empregar a preposição devida.

EXERCÍCIOS
1. Quer-lhe perguntar você mesmo ; eu não tenho tempo suficiente – **2.** Devo fazê-lo, ou quer que ela o faça? – **3.** Esperamos [contamos com] que eles tragam uma garrafa de vinho – **4.** Preferiria que eles trouxessem um bolo – **5.** Quanto tempo precisárá para terminar?

Fill in the missing words :

1 *Quer que lhe apresente aquela rapariga ali?*

. . you . . . . you to that girl over there?

2 *Levarei o carro se o metro estiver em greve.*

. . . . the car . . the tube . . . .

3 *Esperamos que ela chegue por volta das 10 : 20.*

We . . . . to arrive . . . .

4 *Ele não se casará ; (ele) não gosta de gastar dinheiro.*

He . . . . . get married. He . . . . money.

NINETY-THIRD (93rd) LESSON

1 He stopped **smo**king (**1**) last week and has been un**bea**rable (**2**) **e**ver (**3**) since.

PRONUNCIATION
1. ân**bé**rabâl.

NOTES

(1) Atenção a estas expressões para poder reconhecer mudanças de sentido.
Por exemplo, *to stop to smoke :* parar para fumar.

5 *A que horas quer que eu venha?*

. . . . time . . . . to come?

Correcção

1 Do - want me to introduce. — **2** I'll take - if - is on strike — **3** expect her - about twenty past ten — **4** won't - doesn't like spending. — **5** What - do you want me

---

Second wave : 43rd Lesson

NONAGÉSIMA TERCEIRA LIÇÃO

1. Ele deixou (parou) de fumar a semana passada e, desde então, tem estado insuportável.

NOTES (contidued)
(2) *I can't bear him* : não posso suportá-lo / com ele.
(3) *Ever since* : desde então.

2 He **enjoys teasing** his wife **about** her **spending**,

3 but, to **avoid causing** an **argument**, he **always agrees** (**4**) with her in the end.

4 The **criminal** **denied robbing** the bank, but there were too **many witnesses**.

5 Would you mind not **smoking**? This is a non-**smoking** com**part**ment.

6 It's no use **trying** to run* be**fore** you can walk.

7 That new film about **Switzerland** is worth **seeing***.

8 **Imagine being** a **pop**-star. It must be great!

---

9 A **la**dy who felt* sorry (**5**) for a **beggar** in**vited** him into the **kitchen**.

10 On the **table**, there were some sar**dines** and some smoked **sal**mon.

11 The **beggar** im**mediately began*** **eating*** the smoked **sal**mon.

12 — There are some sar**dines** as **well**, said the **la**dy in a loud voice.

13 — I pre**fer** the smoked **sal**mon, re**plied** the **beggar**.

14 - But it's more ex**pen**sive, com**plained** his un**willing** **hos**tess.

15 — Yes I know **la**dy... but it's **worth** it!

PRONUNCIATION

2. en**djoiz tii**zing – **3.** â**void kóh**zing... **áh**guiument... â**griiz** – **4.** di**naid**... **uit**nesseiz – **6.** iuse... rân... uáhk – **7. Suít**âlând... **si**ing – **8.** i**má**djin... **póp**-stah... greit – **9. só**ri... **bé**gâ – **10.** sáh**dinz**... smôhkt **sáh**mân – **12.** éz'**uél**... laud voice – **14.** kôm**pleind**... ân**uí**ling – **15. uâç**'it.

2. Ele tem prazer em arreliar a (sua) mulher a propósito (sobre) das (suas) despesas,
3. mas, para evitar (provocar) uma discussão, (ele) concorda sempre com ela no fim.
4. O criminoso negou ter roubado (roubando) o banco, mas havia demasiadas testemunhas.
5. Importa-se de não fumar? Isto é uma carruagem para não fumadores.
6. É inútil tentar correr antes de poder andar.
7. Vale a pena ver esse novo filme sobre a Suíça.
8. Imagine ser uma estrela [de música popular] "pop". Deve ser formidável!

---

9. Uma senhora que teve (sentiu) pena de um mendigo convidou-o a entrar na cozinha.
10. Havia sardinhas e salmão fumado sobre a mesa.
11. O mendigo começou logo a comer o salmão fumado.
12. Também há sardinhas, disse a senhora em voz alta.
13. Prefiro o salmão fumado, retorquiu o mendigo.
14. Mas é mais caro, queixou-se a anfitriã contrariada.
15. Sim, eu sei, [minha] senhora... mas vale a pena!

NOTES (continued)

(4) *To agree with someone :* estar de acordo/concordar com alguém. *He agrees with me :* ele concorda comigo. *An agreement :* um acordo. *To disagree :* discordar/não concordar.

(5) *To feel sorry for someone :* ter pena de alguém. *I feel sorry for that poor man :* tenho pena desse pobre homem.

EXERCISES

1 It's no use asking him, he doesn't know anything about politics. — **2** Whose is this dictionary? — I think it's his. — **3** Go and see that new film, it's really worth it. — **4** Will you lend me some money? — I'm sorry, I can't afford it. — **5** He has been asleep ever since we left the station.

Fill in the missing words :

1 *Deixou de falar quando o seu patrão entrou.*

He . . . . when . . . .

2 *Vale a pena aprender uma língua estrangeira, é muito útil.*

It's . . . . a . . . ., it's very . . . . . .

3 *Ela parou para olhar para uma montra.*

She stopped . . . . a shop window.

NINETY-FOURTH (94th) LESSON

A letter

1 Dear David,
Thanks very much for your last letter.

2 I hope you are both well. I'm thoroughly (1) enjoying my new job.

PRONUNCIATION
1. **Dei**vid... láhst – **2.** çâreli en**djoy**ing.

4 *Tenho pena de si, mas nada posso fazer.*

I . . . . for you, but . . . . . . do anything.

5 *De quem é este livro de cheques? - É da minha mulher.*

. . . . this . . . . . . - . . . . .? — It's . . . .

EXERCÍCIOS
1. É inútil perguntar-lhe, ele não sabe nada sobre política – **2.** De quem é este dicionário? - Penso que é dele – **3.** Vá ver esse novo filme, vale realmente a pena – **4.** Quer emprestar-me (algum) dinheiro? – Lamento, mas não posso permitir-me – **5.** Ele tem estado a dormir desde que deixámos a estação.

Correcção

1 stopped talking (speaking) - his boss came in. — **2** worth learning - foreign language - useful. — **3** to look at — **4** feel sorry - I can't. — **5** Whose is - cheque-book - my wife's

---

Second wave : 44th Lesson

NONAGÉSIMA QUARTA LIÇÃO

Uma carta

1. Caro David, muito obrigado pela sua última carta.
2. Espero que ambos estejam bem. Estou a gostar muito (completamente) [do] meu novo trabalho.

NOTES
(1) *Thorough* (çârô) significa "a fundo", completo, inteiro. *To make a thorough enquiry :* fazer uma investigação radical. *Thoroughly :* profundamente, detalhadamente, completamente.

3 The **pe**rson whose po**si**tion I've (**2**) **ta**ken re**sig**ned last month.

4 I can under**stand** why, be**cause** there's a lot of work to do.

5 I'm **wri**ting* to ask you a **fa**vour.

6 Could you get me some infor**ma**tion on trade **u**nions?

7 I had to give a **lec**ture last week and I **cou**ldn't find* e**nough de**tails.

8 I should have asked you **ear**lier, but you know how it is.

9 Since I last (**3**) saw* you, **no**thing much has **hap**pened.

10 I've been **wo**rking hard for a month and I've had so **li**ttle spare time! (**4**)

11 I saw* Pete last week. You know, of course, that he's **ma**rried.

12 In fact he's been **ma**rried for **o**ver a **year**.

PRONUNCIATION
3. huz pâzishân... ri**zaind** – **5. rai**ting... **fei**vâ – **6.** kud... infe**mei**shion – **7. lék**tchâ... i**nâf di**teilz – **8. â**liâ – **10.** Aiv... háhd... spér – **11.** só Pit.

3. A pessoa cujo cargo tomei [ocupei] pediu a demissão o mês passado.
4. Posso compreender porquê, (porque) há muito trabalho a fazer.
5. Escrevo para lhe pedir um favor.
6. Podia obter-me algumas informações sobre os sindicatos?
7. Tive de fazer (dar) uma conferência a semana passada e não pude encontrar pormenores suficientes.
8. Deveria ter-lhe pedido mais cedo, mas você sabe como é.
9. Desde a última [vez] que o vi, nada de especial (nada muito) aconteceu.
10. Há um mês que ando (tenho estado) a trabalhar muito e tenho tido tão pouco tempo livre!
11. Vi [o] Pete a semana passada. Claro que você sabe que ele é casado.
12. Na realidade, (ele) está casado há mais de um ano.

NOTES (continued)

Utiliza-se, normalmente, em expressões tais como : *I'm thoroughly enjoying myself* ou *I'm thoroughly bored* - estou-me a divertir completamente ou estou profundamente aborrecido.

(2) Como, em inglês, existe uma única forma para "tu" e "você", ou "o senhor/a", estas contracções indicam, de certo modo, um tratamento familiar com o correspondente respectivo. **Regra geral, não se empregam contracções nas cartas comerciais.**

(3) *Since I last saw you* (desde a última vez que o vi) é uma forma mais idiomática do que *since the last time I saw you. When you last came...* quando veio pela última vez.

(4) *Spare :* suplementar, sobresselente. *Spare tire* (pneu sobresselente), *spare parts* (peças sobresselentes).

13 He **a**lways used to (**6**) say: "**Ma**rriage is a great insti**tu**tion,

14 but who wants to live in an insti**tu**tion?".

15 Look at him now! There's no more news, so I'll say good**bye**. **Loo**king **for**ward to (**7**) **hea**ring from you soon,

16 Your friend, George.

PRONUNCIATION
13. ólueiz íuzd to... **mé**ridje... insstit**iu**shân – **14.** liv – **15.** niuz... ail... fóhuâd... **hi**iring – **16.** frénd, Djóhdj.

EXERCISES

1 I used to like cakes when I was **youn**ger. — **2** I have been **wor**king hard since I last saw you. — **3** I hope he will be **a**ble to get some infor**ma**tion for me. — **4** She has only been to **Aus**tria once. — **5** She for**got** her purse, so she had to **bor**row some **mo**ney.

Fill in the missing words :

1 *Esperamos impacientemente partir (ir) para (em) férias.*

We are . . . . to . . . . . on holiday.

2 *Studd, o pintor bem conhecido, costumava viver aqui.*

Studd, the well- . . . . . painter . . . . here.

3 *O homem cuja mala foi roubada chama-se Sanders.*

The man . . . . . suitcase . . . . is . . . . . . Sanders.

13. Costumava sempre dizer: "o casamento é uma instituição notável",
14. mas quem quer viver numa instituição?
15. Olhe para ele agora! Não há mais novidades (notícias) [e], assim, digo[-lhe] adeus. Esperando ter notícias suas em breve.
16. Seu amigo, George.

NOTES (continued)
(6) *To use* (íuze) : utilizar, mas *used to* (íuzd to) : tinha o hábito de, costumava. *I used to smoke :* costumava fumar.
(7) *To look forward to :* esperar/aguardar com impaciência. *I'm looking forward to seeing you* (repare no *ing* do segundo verbo) : aguardo o prazer de vê-lo. Uma fórmula muito corrente.

---

4 *Ele trabalha nesta companhia há três anos.*

He . . . . for this company . . .

. . . .

5 *Onde é que pôs o pneu sobresselente? - Não me lembro.*

Where . . . . the . . . . . tire? — I

. . . .

EXERCÍCIOS
1. Costumava gostar de bolos quando era mais novo – **2.** Tenho trabalhado muito desde a última vez que o vi – **3.** Espero que ele consiga obter informações para mim – **4.** Ela esteve somente uma vez na Áustria – **5.** Ela esqueceu-se da bolsa [e], assim, teve de pedir algum dinheiro emprestado.

Correcção
1 looking forward - going. — **2** -known - used to live — **3** whose - was stolen - called. — **4** has been working - for three years. — **5** did you put - spare. — don't remember.

Second wave : 45th Lesson

NINETY-FIFTH (95th) LESSON

A favour

1 — Oh is that George's **le**tter? I **ha**ven't seen* him for a long time.

2 In fact, since (**1**) that **par**ty last **year**. How is he?

3 — Oh he's fine. He needs some help with his new job.

4 — Yes, he's **wor**king in that school with a strange name.

5 — You mean* **Hun**gerford? It's a school that (**2**) has an **ex**cellent repu**ta**tion.

6 — How long has he been **tea**ching* there?

7 — For a month. Since a**no**ther **tea**cher re**sig**ned. He seems to be en**joy**ing him**self**.

8 — May I read* the **le**tter? — Of course. It's **o**ver there on top (**3**) of the tele**vi**sion.

9 — He **al**ways asks for infor**ma**tion which is **di**fficult to find.

10 — Not **rea**lly. We've got lots of files at the **o**ffice.

11 — I hope he **does**n't ex**pect** you to write a book!

PRONUNCIATION
1. Djóhdj'z – **2.** **pah**ti – **3.** faine – **4.** stréndje – **5.** miin **Hân**guâfohd... **éks**lent répiu**tei**shân – **6.** **tii**tching – **7.** ri**zai**nd... siimz – **8.** Mei ai... télé**vi**zhen – **9.** faind – **10.** failz – **11.** eks**pékt**.

NONAGÉSIMA QUINTA LIÇÃO

Um favor

1. Oh, é essa carta de George? Há muito tempo que não o vejo.
2. De facto, desde aquela festa o ano passado. Como está ele?
3. Oh, está bem. Precisa de ajuda com o seu novo emprego.
4. Sim, (ele) está a trabalhar naquela escola com um nome estranho.
5. Refere-se a Hungerford? É uma escola que tem uma reputação excelente.
6. Há quanto tempo é que ele ensina lá?
7. Há um mês. Desde que um outro professor pediu a demissão. (Ele) parece estar a gostar.
8. Posso ler a carta? - Claro. está ali em cima da televisão.
9. (Ele) sempre pede informações que (as quais) são difíceis de encontrar.
10. Não verdadeiramente. Possuímos muitos arquivos no escritório.
11. Espero que (ele) não conte [com que] você escreva um livro!

NOTES

(1) *For a long time/Since last year.* Ver lição 91, n° (1).
(2) Mais uma lembraça : *that pode substituir which* e *who(m)* como pronome relativo **sem que o sentido seja modificado.**
(3) *Top :* acima, no alto, em cima ; *bottom :* abaixo, no fundo, em baixo. *On top of the mountain :* no alto da montanha ; *at the bottom of the stairs :* no fundo das escadas.

12 — No, just a few lines with the main points. It won't take* too long.

13 — I hope not. — **I'll** start straight aw**ay** and I should be **fin**ished by (**4**) to**mor**row at the **la**test.

PRONUNCIATION
12. laïnz... poïnts... ouôhnt – **13.** strét ëoué... shoud... **lé**tëst.

EXERCISES

1 It should be **fin**ished by next week. — **2** It might rain to**mo**rrow. — Oh, I hope not. — **3** How long will it take to write a book. — **4** He seems to be **ma**king good **pro**gress. — **5** As **u**sual, **no**thing works in this house!

Fill in the missing words :

1 *Há um mês que ele trabalha lá. Desde que [o] George pediu a demissão.*

He . . . . there . . . a month.

. . . . . George . . . .

2 *Se partir imediatamente chegará por volta das 9 horas.*

If . . . ., you will

arrive . . . . . . o'clock.

3 *Não compreendo o que ele quer dizer exactamente.*

I . . . . . understand . . . . he . . . . .

. . . .

Second wave : 46th Lesson

12. Não, apenas algumas linhas com os pontos principais. Não demorará muito tempo.
13. Espero que não. - Começarei imediatamente e devo terminar, o mais tardar, (por volta de) amanhã.

NOTES
(4) *By*, neste caso, tem um sentido temporal : por volta de um período determinado. *You must tell me by three o'clock :* tem que me dizer por volta das três horas.

---

4 *Ele não espera que você escreva um livro - Espero que não.*

He doesn't . . . . . . you . . . . a book. —

. . . .

5 *Há quanto tempo tem estado à espera? - Há uma hora.*

. . . . have you . . . . waiting? — . . . an hour.

EXERCÍCIOS
1. Deveria estar terminado por volta da próxima semana – **2.** Pode ser que chova amanhã – Oh, espero que não – **3.** Quanto tempo demorará a escrever um livro? – **4.** Ele parece estar a fazer bom progresso – **5.** Como é costume, nada funciona nesta casa!

Correcção
1 has been working - for - Since - resigned. — **2** you leave straight away - by nine. — **3** don't - what - means exactly — **4** expect - to write - I hope not. — **5** How long - been - For.

Não é verdade que estudar uma língua pelo método "Assimil" é uma distracção tão agradável como as palavras cruzadas ou outro passatempo? Ou mesmo melhor do que ver televisão? Dá-se conta dos progressos que tem feito ***sem custo.***

NINETY-SIXTH (96th) LESSON

Health

1 Do you re**mem**ber, in **Le**sson **fif**ty **se**ven, John had to see the **doc**tor?

2 In **En**gland, you do not pay* the **doc**tor or the **hos**pital and you pay* only a small charge (**1**) for the **den**tist.

3 This is be**cause** of the **Na**tional Health **Ser**vice, which pays* all **me**dical costs (**2**).

4 It is **fi**nanced in part by contri**bu**tions called **Na**tional In**su**rance **pay**ments.

5 Every **wor**king man (**3**) or **wo**man has to make* a **sin**gle (**4**) **Na**tional In**su**rance contri**bu**tion **e**very week.

6 It is the responsi**bi**lity of the em**ploy**er to make* sure that the **pay**ments are made.

7 He de**ducts** a sum from the **wor**ker's wage or **sa**lary (**5**) and then adds his own contri**bu**tion.

8 The rest of the **mo**ney for the **Na**tional Health **Ser**vice comes* from **ge**neral ta**xa**tion (**6**).

PRONUNCIATION
2. pei... **hos**pitâl... tcháhdje... **den**tist – **3. Ná**shionâl Hélç **Sâ**vice... peiz – **4. fai**nanssd... kontri**biu**shânz... in**shu**rânce **pei**mentz – **5. sin**gâl – **6.** em**ploi**-â... shur – **7.** de**dâktz**... ueidje... âun – **8.** tak**sei**shân.

NONAGÉSIMA SEXTA LIÇÃO

A saúde

1. Lembra-se [que], na lição 57, [o] John tinha de ver o médico?

2. Em Inglaterra, você na paga o médico ou o hospital e paga apenas uma pequena quantia (custo) pelo dentista.

3. Isto deve-se (é por causa) ao Serviço Nacional de Saúde que paga todos os encargos médicos.

4. É financiado, em parte, por contribuições denominadas pagamentos do Seguro Nacional.

5. Todo o homem, ou mulher, que trabalha tem que fazer uma única contribuição ao Seguro Nacional todas as semanas.

6. É responsabilidade da entidade patronal assegurar que estes pagamentos sejam feitos.

7. Ele [esta] deduz uma [determinada] soma do soldo ou salário do empregado e, depois, acrescenta a sua própria contribuição.

8. O resto do dinheiro para o Serviço Nacional de Saúde provem dos impostos gerais.

NOTES

(1) *To charge* : cobrar. *They charged me thirty pence for a glass of water :* cobraram-me 30 p por um copo de água. Por conseguinte, *the charge* é a soma devida, o custo. Nas facturas apresentades em Inglaterra pode-se ver *Service charge 10 %*.

(2) *To cost :* custar. Despesas médicas : *medical costs.*

(3) Diz-se *working man* em relação a um homem que trabalha e *worker* para um trabalhador. *Workman :* operário.

(4) *Single :* único, simples. *A single ticket :* um bilhete de ida (ida e volta : *return ticket*). *She's single :* ela é solteira.

(5) Em inglês existe uma diferença entre *wage,* que é pago semanalmente, e *salary,* que é pago mensalmente. A palavra *income* é rendimento.

(6) *Tax :* imposto. O sistema tributário chama-se *taxation. A taxpayer :* um contribuinte. *Income tax :* impostos sobre o rendimento. As mercadorias isenta de impostos : *duty free goods.* O imposto aplicado aos bens de consumo chama-se V.A.T. *(Value added tax).*

9 Those whose **in**comes are too low can ob**tain** what is called Supple**men**tary **Ben**efit.

10 This is a **wee**kly allo**ca**tion and is **fi**nanced en**ti**rely by **gen**eral ta**xa**tion.

11 The State also pays* "**pen**sions" to **pe**ople in re**ti**rement (**7**).

12 These **pe**ople are known* as "**se**nior **ci**tiz-ens".

13 So, when you go to the **doc**tor's or, for **som**ething more **se**rious, the **hos**pital,

14 you do not have to **wo**rry **about** the cost.

PRONUNCIATION
9. incâmz... Sâple**men**tri **Bé**nefit – **10. uí**kly alô**kei**shân... en**tai**hâli – **11.** Steit... **pen**shânz... ri**tai**hement – **12.** nâun... **si**niâ – **13. si**riâz – **14. uô**ri.

EXERCISES

1 Be**cause** of fog, the plane will be de**layed**. — **2** Old **pe**ople, known as "**se**nior **ci**tizens", re**ceive pen**sions. — **3** Is his **ill**ness **se**rious **doc**tor? — I hope not. — **4** Make sure that the bed is made be**fore go**ing out. — **5** The **per**son whose **in**come is too low can ob**tain** a **wee**kly allo**ca**tion.

9. Aqueles cujos salários são demasiado baixos podem obter o que se chama (é chamado) benefício suplementar.
10. Isto constitui um subsídio semanal (e) que é financiado inteiramente pelos impostos gerais.
11. O Estado também paga pensões às pessoas reformadas.
12. Éstas pessoas são conhecidas como cidadãos seniores.
13. Assim, quando você vai ao médico (à clínica do médico) ou, para algo de mais grave, ao hospital,
14. não tem que se preocupar quanto à despesa.

NOTES (continued)
(7) *To retire* : reformar-se. *In retirement* : na reforma, reformado, aposentado.

EXERCÍCIOS
1. O avião estará atrasado por causa do nevoeiro – **2.** [As] pessoas idosas, conhecidas como cidadão seniores, recebem pensões – **3.** Doutor, é a sua doença grave? – Espero que não – **4.** Certifique-se de que a cama está feita antes de sair – **5.** A pessoa cujo salário é demasiado baixo pode obter um subsídio semanal.

Fill in the missing words:

1 *O homem cujo carro foi roubado pode encontrá-lo na esquadra.*

The man . . . . . car has . . . . can find it . . the police-station.

2 *Você não tem que fazer serviço militar em Inglaterra.*

You . . . . do . . . . in England.

3 *Certifique-se de que as portas estão fechadas à chave antes de sair.*

. . . . that . . . . are locked . . . .

4 *Não vai ver essa nova peça de teatro?*

. . . . . . you going . . . . . that . . . . ?

5 *De quem é a responsabilidade?*

. . . . . is the . . . .

NINETY-SEVENTH (97th) LESSON

1 Learn this **les**son as **u**sual, then **an**swer the **fol**lowing **ques**tions with the help of the pre**ce**ding **les**son.

2 How much did **Da**vid have to pay* the **doc**tor when he was ill?

3 What does **Na**tional Health **Ser**vice mean*?

4 How is the **Na**tional Health **Ser**vice **fi**nanced?

5 Whose (1) responsi**bi**lity is the **wee**kly contri**bu**tion?

6 Who has to make* **Na**tional In**su**rance contri**bu**tions?

7 Does the em**plo**yer pay* **any**thing?

8 Who re**ceives** Supple**men**tary **Be**nefit?

9 Who are **se**nior **ci**tizens?

Correcção

1 whose - been stolen - at. — **2** do not have to - military service. — **3** Make sure - the doors - before going out. — **4** Aren't - to see - new play. — **5** Whose - responsibility?

A bird in the hand is worth two in the bush (bush) : mais vale um pássaro na mão do que dois a voar (literalmente, um pássaro na mão vale dois no arbusto) E há uma divertida variante deste provérbio dita por Mae West : **A man in the house is worth two in the street.**

Second wave : 47th Lesson

NONAGÉSIMA SÉTIMA LIÇÃO

1. Aprenda esta lição como habitualmente [e], depois, responda às seguintes perguntas com a ajuda da lição anterior.
2. Quanto teve [o] David que pagar ao médico quando esteve doente?
3. O que quer dizer "National Health Service"?
4. Como é que o N.H.S. é financiado?
5. De quem é a responsabilidade da contribuição semanal?
6. Quem tem que fazer as contribuições ao Seguro Nacional?
7. A entidade patronal paga alguma coisa?
8. Quem recebe o benefício suplementar?
9. Quem são os cidadãos seniores?

PRONUNCIATION
1. áz'iuzâl – **3. Na**shnâl... miin – **4.** Hélç – **5.** uíkli kontri**biu**shân – **6.** in**shu**rânce – **7.** emp**loi**â – **8.** ri**civz** – **9. si**niâ.

NOTES
(1) *Whose* no sentido de "a/de quem".

10 Two **li**ttle boys who were **vi**siting the **Bri**tish Mus**e**um stopped to look at an E**gy**ptian **mu**mmy.

11 The **mu**mmy was **co**vered with **ban**dages and had a sign with 1215 B.C. (**2**) (one **thou**sand two **hun**dred and fif**teen**) **around** its (**3**) neck.

12 — I w**o**nder (**4**) what that sign means*, said one of the boys.

13 — That must be the **num**ber of the car which knocked him **o**ver (**5**), re**plied** his friend.

PRONUNCIATION
10. É**dji**pshân **mâ**mi – **11. kâ**verd... **ban**dadjez... sain... **çáu**zand... **fiftiin** bi ci – **âraund** – **12.** uô**n**dâ – **13.** nókt... **ô**hvâ.

EXERCISES

1 Our phone was **bro**ken and we **cou**ldn't re**ceive** any calls. — **2** We'd **o**ffer to help if it **was**n't **u**seless. — **3** You should have paid the man straight a**way**. — **4** If she did her hair **di**fferently she could look nice. — **5** I might not pay my contri**bu**tion this week.

Fill in the missing words :

1 *Se dermos uma festa na próxima semana, quem poderá vir?*

If we . . . . a party . . . . , who . . . .
. . . . ?

10. Dois rapazinhos que visitavam o Museu Britânico pararam para olhar para [ver] uma múmia egípcia.
11. A múmia estava coberta de (com) ligaduras e tinha uma etiqueta (sinal) à volta do pescoço [que dizia] (com) "1215 BC".
12. Pergunto-me o que essa etiqueta quer dizer, disse um dos rapazes.
13. (Isso) deve ser o número do carro que o atropelou, respondeu o (seu) amigo.

NOTES (continued)
(2) B.C. (bi ci) : *Before Christ*, antes de Cristo. A.D. para as datas após o nascimento de Cristo (do latim *Anno Domini*).
(3) Como uma múmia não tem sexo (pelo menos em evidência), emprega-se a forma possessiva neutra.
(4) *To wonder* : perguntar-se, admirar(-se).
(5) *To knock* : bater (em objecto ou pessoa). *To knock on the door* : bater à porta. *To knock down* : abater, derrubar.

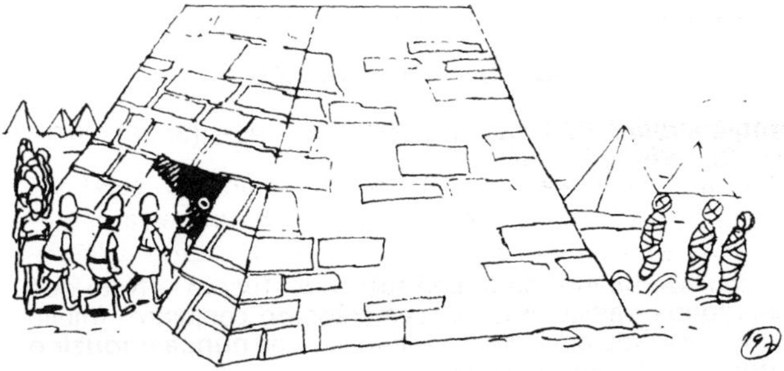

EXERCÍCIOS
1. O nosso telefone não funcionava (estava partido) e não podíamos receber nenhuma chamada. – **2.** Oferecer-nos-iamos para ajudar se não fôsse inútil – **3.** Deveria ter pago [ao] o homem imediatamente. – **4.** Se ela se penteasse (fizesse seu cabelo) de outro modo (diferentemente), poderia parecer bonita. – **5.** Pode ser que não pague a minha cotização esta semana.

2 *Poderia dizer-me o que "weekly contribution" significa?*

. . . . you . . . . me . . . . "weekly contribution" . . . . . ?

3 *O jogo foi cancelado por causa da chuva.*

. . . . the . . . . , the match . . . . cancelled

4 *Devo pagar alguma coisa pelo serviço?*

. . . . I pay . . . . for the . . . . ?

NINETY-EIGHTH (98th) LESSON

REVISION AND NOTES

Notas a reler : 92ª lição : (3) – 93ª : (4) – 94ª : (3), (6) – 95ª : (1), (2) – 96ª : (4) – 97ª : (3).

1 *You want me to go* : quer que eu vá (parta). - Note que esta forma particular evita o emprego do conjuntivo (muito pouco utilizado em inglês). O "truque" é de **nunca traduzir o "que"** e tudo será mais fácil.

Chama-se "acusativo e infinitivo", sendo o pronome o acusativo (os nomes próprios não podem, evidentemente, mudar). *I prefer him to tell me* : prefiro que ele me diga. *Do you want him to shut the window?* : quer que ele feche a janela?

Como lhe dizemos com frequência : deixe-se guiar por nós, a prática fará o restante.

5 *A garrafa estava coberta de poeira e tinha teias de aranha à volta do gargalo.*

The bottle was .... dust and ...

cobwebs ...... the neck.

Correcção

1 gave/had - next week - will be able to come. — 2 could - tell - what - means. — 3 Because of - rain - has been — 4 Must - anything - service — 5 covered with - had-around.

Second wave : 48th Lesson

NONAGÉSIMA OITAVA LIÇÃO

2 **Myself, yourself** – Já sabe que a forma reflexa é utilizada somente para evitar uma eventual confusão. Eu próprio farei isto : *I'll do this myself.*
Peça-lhe você mesmo : *Ask him yourself.* Sirvam-se : *Help yourselves.*

Atenção às formas plurais : eles vêem-se todas as semanas : *they see **one another** each week.* Nós falamonos : *we talk to one another (we talk to ourselves* significaria que cada um deles se fala a si próprio*).*

3 **A forma progressiva** (recapitulemos) não se emprega para uma acção habitual, mas para o que se está a fazer, no momento preciso. O que faz ela? – Ela é estenotipista : *What does she do? - She's a shorthand typist* (shohthand tai-pisst). Forma progressiva : *what is she doing? She's typing.*

No passado, esta forma progressiva indica uma acção que durou um certo tempo (o que corresponde ao Imperfeito português). *He was working when the telephone rang :* ele estava a trabalhar (ou trabalhava) quando o telefone tocou.

4 Não é? – Uma regra : se a pergunta está na afirmativa, o "não é" é negativo e vice-versa.

Alguns exemplos : *She's upstairs, isn't she?* (ela está lá em cima, não está?)
She isn't upstairs, is she? (Ela não está lá em cima, está?). *He wants this, doesn't he?* (ele quer isto, não quer?). *They don't want this, do they?* (eles não querem isto, querem?). *He won't come, will he?* (ele não virá, virá?). *You will come, won't you?* (você virá, não virá?). *We can't help you, can we?* (não podemos ajudá-lo, podemos?). *They shouldn't go, should they?* (eles não deveriam ir, deveriam?). *He would accept, wouldn't he?* (ele aceitaria, não aceitaria?).

5 *Whose is this bag? :* de quem é esta bolsa? *Whose responsability is it? :* de quem é a responsabilidade? *The man whose car is outside :* o homem cujo carro está lá fora. O homem cujo filho é médico : *The man whose son is a doctor* (*whose* é utilizado para coisas e seres animados).

6 To wonder – significa, literalmente, maravilhar-se (*wonderful :* maravilhoso). Mas o seu sentido habitual é "perguntar-se a si próprio". *I wonder if she is happy :* pergunto-me se ela é feliz.

7 To look forward to : aguardar impacientemente. *We're looking forward to our holidays :* aguardamos as nossas férias com impaciência. *I look forward to hearing from*

you : aguardo o prazer de ter notícias suas.
(*Forward* quer dizer, literalmente, "em frente", "avante").

8 Expressões a recordar. — 1 *I want you to come straight away.* — 2 *She doesn't like waiting.* — 3 *I stopped smoking last week.* — 4 *We can't bear him.* — 5 *I feel sorry for you.* — 6 *Since I last saw you.* — 7 *We used to like him.* — 8 *I'll be finished by tomorrow.* — 9 *He charged me ten pounds.* — 10 *I wonder if he's better.*

9 Tradução – 1 Quero que venha imediatamente – 2 Ela não gosta de esperar – 3 Deixei de fumar a semana passada – 4 Não podemos suportá-lo – 5 Tenho pena de si – 6 Desde a última vez que o vi – 7 Costumávamos gostar dele – 8 Terminarei por volta de amanhã – 10 Pergunto-me se ele está melhor.

Second wave : 49th (revision) Lesson

NINETY-NINTH (99th) LESSON

Emergency...!

1 — The **ninety** ninth **lesson** re**minds** (**1**) me of the po**lice**.

2 — Why? — Be**cause**, if there is an **emer**gency and you need the po**lice**

3 or an **am**bulance or the **fire**-bri**gade**,

4 you **sim**ply **dial** nine-nine-nine (**2**). The **o**perator re**plies** im**me**diately :

5 — **Emer**gency. Which **ser**vice do you re**quire**?

6 — Ex**cuse** me, I'm a **for**eigner (**3**). Could you show me how to use the phone?

7 — Of course, sir. Have you got your **num**ber?

8 If not, we can look it up (**4**) (**N. 1**) in the di**rec**tory.

9 Right. Now first, you lift the re**ceiv**er and wait for the tone.

10 Next, you **dial** your **num**ber and wait un**til** it rings.

11 You must have two pence **rea**dy.

12 When the **per**son **an**swers, you push your coin **in**to (**5**) the slot and talk.

PRONUNCIATION
1. **nai**neti naineç... rimaindz – **2.** ê**mâ**djenci... po**lice** – **3.** **am**bliulance... faire bri**gueide** – **4. dail**... **ó**pereitâ... i**mi**diatli – **5.** ri**kuai**hâ – **6. fó**rinâ. Kud... íuze... fâune – **8.** dai**rék**tôri – **9.** rait... ri**cii**vâ... ueit... tâune – **10. dail** – **11.** rédi – **12. ân**sâz... push... koin.

NONAGÉSIMA NONA LIÇÃO

Emergência...!

1. A 99ª lição faz-me lembrar a polícia.
2. Porquê? - Porque, se há uma emergência e precisa da polícia
3. ou de uma ambulância ou dos bombeiros,
4. você disca simplesmente o 999. A telefonista responde imediatamente :
5. Emergência. Que serviço deseja (necessita)?
6. Desculpe. Sou estrangeiro. Poderia mostrar-me [indicar-me] como se utiliza o telefone?
7. Claro. Tem o número que deseja?
8. Se não podemos procurá-lo na lista telefónica.
9. Bem. Agora, primeiro, você levanta o auscultador e espera pelo sinal.
10. A seguir, (você) disca o número e espera até que toque.
11. Deve ter 2 p. prontos.
12. Quando a pessoa responde, você mete (empurra) a moeda na ranhura e fala.

NOTES

(1) *To remind :* fazer lembrar, recordar. *This reminds me of him :* isto faz-me lembrar ele. *Please remind me to post the letter :* lembre-me, por favor, de pôr esta carta no correio. *To remind something to someone :* lembrar alguma coisa a alguém.
To remember : lembrar-se, recordar-se. *I remember when I was young :* lembro-me de quando era jovem.

(2) *A dial :* um mostrador ; *to dial :* discar o número de um telefone (em Inglaterra, os números são ditos um a um).

(3) *A stranger :* um desconhecido ; *a foreigner :* um estrangeiro. *A foreign car :* um carro estrangeiro ; *a strange car :* um carro estranho.

(4) *To look at :* olhar (para) ; *to look for :* procurar. *To look up :* procurar num dicionário, numa lista, etc... e, também, olhar para cima (*to look down :* olha para baixo).

(5) *To push :* empurrar ; *to push into :* meter.

13 You see? It's not at all **com**plicated.
14 — Yes, I see. **Thank**you, you're very kind.
15 — Not at **all**. Good**bye**.

PRONUNCIATION
14. kaïnd – **15.** notat**ohl.**

EXERCISES

1 This **pho**tograph re**minds** me of my home town. — **2** **Di**al your **num**ber and wait for the tone. — **3** Push your coin **in**to the slot and speak. — **4** Please ex**cuse** me, I'm a **for**eigner. — **5** Could you show me how to use it?

Fill in the missing words :

1 *Pode lembrar-se onde pôs a minha carteira?*

. . . you . . . . you . . . my wallet?

2 *Parece que lhe lembro o seu neto.*

It . . . . . that I . . . . his grand-son.

3 *Precisava de uma chave de parafusos, mas tive de utilizar uma faca.*

I . . . . . . a screwdriver but I . . . . a . . . . .

4 *Ele usa a mesma caneta há quase 10 anos.*

He . . . . the . . . . pen . . . almost ten years.

13. Vê? Não é nada complicado.
14. Sim, vejo [compreendo]. Obrigado/a, é muito amável.
15. De nada. Adeus.

5 *Tem a morada? Se não podemos perguntar a alguém.*

. . . . the address? . .   . . . we can

. . .   .

EXERCÍCIOS
1. Esta fotografia lembra-me a minha cidade natal – **2.** Disque o número e espere pelo sinal – **3.** Meta a moeda na ranhura e fale – **4.** Por favor desculpe-me, sou estrangeiro – **5.** Podia indicar-me como se usa?

Correcção
1 Can - remember where - put — **2** seems - remind him of — **3** needed - had to use - knife. — **4** has been using - same - for. — **5** Have you got/do you have - If not - ask someone/somebody.

Don't forget to practise the irregular verbs.

Second wave : 50th Lesson

HUNDREDTH (100th) LESSON

1 This is our **hun**dredth **les**son. If you have spent* an **a**verage of half an hour, re**vi**sion in**clu**ded,

2 on each of the pre**ce**ding ones, it makes* a **to**tal of **near**ly **fif**ty **hour**s.

3 Are you pleased with the re**sult** of your work?

4 **Ob**viously, you do not know* by heart **ev**ery word and **ev**ery (**1**) ex**press**ion we have seen: that would be too **per**fect.

5 **Lea**rning* a **for**eign **lan**guage is a **mat**ter (**2**) of **pa**tience, **reg**ular **dai**ly repe**ti**tion—and **op**timism (**3**).

6 **Some**body once said that **Eng**lish was like Mount **Ev**erest:

7 be**cause** **a**ccess is **ea**sy, but the **sum**mit is im**poss**ible to reach.

8 We think* this is wrong be**cause** **no**body speaks* his own **lan**guage **per**fectly.

9 You must try, by **reg**ular **prac**tice, to climb as high as you want, un**til** you feel* **com**fortable.

10 But be **care**ful! In **or**der (**4**) not to fall*, you must **prac**tise as **o**ften as **pos**sible.

PRONUNCIATION
1. hândredç... **av**ridj... ri**vi**jân – **2.** itch... pri**ci**ding... **tô**tâl... auâz – **3.** pliizd... ri**sâlt** – **4. ób**viâsli... hát... eks**présh**ân... únd – **5. fó**rân... **pei**shience... rép**ti**shen... **óp**timizm – **6.** Maunt **Év**erést – **7. a**kssess... **sâ**mit tiitch – **8.** rong... – **9.** trai... claim... hai... fiil **kôm**ftâb'l – **10. kér**fâl... **óh**dâ... fóhl... **ó**fân.

CENTÉSIMA LIÇÃO

1. Esta é a nossa centésima lição. Se passou uma média de meia hora, incluindo a revisão,
2. em cada uma das lições anteriores, faz um total de quase cinquenta horas.
3. Agrada-lhe o resultado do seu trabalho?
4. É evidente que não sabe de cor todas as palavras e expressões que temos visto : isso seria perfeito demais.
5. Aprender uma língua estrangeira é uma questão de paciência, repetição diária regular - e optimismo.
6. Alguém disse uma vez que o inglês era como o Monte Everest :
7. porque o acesso é fácil, mas o cume é impossível de alcançar.
8. Pensamos que isto é falso porque ninguém fala a sua própria língua perfeitamente.
9. Deve tentar, através de prática regular, escalar tão alto quanto puder até se sentir confortável.
10. Mas tenha cuidado! Deve praticar tão frequentemente quanto possível a fim de não cair.

NOTES

(1) *Every* ou *each. Each* tem mais o sentido de "cada um", enquanto *every* é mais geral e significa, habitualmente, "todo„ ou "todos".

(2) *A matter,* um assunto, uma matéria e também, como vemos, uma questão. *It's a matter of time :* é uma questão de tempo. *What's the matter?* o que é que há?

(3) As palavras que, em inglês, terminam em "ism" devem ser pronunciadas intensificando o som do "m" final.

(4) *An order,* uma encomenda, uma ordem. *In order to :* a fim de.

Too many cooks spoil the broth : demasiados cozinheiros estragam o caldo.

11 You will learn new words and ex**press**ions and for**get*** them, and learn them a**gain** and for**get*** them once more.
12 But you are **mak**ing* **pro**gress. Com**pare** what you know* now with what you knew* three months a**go**.
13 The **har**dest and most **te**dious part of your work is done; be**fore** long, you will speak* **flu**ently.
14 But re**mem**ber: in **or**der to stay on the **moun**tain, you need **dai**ly **prac**tice.

PRONUNCIATION
11. fâ**guét** – **12.** kom**pér**... nâu náu – **13.** **ti**diâz... dâne – **14.** stei.

EXERCISES

1 You **can**not learn all the vo**ca**bulary by heart. — 2 **No**body here speaks Chi**nese**. — 3 Sit down on the **so**fa. Are you **com**fortable? — 4 You must work in **or**der to earn **mo**ney. — 5 Be **care**ful not to fall. That wall is very high.

Fill in the missing words :

1 *Até poder falar inglês fluentemente leia todos os dias*

. . . . . you . . . speak English . . . ., read . . . . day.

2 *Coma tanto quanto quiser ; há mais.*

Eat . . . . you want; . . . .

3 *Deve ser muito cuidadoso a fim de não cair.*

You . . . . be very . . . . in . . . . fall.

11. Aprenderá novas palavras e expressões e esquecê-las-á e voltará a aprendê-las e a esquecê-las mais uma vez.
12. Mas está a fazer progressos. Compare o que agora sabe com o que sabia há 3 meses.
13. A parte mais difícil e mais monótona do seu trabalho está feita ; em breve falará fluentemente.
14. Mas lembre-se de que precisa praticar diariamente a fim de permanecer na montanha.

4 *Estou muito contente com o trabalho do meu filho.*

I am very . . . . my . . . .

5 *Ele pode estar enganado, mas não o penso.*

He . . . . , but I . . . .

so.

EXERCÍCIOS
1. Não pode aprender todo o vocabulário de cor – **2.** Ninguém aqui fala chinês – **3.** Sente-se no sofá. Está confortável? – **4.** Deve trabalhar a fim de ganhar dinheiro – **5.** Tenha cuidado para não cair. Esse muro é muito alto.

Correcção

1 Until - can - fluently - some every. — **2** as much as - there is more. — **3** must - careful - order not to. — **4** pleased with - son's work. — **5** might be wrong - don't think.

Second wave : 51st Lesson

HUNDRED AND FIRST (101st) LESSON

Some stories

1 *Confirmed* **ba***chelor* (**1**). — **Believe** me, all **wo**men are silly; I have only met* one in**tel**ligent **wo**man in my whole life.
2 — Why **did**n't you **mar**ry her then?
3 — I asked her, but she re**fu**sed me.

---

4 **Bar***ber* : — Have I shaved you be**fore,** sir ?
5 **Cus***tomer.* — No, I got those scars **du**ring the war.

---

6 — **Lis**ten, **To**mmy, if you **pro**mise **ne**ver to say that rude word a**gain,** I will give* you ten pence.
7 — Oh, I know* **ano**ther that is worth at least **fif**ty pence!

---

8 The **ma**nager of a large firm (**2**) **cri**ticised an emplo**yee** for his inef**fi**ciency.
9 The emplo**yee** was so an**noyed** that he **star**ted **cri**ticising the way in which the **com**pany was run* (**3**).
10 — Are you the **ma**nager of this **com**pany? the **ma**nager asked him **fu**riously.

PRONUNCIATION
1. Kômfâmd **bat**chlâ... bi**liiv**... **uí**men... hôl laif – **2.** didn't – **3.** re**fiuzd** – **4. bah**bâ... sheivd – **5. kâs**temâ... skáhz... uóhr – **6. lis**sân... rud – **7.** uôç – **8. ma**nedjâ... fâm **kri**tissaizd... emploi-i... inefi**shân**ci – **9.** â**noid**... **kâm**pani – **10. fiu**riêsli.

CENTÉSIMA PRIMEIRA LIÇÃO

Algumas histórias

1. Solteiro inveterado - Creia-me, todas [as] mulheres são parvas ; (eu) só encontrei uma mulher inteligènte em toda a minha vida.
2. Então, por que é que não casou com ela?
3. Pedi-lhe [pedi-a em casamento], mas ela recusou(-me).

---

4. Barbeiro : Já lhe fiz a barba [alguma vez] antes?
5. Cliente : Não, fizeram-me (obtive) estas cicatrizes durante a guerra.

---

6. Ouça (escute), Tommy, se prometer nunca mais dizer essa palavra feia outra vez, dar-lhe-ei 10 p.
7. Oh, eu sei outra que vale pelo menos 50 p.

---

8. O gerente de uma grande firma criticou um empregado pela sua incapacidade.
9. O empregado ficou tão ofendido que começou a criticar a forma como (na qual) a companhia era dirigida.
10. Você é o gerente desta companhia?, perguntou-lhe o gerente furioso (furiosamente)

NOTES

(1) Já conhecemos o adjectivo *single.* Solteiro diz-se *bachelor* e solteira, *spinster.* Infelizmente, esta última palavra tem um sentido pejorativo (solteirona) e, assim, é preferível dizer *single woman.*

(2) *A firm, a company,* significam respectivamente firma e companhia. *A society* é uma associação.

(3) *To run :* correr ; *to run a company :* dirigir uma companhia.

11 — Of course not, said the employ**ee**.
12 — Then don't talk like a fool! **shou**ted the **man**ager.

---

13 A **pess**imist re**minds** us that a cup is half **emp**ty
14 and an **op**timist re**minds** us that it is half-**full**.

PRONUNCIATION
12. ful! **shau**ted – **13.** ri**maindz.**

EXERCISES

1 He was so **a**ngry, he **star**ted **shou**ting. — **2** How much is your Swiss watch worth? — **3** He was **cri**ticised for his ine**ffi**ciency. — **4** He speaks **En**glish like an **En**glishman. — **5** Weren't you sup**posed ne**ver to say that word?

Fill in the missing words :

1 *Vai um (copo de) uísque? - Não, obrigado, não quero (um/ nenhum).*

. . . . a glass of whisky — No thankyou . . . .

2 *Por que é que não me disse que jogava xadrez?*

. . . . you . . . . me . . . . you played . . . . .?

3 *Não vale a pena tentar, você não ganharia.*

It . . . ., you . . . . . not . . .

11. Claro que não, disse o empregado.
12. Então, não fale como um idiota! vociferou o gerente.

---

13. Um pessimista lembra-nos que uma taça está meia vazia
14. e um optimista lembra-nos que ela está meia cheia.

4 *Por favor agradeça-lhe pela sua amabilidade.*

Please . . . . . him . . . his kindness.

5 *Muitíssimo obrigado. - De nada.*

Thankyou . . . . much . . . . . . — Not . . . . .

EXERCÍCIOS
1. (Ele) estava tão zangado [que] começou a gritar – **2.** Quanto vale [custa] o seu relógio suíço – **3.** (Ele) foi criticado pela sua incapacidade – **4.** (Ele) fala inglês como um inglês – **5.** Não era você suposto nunca mais dizer essa palavra?

Correcção

1 How about - I don't want one/any. — **2** Why didn't - tell - that - chess. — **3** isn't worth trying - would - win. — **4** thank - for. — **5** very - indeed - at all.

Second wave : 52nd Lesson

HUNDRED AND SECOND (102nd) LESSON

1 Out**side** the art **ga**llery:
— I liked that exhi**bi**tion very much,
2 es**pe**cially the **mo**dern **pain**ting of a man on a horse.
3 — How do you know* it was a man on a horse?
4 — Well, it was **ob**vious, **was**n't it?
5 — In that case, it **could**n't have been a **mo**dern **pain**ting.

---

6 A **mo**ther had just **scol**ded her son and he **star**ted **cry**ing.
7 At that (**1**) **mo**ment, his **fa**ther came* in.
8 — What's the **ma**tter with you? he asked.
9 The child **tur**ned his back and said **no**thing.
10 — Come on! (**2**), said his **fa**ther, tell **Da**ddy.
11 The son turned round:
— If you must know, I've just had an **ar**gument with your wife!

---

12 *Em***ploy***er.* — We're **loo**king for **some**one who is **u**sed to (**3**) **or**dering men.
13 *Man.* — In that case, you want my wife.

---

14 Do not for**get*** to learn a few ir**re**gular verbs from time to time.

PRONUNCIATION
1. aut-**said**... ékzi**bi**shân – **2.** es**pé**shiali – **4. ó**bviâz... u**ó**zen't it – **5.** kudn't – **6. skôl**ded... **crai**-ing – **7. mô**ment – **8. má**tâ... áskt – **9. tâ**n'd – **10.** séd... **dé**di – **11. áh**gument – **12.** em**ploy**-â... **iu**zed to – **14.** fóh**guét**... taime.

CENTÉSIMA SEGUNDA LIÇÃO

1. À saída (no exterior) de uma galeria de arte :
   - Gostei muito da exposição,
2. especialmente do quadro moderno de um homem a cavalo.
3. Como sabe que era um homem a cavalo?
4. Bem, era evidente, não era?
5. Nesse caso, não se tratava (poderia ter sido) de um quadro moderno.

---

6. Uma mãe tinha acabado de repreender o seu filho e este começou a chorar.
7. Nesse momento, o (seu) pai entrou.
8. O que é que se passa consigo? perguntou.
9. A criança voltou as costa e não disse nada.
10. Vamos! disse o pai, diga ao Papá.
11. O filho voltou-se :
    Se quer (deve) saber [a verdade], acabei de ter uma discussão com a sua mulher!

---

12. Patrão - Estamos à procura de alguém que esteja habituado a dar ordens a homens.
13. Homem - Nesse caso, quer [a pessoa indicada é] a minha mulher.

---

14. Não se esqueça de ir aprendendo uns verbos irregulares de tempos a tempos.

NOTES

(1) *That,* esse/a, aquele/a. Contudo, quando a frase está no passado pode ser traduzido por este/a.

(2) *Come on! Go on!* Vamos! expressão de alento, entusiasmo. *To go on :* continuar.

(3) *To be used to :* estar habituado a... ter o hábito de... *He's used to working hard :* (ele) está habituado a trabalhar muito (duro). Repare que esta fora (juntamente com *to look forward to...*) é uma excepção pois é a única vez em que "ing" é colocado no fim do infinitivo *(to).*

EXERCISES

1 It could have been **Da**vid, but I'm not sure. — **2** I've just **fin**ished **break**fast, so I'm not **hun**gry. — **3** How old was she last **bir**thday? I don't like to ask — **4** I heard a **sym**phony by **Mo**zart on the **ra**dio. — **5** What's the **ma**tter with you? — I'm **afraid** I've got a cold.

Fill in the missing words :

1 *Ela tinha acabado de falar quando o telefone tocou.*

She . . . . speaking . . . . the phone . . . .

2 *Não se preocupe, estou habituado a guiar à direita.*

Don't . . . . . , I . . . . driving . . . .

3 *Ele estava a tirar fotografias para um livro que tinha escrito.*

He . . . . photos . . . a book he . . . .

4 *Pensei que ele era (um) romancista. - De modo nenhum, (ele) é fotógrafo.*

I . . . . he was . novelist. — . . . . . all, ... photographer.

5 *Isso não podia ter mudado nada.*

That . . . .   changed . . . .

EXERCÍCIOS
1. Podia ter sido [o] David, mas não tenho a certeza – **2.** Acabo de terminar o pequeno almoço e, assim, não tenho fome – **3.** Quantos anos fez ela no seu último aniversário? Não gosto de perguntar – **4.** Ouvi uma sinfonia de (por) Mozart na rádio – **5.** O que é que se passa consigo? - Receio ter apanhado uma constipação.

Correcção

1 had just finished - when - rang. — **2** worry - am used to - on the right — **3** was taking - for - had written. — **4** thought - a - Not at - He's a — **5** could not have - anything.

One man's meat is another man's poison : a carne de um homem é o veneno de outro (o que é válido para uma pessoa nem sempre é válido para toda a gente).

Second wave : 53rd Lesson

HUNDRED AND THIRD (103dr) LESSON

1 An Englishman uses an **av**erage of one thousand words in his **spo**ken vo**ca**bulary.

2 His **re**ading vocabulary is much larger —between three and four thousand,

3 but many of these words are not used in everyday (**1**) communi**ca**tion (**2**).

4 When you come* to the end of this course (**3**), you will be able to use about three thousand English words.

5 The **Eng**lish vo**ca**bulary is com**posed** of **roug**hly 50% (**fifty** per **cent**) **La**tin words and 50% Ger**ma**nic ones,

6 so there are **o**ften two words to de**scribe** the same thing,

7 but don't **wo**rry! only those who do* **cross**-word **puz**zles, or play **word**-games, know* the **thou**sands of un**u**sual words in the **lan**guage.

8 **Eng**lish also "**adopts**" words very **ea**sily, so that **o**ften **pe**ople do not **re**alise that they are **fo**reign words,

9 so all natio**na**lities feel* at home **spea**king **Eng**lish!

PRONUNCIATION
1. **áv**ridje... **spô**ken – **2.** **r**iiding – **3.** íuzed... évridei kâmiuni**kei**shân – **4.** kóhce... íuze – **5.** **râ**fli... pâssent – **6.** **ó**fân – **7.** **pâ**zelz... **ça**uzendz... âni**ujâl** – **8.** **r**iialaize... **fó**ren – **9.** nashiu**ná**litiz.

CENTÉSIMA TERCEIRA LIÇÃO

1. Um inglês emprega uma média de mil palavras no seu vocabulário falado.
2. O seu vocabulário de leitura é muito maior - entre 3 e 4 mil,
3. mas muitas destas palavras não são usadas na comunicação de todos os dias.
4. Quando chegar ao fim deste curso (você) será capaz de empregar cerca de 3 mil palavras inglesas.
5. O vocabulário inglês é composto aproximadamente por 50 % de palavras latinas e 50 % de palavras germânicas
6. e, assim, há frequentemente duas palavras para descrever a mesma coisa,
7. mas não se preocupe! apenas aqueles que fazem palavras-cruzadas, ou jogam jogos de palavras conhecem milhares de palavras pouco comuns da língua.
8. O inglês também "adopta„ palavras muito facilmente, de modo que muitas vezes as pessoas não se apercebem de que são palavras estrangeiras,
9. e, assim, todas as nacionalidades se sentem à vontade falando [quando falam] inglês!

NOTES

(1) *Daily :* diariamente, quotidianamente ; *everyday :* todos os dias.

(2) Lembremos que as palavras que terminam em "ion" são acentuadas na penúltima sílaba.

(3) *A course :* um curso, mas também um prato numa refeição.

10 — **Doc**tor, tell* me **fran**kly what is wrong with me: not in **La**tin or Greek, but in **sim**ple, plain words.
11 — There is **no**thing wrong with you; you are a **drun**kard and a **glu**tton.
12 — Oh! Well say it in **La**tin and Greek, so I can tell* my wife!

PRONUNCIATION
10. rong... plein – **11. drân**kâd... **glâ**tân.

EXERCISES

1 Both ideas are interesting, but the first one is too formal. — **2** Has he written his book yet? — **3** He is used to borrowing from me, and I let him. — **4** We've already seen that play. — **5** Distribution of wealth is an important part of Socialist ideology.

Fill in the missing words :

1 *Quando tiver terminado esse trabalho venha-me ajudar por favor.*

. . . . you . . . . that job, come . . . help me . . . . . .

2 *A pessoa a quem ele pediu emprestado esse casaco quere-o de volta.*

The person . . . . he . . . . that jacket . . . . . it back.

10. Doutor, diga-me francamente o que se passa (está errado) comigo : não em latim, ou grego, mas em palavras simples e claras.
11. Não se passa nada consigo ; você é um bêbado e um glutão.
12. Oh! Bem, diga-o em latim e grego de modo a que eu possa dizer à minha mulher!

---

3 *Diga-lhe para entrar, quer? [Quer ter a bondade de lhe dizer para entrar].*
. . . . to . . . . . . , will you?

4 *Há muitas palavras que são semelhantes em ambas as línguas.*

. . . . many words . . . . . are . . .

. . . . in . . . . languages

5 *A Inglaterra é mais fria do que a Itália, mas as pessoas são mais calmas.*

England is . . . . Italy, but the . . . . . .

are . . . . . .

EXERCÍCIOS
1. Ambas as ideias são interessantes, mas a primeira é demasiado formal – **2.** Ele já escreveu o seu livro? – **3.** Ele tem o hábito de me pedir emprestado [dinheiro ou coisas] e eu deixo-o – **4.** Já vimos esta peça – **5.** A distribuição da riqueza constitui uma parte importante da ideologia socialista.

Correcção

1 When - have finished - and - please. — **2** from whom - borrowed - wants. — **3** Tell him - come in. — **4** There are - which/that - the same - both. — **5** colder than - people - calmer.

Second wave : 54th Lesson

HUNDRED AND FOURTH (104th) LESSON

Aphorisms

1 Don't **cri**ticise so**ci**ety: **o**nly those who can't get* **in**to it do that.

2 The **o**nly way to get* rid of a temp**ta**tion is to **yi**eld to it.

3 An ex-**Pre**sident, re-**vi**siting the White House: "It's a nice place to **vi**sit, but I pre**fer** to live here".

4 The best way to for**get*** your **trou**bles is to wear* tight (**1**) shoes.

5 An en**thusi**astic young priest: "What a **beau**tiful moon! And it's in my **pa**rish!".

6 **Mo**ney **can**not buy* you friends, but it can buy* you a **be**tter class of **e**nemy.

7 Man, to a **wo**man who ac**cu**sed him of **be**ing drunk:

8 "**Ma**dam, **you** are **u**gly—but to**mor**row **I** will be **so**ber".

9 It's not that **mo**ney makes* **ev**erything good; it's that no **mo**ney makes* **ev**erything bad.

10 The **o**nly way to be**have** to a **wo**man is to make* love to (**2**) her if she is **beau**tiful, and to **some**one else if she is plain (**3**).

11 Your health comes* first, you can hang (**4**) your**self la**ter.

PRONUNCIATION

1. sôs**sai**êti – **2.** téme**tei**shán... íild – **4. trâ**belz... uér tait – **5.** en**çuzia**stic... priist – **7.** drânk – **8. â**gli – **10.** bi**heive**... plein – **11.** hélç.

CENTÉSIMA QUARTA LIÇÃO

Aforismos

1. Não critique a sociedade : somente os que não podem entrar nela fazem isso.
2. A única maneira de se livrar de uma tentação é de ceder a ela.
3. Um ex-Presidente, revisitando a Casa Branca : "é um bom lugar para visitar, mas prefiro viver aqui.
4. A melhor maneira de esquecer as suas preocupações é de usar sapatos apertados.
5. Um jovem padre entusiasta :Que linda lua! E está na minha paróquia.
6. O dinheiro não pode comprar amigos, mas pode comprar-lhe uma melhor classe de inimigos.
7. [Um] homem para uma mulher que o acusou de estar bêbado :
8. "Minha senhora, você é feia - mas amanhã estarei sóbrio".
9. Não é que o dinheiro faça [torne] tudo bom ; é que não [ter] dinheiro faz tudo mau.
10. A única maneira de se comportar com uma mulher é de lhe fazer a corte se ela for bela, e [de fazer a corte] a outra se ela for pouco interessante.
11. A sua saúde vem [em] primeiro, pode enforcar-se mais tarde.

NOTES

(1) *Tight :* apertado, ou demasiado justo. *To be in a tight situation :* estar numa situação difícil, comprometida. *To be tight with money :* ser avarento. *To be tight :* estar bêbado.

(2) Quando esta frase de Oscar Wilde foi escrita, a expressão queria dizer "fazer a corte a...", mas, actualmente, tem o mesmo sentido que a tradução literal em português : fazer amor.

(3) *Plain :* simples, sem interesse. Mas também, como vimos na lição anterior, claro. *In plain English :* em bom inglês. *He spoke plainly :* ele falou francamente. Quando se aplica, por exemplo, a um tecido, tem ainda outro significado. *A plain tie :* uma gravata lisa. *A stripped tie :* uma gravata às listas.

(4) Atenção a este verbo, pois possui duas formas :

12 A fool is **some**one who walks **in**to his friend's an**tique** shop and shouts: "What's new?"

PRONUNCIATION
12. ântik.

EXERCISES

1 Have you read what he has written? — **2** I've never actually read his books but I've heard of them. — **3** We were charged thirty pence for a cup of tea! — **4** He won't be here tomorrow, he's going on a business trip. — **5** Be careful! that gun is loaded.

Fill in the missing words :

1 *Ela gostaria de ver um especialista, mas eles cobram demasiado.*

She . . . . to . . . a specialist, but they . . . . . . too . . . .

2 *Actualmente ele trabalha num banco, mas gostaria de mudar.*

. . . ., he . . . . in a bank, but . . . . like . . . .

3 *Essa viagem teria sido demasiado fatigante, é por isso que não fomos.*

That . . . . would . . . . too exhausting, that's . . . we . . . .

4 *(Eu) não podia ver o que estava a acontecer, estava demasiado longe da tela [de cinema].*

I . . . . see . . . . was happening, I was . . . . the screen.

12. Um tolo é alguém que entra na loja de antiguidades de um amigo e grita : "O que é que há de hovo?"

NOTES (continued)
irregular : *to hang, hung, hung :* pendurar (*a hanger,* um cabide) ; e **regular :** *hang, hanged, hanged :* enforcar. Não confunda!

5 *A (sua) casa parece um castelo ; ele deve ser muito rico.*

His house . . . . a castle, he . . . . very rich.

EXERCÍCIOS
1. Leu o que ele escreveu? – **2.** Na verdade, nunca li os seus livros, mas ouvi [falar] deles – **3.** Cobraram-nos [levaram-nos] 30p por uma chávena de chá! – **4.** Ele não estará aqui amanhã, (ele) vai [partir] numa viagem de negócios – **5.** Tenha cuidado! essa arma de fogo está carregada.

Correcção

1 would like - see - charge - much. — **2** At present - is working - he would - to change. — **3** trip - have been - why - didn't go — **4** couldn't - what - too far from. — **5** looks like - must be.

Second wave : 55th Lesson

HUNDRED AND FIFTH (105th) LESSON

REVISION AND NOTES

Notas a reler - 100ª lição : (1), (3) – 102ª : (1), (3).

1 Phrasal verbs – São os verbos que mudam de sentido segundo a preposição que os procede. Como vimos, *to get* é um especialista. Eis mais alguns :
to look at : olhar. *He looked at the painting* (ele olhou para o quadro) ; *to look for* : procurar. *We're looking for a new typist* (Procuramos uma nova dactilógrafa) ;
to look after : ocupar-se de. *Helen is looking after the kids* ([A] Helena está a ocupar-se dos pequenos) ;
to look up : olhar para cima, procurar qualquer coisa num livro ; por exemplo. *Look this word up in the dictionary* (procure esta palavra no dicionário) ;
to look forward to : aguardar com impaciência. *I'm looking forward to seeing you* (espero impacientemente vê-lo) ;
Lembremos que esta expressão, e uma ou duas outras (lição 102, **N. 3**), é seguida excepcionalmente pelo verbo no gerúndio *(ing)*.
Veremos outros verbos deste tipo no decorrer das nossas lições.

2 Used to - Verbo muito útil que significa um hábito que se perdeu ou uma coisa que se fazia a uma determinada época e que se deixou de fazer.
I used to like sweets when I was a child : costumava gostar de doces quando era criança. *We used to go to the country once a week* : costumávamos ir ao campo uma vez por semana.

Não confundir com *to be used to* : estar habituado a, ter o hábito de. *I'm used to this car* : estou habituado a este carro.

CENTÉSIMA QUINTA LIÇÃO

Empregando esta forma verbal o segundo verbo vai para o gerúndio.
I'm used to driving this car : tenho o hábito de conduzir este carro.

3 Annoyed é menos forte que *angry*. O primeiro quer dizer "irritado", "ofendido" e o segundo, "zangado". *Bored*, aborrecido.

4 Expressões a reter. — 1 *Dial this number.* — 2 *It's a matter of time.* — 3 *He did it in order to earn money.* — 4 *Of course (not).* — 5 *He's just had breakfast.* — 6 *He's working in London at present.*

5 Tradução – Disque este número – **2.** É uma questão de tempo – **3.** Ele fê-lo a fim de ganhar dinheiro – **4.** Claro (que não) – **5.** Ele acaba de tomar o pequeno almoço – **6.** Ele trabalha actualmente em Londres.

Second wave : 56th (revision) Lesson

HUNDRED AND SIXTH (106th) LESSON

We must make a decision

1 — We must (**N. 1**) de**cide** where to go for our **hol**idays.

2 We should have de**cid**ed months **ago** (**N. 2**).

3 — **I**'ll be down in a **min**ute. I've got to **fin**ish (**1**) this **ar**ticle I'm **wri**ting*.

4 — Have you got **ev**erything you need? — Yes thanks.

5 Joan picked up a **bro**chure and read* : "To be **sure** of ob**tain**ing a place, it is **nec**essary to book (**2**) well in ad**vance**".

6 And, in **an**other one : "You must book **ear**ly to a**void** the rush" (**3**).

7 Joan was very **an**gry **because** it was al**read**y the **mid**dle of June and they had done **no**thing.

8 Well, if you're **go**ing to do **some**thing, you should do it **pro**perly, she thought*.

9 She looked through (**4**) the pile of **bro**chures and then went to make* a cup of tea.

10 **Da**vid, **hav**ing **fin**ished his **ar**ticle, came* down**stairs**.

11 He stopped and picked up the post (**5**) from the mat.

PRONUNCIATION
1. dis**saide** – **2.** âg**ô** – **3.** **áh**tikle – **5.** pikt... **brô**shiure... réd... **shu**â... pleice – **6.** **â**li... â**void** – **7.** óh**rédi**... Djune – **8.** **pró**pâli... çót – **9.** çru... paile – **11.** stópd... pikt... pôhst.

CENTÉSIMA SEXTA LIÇÃO

Devemos tomar (fazer) uma decisão

1. Devemos decidir onde ir para [nas] nossas férias.
2. Há meses que deveríamos ter decidido.
3. Vou descer [dentro de] um minuto. Tenho que acabar este artigo que estou a escrever.
4. Tem tudo o que precisa? - Sim, obrigado.
5. [A] Joan pegou numa brochura e leu : "É preciso reservar com bastante antecedência para ter a certeza de obter um lugar".
6. E, numa outra [brochura] : Deve reservar cedo para evitar aglomerações".
7. [A] Joan estava muito zangada porque já estavam a meio de Junho e nada tinham feito.
8. Bem, se se quer fazer (vai fazer) alguma coisa, deve-se fazê-la (deveria fazê-la) convenientemente, pensou.
9. (Ela) folheou (olhou através) a pilha de folhetos e, depois, foi fazer uma chávena de café.
10. [O] David, tendo terminado o artigo, desceu as escadas.
11. Parou e apanhou o correio do [que se encontrava sobre o] capacho.

NOTES

(1) *I've got* to tem o mesmo significado que *I have to* : tenhó que, mas é mais idiomático (outro *got!*).
(2) *A book* : um livro ; *to book* : reservar, fazer uma reserva. Uma reserva diz-se *reservation* (no caso de um hotel) e *a booking* (no teatro). Nos E.U.A. emprega-se mais a forma *reservation* em todos os casos.
(3) *To rush* : apressar-se, precipitar-se. *The rush* : a afluência. *The rush hour* : a hora de ponta.
(4) *To look through* : folhear, examinar o conteúdo de alguma coisa, mas também pode ser traduzido literalmente. *I looked through the window* : olhei através da janela.
(5) *To post* : pôr uma carta no correio. *The post, or the mail* : o correio. Os Correios : *The Post Office.*

Esperamos que as novas palavras não desencorajem : serão incluídas nas lições seguintes e, a pouco e pouco, há-de familiarizar-se com elas.

12 — Oh look, still more **bro**chures. We've got more than we need.

13 Joan was **fur**ious: "You need a stick of **dy**namite to move you!", she **shou**ted.

14 — Oh come on; don't be **an**gry. Make* the tea.

15 — Make* it your**self**! **shou**ted Joan and went out **slam**ming the door.

16 **Da**vid **scra**tched his head: "But what did I do?"

PRONUNCIATION
13. fiuriâz... **dai**nemait... muv... **sha**uted – **14.** dônt – **16. skrá**tch... héd.

EXERCISES

1 We should have bought it when we had the **mo**ney. — **2** She was **try**ing to a**void** an **ar**gument. — **3** He went out **clo**sing the door **qui**etly. — **4** You might have a touch of 'flu. — **5** You may **bor**row it but you can't keep it.

Fill in the missing words :

1 *Deve reservar com antecedência a fim de evitar esperar (esperando).*

You . . . . in advance in . . . . . to . . . . . waiting.

2 *Tem tudo [o] que precisa?*

Have you . . . everything you . . . . ?

3 *Tenho que terminar este romance antes que ele mo peça.*

I've . . . . . finish this . . . . . before he . . . . me . . . it.

12. Oh, olhe, ainda mais folhetos. Temos mais do que precisamos.
13. [A] Joan estava furiosa : "Você precisa de um cartuxo de dinamite para se mexer!", gritou.
14. Vamos lá, não esteja zangada. Faça o chá.
15. Faça-o você mesmo ; gritou Joan e saíu batendo com a porta.
16. David coçou a cabeça : "Mas o que é que eu fiz?"

4 *Pare! Tenho mais do preciso.*

. . . . .! I've got . . . .

5 *Tenho que (devo) ir, tenho uma visita marcada com o médico.*

. . . . go, I've got an . . . . with the

. . . . . .

EXERCÍCIOS
1. Deveríamos tê-lo comprado quando tínhamos dinheiro – **2.** Ela estava a tentar evitar uma discussão – **3.** Ele saíu fechando a porta de mansinho – **4.** Pode ser que você tenha um pouco de gripe – **5.** Pode pedí-lo emprestado, mas não pode guardá-lo [ficar com ele].

Correcção

1 must book - order - avoid. — 2 got - need. — 3 got to - novel - asks - for. — 4 Stop - more than I need. — 5 must - appointment - doctor.

Second wave : 57th Lesson

106th LESSON

HUNDRED AND SEVENTH (107th) LESSON

Too many experts

1 Despite the fact that there are many more jobs today than twenty years ago :
2 computer operators, airline pilots (1), television engineers, even astronauts;
3 unemployment (2) remains a serious problem.
4 We are in the age of specialisation and the expert.
5 Students are no longer (3) safe studying a general subject, like literature;
6 to be sure of a job, they must specialise.
7 Some people work by telling* others what to do.
8 There are educational experts, scientific experts, all sorts of expert.
9 There is a saying which goes : "Too many chiefs and not enough Indians".
10 Sometimes, this is the case in modern industry.
11 Also, people do not always work as efficiently as they could.
12 There is a law which states : "Work expands so as (4) to fill the time available for its completion".

PRONUNCIATION
1. dis**pait** – 2. kom**piu**tâ **ó**pereitâz, **ér**laine **pai**lotz... endji**nii**-â... **as**trânohtz – 3. ânémp**loi**ment – 4. eidje... spéshâli**zei**shân... **éks**pât – 5. **stiu**dentz... seife... **li**tratchâ – 6. **spé**shâlaize – 8. édiu**quei**shânâl... saien**ti**fik... sóhtz – 9. **sei**ing... gâuz... tchiifs... â**náf** **in**dienz – 10. keize... **in**dâstri – 11. é**fi**shântli... kud... – 12. ló... steitz... eks**pandz**... â**vei**lâbel... kâm**pli**shân.

CENTÉSIMA SÉTIMA LIÇÃO

Demasiados peritos

1. Apesar do facto de que existem muitos mais empregos do que há 20 anos :
2. operadores de computador, pilotos de linhas aéreas, técnicos de televisão, [e] até astronautas,
3. o desemprego continua a ser (permanece) um problema grave.
4. Vivemos (estamos) na época da especialização e [do] perito.
5. Os estudantes já não se sentem (estão) seguros estudando uma matéria (assunto) geral, como a literatura ;
6. para terem a certeza [de conseguir] um emprego, (eles) devem especializar[-se].
7. Algumas pessoas trabalham (por) dizendo aos outros o que fazer.
8. Há peritos educacionais [e] científicos, todas as espécies de peritos.
9. Há um ditado que diz : "Demasiados chefes [para um número insufiente] de índios" (e não índios suficientes).
10. Tal (este) é o caso, por vezes, na indústria moderna.
11. As pessoas, também, nem sempre trabalham tão eficientemente como poderiam (podiam).
12. Há uma lei que afirma (estabelece) : O trabalho expande de modo a preencher o tempo disponível para a sua finalização".

NOTES

(1) *A pilot :* um piloto de aviação e marinha. Um piloto de carros de corrida : *a racing driver.*

(2) *Unemployment :* desemprego ; *to be unemployed :* estar sem emprego ; *a jobless person :* um desempregado / a.

(3) *No longer :* já... não ; não... mais. Já não fumo : *I no longer smoke.*

(4) *So as to,* forma literária correspondente a *in order to* (a fim de). Não é muito utilizado em conversa porque as palavras pequenas têm tendência a ser "engolidas" e não se ouvem bem.

13 It means* that, if you have two hours to do a job (**5**), what**e**ver (**N. 3**) it is,

14 the job will take* two hours, **e**ven if you could **fi**nish it **soo**ner.

PRONUNCIATION
13. minz... uá**té**vâ – **14.** **su**nâ.

EXERCISES

1 He is head of a team of com**pu**ter **o**perators. — **2** De**spite** the **num**ber of jobs av**ai**lable, — **3** unem**ploy**ment re**mains** a **ser**ious **prob**lem. — **4** This job will take too long, please give me a hand. — **5** He is no **long**er an **air**line **pi**lot; at **pres**ent, he is an **as**tronaut.

Fill in the missing words :

1 *Já não poder dar-se ao luxo de [ter] um/a assistente, é demasiado dispendioso.*

He can . . . . a "help", it . .

. . . costly.

2 *Apesar do nevoeiro, o avião chegou a horas.*

. . . . the . . . the plane arrived . . . . . .

3 *Você tem notícias. Diga-mas quaisquer que elas sejam.*

You've got some . . . . Tell it to me . . . .

. . . . .

4 *Está interessado em tudo, especialmente nos assuntos dos outros.*

He . . . . everything, especially

the affairs of . . . . . .

13. Quer dizer que, se tiver duas horas para fazer uma tarefa, qualquer que ela seja,
14. a tarefa durará duas horas, mesmo que (se) pudesse terminá-la mais cedo.

NOTES (continued)
(5) *A job* pode ser tanto um trabalho como um emprego, ou ainda uma tarefa. *A work of art :* uma obra de arte.

5 *Ele cortou o cabelo (teve o cabelo cortado) ; que diferença!*

He has had . . .   . cut; . . . . a difference!

EXERCÍCIO
1. Ele é chefe de uma equipe de operadores de computador – **2.** Apesar do número de empregos disponíveis, – **3.** o desemprego continua a ser (permanece) um problema grave – **4.** Esta trabalho demorará muito (demasiado) tempo, por favor dê-me uma ajuda – **5.** Ele não é piloto de uma linha aérea ; agora é astronauta.

Correcção
1 no longer afford - is too. — **2** Despite - fog - on time. — **3** news - whatever it is. — **4** is interested in - others. — **5** his hair - what.

Second wave : 58th Lesson

HUNDRED AND EIGHT (108th) LESSON

Jobs and industry

1 Let's look at some of the occupations available (1) to people today;
2 as a tradesman (2), you can be a butcher, a greengrocer, a baker.
3 You can be an ironmonger, a milliner, a jeweller or a bookseller, etc.
4 As a craftsman, you can be a joiner, a goldsmith, a watchmaker or a fitter.
5 There are also manual workers, such (N. 4) as bricklayers (3);
6 then there are the professions: teacher, doctor, lawyer or broker.
7 Military service was abolished in England in May 1963
8 (nineteen sixty three)
9 so the armed services are also considered as a career.
10 There are many problems in industry today: strikes (4) are frequent and often serious.
11 The trade unions, which look after (5) their members' interests
12 do not always agree with the employers.

PRONUNCIATION
1. okiu**pei**shânz â**veil**âbel – 2. **treid**smén... **but**châ... **griin**grôssâ... **bei**kâ – 3. aiânmangâ... **mil**inâ... **dliu**lâ – 4. **kráfts**mén... **djoi**nâ... **gôld**smiç... **uátch**meikâ... **fi**tâ – 5. **má**niuâl... **brik**leiâz – 6. prâ**fésh**enz ; **tii**tchâ... **lóy**iâ... **brô**kâ – 7. **mi**litri... â**bó**lisht – 9. áhmd... kâ**rii**â – 10. straiks... **óh**fân – 11. **iu**niânz... **in**trests – 12. â**grii**.

CENTÉSIMA OITAVA LIÇÃO

Empregos e indústria

1. Vejamos (olhemos) algumas das ocupações disponíveis (para pessoas) actualmente (hoje) ;
2. como comerciante, (você) pode ser açougueiro, vendedor de legumes, padeiro.
3. (Você) pode ser [negociante de] ferro-velho, chapeleiro, joalheiro ou vendedor de livros, etc.
4. Como artesão, (você) pode ser marceneiro, ourives, relojoeiro ou mecânico (montador).
5. Há também trabalhadores manuais, tais como pedreiros ;
6. depois há profissionais : professor, médico, advogado ou corretor da Bolsa.
7. O serviço militar foi abolido na Inglaterra em Maio de 1963
8. (dezanove sessenta e três) .
9. [e], assim, as forças armadas também são consideradas como uma carreira.
10. Actualmente, há muitos problemas na indústria : as greves são frequentes e, muitas vezes, graves.
11. Os sindicatos, os quais se ocupam dos interesses dos seus membros,
12. nem sempre concordam com as entidades patronais.

NOTES

(1) *Available :* disponível, válido. *This ticket is available for three months :* este bilhete é válido por três meses.

(2) *Trade* tanto pode ser a profissão como o comércio. *Tradesman,* comerciante, negociante. *Businessman :* homem de negócios.

(3) *To lay :* deitar(-se) em posição de repouso, estender(-se) - lembra-se? - e também colocar, assentar. *Brick :* Tijolo. Pode--se dizer igualmente *mason,* mas é mais generalizado. *Free-mason :* pedreiro-livre.

(4) *To strike :* golpear, bater (o que descreve, de certo modo, os efeitos de uma greve) ; *a strike :* greve ; *to go on strike :* fazer greve ; *a striker :* uma pessoa que faz greve, um grevista.

(5) (Ver lição 105, **N° 1**). *To look after :* ocupar-se, cuidar.

13 If coal-**mi**ners or **rail**waymen go on strike, the re**sults** can be very **ser**ious for the country.
14 Such **prob**lems are known as "in**dus**trial re**la**tions".

PRONUNCIATION
13. kôhl **mai**nâz... **rei**lueimén – **14.** ri**lei**shânz.

EXERCISES

1 There are no **lon**ger many **gold**smiths in this part of **Lon**don. — **2** I'm a**fraid** I don't a**gree** with you. — **3** Does he be**long** to a trade-**u**nion? — I think so. — **4** Where did you put my watch? — In the **bed**room. — **5** He will be a**vai**lable from eight **thir**ty.

Fill in the missing words :

1 *Porquê não está no exército? - O serviço militar já não existe.*

Why . . . . . . you . . the army? — Military service . . . . exists.

2 *Eu poderia ter sido um marceneiro, mas o meu pai quis/queria que eu estudasse.*

I . . . . . have . . . . , but . . father . . . . to study.

3 *Deveria começar a pensar numa carreira ; nunca é demasiado tarde.*

You . . . . . . start . . . . about . . . . . . , it's . . . .

13. Se os mineiros (de carvão) ou os ferroviários fazem greve, os resultados podem ser muito graves para o país.
14. Tais problemas são conhecidos como "relações industriais".

4 *Tornar-me-ia médico se pudesse.*

I . . . . . become . . . . if . . . . . .

5 *Ambos os políticos concordaram.*

. . . . politicians . . . . . .

EXERCÍCIOS
1. Já não há muitos ourives neste bairro (parte) de Londres – **2.** Receio que não concorde consigo – **3.** Ele pertence a um sindicato? - Penso que sim – **4.** Onde pôs o meu relógio - No quarto – **5.** Ele estará disponível a partir das 8 : 30.

Correcção

1 aren't - in - no longer. — **2** could - been a joiner - my - wanted me. — **3** should - thinking - a career - never too late. — **4** would - a doctor - I could. — **5** Both - agreed.

Second wave : 59th Lesson

HUNDRED AND NINTH (109th) LESSON

Another look

1 We have seen* many new words **re**cently. Let's re**vise** some of them.
2 We should have bought* a new fridge (1) be**fore** the **pri**ces went up (2).
3 No **than**kyou, I al**rea**dy have more than I need.
4 **Eve**ryone needs **mo**ney, but some need more than **o**thers.
5 If the **do**ckers go on strike, **we**'ll have to stay in the ship.
6 Unem**ploy**ment **be**nefit is a**vai**lable to those who need it.
7 My son the **doc**tor is four and the **law**yer is three.
8 I hate **wal**king past the **je**weller's with my **girl**-friend.
9 Would you look **af**ter the **ba**by while I go to the shops?
10 **I**den**ti**ty cards were a**bo**lished in **En**gland **af**ter the war.
11 My boss and I don't **al**ways a**gree**.
12 He picked up a **pe**nny out**side** (3) the bank and the **ma**nager em**ploy**ed (4) him.

PRONUNCIATION
1. **ri**centli... ri**vaize** – **2.** shud... bóht... fridj... **prai**ciz – **4.** **év**riuâne – **5.** **dó**kâz... uíl – **6.** ânem**ploi**ment – **7.** lóhyiâ – **8.** heit **uó**hking... **dji**ulâ – **9.** uaile – **10.** **aiden**titi káhd – **12.** **má**nâdjâ.

CENTÉSIMA NONA LIÇÃO

Outro olhar [revisão]

1. Vimos muitas novas palavras recentemente. Vamos rever algumas delas.
2. Deveríamos ter comprado um frigorífico antes dos preços subirem.
3. Não, obrigado. Já tenho mais do que preciso.
4. Toda a gente precisa de dinheiro, mas algumas [pessoas] precisam mais do que outras.
5. Se os estivadores fazem [fizerem] greve, teremos de ficar no navio.
6. O subsídio de desemprego está disponível para aquelas que precisam dele.
7. O meu filho, o médico, tem 4 [anos] e o advogado tem 3.
8. Detesto passar em frente da ourivesaria com a minha namorada.
9. Quereria ocupar-se do bébé enquanto eu vou fazer compras (às lojas)?
10. Os bilhetes de identidade foram abolidos em Inglaterra depois da guerra.
11. O meu patrão e eu nem sempre concordamos.
12. Ele apanhou 1 penny diante (no exterior) do banco e o gerente empregou-o.

NOTES

(1) *Fridge* é a contracção de *refrigerator,* frigorífico.
(2) *To go up :* subir ou aumentar. *The prices went up last week :* os preços subiram a semana passada.
(3) *Outside* (fora) pode também ter o sentido de "em frente de" (um edifício) - Ver lição 102, linha 1.
(4) *An employee :* um empregado ; *an employer :* um empregador, patrão ; *to employ :* empregar. Também se pode utilisar o verbo *to hire* (alugar), sobretudo nos E.U.A.

13 If you work in this **fac**tory, you must join (**5**) a trade **u**nion.

14. We've got to a**gree** on a so**lu**tion soon.

PRONUNCIATION
13. fáktri... djoin – **14.** sâ**lu**shân.

EXERCISES

1 Ex**cuse** me, I think that's mine. — **2** The **doc**kers were on strike and we **could**n't get off the ship. — **3** I had to get up **ear**ly, I had an ap**poin**tment with my **law**yer. — **4** Would you get me a **pa**per while I do the **wa**shing-**up**? — **5** The train should have got in half an hour a**go**.

Fill in the missing words :

1 *Ela detesta sair agora que está ficando cega.*

She hates . . . . now that she . . . . blind

2 *Toda a gente estava a gritar ao mesmo tempo e a vendedoura não podia fazer nada.*

. . . . was shouting . . . . . . and the salesgirl . . . . do . . . .

3 *Já não há heróis românticos em literatura.*

There . . . no . . . . romantic heros in literature.

4 *Não posso concordar consigo, acho a ideia estúpida.*

I can't . . . ., I find . . . .

13. Se trabalha nesta fábrica, deve inscrever-se num sindicato.
14. Temos de chegar brevemente a uma solução.

NOTES (continued)
(5) *To join* (juntar(-se) é um verbo inglês muito útil. *To join the army* : alistar-se no exército. *To join a party* : inscrever-se num partido.

5 *Onde devo sair do autocarro? - Uma paragem depois de mim.*

Where . . . . I . . . . . . the bus? The stop

. . . .

EXERCÍCIOS
1. Desculpe-me, penso que é meu – **2.** Os estivadores estavam em greve e não podíamos sair do navio – **3.** Tive de me levantar cedo, tinha um encontro marcado com o meu advogedo – **4.** Quer (quereria) [ir] buşcar-me o jornal enquanto eu faço a louça – **5.** O comboio deveria ter chegado há meia hora.

Correcção
1 going out - is getting. — **2** Everyone/everybody - at once - could not - anything. — **3** are - more. — **4** agree with you - the idea stupid. — **5** must - get off - after me.

The way to ensure summer in England is to have it framed and hung in a comfortable room. (Horace Walpole).
(To frame : enquadrar ; *to hang* : pendurar.

Second wave : 60th Lesson

HUNDRED AND TENTH (110th) LESSON

1 **Thank**you very much for all your help.—Not at all.

2 **Dial** this **num**ber and ask for Mr Smith's **sec**retary.

3 The **per**son whose **mo**tor-bike was **sto**len* last week is com**plai**ning.

4 That **cou**ldn't have been **Da**vid, he **did**n't say "Hel**lo**".

5 She is **us**ed to **loo**king **af**ter **pe**ople, she is a nurse (**1**).

6 At **pre**sent, she is **wor**king in a **hos**pital, but next month she is **chan**ging jobs.

7 I was charged **twen**ty francs for a cup of tea in **Pa**ris!

8 Ex**cuse** me, I'm a **for**eigner; could you help me? I'm lost (**2**).

9 But you speak* **Eng**lish **ve**ry well. — I should speak* it **bet**ter.

10 If I learned my **les**sons **bet**ter, I would speak* it **flu**ently.

11 George spent* three months on the **Ri**viera last year.—**Lu**cky George!

12 It's not worth **bu**ying* a new **re**cord-**play**er; I might get one for my **birth**day.

PRONUNCIATION
2. **Dai**l... **sé**kretri – **3.** **mô**tâ-baike... **stô**len... kâm**plei**ning – **4.** kudn't... hé**lô** – **5.** íuzes tu... nâce – **6.** **hós**pital. **tchân**ging – **7.** tcháhdj'd... franks – **8.** **fó**rinâ – **9.** shud – **10.** lâned – **11.** Djódj... **Ri**vierâ... **lâ**ki – **12.** uâç... mait... bâçdei.

CENTÉSIMA DÉCIMA LIÇÃO

1. Muito obrigado por toda a sua ajuda - De nada.
2. Disque [marque] este número e pergunte pela secretária do sr. Smith.
3. A pessoa cuja moto foi roubada a semana passada queixa-se (está a queixar-se).
4. Isso não podia ter sido [o] David, ele não disse "olá".
5. (Ela) está habituada a cuidar das pessoas, é enfermeira.
6. Ela está actualmenta a trabalhar num hospital, mas [vai] mudar de emprego no próximo mês.
7. Cobraram-me [levaram-me] 20 francos por uma chávena de chá em Paris!
8. Desculpe-me, sou estrangeiro ; podia ajudar-me? Estou perdido.
9. Mas você fala inglês muito bem - Deveria falá-lo melhor.
10. Se aprendesse as minhas lições melhor, falaria fluentemente.
11. [O] George passou 3 meses na Riviera o ano passado - Que sorte (afortunado George)!
12. Não vale a pena comprar um novo gira-discos ; pode ser que me ofereçam (obtenha) um (para) pelo meu aniversário.

NOTES

(1) *To nurse :* assistir a, cuidar de, afagar : *nursery :* creche.

13 I **was**n't a**ware** (**3**) she spoke Chi**nese**. **Nei**ther was she.

14 **Hor**ses are **ve**ry strong **an**imals.

PRONUNCIATION
13. âu**ére**... spôke Techai**niz. Nai**dâ – **14. Hóh**ciz.

EXERCISES

1 She might buy me a new **re**cord-**play**er. — 2 **Nei**tner of us wants to change jobs. — **3** I **was**n't a**ware** that you knew George. — **4** I **hav**en't known him for very long. — **5** Is it worth **send**ing a **tel**egram? I don't think so.

Fill in the missing words:

1 *Perdi o meu emprego há pouco tempo.*

I . . . . . . job a little while . . .

2 *A secretária daquele homem faz todo o trabalho por ele. [Um] homem com sorte!*

. . . . secretary does . . . his work . . .

. . . Lucky man!

3 *Não sei quanto ele ganha. Nem eu.*

I don't know . . . . he . . . . . — Neither . . .

---

13. Ignorava que ela falasse chinês. Ela também (não).
14. Os cavalos são animais muito fortes.

NOTES (continued)
(3) *To be aware* : estar ao corrente, a par, informado.

---

4 *Ela trabalha presentemente num hospital, mas vai mudar de de emprego(s).*

. . . ., she . . working . . a hospital, but

she . . . . to change . . . .

5 *Ele está habituado a ajudar as pessoas, é um guia.*

He is . . . . . . helping people, ... guide.

EXERCÍCIOS
1. Pode ser que ela me compre um novo gira-discos – **2.** Nenhum de nós quer mudar de emprego – **3.** Eu ignorava que você conhecesse o George – **4.** Não o conheço há muito tempo – **5.** Vale a pena enviar um telegrama? - Penso que não.

Correcção

1 lost my - ago. — **2** That man's - all - for him. — **3** how much - earns - do I. — **4** At present - is - in - is going - jobs. — **5** used to - he's a.

Second wave : 61st Lesson

HUNDRED AND ELEVENTH (111th) LESSON

Clever answers

1 *Young author :* Why have you put* my novel with the medical books?

2 *Publisher :* — Because I found* it excellent for sending* (1) people to sleep.

---

3 *Teacher.* — What is wrong with this sentence : "The horse and the cow is in the field"?

4 *Little girl.* — Please miss, ladies first.

---

5 *Professor* (2). — How do you protect yourself against impure water?

6 *Student.* — I drink* beer.

---

7 *Johnny.* — Grandad, a baby was fed* (3) on elephant's milk and gained twenty pounds in a week.

8 *Grandfather.* — That's impossible. Whose baby?

9 *Johnny.* — The elephant's.

---

10 An aunt wanted to see* which of her nieces was the most polite.

PRONUNCIATION
1. óçâ... put – **2.** Pâblishâ – **3.** rong... káu... fiild – **5.** proféssâ... âgueinsst impiur – **6.** stiudent... biiâ – **7.** Grandéd... beibi... élefânt... gueined – **8.** Huse – **10.** âhnt... niiciz... pâlaite.

CENTÉSIMA DÉCIMA PRIMEIRA LIÇÃO

Respostas inteligentes

1. [O] Jovem escritor : Por que é que pôs o meu romance com os [junto aos] livros de medicina?
2. [O] Editor : Porque achei-o excelente para fazer (enviar) as pessoas dormir. [Adormecer as pessoas].

---

3. [A] Professora : O que é que está errado nesta (com esta) frase : "O cavalo e a vaca está no campo?"
4. [A] Menina : Por favor, (senhorita), primeiro as senhoras.

---

5. [O] Professor : Como é que se protege contra a água contaminada?
6. [O] Estudante : Bebo cerveja.

---

7. Johnny : Avôzinho, um bébé foi alimentado com (em) leite de elefante e engordou (ganhou) vinte libras numa semana.
8. Avô : É impossível. De quem [era] o bébé?
9. Johnny : Do elefante.

---

10. Uma tia queria ver qual das duas sobrinhas era a mais bem-educada.

NOTES

(1) *To send :* enviar. *He sent a letter last week :* ele enviou uma carta a semana passada. *To send someone to sleep :* adormecer alguém, aborrecer.

(2) *A teacher* é um professor de escola, ou liceu, e *a professor* é um professor universitário. Como vimos, *a lecture* é uma conferência ; *a lecturer :* um conferencista ; *to lecture :* dar uma conferência ou repreender. *The teacher lectured the students :* o professor repreendeu os alunos.

(3) *To feed :* alimentar, dar de comer. *To be fed :* ser alimentado. *To feed on :* alimentar-se de. *To be fed up :* estar farto, aborrecido.

11 So she put* one small **a**pple and one big one on a plate.
12 — Let's see* who has the best **man**ners?
13 — She has, said Joan, **ta**king* the **big**gest.

---

14 Do not for**get*** to learn a few ir**re**gular verbs from time to time.

PRONUNCIATION
11. pleit – **12. mé**nâz – **14.** lân... fiú.

EXERCISES

1 Whose **hair**-brush is this? — My **sis**ter's. — **2** Who has the best **man**ners? I have. — **3** Who wants to go to **Scot**land with me? — We do. — **4** This flour is **ex**cellent for **ma**king cakes. — **5** He sent his son to the shop to buy some wine.

Fill in the missing words :

1 *A minha telefonia não funciona. O que é que se passa (está errado) com ela?*

My radio . . . . What's . . . . it?

2 *Ele é o rapaz mais bem-educado que jamais encontrei.*

. . is the . . . . boy I have . . . . met.

11. Assim, ela pôs uma maçã pequena e outra grande num prato.
12. Vamos ver quem tem melhores modos [melhor comportamento].
13. É ela (ela tem), disse [a] Joan, tirando a maior.

---

14. Não se esqueça de aprender alguns verbos irregulares de tempos a tempos.

---

3 *Nunca me interessei pela História Romana.*

I have . . . . . been interrested . . . . history.

4 *Embora lhe dissesse para não fazer isso, ele insistiu.*

. . . . I . . . . him . . . . . do it, he insisted.

5 *Uma esferográfica é excelente para escrever rapidamente.*

A biro is excellent . . . .

EXERCÍCIOS
1. De quem é esta escova de cabelo? - Da minha irmã – **2.** Quem tem o melhor comportamento? Eu (tenho) – **3.** Quem quer ir à Escócia comigo? - Nós (queremos) – **4.** Esta farinha é excelente para fazer bolos – **5.** Ele enviou o filho à loja para comprar vinho.

Correcção

1 doesn't work - wrong with. — **2** He - most polite - ever. — **3** never - in Roman. — **4** Although - told - not to. — **5** for writing quickly.

Can you repeat the four anecdotes in today's lesson? Please try again.

Second wave : 62nd Lesson

HUNDRED AND TWELFTH (112th) LESSON

REVISION AND NOTES

Notas a reler - 106ª lição : (1), (2) - 107ª : (2), (5) - 109ª : (2), (3) - 110ª : (2).

1 Ser preciso - Expressão que, em inglês, tanto pode ser traduzida por *must* (dever), ou *to have to* (ter que), ou ainda *to need* (ter necessidade de, necessitar). *To be needed :* ser preciso ou necessário. Alguns exemplos.

É preciso que eu vá (parta) : *I must go (leave).*
É preciso que faça exercícios : *you must do some exercices.*
Tem tudo o que é preciso? : *do you have everything you need?*
O que é que eu preciso (necessito) mais? : *what else do I need?*

Esta forma "é preciso que" também pode ser traduzida por *it is necessary - it is necessary to book,* é preciso fazer uma reserva. Tente, através de prática quotidiana, encontrar a forma apropriada para cada caso.

2 Passado do condicional - Forma-se quase como em português. Por exemplo : ela teria comprado.

Primeiro, a forma condicional inglesa *she would ;* depois, o verbo auxiliar *have : she would have ;* e, finalmente, o verbo comprar no particípio passado : *bought.* resultado :

she would have bought

Emprego dos verbos defectivos *must* e can. Por exemplo, deveria ter-lhe dito. O condicional de *must* é *should.* Logo, *I should have told him.* Ele poderia ter-me ajudado, *he could have helped me.*

CENTÉSIMA DÉCIMA SEGUNDA LIÇÃO

3 **Whatever** - o que quer que, qualquer que... a tradução exacta depende da frase em questão... *Whatever he says he's wrong* : o que quer que ele diga, está errado, *whatever reasons we had* : quaisquer [que fossem os] motivos que tivéssemos.

Whoever - quem quer que seja, seja quem for... *Whoever phones, don't answer,* quem quer que seja que telefone, não responda.

Wherever - onde quer que, seja onde for, em qualquer parte que... *Call me wherever I am* : chame-me onde quer que eu esteja.

4 **Tal** - em inglês, *such*. Ele tinha tal sotaque que não podia compreendê-lo : *he had such an accent that I couldn't understand him.*
Such **as,** tal/tais como. *He likes classical authors such as Dickens,* etc., ele gosta de escritores clássicos, tais como Dickens...

5 **Expressões a memorizar** — 1 *He'll be down in a minute.* — 2 *We should have decided a month ago.* — 3 *You've got more than you need.* — 4 *Despite his money, he's still unhappy.* — 5 *She no longer works here.* — 6 *How long will the job take?* — 7 *The miners went on strike.* — 8 *A doctor is available all*

night. — 9 I don't want to join a trade union. — 10 Thanks for your help. — Not at all. — 11 We always get lost in Paris. — 12 I might buy a new one.

6 Tradução - 1 Ele descerá num minuto – 2 Deveríamos ter decidido há um mês – 3 Você tem mais do que necessita (precisa) – 4 Apesar do seu dinheiro, ainda é infeliz – 5 Ela já não trabalha aqui.

HUNDRED AND THIRTEENTH (113th) LESSON

Another little my**ster**y

1 — I had* a **prob**lem last week, said Mr Hind to his friend the in**spec**tor.

2 — When my **fa**ther died, I in**her**ited his **for**tune of **sev**eral **mil**lion pounds.

3 But, last week, Gregg came* to see* me. He **us**ed to be the **gar**dener

4 un**til** I **fi**red (1) him in De**cem**ber.

5 He told* me that, just be**fore** my **fa**ther died, he was **wor**king out**side** his **win**dow

6 and he heard* Dad **dra**wing* (2) up a new will (3) in **fa**vour of my **bro**ther.

7 My **fa**ther and I had **ar**gued **about** **some**thing at the end of No**vem**ber,

PRONUNCIATION
1. Haind – **2.** daid... **foh**tchân – **3. iuz**d to bi **gah**dnâ – **4.** fai'ed – **5.** aut**ssaid** – **6.** hâad... **dró**hing... uíl... **fei**vâ – **7. ah**guiud.

6 Quanto tempo levará o trabalho? – 7 Os mineiros fizeram (foram em) [entraram em] greve – 8 Um médico está disponível toda a noite – 9 Não quero inscrever-me (juntar) num sindicato – 10 Obrigado pela sua ajuda - De nada – 11 Perdemo-nos sempre em Paris – 12 Pode ser que compre um novo.

Second wave : 63rd (revision) Lesson

CENTÉSIMA DÉCIMA TERCEIRA LIÇÃO

1. Tive um problema a semana passada, disse o sr. Hind ao seu amigo, o inspector.
2. Quando o meu pai morreu, herdei a sua fortuna de vários milhões de libras.
3. Mas, a semana passada, [o] Gregg veio ver-me. Ele era (costumava ser) o jardineiro
4. até [que] o despedi em Dezembro.
5. Disse-me que, exactamente antes do meu pai morrer, (ele) estava a trabalhar diante (fora) da sua janela
6. e [que] ouviu o papá fazer (formular) um novo testamento em favor do meu irmão.
7. O meu pai e eu tínhamos discutido sobre qualquer coisa em fins de Novembro.

NOTES

(1) *Fire :* fogo. *To fire a gun :* disparar uma arma de fogo. *To fire someone :* despedir alguém. Ver *to employ* e *to hire :* empregar alguém.

(2) *To draw :* desenhar ; *to draw up :* fazer, redigir um testamento, relatório, etc. Redactor : *editor.*

(3) *The will :* a vontade. *A will :* um testamento (subentendido : *my last will,* a minha última vontade).
He's willing to help us : ele está disposto a ajudar-nos.

8 so it was **possi**ble that he had de**cid**ed to **al**ter (**4**) the will.
9 Gregg told* me that the **doc**ument was in his pos**ses**sion and that he would sell* it to me for **fif**ty **thou**sand pounds.
10 He said it was **da**ted No**vem**ber the **thir**ty-first, three days **af**ter the first will,
11 so it was worth a lot of **mo**ney to me.
12 When I re**fused**, he tried to **bar**gain with me. First, he asked for **twen**ty five **thou**sand pounds
13 and then, **fi**nally, ten **thou**sand.
14 — I hope you **did**n't give* him **any**thing, said* the in**spec**tor.
15 — **On**ly my foot in his **back**side, said* Hind. What was Gregg's mi**stake**? (The **an**swer is in **Less**on 119.)

PRONUNCIATION
8. ahltâ – **9. dók**iument... pâ**zé**shân – **10. dei**td – **11.** uâç – **12.** traid... **báh**gân – **13. fai**neli – **14.** hôpe – **15. bék**ssaid... **an**sâ.

EXERCISES

1 He used to work here un**til** he was fired. — **2** I am used to **wor**king un**til** ten o'clock **e**very night. — **3** This **ca**rpet is a **bar**gain, only **twen**ty three pounds. — **4** I hope you gave him **no**thing. — **5** He said he would sell it to me if I **wan**ted it.

Fill in the missing words:

1 *Como vai fazê-lo? - Pedirei ajuda.*

How . . . . to do it? — I . . . . . ask . . . help.

8. [e], assim, era possível que ele tivesse decidido alterar o testamento.
9. [O] Gregg disse-me que o documento estava em sua posse e que mo venderia por 50.000 libras.
10. Disse-me que estava datado do dia 31 de Novembro, três dias depois do primeiro testamento,
11. [e], assim, (ele) valia muito dinheiro (para mim).
12. Quando recusei, (ele) tentou negociar comigo. Primeiro, pediu 25.000 libras
13. e, depois, finalmente, 10.000.
14. Espero qu não lhe tenha dado (deu) nada, disse o inspector.
15. Apenas um pontapé (o meu pé) no traseiro, disse Hind. Qual foi o erro de Gregg? (A resposta encontra-se na Lição 119).

NOTES (continued)
(4) *To alter :* alterar. Repare na origem latina desta palavra.

EXERCÍCIOS
1. Ele costumava trabalhar aqui até ter sido despedido ([que] foi despedido) – **2.** Costumo (estou habituado a) trabalhar todas as noites até às 10 h. – **3.** Este tapete é uma pechincha, apenas 23 £ – **4.** Espero que não lhe tenha dado nada – **5.** Ele disse [que] mo venderia se eu o quisesse.

---

2 *Espero que (eles) não alterarão este edifício, é tão belo.*

I hope they . . . . this . . . . , it's . . beautiful.

3 *Ele perguntou-me como você estava e eu disse-lhe que não o tinha visto.*

He asked me . . . you . . . . and I . . . . him I . . . not . . . . you.

4 *Primeiro, pediu-me 3.000, depois dois e, finalmente, mil.*

. . . . . he asked me . . . three . . . ., ... two and . . . . thousand.

HUNDRED AND FOURTEENTH (114th) LESSON

Make and do (1)

1 Here are a few **exam**ples of these two verbs.

2 Try and learn these **sen**tences, but it is **rea**lly a **ques**tion of **prac**tice.

3 What is she **do**ing*? — She is **ma**king* a **birth**day-cake for her **daug**hter.

4 Be**fore** you go* out, please make your bed and do the **washing-up**.

5 Is he **do**ing well in his new job? — Yes, he's **ma**king a great deal of **mo**ney.

6 They **al**ways make mi**stakes** with this new maths.

PRONUNCIATION
2. riili – **3. bâç**dei keike... **dóh**tâ – **4.** u**ó**shing-**âp** – **5.** diil – **6.** máç.

5 *Vale tanto dinheiro que ninguém o comprará.*

It is . . . . money that . . . . . . will buy it.

Correcção

1 are you going - will - for. — **2** won't alter - building - so. — **3** how - were - told - had - seen. — **4** First - for - thousand, then - finally one. — **5** worth so much - no-one/nobody.

Second wave : 64th Lesson

CENTÉSIMA DÉCIMA QUARTA LIÇÃO

Fazer

1. Aqui estão alguns exemplos destes dois verbos.
2. Tente (e) aprender (aprenda) estas frases, mas, na realidade (realmente), é uma questão de prática.
3. O que é que ela está a fazer? - (Ela) está a fazer um bolo de aniversário para a sua filha.
4. Antes de sair, faça, por favor, a sua cama e (faça) lave a louça.
5. Ele está a dar-se (fazer) bem no seu novo emprego? - Sim, (ele) está a fazer muito (uma grande quantidade de) dinheiro.
6. Eles fazem sempre erros com estas matemáticas modernas (novas).

NOTES

(1) *To make* tem um sentido concreto, construtivo ou de criação. *To do,* um sentido abstracto e vago. No caso de saber alemão, lembre-se de *machen* e *tun.* Você faz *(make)* a cama, pois arranja a disposição dos lençóis e dos cobertores, mas não "faz" a louça : lava-a.

7 I speak* **Eng**lish, and e**nough Ger**man to make my**self** under**stood*** (**2**).

8 Make him a**no**ther **o**ffer, I think* he will ac**cept**.

9 I will have **no**thing to do with his firm; I don't trust him (**3**).

10 If you want **some**thing done well, do it your**self**.

11 With all this se**lec**tion, it is **di**fficult to make a choice.

12 He was **do**ing a **hun**dred miles an **hour** (m.p.h.) on the **mo**torway when the po**lice** stopped him.

13 When you have read* this **les**son, do the **exer**cises.

14 At the o**ffi**cial **o**pening of **Par**liament (**4**), the **mo**narch makes a speech.

PRONUNCIATION
7. ên**áf** **Djâ**man... mais**sél** – **8.** âks**sépt** – **9.** fâme... trâsst – **10.** däne – **11.** se**lék**shân... tchoiss – **12.** mailz ân au-â... **môh**tâ-uei... pô**lice** stópt – **13.** réd... **ék**sâssaiziz – **14.** ô**fish**el **ôh**pning... **páh**lâment... **mó**nak... spiitch.

NOTES (continued)
(2) Repare bem nesta expressão : Pode fazer-se compreender : *can you make yourself understood?*

EXERCISES

1 You are not al**lowed** to do a **hun**dred miles an hour on the **mo**torway. — 2 Check this and see if I have made a mis**take**. — 3 It's un**like** him to make a re**mark** like that. — 4 Please make your**self** at home. 5 You should have done your work more **qui**ckly.

7. Falo inglês e bastante alemão para me fazer compreender (compreendido).
8. Faça-lhe outra oferta, penso que ele aceitará.
9. Não terei nada a ver (fazer) com a sua firma, não confio nele.
10. Se quiser alguma coisa bem feita, faça-a você mesmo.
11. Com toda esta selecção, é difícil fazer uma escolha.
12. Ele ía (estava a fazer) a cem milhas à hora na estrada quando a polícia o parou.
13. Quando tiver lido esta lição, faça os exercícios.
14. Na abertura oficial do Parlamento, o monarca faz um discurso.

NOTES (continued)

(3) Conhecemos, em linguagem comercial, a palavra "trust" que significa uma associação de várias sociedades em que os lucros são transferidos a um comité central. Estes lucros são-lhe confiados.
Trust : confiança. *Please trust me* : por favor, confie em mim, tenha confiança em mim. *We can't trust him* : não podemos confiar nele.

(4) Repare na pronúncia : **Páh**lâment.

EXERCÍCIOS

1. Não está autorizado a ir (fazer) a 100 milhas à hora na estrada – **2.** Verifique isto e veja se fiz um erro. – **3.** É impróprio dele [não está no seu feitio] fazer uma observação dessas (como essa). – **4.** Por favor, ponha-se à vontade (faça como em sua casa). – **5.** Deveria ter feito o seu trabalho mais rapidamente.

Fill in the missing words :

1 *Por favor não faça um discurso, agradeça-lhe simplesmente.*

Please . . . . a speech; simply . . . . . him

2 *Não confio nele, (ele) toma (faz) sempre más decisões.*

I don't . . . ., he always . . . . . bad decisions

3 *O que é que faz na sua firma? - Tento fazer dinheiro.*

. . . . do you . . in your . . . .? — I try to . . . .

HUNDRED AND FIFTEENTH (115th) LESSON

Make and do *(continued)*

1 Some more **exam**ples of "make" and "do" :

2 He is **ma**king* a film **about liv**ing con**di**tions in a **pea**sant (**1**) **vil**lage.

3 I **nee**ded his help, but all he could do* was make jokes.

PRONUNCIATION
2. kon**dish**ánz... **pé**zent – **3.** kud... djôkz.

4 *Faço-me compreender facilmente : falo inglês.*

I . . . . myself . . . . easily: I speak English.

5 *Ele está a fazer muito barulho. O que é que ele está a fazer?*

He is . . . . . . a lot of noise. What . . . . ?

Correcção

1 do not make - thank. — **2** trust him - makes. — **3** What - do - firm - make money. — **4** make - understood. — **5** making - is he doing?

Second wave : 65th Lesson

CENTÉSIMA DÉCIMA QUINTA LIÇÃO

Fazer (continuação)

1. Mais alguns exemplos de *make* e *do* :
2. Ele está a fazer um filme sobre as condições de vida numa aldeia de camponeses.
3. Necessitava da sua ajuda, mas tudo o que ele podia fazer era fazer [dizer] graças.

NOTES

(1) Repare na pronúncia : pézent. Apesar de haver um ditongo (duas vogais juntas), a vogal é breve. Ver *head, pleasant, dead*, etc.

4 They are **bu**sy **ma**king prepa**ra**tions for their **ho**liday.

5 The smell of good **coo**king makes my mouth **wa**ter (**2**).

6 You're **go**ing* to **mar**ry a millio**naire**? Don't make me laugh!

7 I have no **co**ffee, **you'll** have to make do (**3**) with tea.

8 He always suc**cee**ds in **mak**ing me **an**gry.

9 Please, make up your mind (**4**), we don't have very much time and the shop is **go**ing to close.

10 What**e**ver you look at **now**adays, you will see* : "Made in Hong **Kong**".

11 Mrs **Rich**ard's guests were ad**mi**ring a large stuffed (**5**) shark that was **mou**nted on her wall.

12 — My **hus**band and I caught* it on a **fish**ing-trip, said* the proud **ow**ner.

13 — What is it stuffed with? asked one **la**dy.

14 — My **hus**band, re**plied** their **hos**tess.

PRONUNCIATION

4. bizi... prépâ**rei**shanz – **5.** mauç – **6.** láhf – **7.** iul – **8.** sâks**si**dz... **an**gri – **9.** maind... klôze – **10.** uáyévâ... **nau**âdeiz – **11.** Ritchâdz guesstz... âd**mai**ring... stâft sháhk... **mau**nted – **12.** kóht... praund âunâ.

Na fase da "segunda vaga" você faz exercícios de retroversão, ou seja, traduz o texto em português para inglês. Tal prática ajudá-lo-á a progredir cada vez mais, como se aperceberá hoje ao repetir a lição 66ª.

4. Estão ocupados a fazer preparativos para as suas férias.
5. O cheiro de boa cozinha faz-me vir água à boca.
6. Você vai casar[-se] [com] um milionário? Não me faça rir!
7. Não tenho café, terá de contentar-se com chá.
8. Ele consegue sempre fazer-me zangar.
9. Decida-se, por favor, não temos muito tempo e a loja vai fechar.
10. Hoje em dia, tudo quanto você vê (olha), (verá) é feito em Hong Kong.

11. Os convidados da sra. Richard estavam a admirar um enorme tubarão empalhado que estava pendurado (montado) na (sua) parede.
12. O meu marido e eu apanhámo-lo numa viagem de pesca [pescaria], disse a orgulhosa proprietária.
13. Está empalhado com quê? perguntou uma senhora.
14. Com o meu marido, respondeu a (sua) anfitriä.

NOTES (continued)

(2) *Water :* água ; *to water :* molhar, regar, aguar, salivar. W.C. : *water closet.*

(3) *To make do with :* contentar-se, desembaraçar-se com o que se tem à mão.

(4) *To make up one's mind :* decidir-se. *Mind,* como vimos, e o espírito, a mente. *I can't make up my mind :* não posso decidir--me.

(5) *To stuff :* encher, rechear, empalhar, estofar (moveis) ; *stuffing :* recheio. *Stuff,* em calão, tambem significa coisa, coisas. *Hurry up and move your stuff :* Despache-se e arranje as suas coisas.

EXERCISES

1 She can **ne**ver make up her mind when she is **sho**pping. — **2** They are **bu**sy making prepa**ra**tions for their de**par**ture. — **3** Don't make me laugh! this is a **se**rious play. — **4** What will **ha**ppen if I don't do my revision? — **5** Why must I **al**ways do all the work?

Fill in the missing words :

1 *Não tenho café, terá de contentar-se com chá.*

I haven't . . . . . . coffee, you'll have to . . . . tea.

2 *Tudo quanto tento fazer, consigo.*

. . . . I try . . . . I . . . .

3 *É preciso que se decida agora, não há mais tempo.*

You must . . . . . . your mind; there is . . . . time.

HUNDRED AND SIXTEENTH (116th) LESSON

Let's go to Oxford

1 On **Sun**day, **Da**vid de**ci**ded he would go and see* his **pa**rents who lived in **Ox**ford.

2 They **wan**ted to leave* **ear**ly to **avoid** the crowds (**1**), so they got up at half past six.

PRONUNCIATION
1. dissaided... **Ókss**fâd – **2.** â**void**... kraudz.

4 *Faz sempre frio em Inglaterra no inverno?*

. . . . always cold . . England . . . .?

5 *Com que é isto feito? - Com farinha, ovos e manteiga.*

. . . . is this made . . . .? — With . . . . . . , ...

and . . . . . .

EXERCÍCIOS
1. Ela nunca pode decidir-se quando está a fazer compras. – **2.** Estão ocupados a fazer preparativos para a (sua) partida – **3.** Não me faça rir! é uma peça [de teatro] séria – **4.** O que é que acontecerá se não fizer a (minha) revisão? – **5.** Por que é que devo sempre fazer todo o trabalho?

Correcção

1 got any - make do with. — **2** Whatever - to do - succeed. — **3** make up - no more. — **4** Is it - in - in winter. — **5** What - with - flour eggs - butter.

Second wave : 66th Lesson

CENTÉSIMA DÉCIMA SEXTA LIÇÃO

Vamos a Oxford

1. No domingo, [o] David decidiu [que] iria (e) ver os seus pais que vivem em Oxford.
2. Queriam partir cedo para evitar a multidão [e], assim, levantaram-se às 6 : 30.

NOTES
(1) *Crowd, crowds :* multidão ; *crowded :* cheio, repleto.

3 By **se**ven o'clock, they were **rea**dy. They got **in**to the car and set off.

4 — Have you got **ev**erything? said Joan.

5 — Of course I have. I rang* (**2**) Dad last night and told* him we would a**rrive** at about ten.

6 They took* the **mo**torway and were soon **dri**ving* (**N. 1**) **quick**ly tow**a**rds **O**xford.

7 — I'm sure we've for**go**tten* **some**thing, said Joan.

8 — No, the **pre**sents are on the back (**3**) seat, and the book Dad **wan**ted is in the glove com**part**ment,

9 our **o**ver-night bag is in the boot—what could we have for**go**tten*?

10 They drove* on in **si**lence. Joan looked at the **coun**tryside.

11 and from time to time glanced (**4**) (**N. 5**) at the spee**do**meter to make* sure they were not **brea**king* (**5**) the **speed-li**mit.

12 — How far to go?—Only a**no**ther **fif**ty miles. **We**'ll be there in an hour.

13 **Sud**denly, the **mo**tor coughed (**6**) and the car be**gan*** to slow down.

14 — Damn! I know what I for**got***. I for**got*** to fill the tank be**fore** **lea**ving*.

PRONUNCIATION
3. rédi – **4.** séd – **6. môh**tâ-uei... **drai**ving... tô-**â**dz – **7.** shuâ – **8. pré**zentz... **9. ôh**vâ nait... but... kud – **10.** drôhve... **sai**lence... **kan**trissaid – **11.** glanced... spii**doh**mitâ... **brei**king – **12.** uíl – **13.** kóft... slô daun – **14.** Déme... fâ**gót**... tank.

3. Por volta das 7 horas estavam prontos. Entraram no carro e partiram.
4. Tem tudo? disse [perguntou] [a] Joan.
5. Claro que tenho. Telefonei ao Papá ontem à noite e disse-lhe [que] chegaríamos por volta das 10 h.
6. Tomaram a estrada e, em breve, estavam a guiar rapidamente na direcção de Oxford.
7. Tenho a certeza que [se] esqueceu [de] alguma coisa, disse [a] Joan.
8. Não, os presentes estavam no banco de trás e o livro que o Papá queria está no compartimento das luvas,
9. o nosso saco de viagem está no porta-bagagens - o que é que poderíamos ter esquecido?
10. [Continuaram] a conduzir em silêncio. [A] Joan olhava para a paisagem
11. e, de tempos a tempos, lançava uma olhadela ao conta--quilómetros para se certificar de que não estavam a ultrapassar o limite de velocidade.
12. Que distância nos resta a percorrer? - Só mais 50 milhas. Estaremos lá numa hora.
13. De repente, o motor tossiu e o carro começou a diminuir de velocidade.
14. Irra! [Já] sei do que me esqueci. Esqueci-me de encher o depósito antes de partir.

NOTES (continued)

(2) *To ring :* tocar (à campainha), telefonar. *A ring* também pode ser um anel.
(3) *Back :* atrás. *The back door :* a porta das traseiras.
The back seat : o assento de trás.
Front : frente, parte dianteira ; *front door :* porta da frente.
(4) *To glance :* olhar rapidamente, olhar de relance.
(5) *To break, broke, broken :* quebrar, desligar, transgredir.
To break the law : violar a lei.
To break the speed limit : ultrapassar o limite de velocidade
To break a promise : não manter uma promessa.
(6) *To cough :* tossir. *A cough :* uma tosse.

EXERCISES

1 What time did he ring last night? — 2 How far to go? — Only about **twen**ty miles. — 3 You **shoul**dn't ar**rive** at the **the**atre **du**ring the per**for**mance. — 4 They stopped to fill the tank, then drove on. — 5 Be**fore lea**ving, please lock all the doors and close all the **win**dows.

Fill in the missing words:

1 *Enquanto que [o] David conduzia, [a] Joan olhava para a paisagem.*

While David . . . . Joan . . . . the . . . .

2 *Telefonei-lhe ontem para dizer que chegaríamos por volta das 8 h.*

I . . . . yesterday . . . . . that we . . . . . arrive . . . . . eight.

3 *Tem tudo? - Claro, o que é que poderia ter esquecido?*

. . . . you . . . .—Of course, what . . . . . . have forgotten?

4 *Durante a semana, ele lê três horas por dia.*

. . . . . . the week, he reads . . . three hours day.

5 *Certifique-se de que não esqueceu nada.*

. . . . that you . . . . nothing.

EXERCÍCIOS

1. A que horas telefonou ele ontem à noite? – **2.** Que distância nos resta percorrer? - Somente cerca de 20 milhas. – **3.** Não deveria chegar ao teatro durante a representação. – **4.** Pararam para encher o depósito, depois continuaram (a conduzir). – **5.** Antes de partir, tranque todas as portas e feche todas as janelas, por favor.

Correcção

1 was driving - was looking at - countryside. — **2** rang him - to say would - about. — **3** Have - got everything - could I. — **4** During - for - a. — **5** make sure - have forgotten.

Encontramos expressões idiomáticas cada vez com mais frequência. Não se trata, bem entendido, de aprendê-las todas, mas deve ficar com um ideia da forma das frases e das pequenas locuções, tais como : *of course I have,* etc.

Durante a **segunda vaga** é conveniente que faça os exercícios por escrito, mas pode começar a fazê-los agora mesmo se assim o desejar.

Second wave : 67th Lesson

HUNDRED AND SEVENTEENTH (117th) LESSON

A slight misunderstanding

1 **For**tunately, there was a can of **pe**trol in the boot.

2 **Da**vid put* that into the tank and they drove* on to a **ser**vice **sta**tion.

3 — Fill her up, said **Da**vid, and you had **bet**ter check the **oil**.

4 — Why don't we go and have a cup of **co**ffee? said Joan.

5 — Ok**ay**, fine. When he's (1) **fin**ished, **I'll** join you.

6 Joan got out of the car and walked tow**a**rds the cafe**te**ria.

7 She stopped at a **ki**osk to buy* a maga**zine** and then went into the **ca**fé and bought* two **co**ffees.

8 David ar**ri**ved five **min**utes **la**ter and sat* down.

9 — I'm **so**rry, love, I should have **lis**tened to you,

10 you said we had for**got**ten* **some**thing and you were right.

11 — Yes, it's **si**lly to run* out (2) of **pe**trol on the **mo**torway. You ought to (3) have checked be**fore**.

PRONUNCIATION
1. f**óh**tchenâtli... kan... **pé**trol – **2.** **sâ**vice **stei**shân – **3.** **oi**êl – **4.** dont – **5.** djoin – **6.** uálkd tô-**â**dz... kafe**ti**riâ – **7.** stópt... méguaz**ine**... bóht – **8.** **lei**tâ – **9.** **lis**sened – **10.** séd... raite – **11.** óht.

CENTÉSIMA DÉCIMA SÉTIMA LIÇÃO

Um ligeiro malentendido

1. Felizmente havia uma lata de gasolina no porta-bagagens.
2. [O] David pô-la (pôs isso) no depósito e prosseguiram até (para) uma estação de serviço.
3. Encha [o depósito], disse [o] David, e seria melhor verificar o óleo.
4. Por que é que não vamos tomar uma chávena de café? disse [a] Joan.
5. OK, muito bem. Quando ele tiver terminado irei ter consigo (juntar-me-ei a si).
6. [A] Joan saíu do carro e dirigiu-se (caminhou na direcção de) para o café.
7. Parou num quiosque para comprar uma revista e, depois, entrou no café e pediu (comprou) dois cafés.
8. [O] David chegou 5 minutos mais tarde e sentou-se.
9. Desculpe, querida, deveria tê-la escutado.
10. Você disse [que] tínhamos esquecido qualquer coisa e estava certa [tinha razão].
11. Sim, é estúpido ficar sem gasolina na estrada. Você deveria ter verificado antes.

NOTES

(1) **Atenção!** a contracção neste caso refere-se a *has* e não a *is* : *when he has finished.* É mais fácil de pronunciar, mesmo para um inglês, do que os dois "h" aspirados.

(2) *To run out of,* esgotar qualquer coisa. *To run out of petrol* : ficar sem gasolina. *To run out of money* : ficar sem dinheiro. *To break down* : ter uma pane, uma avaria no motor ; mas também sucumbir.

(3) *Ought to* tem o mesmo significado que *should,* o condicional de *must* (atenção à pronúncia!). Contrariamente aos outros verbos defectivos, *ought to* conjunga-se sempre com a partícula *to.*

Você conta às vezes em inglês?

12 — **Al**right! I said I was **so**rry, **did**n't I? Let's **fin**ish our **co**ffee and leave*.

13 They got back (**N 2**) into the car and con**tin**ued their **jour**ney in **si**lence.

14 Joan read* her maga**zine** and an **hour la**ter, they ar**ri**ved in **Ox**ford.

PRONUNCIATION
12. didn't'ai – **13.** djâni – **14.** réd... au-â.

EXERCISES

1 What's the **ma**tter? — I think we've run out of **pe**trol. — **2** When they were bored with **dri**ving, they stopped at a **ser**vice-**sta**tion. — **3** You ought to have checked be**fore lea**ving. — **4** It is for**bid**den to break the **speed-li**mit. — **5** When he's **fi**nished, **I**'ll buy you a cup of **co**ffee.

Fill in the missing words:

1 *Deveríamos ir (e) ver os meus pais, não os tenho visto há muito tempo.*

We . . . . go and see . . parents, I haven't . . . . them . . . a long time.

2 *Gosto muito (sou um apaixonado) de ler. Compro um romance todos os meses.*

I'm very . . . . . . reading. I buy a . . . . month.

3 *Ficámos sem gasolina, mas há uma lata no porta-bagagens.*

We've . . . . petrol but . . . . a . . . in the boot.

12. Está bem! Eu disse que lamentava, não disse? Acabemos o café e partamos.
13. Voltaram ao carro e continuaram a (sua) viagem em silêncio.
14. [A] Joan leu a revista e, uma hora mais tarde, chegaram a Oxford.

4 *Faria melhor verificar o óleo, não quero ter uma pane.*

You . . . . check the . . . , I don't want to break down.

5 *Ela ganha imenso dinheiro, mas o seu trabalho é muito monótono (aborrecido).*

He . . . . money but . . . job is very . . . . . .

EXERCÍCIOS

1. O que é que há? - Penso que ficámos sem gasolina. – **2.** Quando estavam cansados (aborrecidos) de conduzir paravam numa estação de serviço – **3.** Deveria ter verificado o óleo antes de partir – **4.** É probido ultrapassar o limite de velocidade – **5.** Quando ele tiver terminado, ofereço-lhe (comprar-lhe-ei) um café.

Correcção

1 ought to - my - seen - for. — **2** fond of - novel every. — **3** run out of - there is - can. — **4** had better - oil. — **5** earns a lot of - his - boring.

Second wave : 68th Lesson

HUNDRED AND EIGHTEENTH (118th) LESSON

At the Wilson's

1 **Ox**ford looked very **beau**tiful that **mor**ning. It is not for **no**thing that it is called "The **Ci**ty of **Spi**res".

2 They drove* through the **cen**tre and soon arrived at the **qui**et street where **Da**vid's parents lived.

3 **Da**vid's **fa**ther **greet**ed (**1**) them at the door.
— Hel**lo**, you look well (**2**) Come* in!

4 Did you have a good trip? **Da**vid and Joan looked at one a**no**ther un**com**fortably (**3**).

5 — Er, yes thanks, it was* al**right**.

6 — Put* your bags down there and come* into the front room (**4**).

7 **Da**vid's **mo**ther was **sit**ting in front of the **fi**re.

8 She stood* up as they came* in and kissed them both.

9 Joan took* a **par**cel from be**hind** her back and gave* it to Mrs **Wil**son.

10 — It's just a little **some**thing I found* in a junk (**5**) ... I mean*, in an an**tique** shop.

11 Mrs **Wil**son **o**pened the **par**cel and took* out a small **sil**ver box.

PRONUNCIATION
1. Spai-âz – **2.** çru... **cen**tâ... ku**al**-et – **3. gri**ited – **4.** an**kâm**ftâbli – **5.** óhl**raite** – **6.** frânt – **7. fai**-â – **8.** kisst – **9. páh**cel... bi**haind** – **10.** faund... djank... an**tik** – **11. sil**vâ bókss.

CENTÉSIMA DÉCIMA OITAVA LIÇÃO

Em casa dos Wilsons

1. Oxford estava (parecia) muito bela essa manhã. Não é por acaso (nada) que é chamada "A Cidade dos Campanários".
2. Atravessaram (conduziram através d)o centro e em breve chegaram à rua tranquila onde os pais de David viviam.
3. O pai de David saudou-os à porta.
   - Olá, (vocês) estão com bom aspecto (parecem bem). Entrem!
4. Tiveram [fizeram] uma boa viagem? [O] David e [a] Joan olharam um para o outro inconfortavelmente.
5. Eh... sim, obrigado,
6. Ponham as bagagens ali e venham para o salão (sala da frente).
7. A mãe de David estava sentada em frente do fogo [lareira].
8. Levantou-se quando eles entraram e beijou-os a ambos.
9. [A] Joan tirou um embrulho de detrás das costas e deu-o à sra. Wilson.
10. É apenas uma pequena lembrança (qualquer coisa) [que] encontrei numa sucata... quero dizer, numa loja de antiguidades.
11. A sra. Wilson abriu o embrulho e pegou numa pequena caixa de prata.

NOTES

(1) *To greet* : saudar, acolher. *He greeted me with a smile* : saudou-me com um sorriso. *Greetings* : saudações, cumprimentos. Nos postais de Natal escreve-se *Christmas Greetings.* Postais de felicitações : *greeting cards.*

(2) Já vimos os vários significados deste verbo. Neste caso quer dizer que eles estavam com bom aspecto.

(3) *Uncomfortable : to feel uncomfortable* : sentir-se pouco à vontade ; *an uncomfortable silence* : um silêncio incómodo.

(4) Os ingleses empregam várias expressões para salão : *front room, sitting room, lounge.* A mais comum é possivelmente *sitting room.*

(5) *Junk* : sucata, coisas sem valor. Mas também pode referir-se à embarcação chinesa junco. Nos E.U.A., *Junk food* significa comida sem valor nutritivo.

12 — Oh, it's **lo**vely! she cried, but what is it?
13 — Well, it's Vic**to**rian. It's a... thing.
14 — Oh good, you don't know* **ei**ther. I can't of**fend** you, can I?
15 I think * **I**'ll put * my ear-rings in it.

PRONUNCIATION
12. kraid – **13.** Vikt**ó**rian... çing – **14.** **ai**dâ... ó**fend** – **15.** **ii**ringz.

EXERCISES

1 I've bought you a **pre**sent but I don't know what it is. — **2** I can't af**ford** a new car; **I**'ll have to buy a **se**cond-**hand** one. — **3** She stood up and kissed them both. — **4** I've **ne**ver bought a cow in my life. — **5** They spoke to one a**noth**er for the first time for months.

Fill in the missing words :

1 *Onde pôs as minhas pantufas? - Ali, por detrás da poltrona.*

Where have you . . . . . slippers? — Over there, ... the armchair.

2 *O autocarro pára em frente do museu. Desça Lá.*

The bus stops . . . . the museum. . . . . . . there.

12. Oh, é encantador! gritou ela, mas o que é?
13. Bem, é victoriano. É uma... coisa.
14. Ah, bom, também não sabe. Não a ofendo, pois não?
15. Penso que porei os meus brincos lá dentro (nela).

---

3 *Ponha as suas coisas ali e venha para o salão comigo.*

. . . your things . . . . there and . . . .

the front room with . .

4 *Como se chama aquela coisa ali? Não faço (tenho) ideia.*

What is that . . . . . over there . . . . . . ? — I have

. . idea.

5 *Fez uma boa viagem? - Não, sentia-me (estava) inconfortável no avião.*

Did you have . . . .? — No, I was

. . . . in the plane.

EXERCÍCIOS

1. Comprei-lhe um presente, mas não sei o que é – **2.** Não me posso permitir um carro novo. Terei de comprar um em segunda mão. – **3.** Ela levantou-se e beijou-os a ambos – **4.** Nunca comprei uma vaca na minha vida – **5.** Falaram um com o outro pela primeira vez desde há meses.

Correcção

1 put my - behind. — **2** in front of - Get off. — **3** Put - down - come into - me. — **4** thing - called - no. — **5** a good trip - uncomfortable.

Second wave : 69th Lesson

HUNDRED AND NINETEENTH (119th) LESSON

REVISION AND NOTES

Notas a reler – 113ª lição : (1) – 114ª : (1), (2) – 115ª : (1) – 116ª : (3), (5) – 117ª : (3).

1 To drive - Vimos este verbo bastantes vezes no decorrer desta semana acompanhado de diferentes preposições. Lembremos alguns casos :

He drove on : ele continuou (a conduzir). *They drove through Oxford :* atravessaram Oxford de carro. *To drive around :* conduzir à volta de.
To drive to London : ir a Londres de carro.

Estas formas podem ser utilizadas com outros verbos de movimento, tais como *to walk, to run, to ride,* e até com *to fly* (voar). Se se diz, por exemplo, *to cross Oxford by car,* há uma insistência quanto ao meio de transporte utilizado. Apesar de estar correcta, este tipo de frase é muito menos corrente.

2 Back - Mais uma palavra que pode modificar um verbo. *To go back :* regressar, voltar. *To put back :* voltar a pôr, repôr. *To give back :* devolver. *To take back :* retomar.

Estudámos o seu emprego para exprimir "atrás, detrás, por detrás" (ver lição 116, **N.3**).

CENTÉSIMA DÉCIMA NONA LIÇÃO

E, como substantivo, quer dizer "dorso", "costas", "parte traseira", "posterior".

3 Make and do - Apesar de já termos dado uma regra de base (*make :* fabricar, fazer algo de mais preciso e concreto ; *do :* executar, possui um carácter mais generalizado - ver lição **114 (1)** - convem insistir de que o seu emprego é bastante idiomático. Somente a prática da língua o ajudará a saber empregar automaticamente o verbo adequado.

Para aqueles que nunca estudaram uma língua estrangeira, um bom exemplo da incapacidade relativa (e inútil) da tradução literal é proporcionado pela expressão *make do with :* contentar-se com, desembaraçar-se com o que se tem à mão.

4 A little mistery (lição 113) - [O] Gregg disse ao sr. Hind que o segundo testamento do pai deste, aquele que o deserdava, estava datado do dia 31 de Novembro. Ora, há apenas trinta dias em Novembro! Para se lembrar do número de dias de cada mês, as crianças aprendem este pequeno poema na escola :

Thirty days hath September
April, June and November;
all the rest have thirty one.
Save February, which hath twenty eight days clear
and twenty nine in every leap year.

Evidentemente que não foi Shakespeare quem o escreveu, mas é de grande utilidade.

NOTES – *Hath :* forma arcaica de *to have.* - *Save :* excepto (hoje em dia emprega-se except). - *A leap year :* um ano bissexto.

5 To glance - lançar uma olhadela, olhar de relance. Há outros verbos que exprimem o sentido de algumas expressões portuguesas : *to wink :* piscar o olho ; *to frown :* franzir as sobrancelhas ; *to fuss :* fazer uma fita, espalhafatar.

Tente, sobretudo, memorizar pois uma tradução literal destas expressões inglesas não teriam qualquer sentido.

6 Expressões a reter. — 1 *He tried to bargain with the shop-keeper.* — 2 *It's worth a lot of money.* — 3 *Please make up your mind quickly.* — 4 *I don't trust you.* — 5 *She can make herself understood.* — 6 *Don't make me laugh.* — 7 *Please ring back later.* — 8 *What could we have forgotten ?* — 9 *How far to go ?* — 10 *Fill her up hand check the oil.* — 11 *You look well.*

HUNDRED AND TWENTIETH (120th) LESSON

Some traditions

1 It is **of**ten **said** that the **Eng**lish are con**serv**ative (**N. 1**).

2 I pre**fer** to hear* it said that they are tra**di**tionalist.

3 There are many tra**di**tions and **cus**toms in **Bri**tain and some may ap**pear** strange to **for**eigners.

4 For ex**am**ple, on Oc**to**ber the **thir**ty first, one (**1**) can see **chil**dren **ma**king masks from **tur**nips

5 and **put**ting* **can**dles in**side** to **frigh**ten **wit**ches.

6 This is called Hallo**we'en** (**2**) and is the day be**fore** All Saints Day.

PRONUNCIATION
1. séd... kon**sâ**vetif – **2.** trâ**dish**ânâlist – **3.** **kâs**stâmz... â**pii**â – **4.** máhssks... **tâ**nips – **5.** **kan**délz... **frai**ten **uí**tchiz – **6.** Halô-iin... Seintz.

7 Tradução - 1 Ele tentou regatear com o empregado da loja – 2 Vale imenso dinheiro – 3 Por favor decida-se rapidamente – 4 Não confio em si – 5 Ela pode fazer-se compreender – 6 Não me faça rir – 7 Por favor volte a chamar mais tarde – 8 O que é podíamos ter esquecido? – 9 Que distância nos falta percorrer? – 10 Encha-o [depósito] e verifique o óleo – 11 Você está com bom aspecto (parece bem).

Second wave : 70th (revision) Lesson

CENTÉSIMA VIGÉSIMA LIÇÃO

Algumas tradições

1. Diz-se com frequência que os ingleses são conservatores.
2. Prefiro ouvir dizer que (eles) são tradicionalistas.
3. Há muitas tradições e costumes na Grã-Bretanha e alguns podem parecer bizarros aos estrangeiros.
4. Por exemplo, no dia 31 de Outubro, pode-se ver as crianças fazendo máscaras de [com] nabos
5. e pondo velas dentro para assustar as bruxas.
6. Esta [festa] chama-se *Halloween* e é a véspera (o dia antes) do dia de Todos os Santos.

NOTES

(1) *One can see* : pode-se ver. Ou, então, "uma pessoa pode ver". Actualmente, esta forma empregando *one* é considerada como um pouco afectada. Assim, tentemos evitá-la. Preste atenção a este texto para verificar as diferentes maneiras de avitar o emprego de *one*.

(2) *To hallow* : consagrar, santificar. Hoje em dia só se emprega este verbo no Padre Nosso *(Our Father who art in heaven hallowed be thy name)*.

7 Just before Easter, on Good Friday, you can buy* Hot Cross Buns (3).
8 These are delicious spicy cakes, with a cross on them, to remind us of the Crucifixion.
9 The day after Christmas is called Boxing Day.
10 This is because householders used to give little presents or "boxes" to the tradesmen who had served them.
11 Nowadays, it is usual to give* money.
12 Perhaps the most spectacular tradition is "Bonfire Night" or "Guy Fawkes Night".
13 This takes place on the fifth of November and celebrates (4) the arrest, in sixteen oh-five (1605),
14 of Guy Fawkes who attempted to blow up the Houses of Parliament.
15 Today, people celebrate by lighting bonfires, setting off (5) fireworks and burning* effigies called "guys" (6).

PRONUNCIATION
7. Lisstâ... Bânz – **8.** di**lish**âz **spai**ci... Kruci**fik**shân – **9.** **Kris**smâss... **Bók**ssing – **10.** **hause**-hôldâz... **traid**ssmén – **11.** **Nau**-â-deiz – **12.** Spék**tá**kiulâ... **Bon**fai-â... Gai Fóhkz – **14.** blôh... **páh**lâment – **15.** **lai**ting... **fai**-â-uâks... **bâ**ning **é**fidjiz.

7. Exactamente antes da Páscoa, na Sexta-feira Santa (boa), pode-se comprar *Hot Cross Buns.*
8. São deliciosos bolos apimentados com uma cruz em cima (sobre eles) para nos lembrar (d)a crucificação.
9. O dia depois do Natal é chamado *Boxing Day.*
10. Isto (é) porque os chefes de família costumavam dar pequenos presentes ou "caixas" aos comerciantes que os tinham servido.
11. Hoje em dia é costume dar dinheiro.
12. Talvez [que] a tradição mais espectacular seja a "Noite das Fogueiras" ou a "Noite de Guy Fawkes".
13. Esta [festa] tem (toma) lugar a 5 de Novembro e festeja a prisão, em 1605,
14. de Guy Fawkes que tentou [fazer] explodir (as Casas d)o Parlamento.
15. Hoje, as pessoas festejam[-na] acendendo fogueiras, lançando fogos de artifício e queimando efígies chamadas *guys.*

NOTES (continued)

E'en é uma antiga contracção de *evening* (véspera), a véspera do dia de Todos os Santos. Véspera, em inglês moderno, diz-se *the night before* (excepto no Natal, em que o dia 24 de Dezembro é chamado Christmas Eve). O dia seguinte : *the day after.*

(3) *A bun* é um brioche, como um pão de leite, e também um carrapito.

(4) *To celebrate :* festejar. Uma festa é um *party.* Como não é um país católico, a Inglaterra não tem festas correspondentes às nossas festas religiosas.

(5) *To set off,* como vimos, é pôr-se a caminho, partir. *They got into the car and set off* (entraram no carro e puseram-se a caminho). *To set off* também pode ser empregado no sentido de uma acção que provoca explosão. Por exemplo, *to set off fireworks.*

(6) *Guy* é, agora, uma palavra do calão norte-americano : gajo.

EXERCISES

1 One can still see this **cus**tom in **cer**tain parts of the **coun**try. — **2** He does that to **frigh**ten his **sis**ter. — **3** This **pain**ting re**minds** me of **Tur**ner. — **4** He was **ligh**ting a **fire** when he was ar**res**ted. — **5** How much must we pay to get in?

Fill in the missing words:

1 *Há muito tempo as pessoas davam presentes, mas, hoje em dia, dão dinheiro.*

A long time . . . , people . . . . presents but . . . . give money.

2 *Ele levantou-se (pôs-se de pé), fechou a janela e continuou a ler.*

He . . . . , ... the window and continued . . . .

3 *Diz-se que os ingleses são conservadores, mas (eu) acho que não.*

It . . . . . . that the English are . . . ., but I . . . . so.

HUNDRED AND TWENTY-FIRST (121st) LESSON

Some more traditions

1 If you go to the **Tow**er of **Lon**don, you will see* six **ra**vens.

4 *Há muitos costumes que podem parecer bizarros aos estrangeiros.*

. . . . many customs which . . . appear

. . . .

5 *Ele começou por comer a sobremesa e terminou comendo (bebendo) a sopa.*

He . . . . . by . . . . . . the sweet and finished . .

. . . . the soup.

EXERCÍCIOS
1. Pode-se ainda ver este costume em certas partes do país – **2.** Ele faz isso para assustar a (sua) irmã – **3.** Este quadro lembra-me Turner – **4.** Ele estava a acender um fogo quando foi preso – **5.** Quanto devemos pagar para entrar?

Correcção

1 ago - gave - nowadays they. — **2** stood up, closed/shut - reading. — **3** is said - conservative-don't think. — **4** There are - may strange to foreigners — **5** began/started - eating - by drinking.

Second wave : 71st Lesson

CENTÉSIMA VIGÉSIMA PRIMEIRA LIÇÃO

Mais algumas tradições

1. Se for à Torre de Londres, verá seis corvos.

PRONUNCIATION
1. tauâ... **rei**venz.

2 These birds—or **ra**ther (**1**) their **an**cestors—have been there since the **elev**enth **cent**ury.
3 But, to**day**, they are there for a very im**port**ant **rea**son.
4 Ac**cord**ing to tra**dit**ion, the **Br**itish **Em**pire will re**main on**ly as long as (**2**) there are **rav**ens in the **Tow**er.
5 **No**-one knows* the **rea**son for this **leg**end, but there are **ma**ny sug**ges**tions.
6 One is that a gang of thieves (**3**) broke* **in**to (**4**) the **To**wer while the **sen**tries were a**sleep**,
7 but the **ra**vens made so much noise that the **sen**tries woke* up and were **a**ble to (**5**) kill the thieves.
8 What**ev**er the **rea**son, the birds are fed* every day and re**ceive** a State **pen**sion.

9 **Scot**land and **Ire**land, too, are full of **leg**end and tra**dit**ion.

PRONUNCIATION (continued)
2. bâdz... **ráh**dâ... ansés**tâz... e**lé**venç **cen**tchâri – **4.** âc**óh**ding... **Em**pai-â... ri**meine** – **5. léd**jând... sâg**djés**tchânz – **6.** guang... divz brôhk... **sén**triz – **7.** noize... **ei**bel – **8.** riciive... **pén**shân – **9. Ai**-âlând.

2. Estas aves - ou antes, os seus entepassados - encontram-se ali desde o século XI.
3. Mas, actualmente, estão ali por uma razão muito importante.
4. Segundo a tradição, o Império Britânico perdurará apenas enquanto (contanto que, tão longo como) houverem corvos na Torre.
5. Ninguém conhece o motivo desta lenda, mas há muitas hipóteses (sugestões).
6. Uma [delas] é que um bando de ladrões entrou na Torre enquanto as sentinelas estavam a dormir,
7. mas os corvos fizeram tanto barulho que as sentinelas acordaram e puderam (foram capazes) matar os ladrões.
8. Qualquer que seja a razão, as aves são alimentadas todos os dias e recebem uma pensão do Estado.
9. A Escócia e a Irlanda, igualmente, estão cheias de lendas e tradições.

NOTES

(1) *Rather,* como adjectivo quer dizer bastante : *It's rather important :* é bastante importante.
O seu outro sentido é "antes, melhor" : *The birds - or rather - their ancestors :* as aves - ou antes [ou melhor] - os seus entepassados.

(2) *As long as,* literalmente, significa tão longo como, tão comprido como.
This ship is as long as a house. Mas também pode querer dizer contanto que, desde que, enquanto. *You can go as long as you're back by ten :* pode sair contanto que volte às 10.

(3) O singular de *thieves* é *thief.*

(4) *To break :* quebrar, transgredir (uma lei). *To break into :* entrar ilegalmente. *Our house was broken into last night :* a nossa casa foi roubada ontem à noite. *To burgle* (**bâ**guêl) : arrombar, roubar.

(5) *To be able to :* ser capaz de, logo, poder *(can).*

10 In **Scot**land, **Christ**mas is not a big feast (**6**). For the Scots, New **Year**'s Day is more im**port**ant.
11 This is called "**Hog**manay". At **mid**night, a tall dark man must cross the **thresh**old of your house
12 **car**rying a lump (**7**) of coal, a piece of bread and a **bot**tle of **whis**ky.
13 These items **sym**bolise warmth, food and drink for the **com**ing **year**.

PRONUNCIATION
10. fiisst – **11. Hog**mêné... tó... **çrésh**ôld – **12.** lâmp – **13. ai**têmz **sim**belaiz uóhmç.

EXERCISES

1 So long as the birds are there, the **Em**pire will re**main**. — **2** What**ev**er the **rea**son, you **should**n't have done it. — **3** The **bur**glar broke into the house while **ev**eryone was a**sleep**. — **4** The birds have been in the **Tow**er for e**lev**en **hun**dred **years**. — **5** He pre**tend**ed to be a**sleep** in **or**der not to **an**swer.

Fill in the missing words :

1 *Contanto que não esteja atrasado, pode vir quando quiser (gostar).*

. . . . you . . . not . . . . , you can come when you like.

2 *O homem era alto, pelo menos dois metros.*

The man was . . . . , ... six feet four.

3 *Eles acordaram e puderam (foram capazes de) matar os ladrões.*

They . . . . . . and . . . . to kill the . . . .

10. Na Escócia, o Natal não é uma grande festa. Para os escoceses, o dia do Ano Novo é mais importante.
11. Este [dia] chama-se *Hogmanay*. À meia-noite, um homem alto e sombrio deve atravessar o limiar da sua casa
12. transportando [com] um pedaço de carvão, um naco de pão e uma garrafa de uísque.
13. Estes artigos simbolizam o calor, a comida e a bebida para o ano vindouro.

NOTES (continued)
(6) *Feast* : festim e também festa religiosa (ver lição 120 (4).
(7) *A lump,* um bocado, um pedaço informe, equivalente a *piece.*

---

4 *O que quer que ele diga, (eu) não concordo com ele.*

. . . . he says, I don't . . . . . with . . .

5 *Esperamos melhorar o nosso serviço no próximo ano.*

In the . . . . . . year, we . . . . improve our service.

EXERCÍCIOS
1. Enquanto as aves estiverem lá, o Império perdurará – **2.** Seja qual for a razão, (você) não deveria tê-lo feito – **3.** O ladrão arrombou a casa enquanto toda a gente estava a dormir – **4.** Os pássaros estão (têm estado) na Torre há onze séculos – **5.** Ele fingiu estar a dormir a fim de não responder.

Correcção
1 So (as) long as - are - late. — **2** tall, at least. — **3** woke up - were able - thieves. — **4** Whatever - agree - him. — **5** coming - hope to.

Second wave : 72nd Lesson

HUNDRED AND TWENTY-SECOND (122nd) LESSON

Meeting a client (1) at the airport

1 **Da**vid was **wai**ting **ne**ar the ar**ri**val lounge at Heath**row's** **Ter**minal One.

2 He was **wai**ting for a **cli**ent who was **com**ing* from Ge**ne**va.

3 The loud**spea**ker **crack**led and he heard* a voice say: "**Bri**tish **Air**ways ann**ounce** the ar**ri**val of Flight One Oh **Se**ven (107) from Ge**ne**va".

4 David **star**ted **look**ing for his **cli**ent. He knew* that the man would be **wear**ing* a car**na**tion in his **bu**tton-hole,

5 and **ca**rrying (2) a **co**py of the "**Sun**day Times" **un**der his arm.

6 He caught* sight (3) of the man who was tall and grey-**hai**red (4) with long **side**-burns.

7 He went **for**ward and said: "You must be Mr Le**garde**? I'm **Da**vid **Wil**son. How do you do?"

8 They shook* hands. **Da**vid picked up the man's case and said:

9 "**Fol**low me, will you. My car is in the **car**-park, it's just out**side**".

PRONUNCIATION

1. miiâ... âraivâl laundje... Hii**çroz** **tâ**-minal – **2. clai**-ent... Dje**ni**va – **3.** laud **spi**ikâ **krák**êld... ân**aunce**... flait – **4.** niu... **ué**ring... káh**nei**shân... **bâ**tâne hôhl – **5. có**pi – **6.** kóht... grei **hé**red... **saide**-bóhdz – **7. fó**huâd – **8.** shuk – **9. káh** páhk.

CENTÉSIMA VIGÉSIMA SEGUNDA LIÇÃO

Encontro (encontrando) [com] um cliente no aeroporto

1. [O] David estava à espera perto da sala de chegadas na terminal N° 1 de Heathrow.
2. (Ele) estava à espera de um cliente que vinha de Genebra.
3. O alto-falante deu uma série de estalidos (crepitou) e ele ouviu uma voz [que] dizia : "A British Airways anuncia a chegada do vôo 107 proveniente de Genebra".
4. [O] David começou à procura do seu cliente. (Ele) sabia que homem teria (levaria posto) um cravo na lapela.
5. e traria (um exemplar de) o Sunday Times debaixo do braço.
6. Apercebeu-se do homem que era alto, de cabelo branco e grandes patilhas.
7. Avançou e disse "Deve ser o sr. Legarde? Eu sou David Wilson. Como está?"
8. Apertaram as mãos. [O] David pegou na maleta do homem e disse :
9. "Queira seguir-me. O meu carro está no parque de estacionamento, está mesmo [ali] fora."

NOTES

(1) Convem distinguir entre *the customer* : o cliente que compra mercadorias e *the client* que é aquele que compra serviços ; por exemplo, de um advogado.

(2) Não se esqueça : *to carry* : transportar (na mão) e *to wear* : levar posto (um vestido, um relógio, etc.).

(3) *To catch* : apanhar. *Sight* : vista. *To catch sight of* : aperceber.

(4) *His hair is too long* : o seu cabelo é demasiado comprido. *Hair* : cabelos ; *a hair, hairs* : pelo, pelos. Do primeiro forma-se o adjectivo *-haired* : *long-haired* : cabeludo ; *grey-haired* : de cabelo cinzento.

10 When they were **dri**ving* to**wards** **Lon**don, **Da**vid said: "**I'll** take* you to your ho**tel** first, then **we**'ll get some lunch".

11 Mr Le**garde** re**plied**: "**Thank**you. I'm **stay**ing at the **Chur**chill. My **se**cretary booked the room by **te**lex".

12 At the ho**tel**, the **door**man took* Mr Le**garde**'s case and a**no**ther **ser**vant parked the car.

13 The two men went to the re**cep**tion desk: "My name's Le**garde**, I have a **sin**gle (**5**) room re**served**".

14 "Yes sir, room two three **se**ven (237). The hall-**por**ter will show you up" (**6**).

PRONUNCIATION
10. ho**tél** – **11. Tchâ**tchil... bukt... **té**lékss – **12. dó**hmen... **sâ**vent – **13.** ri**cép**shân... **sin**guêl... ri**zâ**vd – **14.** hól-**póh**tâ.

EXERCISES

1 I knew he would be **wea**ring a grey hat. — **2** **Fol**low me, will you, **I'll** take you to your ho**tel**. — **3** You should have booked the room **ear**lier. — **4** He caught sight of his friend in the crowd. — **5** She **could**n't hear the voice of the loud-**spea**ker.

Fill in the missing words:

1 *Sem saber o seu nome, reconheci-o por causa da (sua) roupa.*

. . . . his name, I recognised him

. . . . his clothes.

2 *Queira pegar (tomar) na minha maleta e mostre-me o (meu) quarto.*

Take my case, ... , and . . . . to my room.

10. Quando estavam a caminho de Londres, [o] David disse : "Levá-lo-ei ao hotel primeiro, e, depois, iremos almoçar.
11. O sr. Legarde respondeu : "Obrigado. Estou (a ficar) no Churchill. A minha secretária reservou o quarto por telex."
12. No hotel o porteiro pegou na maleta do sr. Legarde e outro empregado arrumou o carro.
13. Os dois homens foram [dirigiram-se] ao balcão de recepção : "O meu nome é Legarde. Tenho um quarto para uma pessoa reservado".
14. "Sim, senhor. Quarto 237. O carregador vai indicar-lhe.

NOTES (continued)
(5) *Single or double room? :* quarto para 1 (individual) ou 2 pessoas.
(6) Sub-entendido : *upstairs, up to your room. He'll show you up :* ele o conduzirá.

EXERCÍCIOS
1. Sabia que ele levaria (posto) um chapéu cinzento – **2.** Queira seguir-me. Levá-lo-ei ao seu hotel – **3.** Você deveria ter reservado o quarto mais cedo – **4.** Apercebeu o seu amigo na [no meio da] multidão – **5.** Ela não podia ouvir a voz do alto-falante.

3 *Ajudá-lo-ia se pudesse, mas estou com pressa.*

I . . . . you if I . . . . . but I am in a . . . . .

4 *Deve ser [é sem dúvida] o sr. Legarde? Eu sou David Wilson, como está?*

You . . . . . . Mr Legarde? . . . David Wilson, how . . . .?

HUNDRED AND TWENTY-THIRD (123rd) LESSON

How is your English getting on?

1 Have you **no**ticed that **ev**ery day you **are** **lear**ning new words and ex**pres**sions?
2 You can now hold* conver**sa**tions, read* **no**tices, ask your way—**e**ven **ar**gue with **some**one!
3 We must con**tin**ue to add new ma**te**rial **ev**ery day,
4 so that (**1**), at the end of the course, you will be **a**ble to under**stand*** **Eng**lish as it is **spo**ken* by the **Eng**lish.
5 We hope that you find* time to re**vise** the past **les**sons, and that, a**bove** all, you do it a**loud** (**2**).

PRONUNCIATION
1. nôhticed – **2.** con**vâssei**shânz... **nôh**ticiz... **áh**guiu – **3. mâ**tirial – **4. spôh**ken – **5.** ri**vaize**... â**laud.**

5 *Centenas e milhares de pessoas partem (levantam vôo) e aterram em Heathrow.*

. . . . and . . . . of . . . . . . take off and land at Heathrow.

Correcção

1 Without knowing - because of. — **2** will you - show me up. — **3** would help - could - hurry. — **4** must be - I'm - do you do? — **5** Hundreds - thousands - people.

Second wave : 73rd Lesson

CENTÉSIMA VIGÉSIMA TERCEIRA LIÇÃO

Como está o seu inglês progredindo?

1. Notou que todos os dias está a aprender novas palavras e expressões?
2. Você pode, agora, manter conversas, ler avisos e perguntar direcções (seu caminho) - até [mesmo] discutir com alguém!
3. Deve continuar a assimilar (adicionar) novo material todos os dias
4. de modo a que, no fim do curso, seja capaz de compreender inglês tal como é falado por um inglês.
5. Esperamos que tenha (encontre) tempo para rever as lições anteriores (passadas) e que, sobretudo, o faça em voz alta.

NOTES

(1) Conhecemos *in order to* (a fim de). Aprendamos agora *so that* : a fim de que, de modo a que. *You repeat so that you can speak better* : você repete a fim de poder falar melhor.

(2) *Loud* : forte, alto, barulhento ; *speak louder* : fale mais alto ; *aloud* (ou *out loud*) : em voz alta ; *a high voice* : uma voz aguda ; *a loudspeaker* : um alto-falante.

6 This is **vi**tal, be**cause** it helps you to re**mem**ber and to im**prove** your pronun**ci**a**ti**on.
7 You will **al**ways have a slight **ac**cent,
8 but don't **wo**rry: **pe**ople will be **a**ble to under**stand** you, which is most im**por**tant.
9 And, be**si**des, a slight **fo**reign **ac**cent is **char**ming.
10 There are **cer**tain ex**pres**sions which you **can**not **rea**lly trans**la**te,
11 so you can say them in your own **lan**guage and **pe**ople will say: "How **charm**ing! (**N. 2**).
12 So re**vise** and read* **aloud e**very day as much as you can.
13 You will find* that your **En**glish is be**com**ing* more and more **na**tural.

PRONUNCIATION
6. vaitêl... im**pruve**... pronunci**ei**shân – **7.** slait **ák**sent – **9.** bi**sai**dz... **tchá**hming – **10.** trans**lei**te – **12.** ri**vaize**... rid – **13.** bi**kâ**ming.

EXERCISES

1 Let me help you with your **home**work. — No **thank**you. — **2** It is be**com**ing more and more **vi**tal to speak **En**glish. — **3** Let me intro**duce Da**vid Hide. — Pleased to meet you. — **4 Above** all, don't for**get** to take your um**bre**lla. — **5** Did you **no**tice her new dress?

Fill in the missing words:

1 *O seu inglês está-se tornando cada vez mais (mais e mais) natural. Em breve, ele será capaz de falar fluentemente.*

His English is . . . . and . . . . natural. Soon he . . . . speak fluently.

6. Isto é essencial porque o ajuda a lembrar-se e a melhorar o seu sotaque.
7. Você terá sempre um ligeiro sotaque,
8. mas não se preocupe : as pessoas poderão compreendê-lo, o que é o mais importante.
9. E, além disso, um ligeiro sotaque estrangeiro é encantador.
10. Há certas expressões que não se podem verdadeiramente traduzir
11. e, assim, (você) poderá dizê-las na sua própria língua e as pessoas dirão : "Que encanto!".
12. Assim, reveja e leia em voz alta todos os dias tanto quanto puder.
13. (Você) dar-se-á conta de que o seu inglês está-se tornando cada vez mais natural.

EXERCÍCIOS
1. Deixe-me ajudá-lo com os seus trabalhos de casa - Não, obrigado – **2.** Está sendo (ficando) cada vez mais importante (vital) falar inglês – **3.** Deixe-me apresentar-lhe [o] David Hide - Prazer em conhecê-lo (encontra-lo) – **4.** Sobretudo não se esqueça de levar a sombrinha – **5.** Reparou no seu (dela) novo vestido?

---

2 *Você tem um ligeiro sotaque, mas não se preocupe. Será compreendido.*

You have a . . . . . . accent, but . . . .

You will . . . .

3 *As pessoas raramente apertam a mão em Inglaterra. Faz-se [isso] apenas uma vez.*

People rarely . . . . in England. It is done . . . . only.

4 *Leia tanto quanto puder. A leitura é extremamente importante.*

Read as . . . . can. . . . . is extremely important.

HUNDRED AND TWENTY-FOURTH (124th) LESSON

A little revision

1 In **or**der to help you with your **task** of re**vi**sion, to**day** and to**mor**row, we will look **again** at some of the words

2 we have seen* **re**cently, to**ge**ther (**1**) with a few new ones.

3 This **sen**tence may ap**pear dif**ficult to you, but **ac**tually it is **sim**ple.

4 From the top of the Post **O**ffice **Tow**er, you can see* the whole of **Lon**don.

5 **In**dian **coo**king is de**li**cious but it can be **ve**ry **spi**cy (**2**).

6 I bought* this **o**vercoat **sec**ond-hand. Does it suit (**3**) me?

PRONUNCIATION
1. táhsk – **2. ri**centli, to**gué**dâ – **3. sim**pél – **4.** Pôhst... hôhl – **5.** di**li**shâz... **spai**ci – **6.** bót... **ô**hvâ kôht... siut.

5 *Sobretudo fale tão frequentemente quanto possível.*

. . . . speak . . often . . possible.

Correcção

1 becoming more - more - will be able to. — 2 slight - don't worry be understood. — 3 shake hands - once — 4 much as you - Reading — 5 Above all - as - as.

Second wave : 74th Lesson

CENTÉSIMA VIGÉSIMA QUARTA LIÇÃO

Um pouco de revisão

1. A fim de ajudá-lo com a sua tarefa de revisão, hoje e amanhã, reveremos (olharemos novamente) algumas das palavras
2. que vimos recentemente, (junto com) bem como algumas novas.
3. Esta frase pode parecer-lhe difícil, mas, na realidade, é simples.
4. Do cimo da Torre dos Correios pode ver-se toda Londres.
5. A cozinha indiana é deliciosa, mas pode ser muito picante.
6. Comprei este sobretudo em segunda mão. Fica-me bem?

NOTES

(1) *Together :* junto, em companhia, em conjunto. Eles saiem sempre juntos : *They always go out together. Together with :* junto com, assim como (apesar de melhor tradução para esta última expressão ser *as well as*).

(2) *Spice :* tempero, condimento ; *spicy :* condimentado ou apimentado. Em relação a uma comida bem condimentada, a palavra *hot* (quente) tem o significado de picante. *Variety is the spice of life :* a variedade é o tempero da vida.

(3) *To suit :* convir, assentar bem. Este chapéu vai-lhe bem. *This hat suits you.*

7 So long as you warn me first, you can take* the lawn-**mo**wer when you like.
8 On No**vem**ber the fifth, **peo**ple set* off **fi**reworks, light* **bon**fires and burn* guys.
9 Al**though** he's **ve**ry in**tel**ligent, he won't pass (**4**) the e**xam**, he **has**n't worked.
10 My car is parked just out**side** the **ci**nema.
11 I have a room re**ser**ved in the name of **Wil**son.
12 Whate**ver** he wants, tell* him to go a**way**, I'm far (**5**) too **bu**sy.
13 In**side** the **Tow**er, **ra**vens could be seen* **ea**ting from **sil**ver bowls.
14 Would you mind **wai**ting for ten **min**utes, Mr **Wil**son is not back yet.

PRONUNCIATION
7. uáhn... lóhn-**mô**-â – **8.** lait... gaiz – **9.** uon't... ég**zame** – **12.** Uá**té**vâ... bizi – **13.** bôhlz – **14.** maind.

EXERCISES

1 The whole **fam**ily came to the **wed**ding. — **2** Al**though** he **had**n't worked, he passed the e**xam**. — **3** As it was **rai**ning, I had to **bor**row an **o**vercoat. — **4** He tried to light the **bon**fire but it **did**n't burn. — **5** I'm far too **bu**sy; tell him to come back to**mor**row.

7. Contanto que me avise [previna] primeiro, pode levar (tomar) a máquina de cortar a relva quando quiser.
8. No dia 5 de Novembro, as pessoas lançam fogo de artifício, acendem fogueiras e queimam efígies.
9. Embora seja muito inteligente, ele não passará o exame. (Ele) não trabalhou.
10. O meu carro está arrumado mesmo em frente do cinema.
11. Tenho um quarto reservado no nome de Wilson.
12. O que quer que ele queira diga-lhe para se ir embora. Estou (longe) demasiado ocupado.
13. No interior da Torre podiam ver-se os corvos a comer de tijelas de pratas
14. Importa-se de esperar 10 minutos, o sr. Wilson ainda não voltou.

NOTES (continued)
O 25 convir-lhe-ia? : *would the twenty fifth suit you?* Não se esqueça que *suit* é um fato.
(4) *To take an exam :* fazer um exame ; *to pass an exam :* passar um exame. *To fail :* falhar, reprovar. *Exam* é um diminuitivo de *examination.*
(5) *Far :* longe. *Far too :* muitíssimo, demasiado. *he smokes far too many cigarettes :* ele fuma demasiados cigarros. Demasiado longe : *much too far.*

Nas lições de recapitulação, como a presente e a seguinte, não se esqueça de marcar as expressões que tem dificuldade em reter.

EXERCÍCIOS
1. Toda a família veio ao casamento – **2.** Embora ele não tivesse trabalhado, (ele) passou o exame – **3.** Como estava a chover, tive de pedir emprestado um sobretudo – **4.** Tentou acender a fogueira, mas [esta] não ardeu – **5.** Estou demasiado ocupado ; diga-lhe para voltar amanhã.

467 four hundred and sixty-seven

Fill in the missing words :

1 *Embora sejam colegas, (eles) odeiam-se.*

. . . . they are colleagues, they hate . . . .

2 *Do cimo da torre pode-se ver toda Londres.*

From . . . . the tower, you can see the . . . . London

3 *Este vestido verde fica-lhe bem.*

That green dress . . . .

HUNDRED AND TWENTY-FIFTH (125th) LESSON

A little revision *(continued)*

1 According to my dictionary, this word means* "carefree".
2 During the night, a burglar broke* into the castle and stole* all her jewels.
3 You erase it with a "rubber", not a "robber" you silly thing.
4 The advertisement says, that if you pour milk onto this cereal (1), it will crackle.

PRONUNCIATION
1. **dik**shionéri... **kér**fri – 2. **bâ**glâ... **káh**ssle... **dj**iulz – 3. **ireize**... **ró**bâ – 4. ad**vâ**taizement... póhr... **ci**rial... krákel.

4 *Importar-se-ia de esperar cinco minutos, ele ainda não voltou.*

. . . . . you . . . . for five minutes, he's not . . . .

5 *Tenho que marcar (fazer) um encontro - 0 23 convem-lhe?*

I . . . . . . make an appointment. — Does the twenty-third . . . .?

Correcção

1 Although - one another. — **2** the top of - whole of. — **3** suits you. — **4** Would - mind waiting - back yet. — **5** have to - suit you?

Second wave : 75th Lesson

CENTÉSIMA VIGÉSIMA QUINTA LIÇÃO

Um pouco de revisão (continuação)

1. Segundo o meu dicionário, esta palavra significa "despreocupado".
2. Um ladrão arrombou o castelo durante a noite e roubou--lhe todas as jóias.
3. Você apaga com uma "borracha", não com um "ladrão", tolo.
4. A publicidade diz que se se deita leite neste cereal, ele dará estalidos (crepitará, estalará).

NOTES

(1) *A cereal* : um cereal ; mas também quer dizer os produtos à base de cereais que se comem ao pequeno-almoço, tais como os *corn-flakes,* etc.

5 He bought two **sec**ond-**hand** loud**spea**kers for his **ste**reo, but they **did**n't work. It was a bad **bar**gain.

6 There is a **but**ton **mis**sing from this **jac**ket, or else (**2**) I've got an **ex**tra **but**ton-hole!

7 I have no change (**3**) for the ciga**rette**-ma**chine**. Lend* me **fif**ty pence will you?

8 You ought to stop **smo**king, it's bad for your health.

9 "Your health!", said the **bar**man. "**Cheers**!", said the **cus**tomer.

10 Let me intro**duce** you to Mr Le**garde**, he has just ar**rived** from Ge**ne**va.

11 He seems a **plea**sant (**4**) man. What does he do?—He's (**5**) a **den**tist. — Then I was wrong, he's an un**plea**sant man.

12 You will speak* **Eng**lish more and more **flu**ently if you re**vise** a **lit**tle **eve**ry day.

PRONUNCIATION
5. bóht... **st**éri**ô**... **b**á**h**gân – **6.** **dj**á**ket... élse... **é**ks**s**tra – **7.** tchandeje... mâ**chine** – **8.** óht... hélç – **9.** **báh**men... **tchi**-âz... **kâs**stemâ – **10.** intro**diuce** – **11.** **plé**zant... **den**tist... ân**plé**zant – **12.** ri**vaize.**

5. Ele comprou dois alto-falantes em segunda-mão para o seu estéreo, mas não funcionavam. Foi um mau negócio.
6. Falta um botão neste casaco, ou, então, tenho uma casa de botão a mais!
7. Não tenho troco para a máquina de cigarros. Quer emprestar-me 50 pence?
8. Deveria deixar (parar) de fumar, é mau para a (sua) saúde.
9. "À sua saúde!", disse o barman. "À sua!", disse o cliente.
10. Deixe-me apresentá-lo ao sr. Legarde, ele acabou de chegar de Genebra.
11. (Ele) parece [ser] um homem agradável. O que é que ele faz? - É dentista - Então, enganei-me. É um homem desagradável.
12. (Você) falará inglês cada vez [com] mais fluência (fluentemente) se recapitular um pouco todos os dias.

NOTES (continued)

(2) *Something else :* outra coisa ; *or else :* ou então, se não. *Do this, or else I'll hit you :* faça isto, se não bato-lhe. *Elsewhere :* noutra parte, algures.

(3) *To change :* trocar ; mas *the change* é o troco, ou moedas soltas.
Exchange rate : taxa de câmbio.

(4) *Sympathetic* corresponde mais a uma pessoa compassiva do que simpática. As palavras em inglês que melhor traduzem a nossa noção de alguém que é simpático são *nice* e *pleasant.*

EXERCISES

1 I **wou**ldn't like to be a **den**tist, no-one likes them. — 2 You should never be**lieve** ad**ver**tisements. — **3** If you said that, you would be wrong. — **4** There is a **bu**tton **mi**ssing from my shirt. — **5** Pour the **boi**ling **wa**ter **on**to the **co**ffee.

Fill in the missing words:

1 *Se você não tivesse fechado as portas à chave teria sido roubado.*

If you . . . . . . locked the doors you . . . . burgled.

2 *Há qualquer coisa que falta. O que é que poderá (poderia) ser?*

. . . . . is something . . . . What . . . . . it . . ?

3 *Só tenho uma nota de 5 £ - Lamento, não tenho troco.*

I've . . . . got a five-pound note. — I'm . . . . . I haven't got any . . . . . .

HUNDRED AND TWENTY-SIXTH (126th) LESSON

REVISION AND NOTES

Notas a reler - 120ª lição : (1), (4) – 121ª : (1), (2), (4) – 122ª : (2), (4) – 123ª : (1), (2) – 124ª : (3), (5) – 125ª : (4).

4 *O que é que esta palavra quer dizer? - Não sei, nunca aprendi russo.*

. . . . does this word . . . . ?—I don't know. I have

. . . . Russian.

5 *Quanta custaria um novo estéreo? - Demasiado para mim.*

. . . much . . . . . a new stereo . . . . ?—Far

. . . . for me.

EXERCÍCIOS
1. Não gostaria de ser dentista. Ninguém gosta deles – **2.** Não deveria acreditar em anúncios (publicidade) – **3.** Se dissesse isso, estaria enganado (errado) – **4.** Há um botão que falta na (da) minha camisa – **5.** Despeje [deite] água a ferver no café.

Correcção

1 hadn't - would have been. — **2** There - missing - could - be ? — **3** only - sorry - change. — **4** What - mean - never learned (ou : learnt). — **5** How - would - cost - too much.

Second wave : 76th Lesson

CENTÉSIMA VIGÉSIMA SEXTA LIÇÃO

1 Formas reflexas e impessoais (ver lição 120) - Estas formas traduzem-se em inglês de várias maneiras. Vimos na lição 120 (1) que *one* é utilizado para exprimir ideias gerais. Deve-se obedecer aos pais : *one must obey one's parents.* Noutras ocasiões, contudo, é melhor evitar o emprego excessivo de *one,* pois, em bom inglês, soa um pouco pretencioso.

Devemos, sempre que seja possível, "personalizá-lo". Pode-se ver daqui toda Londres : *from here, you can see the whole of London.*

Ou, então, pode-se pôr a frase na forma passiva. Roubaram--lhe a pasta : *his briefcase was stolen.* Chamavam-lhe o "Cisne de Avon" : *he was called the Swan of Avon* (Shakespeare).

Diz-se que : *they say that* (quer dizer, as pessoas, em geral, dizem que) Disseram-me que... *I have heard that... I was told that.* disseram-me que poderia telefonar daqui : *I was told that I could phone from here.* Disseram-me que ele é um ladrão : *I have heard that he's a robber.*

Vemos igualmente expressões como *english spoken* (fala-se inglês), *Wanted - a shorthant typist :* precisa-se de uma estenógrafa. Dir-se-ia um palácio : *It looks like a palace* (parece um palácio).

É necessário, por consguinte, sentir a frase antes de a traduzir para inglês. Não há qualquer mistério e já possui suficiente vocabulário para se exprimir sem empregar as formas reflexas e impessoais.

2 How charming (Lição 123, linha 11) - As exclamações começam, em geral, por *How...!* ou *What...!*

How lucky you are ! : que sorte você tem. *How hungry I am ! :* que fome tenho.
How happy she was ! : como ela era feliz. *What a noisy child ! :* que criança barulhenta. *What a miserable day ! :* que dia horrível. *What a lot of people ! :* quanta gente. *What a lot of noise ! :* que barulho.

3 To miss (falhar, não alcançar, não acertar, deixar escapar, faltar). *He missed the train :* ele perdeu o comboio. *She shot, but missed the target :* ela disparou, mas não acertou no alvo.
I miss you : sinto a sua falta. *Do you miss me? :* tem saudades minhas.
They miss Lisbon : sentem falta de Lisboa.

O homem a quem falta um braço : *the man with a missing arm. This jacket has a button missing* : falta um botão a este casaco.

Falta de... *a lack of.* Há falta de respeito nesta aula : *there is a lack of respect in this class.* Falta açúcar a este chá : *this tea needs* (necessita) *sugar.*

4 Care - *To care* : cuidar de, inquietar-se, afligir-se. *To care for* : cuidar de, preocupar-se com, ter consideração por. *I don't care what he says* : não me incomodo com o que ele diz.

Careless : descuidado, negligente. *His work is terribly careless* : o seu trabalho é horrivelmente desleixado.

Be careful : tenha cuidado, seja prudente.

5 To suit e **to fit** - *To suit* : servir, ser conveniente, ficar bem, satisfazer. *To fit* : assentar, ajustar, convir, ser apropriado, caber, servir.
These trousers don't suit me : estas calças não me ficam bem. *Does it suit me?* Fica-me bem? convem-me? *The shoes don't fit me, they are too big* : estes sapatos não me servem, são demasiado grandes.
Como vê, a tradução exacta destes verbos depende do contexto da frase.

Mais exemplos : *any day will suit me* : qualquer dia me serve. *Would Tuesday suit you?* convem-lhe terça-feira. *He has such big hands that they don't fit in his pockets* : ele tem mãos tão grandes que não cabem nos bolsos.

6 To look like e **to sound like** - *She looks exactly like her mother :* ela parece-se exactamente com a sua mãe. *You look like a clown :* você parece um palhaço. *On the telephone, he sounds like his father :* ao telefone, ele tem a mesma voz que o seu pai. *This singer sounds like a dying cat! :* este cantor parece um (soa como) gato a morrer.

7 Datas - Lembremos-lhe novamente que as datas se dizem em grupos de dois : 1723 - 12 e 23 *(seventeen twenty three) ;* 1986 : *nineteen eighty six.*

Ou em centenas e unidades - 1800 : *eighteen hundred,* 1902 : *nineteen hundred and two* (ou *nineteen-ôh-two*). Os anos vinte : *the 20's - the twenties,* etc. 800 B.C. : *eight hundred bi ci (before Christ).* 1260 A.D. : *twelve sixty ei di* (anno domini).

Os números de telefone são geralmente ditos um a um ou em grupos de dois.

8 Problemas de tradução - Já falámos da dificuldade em traduzir palavra por palavra. Um problema que se agrava com as palavras próprias aos usos e costumes de cada país. Assim como em português existem palavras que são difíceis de converter exactamente noutra língua, o mesmo acontece com o inglês quando o tentamos traduzir. O melhor método ainda é, como temos repetido inúmeras vezes ao longo deste curso, tomar em consideração o contexto de cada frase. De qualquer modo, e estamos certos de que estará de acordo, o mais interessante no estudo de uma língua são as suas particularidades.

9 Expressões a reter — 1 *It may appear strange to you.* — 2 *We've been here for three and a half hours.* — 3 *No one knows the reason.* — 4 *Follow me, will you ?* — 5 *Let's go and get some lunch.* — 6 *The porter will show you up.* — 7 *How charming you look tonight.* — 8 *When he sings he sounds like a nightingale* [**nai**tingueil]... *with toothache.* — 9 *Your hair is too long.* — 10 *He's far too busy.* — 11 *You ought to stop smoking.*

10 Tradução - 1 Pode parecer-lhe estranho – 2 Estamos (temos estado) aqui há três horas e meia – 3 Ninguém sabe o motivo – 4 Queira seguir-me – 5 Vamos almoçar – 6 O carregador indicar-lhe-á o caminho – 7 Como (você) está encantadora esta noite – 8 Quando ele canta parece um rouxinol... com dor de dentes. – 9 O seu cabelo está demasiado comprido – 10 Ele está demasiado ocupado – 11 Deveria deixar (parar) de fumar.

Languages are the pedigree of nations (Samuel Johnson) : as línguas são a estirpe das nações.

Second wave : 77th (revision) Lesson

HUNDRED AND TWENTY-SEVENTH (127th) LESSON

The news

1 — Would you mind if I turned on (**1**) the television, **Da**vid? I want to **lis**ten to the news. — Of course not.

2 This is the B.B.C. It is six o'clock and here is the news.

3 The **Gov**ernment to**day** an**noun**ced that it would re**sign**.

4 The Prime **Min**ister made the an**nounc**ement in a speech to the **Co**mmons (**2**) this **after**-**noon**.

5 The de**ci**sion was **ta**ken* in the light of the **re**cent de**feat** of the **Gov**ernment's **Pri**ces and **In**comes **po**licy (**3**).

6 and **al**so **re**cent de**feats** in **lo**cal **by**-e**lec**tions. A **Gen**eral E**lec**tion is ex**pec**ted next month.

7 The **ci**vil war in Ru**ta**nia continues. The **mil**itary **jun**ta which last month over**threw*** the **Gov**ernment

8 ap**peal**ed to**day** to **A**me**rica** **for** **mil**itary aid (**4**).

9 At home **a**gain, the **re**cent strike by **tool**-makers at **Dag**wood's Car Plant has **fin**ished.

PRONUNCIATION

1. tâned... niúz – **2.** Bi Bi Ci – **3.** **ânáun**ced... ri**zaine** – **4.** **ânáun**cement... **Kó**mânz – **5.** di**ci**jân... **ri**cent di**fit**... **Djé**neral – **7.** **ci**vil uóh... Ru**tei**nia... **mili**téri **djun**tâ... ôvâ**çru** – **8.** â**pi**led... **Âmérica**... eid – **9.** **tul**-meikâz... **Dá**gud... pléhnt.

CENTÉSIMA VIGÉSIMA SÉTIMA LIÇÃO

As notícias [informações]

1. Importar-se-ia se eu ligasse a televisão, David? Quero ouvir (escutar) as informações - Claro que não.
2. Esta é a [aqui] B.B.C. São 18 h e estas são (aqui estão) as informações.
3. O governo anunciou hoje que se demitiria.
4. O Primeiro Ministro fez o anúncio num discurso à Câmara dos Comuns esta tarde.
5. A decisão foi tomada à luz [como consequência] da recente derrota da política governamental sobre [os] preços e salários (rendimentos)
6. e também [por causa d]as recentes derrotas nas eleições suplementares locais. Aguarda-se uma eleição geral no próximo mês.
7. A guerra civil na Rutânia continua. A junta militar que depôs (derrubou) o governo no mês passado
8. solicitou hoje ajuda militar americana.
9. De novo, informações nacionais : a recente greve dos fabricantes de ferramentas na fábrica de automóveis de Dagwood terminou.

NOTES

(1) *To turn :* girar, rodar, virar-se ; *to turn on :* ligar, acender, abrir (uma torneira, etc.). O contrário é *to turn off.* Se a ligação se efectua através de um interruptor *(a switch)* também se pode dizer *to switch on* e *to switch off.*

(2) *The House of Commons* e *The House of Lords* (as duas câmaras do Parlamento Britânico) são normalmente abreviadas em *The Commons* e *The Lords* (lóhdz).

(3) A política (arte ou ciência do governo) traduz-se por *politics.* A política (acção prevista) ou norma : *policy.* Apólice de seguros : *insurance policy.*

(4) Neste caso utiliza-se *aid* e não *help* porque se trata de uma ajuda material.

10 The men are ex**pec**ted to re**turn** to work on **Wed**nesday.
11 **A** **go**ri**l**la es**caped** from **Lon**don Zoo and at**tac**ked four **pas**sers-by.
12 It was **la**ter re**cap**tured **sa**fely (**6**) and re**turn**ed to its cage.
13 A **spokes**man for **Lon**don Zoo said that the **a**nimal **prob**ably felt* **lone**ly (**7**).
14 **Fi**nally, the **wea**ther **fore**cast: the night will be fine with **sca**ttered **show**ers (**8**) in the North.
15 And that is the end of the news (**9**).

PRONUNCIATION
10. Uénzdei – **11. guâri**la éss**kei**pd... Zu... ât**á**kt... **páh**ssâz bai – **12.** ri**káp**tchâd... keidje – **13. spôks**smén... **lôh**nli – **14. fai**nâli... u**é**dâ **fóh**káhst... **ská**têd **shau**âz.

EXERCISES

1 Would you mind **tur**ning off the tele**vi**sion, I want to go to bed. — **2** In the light of **re**cent **prob**lems, the di**rec**tor has re**signed**. — **3** A **Gen**eral E**lec**tion is ex**pec**ted next month. — **4** Are you **wor**ried a**bout** the strike? — **5** You al**ready** know e**nough** to **an**swer these **ques**tions.

Fill in the missing words:

1 *Vejo frequentemente televisão, mas nunca ouço as informações.*

I often . . . . . the television, but I . . . . the . . . . .

2 *Se o Governo é [for] deposto, pode-se esperar uma política rígida.*

If the Government is . . . . , we can . . . . . . strict . . . .

10. Espera-se que os operários (homens) voltem ao trabalho na quarta-feira.
11. Um gorila escapou do Jardim Zoológico de Londres e atacou quatro transeuntes.
12. Foi mais tarde recapturado sem acidentes (sem perigo) e voltou para a jaula.
13. Um porta-voz do Jardim Zoológico de Londres disse que o animal se sentia provalmente só.
14. Finalmente, a previsão metereológica (do tempo) : a noite estará boa com aguaceiros dispersos no Norte.
15. E é o fim das informações.

NOTES (continued)

(6) *Safe :* sem perigo, seguro. *Is this cliff safe?* Este penhasco é seguro? *Safely :* sem acidentes ; *did he arrive safely :* ele chegou bem?

(7) *Alone :* sozinho, sem companhia. *He prefers to work alone :* ele prefere trabalhar sozinho. Mas *lonely* tem um sentido afectivo : alguém que se sente só, solitário. *She feels lonely when I'm not here :* ela sente-se só quando eu não estou.

(8) *A shower (of rain)* um aguaceiro (de chuva). De outro modo, *shower* significa chuveiro.

(9) *News,* tanto no singular como no plural, escreve-se da mesma maneira.

EXERCÍCIOS

1. Importa-se (importar-se-ia) de apagar a televisão, quero ir para a cama – **2.** À luz dos problemas recentes, o director demitiu-se – **3.** Aguarda-se uma eleição geral para o próximo mês – **4.** Está preocupado acerca da [com a] greve? – **5.** Já sabe o suficiente para responder a estas perguntas.

3 *Deve aprender a andar antes de querer correr.*

You . . . . learn . . . . . . before . . . . to run.

4 *Se jamais se sentir só venha-me ver imediatamente.*

If . . . . you . . . ., come and see me straight . . . .

5 *Fazer um discurso é fácil, mas não gostaria de fazer um.*

. . . . . . a speech is . . . . but I . . . . like to make . . .

HUNDRED AND TWENTY-EIGHTH (128th) LESSON

Problems

1 **Pa***tient.* — **Doc**tor, help me. I keep (**N. 1**) **tal**king to my**self**.

2 *Psy***chia***trist.* — Don't **wor**ry sir, it's not un**com**mon. In fact, **thou**sands of **pe**ople do it.

3 **Pa***tient.* — Yes, but, **doc**tor. you don't **rea**lise how **stu**pid I sound!

PRONUNCIATION :
1. peishánt... mais**sélf** – **2.** Sai**kai**-âtrist... ân**kó**mân – **3. rí**alaize... **stiu**pid... sáund.

Correcção

1 watch - never listen to - news. — **2** overthrown - expect - policies. — **3** must - to walk - wanting. — **4** ever - feel lonely - away. — **5** Making - easy - wouldn't - one.

Quando ouvir uma gravação siga o texto, primeiro, pelo livro e tente reproduzir mentalmente os sons ; depois, recomece até compreender tudo ***de ouvido*** *e, finalmente, repita cada parágrafo em voz alta sem ajuda da gravação.*

Second wave : 78th Lesson

CENTÉSIMA VIGÉSIMA OITAVA LIÇÃO

Problemas

1. O paciente - Doutor, ajude-me. Falo continuamente comigo mesmo.
2. Psiquiatra - O senhor não se preocupe, não é invulgar. Na realidade, milhares de pessoas o fazem.
3. Paciente - Sim, mas, doutor, não faz ideia como pareço estúpido.

4 At their first **mee**ting (**1**), a psy**chi**atrist asked his **pa**tient a few **stan**dard **ques**tions.
5 — What is the **di**fference be**tween** a **lit**tle boy and a dwarf? he asked.
6 — There could be a lot of **dif**ference, re**plied** the **pa**tient.
7 — What, for ex**am**ple?
8 — Well, the dwarf could be a girl, came* the re**ply**.

---

9 — Hel**lo**, I **hav**en't seen* you for **a**ges. Have a drink.
10 — No thanks, I **ne**ver drink*. — **Rea**lly, why not?
11 — Well I don't be**lieve** in (**2**) **drin**king* in front of my **chil**dren,
12 and, when I'm a**way** (**3**) from them, I don't need to drink!

---

13 — Your **girl**-friend is good-**look**ing, but she limps.
14 — **On**ly when she walks!

PRONUNCIATION
4. standâd – **5. dife**rence... duóf – **6.** kud... ri**plaid** – **9. hav**en't... **ei**djiz – **11.** bi**liive**... frônt – **12.** â**uei** – **13.** limpz.

EXERCISES

1 Haven't you **e**ver been to see a psy**chi**atrist? You should. — **2** He sounds in**tel**ligent, but he **is**n't **rea**lly. — **3** I'm **sor**ry, but I don't be**lieve** in **len**ding **mo**ney. — **4** We've just drunk all your **whis**ky. What a **pi**ty! — **5** I **hav**en't seen him for **a**ges, is he well?

4. No seu primeiro encontro [consulta], um psiquiatra perguntou ao paciente algumas perguntas típicas.
5. Qual é a diferença entre um rapazinho e um anão? perguntou.
6. Poderiam haver muitas diferenças, replicou o doente.
7. Quais, por exemplo?
8. Bem, o anão poderia ser uma raparigaa, foi (veio) a resposta.

---

9. Olá! Há séculos que não o vejo. Tome uma bebida.
10. Não obrigado, nunca bebo. - De verdade, por que não?
11. Bem, não gosto de (acredito em) beber em frente dos meus filhos
12. e, quando estou longe deles, não preciso de beber!

---

13. A sua namorada é bonita, mas coxeia.
14. Somente quando anda!

NOTES

(1) *A meeting* : uma reunião, um encontro, mas, neste caso, traduzimos por consulta visto tratar-se de um médico.
(2) *To believe in* : acreditar em. *I don't believe in God* : não acredito em Deus. *To believe in drinking* : gostar de beber, no sentido em que se pensa que a bebida faz bem. *I don't believe in talking to strangers* : penso que não parece bem falar com pessoas desconhecidas.
(3) *Away* : ausente, distante, longe. *When the cat's away, the mice will play* : quando o gato está ausente, os ratos brincam. *Go away* : vá-se embora.

EXERCÍCIOS

1. Nunca foi ver [consultar] um psiquiatra? Deveria – **2.** Ele parece (soa) inteligente, mas na realidade não é. – **3.** Lamento, mas não acredito em emprestar dinheiro – **4.** Acabámos de beber todo o seu uísque. Que pena! – **5.** Há séculos que não o vejo, ele está bem?

Fill in the missing words :

1 *Como ela está bonita ; e como parece inteligente.*

How . . . . . . she looks; and . . . intelligent she . . . . . .

2 *Ele não acredita na bebida e ela não precisa de beber.*

He . . . . in drinking and she doesn't . . . .

3 *Tem-[n]o visto recentemente? - Claro. Viu-o na 5ª feira passada.*

. . . . you . . . . recently? — Of . . . ., I . . . . . . last . . . .

Second wave : 79th Lesson

HUNDRED AND TWENTY-NINTH (129th) LESSON

A few idioms

1 Here are a few idiomatic expressions you might meet (**N. 2**) when you go to England:
2 I've been sitting* down for too long; I've got pins and needles in my foot.
3 He put* on his new coat inside-out and you could see the price-tag.

4 *Quem vai cuidar da casa enquanto estivermos fora?*

Who . . . . to look . . . . . the house . . . . . we are . . . . ?

5 *Qual é a diferança entre uma borracha e um ladrão?*

. . . . is the difference . . . . a ". . . . . ." and a ". . . . . ."?

Correcção

1 pretty - how - sounds. — **2** doesn't believe - need to drink. — **3** Have - seen him - course - saw him - Thursday. — **4** is going - after - while - away. — **5** What - between - "rubber" - "robber"

Ajudamo-lo a recapitular as novas palavras com as nossas revisões, mas continua a fazer marcas para voltar a encontrar uma palavra ou expressão difícil?

CENTÉSIMA VIGÉSIMA NONA LIÇÃO

Algumas expressões idiomáticas

1. Aqui estão algumas expressões idiomáticas que pode encontrar [com que pode deparar] quando for à Inglaterra.
2. Estou sentado há demasiado tempo ; tenho o pé dormente (alfinetes e agulhas no pé).

PRONUNCIATION
1. idio**má**tik... mait – **2.** pinz... **ni**dâlz – **3.** **ín**said'aut... **práice** tág.

4 He was a **ve**ry blunt (**1**) man who called a spade a spade.

5 It's not **di**fficult to do, but there's a knack (**2**) to it.

6 If you wait for a bus at a re**quest**-stop, you must put* out (**3**) your hand to make* the bus stop (**N. 3**).

7 My **hus**band **does**n't under**stand*** me, he takes* me for **gran**ted (**4**).

8 When you buy* on **hi**re-**pur**chase, you make* a down-**pay**ment of **fif**ty pounds and then six**teen** **mon**thly ins**tal**ments (**5**) of eight pounds.

9 All the fruit had gone bad (**6**), but she **coul**dn't stand* (**7**) the **idea** of **thro**wing* it aw**ay** (**8**).

10 He pre**ten**ded to be a millio**naire**. but **ac**tually he was broke.

11 We will have to put* off the **mee**ting un**til** next **Thurs**day since **no**-body is free.

12 I hope we can eat* soon. I'm starved (**9**)!

PRONUNCIATION
4. blânt... speide – **5.** nák – **6.** ri**kuésst** – **7.** teikez... **grahn**ted – **8. hai**-â **pâ**tchâz... **pei**ment... ins**tóh**lments – **9.** friut... stand... **çrô**-hing... âu**ei** – **10** brô**hke** – **11.** **çâz**dei – **12.** stáhvd.

NOTES

(1) *Blunt :* brusco, abrupto, uma pessoa que não anda com rodeios, directa. Também pode ser o contrário de afiado *(sharp). A blunt knife :* uma faca sem corte. *Sharp* também pode ser aplicado a pessoas e significa eperto, perspicaz.

(2) *A knack :* destreza, jeito, truque.

3. Ele vestiu o (seu) casaco novo às avessas e podia-se ver a etiqueta com o preço.
4. Era um homem muito directo que chamava as coisas pelo seu nome (a uma pá, uma pá).
5. Não é difícil de fazer, mas há um truque (para isto).
6. Se espera por um autocarro numa paragem [onde se precisa fazer sinal] (paragem de solicitação), deve [tem que] estender a mão para fazer [com que] o autocarro pare.
7. O meu marido não me compreende, (ele) não me leva a sério.
8. Quando se compra a crédito (compra aluguer), dá-se um sinal de 50£ e, depois, 16 prestações mensais de 8£.
9. Toda a fruta se tinha estragado, mas ela não podia suportar a ideia de atirá-la fora.
10. (Ele) fingia ser um milionário, mas, na verdade, estava arruinado.
11. Temos que adiar a reunião até à próxima 5ª feira pois ninguém está livre.
12. Espero que possamos comer em breve. Estou esfomeado.

NOTES (continued)

(3) *To put on :* vestir, pôr-se, pôr. *To put out :* lançar fora, apagar, estender (a mão). *To put off :* tirar, adiar.
(4) *To grant :* conceder ; *a grant :* uma subvenção, uma bolsa. A expressão idiomática *to take for granted* tanto pode ser tomar por certo como não levar a sério, não ter a devida consideração.
(5) *To install :* instalar, investir ; *an instalment :* uma prestação ; *weekly instalments :* prestações semanais.
(6) *To go bad :* apodrecer, estragar-se. O verbo apropriado é *to rot.*
(7) Também se viu *she can't bear...* o que tem o mesmo significado.
(8) *To throw :* atirar, lançar ; *to trow away :* deitar fora.
(9) *To starve* (do inglês antigo para "morrer", vem do alemão *sterben*) significa, literalmente, morrer de fome.

13 **Dad**dy asked me if I **wan**ted a **sports**-car or a yacht. I **coul**dn't care less.
14 What's on (**10**) at the **Gau**mont this week? It **does**n't make* any **di**fference to me, I'm hard up.

PRONUNCIATION
13. yót... kér – **14. di**ference... háhd âp.

EXERCISES

1 This knife is so blunt that it won't cut. — **2 Af**ter a week, all the fruit had gone bad. — **3** I **hav**en't **ea**ten for weeks. I'm broke. — **4** He **al**ways puts off his **den**tist's ap**poin**tments. — **5** I can't stand up, I've got pins and **nee**dles in my foot.

Fill in the missing words:

1 *Não suporto esse homem quando (ele) pretende ser um perito.*

I can't . . . . . that man when he . . . . to be an expert.

2 *Estou sempre teso no fim do mês - Eu também.*

I'm always . . . . . . at . . . . . . of the month. — Me . . .

3 *Não é difícil, mas há um truque.*

It's not difficult but . . . . (to it).

4 *Tenha cuidado! Não ponha as luvas às avessas.*

. . careful! Don't . . . your gloves on . . . .

13. O papá perguntou-me se eu queria um carro de desporto ou um iate. Tanto me faz.
14. O que é que está a passar no Gaumont esta semana? Não me faz qualquer diferença. Estou teso.

NOTES (continued)
(10) *What's on* : o que é que se passa? o que é que estão a dar (como espectáculos) *"What's on in London"* é o nome do guia cultural publicado naquela cidade.

5 *Você pode quebrar o que quiser. Tanto me faz.*

You can break ...., I couldn't ....

EXERCÍCIOS
1. Esta faca está tão [pouco afiada] que não corta – **2.** Depois de uma semana toda a fruta apodreceu – **3.** Não como há semanas. Estou sem dinheiro. – **4.** Ele sempre adia as consultas com o dentista – **5.** Não me posso levantar, tenho o pé dormente.

Correcção
1 stand - pretends. — **2** hard up - the end - too. — **3** there's a knack. — **4** Be - put - inside out. — **5** what you like/want - care less

---

Birds of a feather flock together :
Cada qual com o seu igual.

Second wave : 80th Lesson

HUNDRED AND THIRTIETH (130th) LESSON

Letters (N. 4)

1 In this **lesson** and the next one, we will look at **different** sorts of **letter**.

2 Dear Mike,
I'm **writing*** to thank you and your wife for **having** (1) us last week**end.**

3 We **tho**roughly en**joyed** our**selves,** and it was so nice to see* you and Mary **again.**

4 It was nice, too, to see* **Lon**don **af**ter all this time.

5 Life in the **sub**urbs is **qui**et, but **some**times a bit too **qui**et.

6 On the way home, we gave* a lift (**2**) to a **hitch-hi**ker (**3**)—a young **stu**dent **go**ing back to uni**ver**sity.

7 We had a long chat (**4**)—you know* what Joan is like—

8 and it seems that **stu**dent life has changed from the life you and I knew*.

9 For a start, the kid was **stu**dying "**So**cial Anthro**po**logy" which I **al**ways thought* had **some**thing to do with **mon**keys.

10 Then he told* us that he **did**n't **attend** **lec**tures but spent* his time pre**par**ing po**li**tical **meet**ings.

11 At the week**end**, he goes to demon**stra**tions (**5**).

PRONUNCIATION

1. sóhts – **2.** Maike... **rai**ting – **3.** **çó**râli en**djoid** au-â-**sélvz**... naice – **5.** **sâ**bâbz – **6.** **hitch-hai**kâ... iuni**vâ**ssiti – **7.** tchát – **8.** tchandjed – **9.** stáht... **stâ**di-ing **Sôh**shâl Antrâ**pó**lâdji... çót... **mân**kiz – **10.** **lék**tchâz – **11.** démân**strei**shânz.

CENTÉSIMA TRIGÉSIMA LIÇÃO

Cartas

1. Nesta lição e na seguinte veremos (olharemos para) diferentes tipos (espécies) de cartas.
2. Caro Mike,
Escrevo para lhe agradecer e à sua mulher por nos terem [recebido] na semana passada.
3. Divertimo-nos imenso (completamente) e foi tão agradável ver você e [a] Mary de novo.
4. Também foi agradável ver Londres após todo este tempo.
5. A vida nos arredores é tranquíla, mas, por vezes, um pouco demasiado tranquíla.
6. Demos, no regresso, uma boleia a um jovem estudante que voltava à universidade.
7. Tivemos uma longa conversa - você sabe como é a Joan -
8. e parece que a vida de estudante mudou em relação à (da) vida que você e eu conhecemos.
9. Para começar, o rapaz estava a estudar Antropologia Social, que eu sempre pensei que tinha qualquer coisa a ver (fazer) com macacos.
10. Depois, disse-nos que não assistia às conferências [cursos], mas que passava o tempo a preparar reuniões políticas.
11. No fim de semana, vai a manifestações.

NOTES

(1) *To have someone* : receber alguém (subentendido : *at home*). *Thank you for having us* : obrigado por nos terem recebido.
(2) *A lift* : um elevador. *To give someone a lift* ou *to give a lift to someone* : dar uma boleia a alguém. *I'll give you a lift to the station* : dou-lhe uma boleia até à estação.
(3) *To hitch-hike* (ou simplesmente *to hitch*) : pedir boleia. *A hitch-hiker* não tem correspondente em português, é uma pessoa que viaja pedindo boleia.
(4) *To chat* : tagarelar ; *a chat* : uma pequena conversa.
(5) *A demonstration* : demonstração ou manifestação.

12 In our day, it **wou**ldn't have been al**lowed**, would it?
13 Do I sound old **fash**ioned and in**to**lerant? I sup**pose** I am **re**ally...
14 Thanks **again** for your hospi**tal**ity, and I look **for**ward to **see**ing* you both **again** soon.
15 **Kin**dest re**gards** to you and your wife, Yours,
David.

PRONUNCIATION
12. â**laued** – **13.** ôld **fásh**âned... int**ó**lerant.

EXERCISES

1 On the way home we had to stop at a **ser**vice **sta**tion. — **2** It has **no**thing to do with you. — **3** When I was at school, that would not have been al**lowed**. — **4** He owns three **hou**ses and two **sports**-cars. — **5** We will put off the **meet**ing since **no**body can at**tend**.

Fill in the missing words:

1 *Escrevemos três cartas, duas das quais eram para amigos.*

We . . . . . three letters, two . . . . were to friends.

Second wave : 81st Lesson

12. No nosso tempo (dia), isso não teria sido permitido, não é (seria)?
13. Pareço antiquado e intolerante? Suponho que [o] sou realmente...
14. Mais uma vez obrigado pela vossa hospitalidade e espero ver ambos novamente em breve.
15. Os meus melhores desejos para si e [a] sua mulher. Vosso, David.

---

2 *No caminho do regresso demos uma boleia a uma pessoa [que pedia boleia].*

On . . . ., we gave . . . . . to a

. . . . .-. . . . .

3 *Pareço (a minha voz parece) fatigado? Não tenho dormido muito ultimamente.*

Do I . . . . . tired? I . . . . much

recently.

4 *Divertimo-nos imenso (completamente) e esperamos (com prazer) vê-lo de novo.*

We . . . . ourselves and we

. . . . to seeing you . . . . .

5 *A sua autobiografia nada tem a ver com os romances que ele escreveu.*

. . . autobiography has nothing . . . . the

. . . . . . he . . . .

EXERCÍCIOS

1. No caminho de regresso tivemos de parar numa estação de serviço – **2.** Nada tem a ver consigo – **3.** Quando estava na escola, isso não teria sido permitido – **4.** Ele possui três casas e dois carros de desporto – **5.** Adiaremos a reunião pois ninguém pode vir (assistir).

Correcção

1 wrote - of which. — **2** the way home - a lift - hitch-hiker. — **3** sound - haven't slept. — **4** thoroughly enjoyed - look forward - again. — **5** His - to do with - novels - has written.

HUNDRED AND THIRTY-FIRST (131st) LESSON

A business letter

1 To**day** we see* a **let**ter from **some**one who is ap**ply**ing (**1**) for a job :

2 **Dear** Sir,
I have just read* your ad**ver**tisement (**2**) in the "Situ**a**tions **Va**cant **co**lumn" of the *Times.*

3 I wish to ap**ply** for the post of bi**lin**gual **sec**retary which you are **of**fering.

4 I am **twen**ty three **ye**ars old (**3**) and **sin**gle, live in **Lon**don and own a car.

5 **Af**ter **qual**ifying from St **Dun**stan's Secre**ta**rial **Col**lege in nine**teen** **sev**enty four (1974), I worked for two **ye**ars in France.

6 I was based in the Bor**deaux** **re**gion and was **wor**king for an **im**port-**ex**port firm.

7 While there, I per**fec**ted my French which I write* and speak* **per**fectly.

8 I **al**so type and know* both **En**glish and French **short**hand.

9 I will be free from March the **twen**ty third, as my firm is **be**ing **ta**ken* **o**ver (**4**) by a French **com**pany.

10 I hope I may be **gran**ted an **in**terview. Yours **faith**fully,

Marjorie **Wat**son (Miss).

PRONUNCIATION
1. â**plai**-ing – **2.** réd... âdv**â**taizement... situ**ei**shân **vei**kant **kó**lâm – **3.** pôhsst... bai**lin**gual – **4.** **sin**gâl... âhun – **5.** **kuali**fai-ing... **Dân**stânz... **Kó**lidje... Frânce – **6.** **bei**zd... **ri**djion – **7.** uaile... pâ**fék**ted – **8.** taipe... **shoht**-hand – **10.** grahnted... **in**tâviu... **feiç**-fuli... **Máh**djâri.

CENTÉSIMA TRIGÉSIMA PRIMEIRA LIÇÃO

Uma carta comercial (de negócios)

1. Hoje, [vamos] ver (vemos) uma carta de uma pessoa que está a solicitar um emprego :
2. Caro senhor, acabo de ler o seu anúncio na coluna de ofertas de emprego do *Times*.
3. Desejo solicitar a posição de secretária bilíngue que o senhor oferece.
4. Tenho 23 anos de idade e [sou] solteira. Vivo em Londres e possuo um carro.
5. Depois de obter o diploma da Escola de Secretárias de St. Dunstan em 1974, trabalhei durante 2 anos em França.
6. Residi (estava baseada) na região de Bordeaux e trabalhei para uma firma de importações - exportações.
7. Enquanto ali [estive], aperfeiçoei o francês que escrevo e falo perfeitamente.
8. Também escrevo à máquina e conheço estenografia tanto em inglês como em francês.
9. Estarei disponível (livre) a partir do dia 23 de Março, pois a minha firma vai ser incorporada por uma companhia francesa.
10. Espero que me seja concedida uma entrevista. Respeitosamente (fielmente sua), M.W.

NOTES

(1) *To apply for a job :* solicitar um emprego, candidatar-se. Um pedido de emprego : *an application.*

(2) *An advertisement* (marque bem o acento tónico) quer dizer uma publicidade e, muitas vezes, esta palavra é abreviada para *advert* ou *ad (small ads :* pequenos anúncios). *To advertise* (a inflexão tónica muda) : fazer publicidade. *Publicity :* publicidade no sentido geral do termo : anúncios, televisão, promoções, etc.

(3) Esta forma é mais formal do que simplesmente *I'm twenty. How old are you? I'm twenty years old.*

(4) *To take over :* tomar posse, ocupar. Neste caso, incorporar, absorver uma sociedade.

Já se familiarisou com os verbos irregulares? Não se esqueça de repetir os verbos marcados com asterisco.

11 Per**haps** she will be **lu**cky. Here is the re**ply** she re**ceiv**ed :

12 Dear Miss **Wat**son,
Thankyou for re**ply**ing to our ad**ver**tise-ment so **promp**tly.

13 If you would like to come* to my **of**fice on the **twen**ty-third of March at ten o'clock,

14 I will be glad to give* you an **in**terview and a short test in bi**lin**gual corres**pon**dence.

15 Please con**firm** this ap**point**ment by re**turn** of post or by **te**lephoning my **sec**retary.
Yours sin**ce**rely;

John Hind

PRONUNCIATION
12. prômptli – **14.** kôres**pôn**dance – **15.** kônfâm... â**point**ment... ri**tân**... sin**ci**-eli... Haind.

EXERCISES

1 I want you to re**ply** by re**turn** of post. — **2** Are you **sin**gle or **mar**ried? — **3** He **wan**ted me to come at ten o'clock but I **coul**dn't. — **4** I will be glad when this **les**son is **fi**nished. — **5** Do you know **En**glish or French **short**hand? — Both.

Fill in the missing words:

1 *Depois de ler o seu anúncio, decidi trabalhar consigo.*

After . . . . . . your . . . . , I have decided . . . . I want to work with you.

2 *Toda a gente começou a escrever, excepto a Joan que olhava pela janela.*

. . . . started . . . . , ... Joan who looked . . . . . . the window.

11. Talvez ela tenha sorte. Aqui está a resposta que recebeu :
12. Cara menina (senhorita) Watson, obrigado por responder [ter respondido] tão prontamente ao nosso anúncio.
13. Se desejar (gostaria) vir ao meu escritório no dia 23 de Março às 10 h.,
14. terei prazer em entrevistá-la e fazer-lhe passar um pequeno exame em [de] correspondência bilíngue.
15. Por favor confirme esta entrevista pela volta do correio, ou telefonando à minha secretária. Sinceramente, J.H.

EXERCÍCIOS
1. Quero que responda pela volta do correio – **2.** É solteiro ou casado? – **3.** Ele queria que eu viesse às 10 h., mas eu não podia. – **4.** Ficarei contente quando esta lição terminar – **5.** Conhece estenografia inglesa ou francesa? - Ambas.

---

3 *Estarei livre a partir do 31, a nossa companhia fez falência [faliu].*

I . . . . be . . . . from the . . . . . . - . . . . . .,

our . . . . has gone bankrupt.

4 *Obrigado por ter respondido tão prontamente ao nosso anúncio.*

Thankyou for . . . . so . . . . to our

. . . .

5 *Solicite o emprego, vá (assista) à entrevista, e terá o emprego.*

. . . . the job, ... the interview, and you'll . . . the job.

HUNDRED AND THIRTY-SECOND (132nd) LESSON

More about letters

1 Did you **no**tice how **sim**ple the style of the last **let**ter was?
2 In an **En**glish **let**ter, and es**pe**cially a **bus**iness **let**ter, it is **bet**ter to be as di**rect** as **pos**sible.
3 There are no frills or ex**tra**vagant salu**ta**tions and the style is plain (**1**).
4 Our Miss **Wat**son could have **writ**ten* her life **his**tory or talked a**bout** her **bro**ther-in-law,
5 but she did not, and it worked. Sim**pli**city **al**ways pays.
6 In o**ffi**cial corres**pon**dence, the **En**glish use many abbrevi**a**tions. "For ex**am**ple" is **writ**ten* "e.g." (**2**);
7 "That is to say" is **writ**ten* "i.e." (from the **La**tin *id est*).

PRONUNCIATION
1. **nô**htice... stail – **2.** ês**pésh**âli... **biz**ness – **3.** frilz... éks**stra**vâgant. salu**tei**shanz... plein – **5.** sim**pli**citi – **6.** ó**fish**âl... âbrevi**ei**shânz... i. dji. – **7.** ai. i.

Correcção

1 reading - advertisement - that. — **2** Everybody/everyone - writing. except - out of. — **3** will - free - thirty-first - company/firm. — **4** replying - promptly - advertisement. — **5** Apply for - attend - get/have

Second wave : 82nd Lesson

CENTÉSIMA TRIGÉSIMA SEGUNDA LIÇÃO

Mais sobre cartas

1. Reparou como era simples o estilo da última carta?
2. Numa carta [em] inglês, e especialmente [uma] carta comercial (de negócios), é melhor ser tão directo quanto possível.
3. Não há amaneiramentos [termos afectados] nem (ou) saudações extravagantes e o estilo é claro.
4. A nossa menina Wilson podia ter escrito a história da sua vida ou falado sobre o seu cunhado,
5. mas não [o] fez, e deu resultado (funcionou). A simplicidade sempre paga [triunfa].
6. Os ingleses empregam muitas abreviações em correspondência oficial. "Por exemplo" escreve-se "e.g."
7. "Quer dizer" escreve-se "i.e." (do latim *id est*).

NOTES

(1) *Plain :* claro, evidente, simples, liso (por exemplo, uma camisa lisa : *a plain shirt*). *A plain girl :* uma rapariga simples, pouco atraente.

(2) e.g. : do latim, *exempli gratia.*

8 The **twen**ty-four hour clock is not **wid**ely (**3**) used in **Brit**ain.
9 (It is used **main**ly on the **rail**ways, which might ex**plain** why the trains are so **of**ten late!).
10 So in**stead** **Eng**lish **pe**ople write* "a.m." to **in**dicate the **mor**ning and "p.m." (**4**) for the after**noon** and **e**vening.
11 e.g.: 10.00 a.m., 9.30 p.m. The abbrevi**a**tions are only **writ**ten*, **ne**ver **spo**ken*.
12 **O**ther abbrevi**a**tions you might find come* **a**fter **pe**oples' names, like "B.A." (**Bach**elor of Arts) or "M.Sc." (**Mas**ter of **Sci**ence) (**5**).
13 You could **al**so come* **across** "V.C." or "D.S.O." (**6**) or **a**ny of the **nu**merous **mil**itary or ci**vil**ian deco**ra**tions.
14 Twice a **year**, the Queen draws* up an "**Ho**nours List" which **dec**orates **pe**ople who have **giv**en* **ser**vice to the **na**tion.

PRONUNCIATION
8. uaidli – **9.** mait – **10** ins**stéd**... "ei éme" - **in**dikeite "pi éme" – **12. bátch**elâ... Áhts... sai-ence – **13.** "Vi Ci"... "Di Ésse Ôh"... **niu**merâz dékâ**rei**shânz – **14.** dróhz... ónâz (não aspire o h).

NOTES (continued)
(3) *Wide :* largo, amplo ; *wide-spread :* expandido, amplamente divulgado.
(4) a.m., do latim ante meridian, e p.m. *(post meridian) :* antes e depois do meio-dia.

EXERCICES

1 You must never use abbreviations when speaking. — **2** She could have helped him, but she did not. — **3** You should have been more simple, it always works — **4** Pastis is not widely drunk in England. — **5** If you want me to send you a post-card, you must buy me a stamp.

8. O relógio de 24 horas não é extensamente utilizado na Grã-Bretanha.
9. É utilizado principalmente nos caminhos de ferro, o que [talvez] possa explicar por que é que os comboios estão [chegam] sempre atrasados!
10. Assim, em vez [disso], os ingleses escrevem "a.m." para indicar a manhã e "p.m." para a tarde e noite.
11. por exemplo : 10 : 00 a.m., 9 : 30 p.m. As abreviaturas são somente escritas [utilizadas por escrito], nunca faladas (ditas).
12. Outras abreviaturas que pode [vir a] encontrar são [aquelas] que se seguem aos nomes de pessoas, como B.A. (Bacharel em Letras), ou M. Sc. (Licenciado em Ciências).
13. (Você) também pode (podia, poderia) deparar com "V.C." ou "D.S.O.", ou quaiquer das numerososas condecorações civis e militares.
14. A Rainha redige, duas vezes por ano, uma "Lista de Distinções" a qual condecora pessoas que tenham prestado serviços à nação.

NOTES (continued)
(5) Diplomas universitários.
(6) V.S. *(Victorian Cross)* e D.S.O. *(Distinguished Service Order)* ; esta última é uma condecoração militar, enquanto que a primeira tanto pode ser graciada a civis como a militares.

EXERCÍCIOS
1. Nunca deve utilizar abreviatures quando falar – **2.** Ela podia tê--lo ajudado, mas não o fez – **3.** Você deveria ter sido mais simples, dá resultado – **4.** O "pastis" não é muito bebido na Inglaterra – **5.** Se quiser que (eu) lhe envie um postal, (você) deve comprar-me um selo.

Fill in the missing words (and abbreviations):

1 *Solicite-se que chegue a horas, quer dizer, às 20 : 30.*

You are requested to arrive . . . ., . . 8.30 .

2 *Há numerosas condecorações, por exemplo, a "Victorian Cross".*

There . . . . decorations, . . the Victoria Cross (V.C.).

3 *Que tipo de camisa quer? Lisa ou às listas?*

. . . . of shirt do you . . . . ? . . . . . or striped?

HUNDRED AND THIRTY-THIRD (133rd) LESSON

REVISION AND NOTES

Notas a reler - 127ª Lição : (4), (7) - 128ª : (3) - 129ª : (3), (8) -130ª : (1) - 131ª : (2), (3) - 132ª : (1).

1 To keep (guardar) - *Please keep it, it is a present :* por favor guarde-o, é um presente.

To keep também tem um sentido de continuidade : Ninguém? Continue a tentar : *No-one? Keep trying.* Ele continuou a andar : *he kept walking.* E, como está a ver, o verbo seguinte vai para o gerúndio.

To keep também é usado para dar ordens : *Keep quiet :* cale-se, fique quieto. *Keep out :* afaste-se, probida a entrada.

Um jornalista americano notou que na Irlanda não se escreve

4 *Quando tiver terminado de redigir o relatório, venha ver-me ao (no) escritório.*

When you . . . . finished . . . . the report, ... me in my office.

5 *Enquanto (eu) fazia compras, deparei com esta velha arma de fogo.*

. . . . . I . . . shopping, I . . . . this old gun.

Correcção

1 on time, i.e. - p.m — **2** are numerous - e.g. — **3** What sort - want? - Plain. — **4** have - drawing up - come and see — **5** While - was - came across.

Second wave : 83rd Lesson

CENTÉSIMA TRIGÉSIMA TERCEIRA LIÇÃO

Keep off the grass (não pise a relva, afaste-se da relva), mas *please keep on the footpaths* : por favor mantenha-se nos carreiros, atalhos.

A keeper : um guarda ; *goal keeper* : guarda-redes.

2 Might e **may** (pode ser que...) - Na gramática inglesa, *may* é o presente e *might* o passado do verbo *to be allowed to* ; mas no inglês corrente pode-se substituir este último por *could* quando se quer. Há uma ligeira diferença : *may* é mais **provável** que *might*.

Por causa da difusão do inglês, a língua (coisa viva e mutável) adapta-se e simplifica-se ao mesmo tempo que vai incorporando novas palavras, tanto neologismos como palavras estrangeiras. Quando lhe proporcionamos indicações como a que acabámos de apontar, tentamos facilitar-lhe a tarefa e respeitar, ao mesmo tempo, o essencial da língua inglesa, sem nos limitarmos, todavia, às regras que existem apenas no inglês literário.

3 To make the bus stop - Eis alguns exemplos utilizando este verbo :

He makes me laugh : ele faz-me rir ; *they made me buy something I didn't want* : fizeram-me comprar uma coisa que não queria ; *we'll make him understand* : fá-lo-emos compreender.

He had a house built : mandou (fez) construir uma casa ; *Have my car repaired* : faça (mande) consertar o meu carro ; *he'll have his bathroom repainted* : ele fará (mandará) pintar a sua casa de banho de novo.

As primeiras fases têm a ver com mais de duas pessoas, uma que exerce uma acção sobre a outra *(you make me laugh* : você faz-me rir), enquanto que nas outras frases a acção será executada por terceiros (não incluídos na frase). *He had a car built* : ele mandou fabricar um carro.

No primeiro caso, emprega-se *make* mais o pronome mais o infinitivo do verbo a ser usado sem *to*.

No segundo caso, emprega-se *to have* mais o objecto mais particípio passado. Releia agora os nossos exemplos.

4 Cartas - Eis alguns conselhos suplementares :

Primeiro, a simplicidade : todas as formas elaboradas desaparecem e termina-se uma carta comercial com *Yours faithfully* se se começou por *Dear Sir* e *Yours sincerely* se se começou por *Dear M....* (a fórmula americana *Yours truly* é usada para evitar esta sujeição).

Numa carta familiar pode-se finalizar como se quiser : *yours, your friend, love from, best wishes,* etc. (e nestas cartas empregam-se as contracções). Nas cartas põe-se a morada no alto, **à direita** e, numa carta comercial, a morada do destinatário é colocada **à esquerda** abaixo da sua.

32, Mount Drive
LONDON SE2

Messrs JOHNSON
31, Crescent Drive

Mas a palavra chave para redigir uma carta é a simplicidade (ver lição 145).

5 *To realize* (dar-se conta, aperceber-se) - *Do you realize what this means? :* dá-se conta do que isto significa? *I'm sorry, I didn't realize it :* desculpe, não me dei conta (disso).

Realizar : *to fulfil, to achieve, to accomplish.* Um realizador de cinema : *a film director.*

6 Expressões a reter. — 1 *Please don't turn on the television.* — 2 *We were expecting them at a quarter past two.* — 3 *Hello! I haven't seen you for ages.* — 4 *I feel lonely when she's away.* — 5 *He always puts it on inside out.* — 6 *We couldn't bear the thought of having him shot.* — 7 *I'm starved aren't you?* 8 *I couldn't care less.* — 9 *We gave him a lift to Bath.* — 10 *It wouldn't have been allowed, would it?* — 11 *I hope I may be granted an interview.* — 12 *Please confirm by return of post.*

7 Tradução - 1 Por favor não acenda a televisão – 2 Esperávamo-los às 2 : 15 – 3 Olá! Há séculos que não o tenho visto – 4 Sinto-me só quando ela está ausente (longe) – 5 Ele sempre o põe às avessas – 6 Não podíamos

HUNDRED AND THIRTY-FOURTH (134th) LESSON

A **visit to** England

1 Pierre has met* his **En**glish friend **To**ny, and they are **drin**king* **be**er to**ge**ther on the Champs **Ely**sées.

2 — So, I hear* you've been to **En**gland **re**cently. Tell* me **about** your trip.

3 — Well, as I had a long wee**kend** (**1**), I de**ci**ded to take* **advan**tage of it (**2**).

4 I was **go**ing to **tra**vel by boat, but then I read* an ad**ver**tisement for the **ho**vercraft.

5 I'd (**3**) **ne**ver **ta**ken* one be**fore**, so I thought* it would be an ad**ven**ture.

PRONUNCIATION
1. T**ô**hni – **2.** iúve – **3.** dis**sai**ded... âd**vahn**tidje – **4.** bôht... **hô**vâ-kráft – **5.** âd**vên**tchâ.

suportar a ideia (o pensamento) de mandá-lo matar (a tiro) – 7 Estou esfomeado, você não? – 8 Tanto me faz – 9 Demos-lhe uma boleia até (para) Bath – 10 Não teria sido permitido, não é (seria)? – 11 Espero que me concedam uma entrevista – 12 Queira confirmar, na volta do correio.

Second wave : 84th (revision) Lesson

CENTÉSIMA TRIGÉSIMA QUARTA LIÇÃO

Uma visita a Inglaterra

1. [O] Pierre encontrou[-se] [com] o seu amigo inglês Tony e estão a beber cerveja juntos nos Campos Elísios.
2. Então, ouvi dizer (ouço) que esteve em Inglaterra recentemente. Conte-me (fale-me) da sua viagem.
3. Bem, como tive um longo fim de semana decidi aproveitar (tirar vantagem disso).
4. Ía viajar de barco, mas, depois, li um anúncio sobre o "hovercraft" [hidroplanador].
5. Nunca tinha tomado um antes e, assim, pensei que seria uma aventura.

NOTES

(1) O que nós chamamos "ponte" em relação a um longo fim de semana não tem correspondente em inglês. Ponte, litteralmente, diz-se *bridge.*

(2) *An advantage :* uma vantagem. *To take advantage of an opportunity :* aproveitar uma oportunidade.

6 I went by train to Boulogne. At the hoverport (4), I bought* some duty-free cigarettes.

7 Then the hovercraft arrived. It was very impressive. Like (N. 1) a huge sea-monster.

8 Not only does it carry passengers (5), but also cars, coaches and even lorries.

9 Eventually, when everyone was on board, the thing rose* up on a cushion of air and set off.

10 You couldn't see* anything through the windows, because there was too much spray.

11 It was fantastic! In only half an hour we were in Dover.

12 My first impressions weren't marvellous. It was raining!

13 As I got out of the hovercraft and headed for the Customs, I suddenly realised that I was in a foreign country.

14 Everything was in English and I suddenly began* to panic.

15 I went through the "nothing to declare" lane (6) and got onto a coach to go to the station.

16 I hadn't spoken* a word and no-one had spoken* to me.

PRONUNCIATION
6. hôvâ-póht... **diu**ti-fri – **7.** im**pré**ssif... hiudje – **8. pá**ssendjâz... **kôh**tchâz... **ló**riz – **9.** i**ven**tchuali... on bóhd... rôhz – **10.** çru... sprei – **11.** fan**tá**sstik... Dôhvâ – **12.** im**présh**ânz... **máh**vâlâz – **13. hé**ded... **Kâ**sstamz... **ri**-âlaized – **14. pa**nik – **15.** di**klér** leine.

6. Fui de comboio a [até] Boulogne. No cais do "hovercraft" comprei cigarros isentos de impostos.
7. Depois, o "hovervraft" chegou. Era muito impressionante, como um enorme monstro marinho.
8. Não somente transporta passageiros, mas também carros e até camiões.
9. Finalmente, quando toda a gente estava a bordo, a coisa elevou-se sobre uma almofada de ar e pôs-se em marcha.
10. Não se podia ver nada através dos vidros porque havia demasiados borrifos.
11. Foi fantástico! Em apenas uma hora estávamos em Dover.
12. As minhas primeiras impressões não foram maravilhosas. Estava a chover!
13. Quando saí do "hovercraft" e me dirigia para a alfândega dei-me de repente conta de que estava num país estrangeiro.
14. Era tudo em inglês e, de repente, comecei [a entrar em] pânico.
15. Passei pela passagem [reservada aos que não têm] nada a declarar e entrei no autocarro para ir para a estação.
16. Não disse (tinha falado) uma palavra e ninguém falou (tinha falado) comigo.

NOTES (continued)

(3) Contracção de *had* e não *would*; para distinguir repare no verbo que se segue. Se for um particípio passado, a contracção refere-se a *had*, se não trata-se da contracção de *would*.

(4) *To hover* : planar. *A craft* : uma embarcação.

(5) A função de *does*, neste caso, dá ênfase à frase. Também se poderia dizer *it carries not only passengers but also cars.*
A car : uma viatura ; *a coach* : uma autocarro pequeno, uma carruagem.

(6) *Lane* : passagem, pista.

EXERCISES

1 He got out of the coach and **head**ed for the **Cus**toms **buil**ding. — **2** The **mon**ster rose up from the loch. — **3** You **cou**ldn't see **any**thing through the **win**dows be**cause** of the spray. — **4** Let's take ad**van**tage of the fine **wea**ther. — **5** We can go for a **pic**nic if you like.

Fill in the missing words :

1 *Depois de comprar cigarros e beber um café, (ele) entrou no autocarro.*

After . . . . . . some cigarettes and . . . . a coffee he . . . . the coach.

2 *Ela restabeleceu-se da (sua) doença e foi para a Suíça.*

She has . . . . her illness and . . . . to Switzerland.

3 *Não somente ele bebe demais [como também] (mas) possui uma cervejaria!*

. . . . does he . . . . , but he . . . . a brewery!

4 *Finalmente, quando toda a gente estava a bordo, o avião descolou.*

. . . . , when everyone was . . . . , the plane took . . .

5 *Não faz mal, podemos tomar o hidroplanador, é mais rápido.*

Never . . . . , we can . . . . the . . . . , it's . . . .

EXERCÍCIOS
1. (Ele) saíu do autocarro e dirigiu-se para o edifício da alfândega – **2.** O monstro elevou-se [surgiu] do lago – **3.** Não se podia ver nada através da janela por causa dos borrifos [de água] – **4.** Aproveitemos o bom tempo – **5.** Podemos ir a um piquenique, se quer [quiser].

Correcção

1 buying - drinking - got into. — **2** got over - has gone — **3** Not only - drink too much - owns — **4** Eventually - on board - off — **5** mind - take - hovercraft - quicker/faster

Talvez ache as gravações demasiado rápidas? São gravadas à velocidade de uma conversa normal. Compreendê-las-á facilmente se tiver o texto diante dos olhos. Trata-se, agora, de se habituar a perceber o que dizem sem ler.

Não se esqueça de que, por vezes, somos incapazes de compreender um compatriota quando ele fala um pouco depressa ou em voz baixa. O mesmo acontece em relação ao inglês. Não hesite em recomeçar as audições par ir acostumando o ouvido.

Second wave : 85th Lesson

HUNDRED AND THIRTY-FIFTH (135th) LESSON

Arrival in London

1 On the train, I **man**aged (**1**) to re**lax** a **lit**tle and look at the **coun**tryside.
2 It's true (**2**) what they say, **Eng**land is **beau**tiful and green, **e**ven in the rain.
3 I **star**ted **rea**ding* my **guide**-book and **loo**king for ad**dre**sses of ho**tels** and "Bed and **Break**fasts".
4 The door of my com**part**ment **sud**denly **o**pened and a man in **u**niform said : "**Tic**kets, please".
5 The first words **some**one had **spo**ken* to me, and I had under**stood*** them!
6 I took* my **cou**rage in both hands and asked : "What time do we ar**rive** in **Lon**don?"
7 "**We**'ll be at **Cha**ring Cross in a**bout** an hour, sir". I still under**stood***.
8 I was now very ex**ci**ted. I had found* the ad**dress** of a cheap ho**tel**
9 and I **cou**ldn't wait to ar**rive**.
10 **Cha**ring Cross is like any big **rail**way **sta**tion, big, **noi**sy and **crow**ded.
11 Out**side**, I found* a **ta**xi, **so**rry, a "cab" (**3**) and gave* the **dri**ver the ad**dress**.
12 **Dri**ving* in **Lon**don was **hea**ven com**pa**red to **Pa**ris.

PRONUNCIATION
1. mánadjed... ri**lák**ss – **2.** tru – **3. gaide** buk... â**dré**ssiz – **4. iu**nifóhm séd – **6. kâ**ridje... áhssked – **7. uíl** – **8.** ék**ssai**ted... tchiip – **10. noi**si... **krau**did – **12. hé**ven.

CENTÉSIMA TRIGÉSIMA QUINTA LIÇÃO

Chegada a Londres

1. No comboio, consegui descontraír um pouco e olhar para a paisagem.
2. É verdade o que se diz, a Inglaterra é muito bonita e verde, mesmo à (na) chuva.
3. Comecei a ler o meu guia [turístico] (e) à procura de moradas de hoteis e pensões.
4. De repente, a porta do meu compartimento abriu-se e um homem em uniforme disse "Bilhetes, por favor".
5. As primeiras palavras que alguém me dirigia (dizia) e eu tinha-as compreendido!
6. Enchi-me de coragem e perguntei "A que horas chegamos a Londres?"
7. "Estaremos [chegaremos a] em Charing Cross em cerca de 1 hora, (senhor). Também (ainda) compreendi.
8. Estava agora muito animado. Tinha encontrado a morada de um hotel barato
9. e estava impaciente (não podia esperar) por chegar.
10. Charing Cross é como qualquer grande estação de caminho de ferro, grande, barulhenta e cheia de gente.
11. No exterior (fora) encontrei um táxi, perdão, um "cab" e dei a morada ao motorista.
12. Guiar em Londres era maravilhoso (o céu) comparado com Paris.

NOTES

(1) *To manage* (de onde provem a palavra *manager*) : administrar. Neste caso : conseguir. *He managed to improve his English in only three months :* conseguiu melhorar o seu inglês em apenas 3 meses.

(2) *True :* verdadeiro ; *the truth :* a verdade. *Tell me the truth :* diga-me a verdade. *A truthful person :* um pessoa que diz sempre a verdade, verdadeira.

(3) Os londrinos chamam *cab* aos táxis pretos.

Paris was built by the French for everybody whereas London was built by the English for themselves (Ralph Waldo Emerson).

13 **Ev**eryone was much more po**lite** and calm, but they were **dri**ving* on the wrong side of the road!

14 The ho**tel** I had **cho**sen* was in **Ken**sington, so I saw* quite a lot of **Lon**don from the cab.

15 At last, we ar**ri**ved at the ho**tel**. I paid the **dri**ver and gave* him a tip.

PRONUNCIATION
13. pâ**lai**te... káhm – **14. Ken**zingtân – **15.** peid... tip.

EXERCISES

1 I took my **cou**rage in both hands and said "No". — **2** Don't take a **ta**xi, it's too **crow**ded. — **3** Is it true what they say, it rains **all** the time?. — **4** **We**'ll be there in **about** an hour. — **5** Pay the **dri**ver and give him a tip.

Fill in the missing words :

1 *Embora ele falasse depressa, consegui compreendê-lo.*

. . . . he was speaking quickly, I . . . .

. . understand . . .

2 *Estávamos ambos muito animados e impacientes por chegar.*

We were . . . . very . . . . and . . . .

wait . . . .

3 *Dê a morada ao motorista e deixe-o encontrá-la.*

Give the . . . . . . the . . . . and . . . him

find . .

13. Toda a gente era muito mais educada e calma, mas guiavam do lado errado da estrada [rua]!
14. O hotel que tinha escolhido era em Kensington e, assim, vi uma boa parte de Londres do táxi.
15. Chegámos finalmente ao hotel. Paguei [ao] motorista e dei-lhe uma gorgeta.

4 *Quero que me dê a morada de um hotel barato.*

I want . . . to . . . . . . the address of a . . . . .

. . . . .

5 *Estou farto! Embora a Inglaterra seja muito bela chove todo o tempo.*

I'm . . . up! Although England . . very beautiful it

rains . . . .

EXERCÍCIOS
1. Enchi-me de coragem (tomei a coragem em ambas as mãos) e disse não – **2.** Não tome um táxi, há gente demais – **3.** É verdade o que dizem, [que] chove todo o tempo? – **4.** Estaremos lá em cerca de 1 h. – **5.** Pague ao motorista e dê-lhe uma gorgeta.

Correcção
1 Although - managed to - him. — **2** both - excited - couldn't - to arrive. — **3** driver - address - let - it. — **4** you - give me - cheap hotel. — **5** fed - is - all the time.

Second wave : 86th Lesson

HUNDRED AND THIRTY-SIXTH (136th) LESSON

Conversions

1 The **hotel** was fine: small but **com**fortable and only six pounds a night with **break**fast.
2 I checked in, put* my case in my room and set* out to dis**co**ver **Lon**don.
3 **To**ny inter**rup**ted: "You were **lu**cky, you know. Six pounds a night is **ve**ry cheap.
4 You could have paid (**N. 2**) up to twelve pounds—and for a small (**N. 2**) room, too".
5 "I know*", said Pierre, "but **Lon**don is **chea**per than **Pa**ris,
6 Ex**cept** the tube; that's much **dea**rer, and **far** less **mo**dern than our **Mé**tro.
7 I de**cid**ed straight a**way** to walk **ev**ery-where (**1**). I **e**ven bought* a pair of shoes.
8 That was a bit of a **prob**lem. The **sales**man asked: "What size do you take*?"
9 I had no i**dea**. **For**tunately he had a con**ver**sion **ta**ble.
10 "You take* a size **for**ty-two; that makes* you nine and a half.
11 We have a nice pair in the sales (**2**): only nine pounds re**du**ced from seven**teen** pounds."
12 I got* a **bar**gain. I put* my old (**3**) shoes in a bag and walked out in my new ones.

PRONUNCIATION
1. faine... **kâm**fetâble – **2.** tchékt – **3.** inter**âp**ted – **6.** di**â** – **7.** streit... **é**veriuére – **8. seil**zmén... saize – **9.** aidi**â**... kôn**vâ**shen – **11.** ri**diu**sst.

CENTÉSIMA TRIGÉSIMA SEXTA LIÇÃO

Equivalências

1. O hotel era estupendo : pequeno, mas confortável, e apenas 6 £ por noite com pequeno-almoço.
2. Inscrevi-me [no registo], pus a mala no quarto e saí para descobrir Londres.
3. [O] Tony interrompeu : "Teve sorte, sabe. 6 £ por noite é muito barato.
4. Podia ter pago até 12£ - e por um quarto pequeno também [igualmente].
5. Eu sei, disse [o] Pierre, mas Londres é mais barato do que Paris.
6. Excepto o metro ; isso é muito mais caro e de longe menos moderno do que o nosso metro.
7. Decidi imediatamente passear por toda a parte. Até comprei um par de sapatos.
8. Tive um pequeno problema. O vendedor perguntou : que número (medida) calça?
9. Não fazia a mais pequena ideia. Felizmente, ele tinha uma tabela de equivalências (conversão).
10. Calça o número 42 ; o que aquivale (isso faz-lhe) a 9 e meio.
11. Temos um bonito par em saldo : apenas 9 £ em vez de (reduzido de) 17 £.
12. Fiz um bom negócio (obtive uma pechincha). Pus os meus velhos sapatos num saco e saí (andei fora) com os novos.

NOTES

(1) *Everywhere :* por toda a parte ; *nowhere* (**nôh**-uére) : em nenhuma parte, nenhures.
(2) *To sell :* vender ; *a sale :* uma venda ; *for sale :* à venda ; *on sale :* em saldo.
(3) *Old :* velho, ou antigo. *My old school :* a minha antiga escola.

13 I had no idea **Lon**don was so large. It took* me an hour to walk to Tra**fal**gar Square.

14 I **wan**ted to look at the **pain**tings in the **Nati**onal **Gal**lery.

15 I had **ano**ther nice sur**prise** : it was free.

PRONUNCIATION
13. láhdje... Traf**áh**lgâ Shuér – **14. pei**ntingz – **15.** sâ**praize.**

EXERCISES

1 I like all the **pain**tings ex**cept** one. — **2** She should have walked a**round Lon**don. You see more. — **3** I **cou**ldn't re**mem**ber what size I took. — **4** I can't a**fford** de luxe ho**tels**, I have to stay in "Bed and **Break**fasts". — **5** There is a nice pair of shoes in the sales.

Fill in the missing words :

1 *Não faço (nenhuma) ideia que medida uso. Talvez o N° 9.*

I have . . . . . . what . . . . I take. . . . . a nine.

2 *Não tinham mais sapatos em saldo, tive que me contentar com [umas] botas.*

They had . . . . . . shoes . . . . . sales, I had to . . . . . . with boots.

13. Não fazia (tinha) ideia de que Londres fôsse tão grande. Levei 1 hora para andar [ir] até Trafalgar Square.
14. Queria ver (olhar) os quadros na Galeria Nacional.
15. Tive outra surpresa agradável : era gratuito.

---

3 *Tivēmos sorte, entrámos imediatamente.*

We . . . . , we went in . . . .

4 *Temos um pequeno problema : perdi a carteira e o passaporte.*

We have a . . . of . problem: I've . . . . my . . . . . .

and my . . . .

5 *Poderia ter pago muito mais do que isso. Até 13 £.*

You . . . . paid . . . . than

that. . . . . pounds.

EXERCÍCIOS
1. Gosto de todos os quadros, excepto de um – **2.** Ela deveria ter passeado à volta de [por] Londres – **3.** Não podia lembra-me que medida usava – **4.** Não me posso permitir hoteis de luxo, tenho que ficar em pensões. – **5.** Há um bonito par de sapatos em saldo.

Correcção
1 no idea - size - Perhaps — **2** no more - in the - make do — **3** were lucky - straight away — **4** bit - a - lost - wallet - passport — **5** could have much (far) more - Up to thirteen

---

Second wave : 87th Lesson

HUNDRED AND THIRTY-SEVENTH (137th) LESSON

1 After an hour's **wal**king and an **hour**'s **cult**ure. I felt* **hun**gry (**1**).

2 I looked in vain for an **En**glish **res**taurant but there **was**n't one in sight.

3 I could have **ea**ten* **pi**zza, crêpes, **ham**burgers, but no **En**glish food.

4 So I went **in**to a pub and had a pint of **bee**r and a **sand**wich (**2**).

5 Then I con**tin**ued my explo**ra**tions. One thing struck* me :

6 The **thea**tres and **ci**nemas were all **chea**per than at home.

7 A good seat in a **thea**tre was **about** a pound and **e**ven the **ci**nemas were not much more.

8 I made* up my mind to go and see a play be**fore** **lea**ving*.

9 My first day was ex**hau**sting (**3**). I saw* so much that I can't re**mem**ber **ev**erything.

10 I **no**ticed how the **Lon**doners I saw seemed **cal**mer, **e**ven at five o'clock **du**ring the rush hour.

11 A**no**ther thing, that im**pressed** me, was the **num**ber of parks :

PRONUNCIATION
1. **au**â **kâl**tchâ – **2.** vein – **3.** **pi**tza... **ham**bâgâz – **4.** páb... paint... **sand**uítch – **5.** ékssplô**rei**shâñz... strâk – **7.** siit – **8.** maind – **9.** égz**óh**ssting – **10.** **nâh**ticed... **Lân**danâz... râsh – **11.** ímp**réssed.**

CENTÉSIMA TRIGÉSIMA SÉTIMA LIÇÃO

1. Depois de 1 hora de passeio e 1 hora de cultura, fiquei com fome.
2. Procurei em vão um restaurante inglês, mas não havia nenhum à vista.
3. Podia ter comido piza, crépes, hamburgueses, mas não comida inglesa.
4. Assim, entrei num "pub" e bebi (tive) uma pinta de cerveja e [comi] uma sanduíche.
5. Depois, continuei as minhas explorações. Surpreendeu--me uma coisa :
6. Os teatros e cinemas eram mais baratos do que no nosso país.
7. Um bom lugar num teatro era [custava] cerca de 1 £ e mesmo os cinemas não eram [custavam] muito mais.
8. Decidi ir ver uma peça antes de partir.
9. O meu primeiro dia foi exaustivo. Vi tanto [tanta coisa] que não posso lembrar-me de tudo.
10. Reparei como os londrinos que vi pareciam mais calmos, mesmo às 5 h., durante a hora de ponta.
11. Outra coisa que me impressionou foi o número de parques :

NOTES

(1) Sinónimo de *I was hungry.*

(2) *A sandwich* (**san**duítch), plural : *sandwiches* (**san**duítchiz). A palavra provem, provavelmente, do *Earl of Sandwich* (1718-1792) que "inventou" esta maneira de comer o pão.

(3) *To exhaust* (égz**óhsst**). *She's exhausted :* ela está fatigada, exausta. *Exhaust pipe :* tubo de escape.

12 St **James**'s, Hyde Park, Green Park — and you were al**lowed** to walk on the grass (**4**).

13 I went to **Spea**kers' **Cor**ner (**5**) and **lis**tened to **some**body **tal**king a**bout** immi**gra**tion.

14 He said the **coun**try was full of **for**eigners, so I went a**way** qui**e**tly.

PRONUNCIATION
12. Djeimziz, Haide... â**laud** – **13. Spi**ikâz... **lis**sêned... imi**grei**shân – **14. fóh**rânaz... kuai-âtli.

EXERCISES

1 I feel a bit ill. May I sit down please? — **2** I'm exh**au**sted, I have been **wal**king all day. — **3** What struck me was the **num**ber of parks. — **4** You can choose **ei**ther **pi**zza or **ham**burger, but not both. — **5** She likes **li**ving **abroad** : she meets many **diff**erent **pe**ople.

Fill in the missing words :

1 *Há uma hora que ele caminha à chuva e sente-se cansado.*

He . . . . walking . . . an hour . . the rain

and he . . . . . tired.

2 *Procuraram em vão uma cabine telefónica, mas não havia nenhuma (uma).*

. . . . looked . . . . . . for a telephone box, but

there . . . . . . one.

3 *Ele suspirou quando lhe disseram que não podia reservar lugares.*

He . . . . . . when . . . . told him he

. . . . the . . . . .

12. Saint James, Hyde Park, Green Park - e podia-se andar sobre a relva.
13. Fui ao Speaker's Corner e ouvi (escutei) alguém falar sobre [a] imigração.
14. Ele disse que o país estava cheio de estrangeiros, [e], assim, fui-me embora discretamente.

NOTES (continued)
(4) *Grass,* relva, emprega-se por vezes em lugar de *lawn,* espaço relvado.
(5) *Speaker'd Corner* : o canto, a esquina dos oradores. Trata-se de um lugar particular em Hyde Park reservado à pessoas que desejem fazer discursos.

EXERCÍCIOS
1. Sinto-me um pouco adoentado. Posso-me sentar, por favor? – **2.** Estou exausto, andei (tenho estado a andar) todo o dia – **3.** O que me surpreendeu foi o número de parques – **4.** Pode escolher ou piza ou hamburguês, mas não ambos. – **5.** Ela gosta de viver no estrangeiro : encontra muita gente diferente.

---

4 *Os londrinos são geralmente calmos, mas os londrinos que eu vi eram barulhentos.*

. . . . are . . . . calm, but . . .

Londoners I . . . were . . . . .

5 *O metro é caro, assim, tome um táxi ; não é muito mais.*

The tube is . . . . , so take a taxi; . . . . not . . . .

HUNDRED AND THIRTY-EIGHT (138th) LESSON

1 I had changed my **mo**ney in **Eng**land and had got a good rate (**1**) for my francs.

2 I did some **sho**pping and bought* all the tra**di**tional things that **tou**rists buy*.

3 **Shet**land **pul**lovers, a tweed (**2**) **ja**cket. I was **e**ven **go**ing to buy* a **di**nner-jacket (**3**),

4 but it would have been a **li**ttle too ex**trav**agant.

5 The night be**fore** I left* (**4**), I went to see a **mu**sical.

6 As you know*, we don't have **ma**ny in **Pa**ris, so I was **loo**king **for**ward (**N. 4**). to it very much.

7 I **tho**roughly en**joyed** it. The **ac**ting, the **sin**ging and the **cos**tumes were all so pro**fess**ional!

8 **Lea**ving* the **thea**tre was like **co**ming* out **in**to a**no**ther world.

PRONUNCIATION
1. tchéndjed... reite... frankss – **2.** bóht... tra**di**shnâl – **3. Shét**land **pul**ôhvâz... tuíd... **di**nâ djákét – **5. miu**zical – **6. fóh**uâd – **7. çó**râli en**djoid**... **kós**tchumz... pro**fé**shionel.

Correcção

1 has been - for - in - feels. — **2** They - in vain - wasn't. — **3** sighed - they - couldn't book - seats. — **4** Londoners - generally the - saw - noisy. — **5** dear/expensive - it's - much more.

Second wave: 88th Lesson

CENTÉSIMA TRIGÉSIMA OITAVA LIÇÃO

1. Troquei o meu dinheiro em Inglaterra e obtive um bom câmbio (tarifa) pelos meus francos.
2. Fiz algumas compras e comprei todas as coisa típicas (tradicionais) que os turistas compram.
3. Camisolas "shetland" e um casaco de "tweed". Estive mesmo para comprar um "smoking",
4. mas teria sido (um pouco) demasiado extravagante.
5. Na noite anterior à minha partida fui ver um musical.
6. Como sabe, não há (temos) muitos em Paris, [e], assim, aguardava com muita impaciência ver um.
7. Diverti-me deveras. A interpretação, as canções e o vestuário eram todos tão profissionais!
8. Deixar o teatro era como sair para outro mundo.

NOTES

(1) *A rate :* uma taxa, uma tarifa, um valor. *The rate of exchange :* o câmbio, a tarifa de câmbio. Lembremos que *change,* em inglês, quer dizer o troco.

(2) *Tweed,* tecido escocês muito grosso. O mais famoso é o "Harris Tweed".

(3) O facto deste traje ser chamado um "smoking" em Portugal e outros países é um mistério. Nos E.U.A. diz-se *tuxedo.*

(4) Ou, então : *before leaving.*

9 I had a late **su**pper, this time, in an **ex**cellent Chi**nese res**taurant.

10 The next day, I packed my bags (**5**) and my souve**ni**rs (**6**),

11 said good**bye** to **eve**rybody and strolled to the **sta**tion.

12 The **jour**ney back was less **plea**sant. I was un**ha**ppy to leave

13 and the **Chan**nel was **ve**ry rough (**7**) that day.

14 If you are in a boat on a rough sea, you roll;

15 but, in a **ho**vercraft, you go up and down as (**8**) in a lift.

16 **Se**veral **pe**ople were sick, so I had a large **bran**dy to **stren**gthen (**9**) my**self**.

PRONUNCIATION

9. s**â**pâ – **10.** pékd... suve**ni**-êz – **11.** strôled – **12.** pl**é**zant... ân**hé**pi – **13.** râf – **14.** rôl – **16.** **bran**di... **streng**çen.

EXERCISES

1 I was in a bad mood be**cause** I had to leave. — 2 These souve**ni**rs re**mind** me of my stay in **Eu**rope. — 3 It was such a rough day that the ship was **ro**lling. — 4 It would have been a**mu**sing to buy a **bow**ler-hat. — 5 Through**out** the **mu**sical the **ac**ting was su**perb**.

9. Jantei tarde, desta vez num excelente restaurante chinês.
10. No dia seguinte fiz as malas (sacos) e [guardei] as minhas recordações (souvenirs).
11. Disse adeus a toda a gente e caminhei desocupadamente até à estação.
12. A viagem de volta foi menos agradável. Estava triste (infeliz) por partir
13. e o Canal estava muito bravo nesse dia.
14. Se se está num barco com o mar bravo, uma pessoa balança ;
15. mas, num hidroplanador, vai-se para cima e para baixo como num elevador.
16. Várias pessoas ficaram doentes ; assim, tomei (tive) um brandy duplo (grande) para me fortalecer.

NOTES (continued)
(5) *To pack :* embalar, fazer as malas. Depende do sentido. *Packaging :* acondicionamento.
(6) *Souvenir* é uma palavra de origem francesa que se emprega em quase todo o mundo para indicar uma recordação típica de determinada região. *Memories* significa recordações, mas recordações de momentos vividos.
(7) *Rough :* rude, tosco, bruto. Em relaçõa ao mar significa encapelado, bravo. *A rough copy :* um rascunho.
(8) Outra comparação : *he changes cars as I change my socks :* ele muda de carro como eu mudo de peúgas.
(9) *Strenght :* força ; *to strenghten :* fortalecer, reforçar.

EXERCÍCIOS
1. Estava de mau humor porque tinha de partir – **2.** Estas recordações (souvenirs) lembram-me a minha estadia na Europa – **3.**Estava um dia tão tempestuoso que o navio balançava – **4.** Teria sido divertido comprar um chapéu de coco – **5.** A interpretação foi magnífica durante todo o musical.

Fill in the missing words :

1 *Ela não gosta de tomar o barco com mau tempo.*

She doesn't . . . . the boat . . . . . weather.

2 *No dia antes de partir estava de muito mau humor.*

The day . . . . . . I . . . . ., I was in a very . . . .

3 *A viagem de regresso é sempre mais triste. Concorda?*

The . . . . is always . . . . . . Do you . . . . .?

HUNDRED AND THIRTY-NINTH (139th) LESSON

Mothers

1 — My son **Tho**mas is **do**ing (**1**) very well on the stage.
2 He writes* and says that **e**very night he plays a **vi**llager, a **gy**psy and two **sol**diers,
3 where**as** the star of the play—a Mr **Ham**let—**on**ly plays one part.

---

4 A young man was **sit**ting* in the lounge of a large ho**tel** **sip**ping a glass of punch (**2**).

PRONUNCIATION
1. T**ó**mass... steidje – **2.** seiz (sézz)... **vi**ladjâ... **dji**psi... **sôl**djâz – **3.** uére**êz** – **4.** laundje... pântch.

4 *(Você) tomou o hidroplanador! Como é?*

You've . . . . . the hovercraft! What's . . . . . . ?

5 *Não suporto (posso surportar) musicais. - Eu também não.*

I can't . . . . — Neither . . . . .

Correcção

1 like taking - in bad/rough. — **2** before - left - bad mood. — **3** journey back - sadder - agree. — **4** taken - it like. — **5** stand musicals - can I.

Second wave : 89th Lesson

CENTÉSIMA TRIGÉSIMA NONA LIÇÃO

Mães

1. O meu filho Thomas está indo muito bem no palco [teatro]
2. (Ele) escreve a dizer que todas as noites interpreta um aldeão, um cigano e dois soldados,
3. enquanto que a estrela da peça - um sr. Hamlet - interpreta somente um papel.

---

4. Um jovem estava sentado no salão de um grande hotel bebericando um copo de "punch".

NOTES

(1) *To do well* : ir/estar bem, progredir, ter sucesso. *Her new novel is doing well* : o seu novo romance tem sucesso. O oposto : *to do badly.*

(2) *A punch* : um soco (já vimos *kick*, um pontapé) ; *to punch* : dar um soco.

5 A **lit**tle girl came* up to him and said: "What's your name?"
6 The young man told* her his name.
7 — Are you **ma**rried? she asked. — No, said the man.
8 The **li**ttle girl was **qui**et (3) for a **mo**ment, then she turned to a **wo**man **stan**ding* near**by** (4) and **shou**ted:
9 — What else did you tell* me to ask him, **Mu**mmy?

---

10 Young **Ji**mmy was **gree**dily (5) **eat**ing* a bar of **cho**colate.
11 His **fa**ther said **an**grily: "I've told* you not to eat* be**tween** **mea**ls. Did you ask Mum if you could have that **cho**colate?"
12 — Yes, said **Ji**mmy. — Come on, I want the truth.
13 A pause. — Yes I did, and she said "No".

14 "The man who is **ti**red of **Lon**don is **ti**red of life".

Dr **John**son (6)

PRONUNCIATION
7. mérid... – **8.** ni-**âbai**... **shau**ted – **9.** élss – **10. Dji**mi... **gri**dili... bah... **tchó**klat – **11.** bi**tuíne** – **12.** truç – **13.** póhze – **14. Djon**san.

EXERCISES

1 I **he**ar he is **do**ing very well in his new job. — **2** What a **gree**dy **lit**tle boy! That is your fourth bar of **cho**colate. — **3** He might be an **ac**tor. I've seen him on stage. — **4** Try not to ask too **ma**ny **ques**tions. — **5** There is a church near**by**.

5. Uma menina chegou-se (veio até) ao pé dele e disse : Qual é o seu nome?
6. O jovem disse-lhe o seu nome.
7. É casado? perguntou ela. - Não, disse o homem.
8. A menina ficou silenciosa por um momento, [e], depois, voltou-se para uma senhora que estava perto e gritou :
9. Que mais me disse para eu lhe perguntar, mamã?

---

10. O pequeno Jimmy estava a comer avidamente uma barra de chocolate.
11. O seu pai disse, zangado : [Já] lhe disse para não comer entre as refeições. Pediu à mamã se podia comer (ter) esse chocolate?
12. Sim, disse [o] Jimmy. - Vamos, diga (quero) a verdade.
13. Uma pausa. - Sim, pedi, e ela disse [que] não.

---

14. O homem cansado de Londres está cansado da vida, Dr. Johnson

---

NOTES (continued)

No entanto, esta bebida não obteve tal nome por causa das consequências do seu consumo, mas vem da palavra indiana "panch" que significa "cinco", pois tinha, originalmente, cinco ingredientes.

(3) *Quiet :* calmo, tranquilo, silencioso. *Be quiet :* não faça barulho.
(4) *Near, near by :* perto, próximo.
(5) *Greedy :* ganancioso, sôfrego, guloso.
(6) **Doctor Samuel Johnson** (17091784), escritor e lexicógrafo, publicou o seu *Dictionary* em 1755. A sua biografia, escrita por Boswell, é talvez a melhor do género publicada em língua inglesa.

EXERCÍCIOS

1. Ouço dizer que ele vai muito bem no seu novo emprego – **2.** Que rapazinho guloso! É a sua quarta barra de chocolate. – **3.** Talvez seja um actor. Viu-o no teatro (palco). – **4.** Tente não fazer demasiadas perguntas. – **5.** Há uma igreja perto.

Fill in the missing words :

1 *Ficaria muito grato se me pudesse dar alguma informação.*

I . . . . . be very . . . . if you . . . . . give me some . . . .

2 *Perguntou à mamã se podia pedir emprestado as tesouras?*

Did you . . . Mum if you . . . . the scissors?

3 *Que mais precisamos?*

. . . . do we . . . .?

4 *Quero que me diga a verdade. Onde pôs o escadote?*

I . . . . you . . . . . . me the . . . . . Where did you . . . the ladder?

HUNDRED AND FORTIETH (140th) LESSON

REVISION AND NOTES

Notas a reler - 134ª Lição : (3) – 136ª : (1) – 137ª : (1) – 138ª : (8).

1 As e **like** - As formas para comparar coisas, pessoas ou acções em inglês diferem da forma portuguesa ; a palavra "como" muda segundo os casos :

Comparando coisas : Londres, como Paris, é uma capital : *London, like Paris, is a capital.*

5 *Ele veio junto (até) de mim e pediu-me lume.*

He . . . . me and asked me for a . . . . .

Correcção

1 would - grateful - could - information. — **2** ask - could borrow. — **3** What else - need. — **4** want - to tell - truth - put. — **5** came up to - light.

Second wave : 90th Lesson

CENTÉSIMA QUADRAGÉSIMA LIÇÃO

A sua casa é como um palácio : *his house is like a palace.*

Comparando acções : eles vestem-se como há 200 anos : *they dress as they did two hundred years ago.* Atenção! este caso necessita dois verbos na mesma frase. Ele fala como o seu pai : *he talks like his father* (estamo a comparar duas pessoas). Ele fala como fala o seu pai : *he talks as his fathers does* (comparamos duas maneiras de falar).

Se tiver dúvidas, empregue *like.* Mesmo que faça um erro gramatical, o sentido da frase será suficientemente claro.

Tão... como. Ela é tão grande como a sua mãe : *she's as big as her mother.* Eles não são tão importantes como nós : *they are not as (so) important as us.*

2 Recapitulemos o emprego de *could, may* e *might. He could have done it :* podia, ou poderia, tê-lo feito (teria sido capaz de o fazer) ; *he might have done it :* pode ser que ele o tenha feito, ou talvez ele... ; I can do it : posso fazê-lo. *I may do it :* pode ser que o faça.

Não se esqueça que *could* tanto pode o ser passado como o condicional de *can.* Pode-se também empregar, para a primeira forma, *was able to* (foi/era capaz de) se "poder" tem o sentido de "ter o direito de" (como na lição 137, linha 12) traduz-se por *to be allowed to... Are we allowed to smoke?* podemos (temos o direito de) fumar?

3 A preposição é colocada no fim da frase nas perguntas e nas frases subordinadas. *What are you looking at? : o que é que está a olhar? Who did you buy it from?* A quem o comprou? *I don't know what he has come for? :* não sei para quê ele veio .

What shoult I do it with? : com quê deveria fazê-lo? Apesar desta forma ter sido criticada como mau inglês, ela é de tal modo usada que se tornou "correcta". O uso faz a regra. Um dos defensores desta fórmula era Winston Churchill! Assim, pode empregá-la sem receio!

4 Lembra-se do significado dos seguintes verbos (ver parágrafo 8) :

I am looking forward to seeing you. — We thoroughly enjoyed ourselves. — We took advantage of the long weekend. — Please, make up your mind quickly. — He glanced over his shoulder. — You'll have to make do with tea.

5 Enfermidades - *Deaf* (déf) : surdo ; *dumb* (dâme) : mudo ; *deaf and dumb* : surdo-mudo ; *blind* (blaind) : cego ; *lame* (leine) : coxo ; *a cripple* (**kri**pâl) : um aleijado.

Um doente diz-se *patient* quando está sob tratamento e *sick person* nos outros casos. Falando de modo geral, diz-se *the blind, the sick,* etc.

6 Singular ou plural? - As palavras seguintes são plurais em inglês : *the trousers ;* as calças ; *the pyjamas :* o pijama ; *the stairs :* a escada (ou as escadas) ; *the cattle :* o gado.

E estas são singulares : *the hair :* o cabelo (ou os cabelos) ; *the news :* as notícias ; *the furniture :* os móveis, a mobília.

7 *If, whether* (uédâ) - ambos podem ser traduzidos por "se" (mas *whether* também pode significar "quer, ou") *whether it rains or not :* quer chova, quer não.

O primeiro é simplesmente dubitativo : *if he comes, tell him to meet me at ten :* se ele vier diga-lhe para se encontrar comigo às 10 h.

O segundo, *whether,* implica uma alternativa : *I don't know whether he will come :* não sei se ele virá ou não.

8 Tradução do parágrafo 4 - Aguardo com impaciência [o prazer de] o ver - Divertimo-nos deveras - Aproveitámos o longo fim de semana - Por favor decida-se rapidamente - Olhou de relance por cima do ombro - Tem de se contentar com chá.

9 Expressões a reter — 1 *Tell me about your trip.* — 2 *It carries not only passengers, but also cars and lorries.* — 3 *I managed to relax.* — 4 *I can't wait to arrive.* — 5 *England is beautiful, even in the rain.* — 6 *Driving in Paris is a bit dangerous.* — 7 *We gave the driver a tip.* — 8 *You can pay up to ten pounds a night.* — 9 *They walked everywhere.* — 10 *What size do you take?* — 11 *It took me an hour on foot.* — 12 *Did you listen to that man talking about politics?* — 13 *It would have been a little too extravagant.* — 14 *There was a tall woman standing nearby.*

HUNDRED AND FORTY-FIRST (141st) LESSON

Do you remember?

1 — Ask him if you can **bo**rrow the **lawn**-**mo**wer. — I did, and he said no.

2 — He told* me that he **nee**ded it to**day**. What could I say?

3 — You could have said that the grass **need**ed **cu**tting* (**1**). Well, **ne**ver mind.

PRONUNCIATION
1. lóhne môhâ... séd – **2.** kud – **3. kâ**ting.

10 Tradução 1 Conte-me a sua viagem – 2 Não somente transporta passageiros, mas também carros e camiões – 3 Consegui descontrair-me – 4 Estou impaciente por chegar – 5 A Inglaterra é muito bonita, mesmo à chuva. – 6 Guiar em Paris é um pouco perigoso – 7 Demos uma gorgeta ao motorista – 8 Pode-se pagar até 10 £ por noite – 9 Andaram por toda a parte – 10 Que medida usa (toma)? – 12 Ouviu aquele homem a falar de política? – 13 Teria sido (um pouco) demasiado extravagante – 14 Havia uma mulher alta (de pé) próximo.

Second wave : 91st (revision) Lesson

CENTÉSIMA QUADRAGÉSIMA PRIMEIRA LIÇÃO

Lembra-se?

1. Pergunte-lhe se pode pedir a máquina de cortar a relva emprestada - Pedi, e ele disse que não.
2. Disse que precisava dela hoje. O que é que eu podia dizer?
3. Podia ter dito que a relva precisava de ser cortada. Bem, não importa.

NOTES

(1) Repare na expressão : *the grass needs cutting.* *This house needs repairing* : esta casa precisa de ser consertada (pode-se substituir *needs* por *wants.' Your hair wants cutting* : o seu cabelo precisa de ser cortado).

4 I was struck* by the calm of the **Lon**doners I met* (**2**).

5 **Nel**son's **Col**umn is **ve**ry im**pres**sive. The bronze **li**ons, at the foot, are made* from French **can**nons.

6 I like **pain**tings, and the **pain**tings (**3**) in the **Na**tional **Gal**lery were **mar**vellous.

7 I **har**dly (**4**) spoke* **a**ny **Eng**lish. Would you be**lieve** it? **Eve**ryone I met* was French.

8 He said he **could**n't wait. He had an **ur**gent ap**point**ment and had to leave*.

9 She must have (**5**) left* be**cause** her car **is**n't in the **ga**rage.

10 If we had thought* of it **ear**lier, you could have come* with us.

11 He might have come* while I was out, but he would have left* a **mes**sage.

12 I was **a**ble to under**stand*** **e**verything they said, de**spite** the fact that most of them (**6**) had heavy **ac**cents.

PRONUNCIATION
5. Nélsonz **Kó**lâme... bronze **lai**ânz... **ká**nonz – **6. máh**vlâz – **7. háh**dli – **8. â**djent – **10.** âli-â – **11.** maite... **mé**ssadje – **12.** dis**spaite.**

4. Fiquei espantado com a calma dos londrinos que encontrei.
5. A coluna de Nelson é muito impressionante. Os leões de bronze, na base (ao[s] pé[s] [da coluna]), são feitos de canhões franceses.
6. Gosto de quadros e os quadros na Galeria Nacional são maravilhosos.
7. (Eu) mal falei inglês. Acredita (acreditaria)? Todas as pessoas que encontrei eram francesas.
8. Ele disse que não podia esperar. Tinha um encontro urgente e teve de partir.
9. Ela deve ter partido porque o seu carro não está na garagem.
10. Se tivéssemos pensado nisso (disso) mais cedo, poderia ter vindo connosco.
11. Pode ser que ele tenha vindo enquanto eu estava fora, mas (ele) teria deixado uma mensagem.
12. Fui capaz de compreender tudo [o que] diziam apesar do facto da maior parte deles terem [um] forte sotaque.

NOTES (continued)

(2) A calma dos londrinos : *the Londoners' calm ;* **mas** quando a frase é qualificada por um pronome relativo emprega-se *of the* e não o caso possessivo. *The wife of the man I was talking to :* a mulher do homem com quem eu falava.

(3) Gosto de quadros (em geral, ou seja, a pintura, *the painting*) : *Il like paintings ;* e os quadros na Galeria Nacional eram suberbos : *and the paintings in the National Gallery were superb.*

(4) *Hard :* duro, difícil ; *hardly :* apenas, mal, quase nada, dificilmente, duramente. *We hardly saw him :* mal o vimos.

(5) **Não se esqueça :** ter que ou dever : *to have to* ou *must. I have to/must leave :* tenho que/devo partir. *Must have :* deve ter (sentido dubitativo).

(6) *Most people :* a maior parte das pessoas ; *most of them :* a maior parte deles (a maioria).

13 You bought* so many souve**nirs**. You must have spent* a **for**tune!
14 She made* up her mind to study **med**ecine, de**spite** her **fa**ther's ad**vice**.
15 Tell him to come* straight a**way**. **We**'re late al**ready** and I don't want to miss the be**ginn**ing.

PRONUNCIATION
13. **fóh**tchâne – **14.** **mé**decin... âdvaize – **15.** streit.

EXERCISES

1 Would you like to come round for drinks this **eve**ning? — **2** I **har**dly **rec**ognised him dressed like that. — **3** They must have left : their coats have gone. — **4** The oil needs **chang**ing. — **5** What time do you want me to come?

Fill in the missing words:

1 *Poderia [podia] ter-lhe dito que a relva precisava de ser cortada.*

You . . . . . have . . . . that the grass

. . . .

2 *Ela quer que nos despachemos, ela não gosta de esperar.*

She wants . . . . (up), she

. . . . like . . . .

Second wave : 92nd Lesson

13. Você comprou tantos "souvenirs". Deve ter gasto uma fortuna!
14. Ela decidiu estudar medecina apesar do[s] conselho[s] do (seu) pai.
15. Diga-lhe para vir imediatamente. Já estamos atrasados e não quero perder o princípio.

---

3 *Devem tê-lo levado (tomado), não o encontro em lugar nenhum.*

They . . . . have . . . . . it, I can't find it . . . .

4 *Se tivesse pensado nisso mais cedo, poderia ter partido connosco.*

If I . . . . it . . . ., you . . . . left with . .

5 *Pode ser que ela tenha vindo ontem à noite, não havia ninguém em casa.*

She . . . . come last night, there was . . - . . . at . . . .

EXERCÍCIOS
1. Gostaria de passar esta noite para tomar uma bebida? – **2.** Mal o conheci vestido dessa maneira (como isso) – **3.** Devem ter partido : os seus casacos não estão aqui (têm ido, foram) – **4.** O óleo precisa de ser mudado – **5.** A que horas quer que eu venha?

Correcção

1 could - told him - needed cutting. — **2** us to hurry - doesn't - waiting. — **3** must - taken - anywhere. — **4** had thought of - earlier could have - us. — **5** might have - no-one/nobody - home.

HUNDRED AND FORTY-SECOND (142nd) LESSON

English or American?

1 It was either Oscar Wilde or George Bernard Shaw who said that England and America are divided by the same language.
2 Whoever it was ought to have said: "American and English are two similar languages".
3 An Englishman can feel* more disorientated (1) in the United States than a Frenchman or a German.
4 For example, he will be told* he is walking on a "sidewalk" instead of a pavement.
5 To go up to the third floor of his hotel, he takes* the "elevator" and not the lift.
6 If he wishes (2) to travel around New York he must take* the "subway" and not the underground,
7 [whereas in London, the subway is a passage under a busy street (3)].
8 He must never ask for the toilet, but always the "bathroom" or the "rest-room" (4).
9 In some public places he might even hear* it called the "comfort station"!
10 To wash his hands he "opens a faucet" instead of turning on a tap.

PRONUNCIATION
1. aidâ Óskâ Uaild... Bânad Shóh... divaidid – 2. huévâ... óht to... similâ – 3. dissóhrienteited... Steits – 4. said'uóhk insstéd... peivement – 5. éleveitâ – 6. sâb'uei – 7. pássidje – 8. tóilét... báhç rume... rést rume – 9. pâblic... kâmfât – 10. fóhcet.

CENTÉSIMA QUADRAGÉSIMA SEGUNDA LIÇÃO

Inglês ou americano?

1. Ou foi Oscar Wilde, ou Bernard Shaw, quem disse que a Inglaterra e a América estão separadas pela mesma língua.
2. Quem quer que tenha sido deveria ter acrescentado (dito) : "[o] americano e [o] inglês são duas línguas semelhantes".
3. Um inglês pode sentir-se mais desorientado nos E.U.A. do que um francês ou um alemão.
4. Por exemplo, dir-lhe-ão que ele está a andar num "side-walk" em vez de um "pavement" - passeio, calçada.
5. Ele toma o "elevator", e não o "lift", para subir ao 3º andar do seu hotel - elevador, ascensor.
6. Se deseja deslocar-se (viajar) em New York, (ele) tem que tomar o "subway" e não o "underground" - metro -
7. (enquanto que em Londres, "subway" quer dizer uma passagem por debaixo de uma rua movimentada).
8. Nunca deve dizer (perguntar) "toilet", mas sempre "bathroom" ou "rest-room" - casa de banho.
9. Em alguns lugares públicos até pode ouvir chamar-lhe "comfort station"! - Estação de conforto.
10. Para lavar as mãos ele abre uma *"faucet"* em vez de abrir (girar) uma "tap" - torneira.

NOTES

(1) Esta palavra também pode ser traduzida por "despaísado". Ter saudades do país de origem : *to be home sick.*

(2) *To wish* : desejar. *If you wish to leave, please tell me* : se deseja ir-se embora, por favor diga-me. *I wish you would hurry up* : mas em português, fica melhor, gostaria que se despachasse.
A wish : um desejo.

(3) *Subway* (E.U.A.) : metro ; *subway* (G.B.) : passagem subterrânea.

(4) Perguntar pelo *toilet* e considerado um pouco vulgar nos E.U.A.

11 Thanks to the **te**levision, how**e**ver, **ma**ny **E**nglish **peo**ple, and e**spe**cially **teen**agers (5), are **fami**liar with these words.
12 **Spe**lling (6), too, is **di**fferent, thanks to a New **York tea**cher called **No**ah **Web**ster.
13 In **eigh**teen **twen**ty eight (1828) he **pu**blished his "A**mer**ican **Dic**tionary of the **E**nglish **Lang**uage".
14 Not all his re**forms** were a**dop**ted, but **cer**tain **spe**llings were ac**cep**ted and e**xist** to**day**.
15 **E**nglish words that end in "-our" (e.g. **neigh**bour, **fa**vour, **ho**nour) are **writ**ten* with**out** the "u" in A**mer**ican,
16 and words that end in "-re" (**thea**tre, **cen**tre) are **writ**ten* as they are pro**nounced** (i.e. **thea**ter, **cen**ter) in A**mer**ican.
17 For more **de**tails, see "Let's Start" and "Let's Get **Be**tter".

PRONUNCIATION
11. hau-**é**vâ... **tiin**'eidjâz... fâ**mi**liâ – **12.** **Nô**hâ **Ué**bstâ... – **14.** â**dó**pted... ég**zist** – **15.** **nei**bâ, **fei**vâ, **óh**nâ... â**mé**rikan – **16.** **cen**tâ... prâ**naunced.**

NOTES (continued)
(5) *Teens,* os anos entre 13 e 19 anos, Se contar de 13 a 19 verá que todos estes números terminam em *-teen. A tennager* : um/a adolescente.

EXERCISES

1 It is worth learning to speak American if you go to America. — **2** Thanks to the method "Let's Start", it is easy. — **3** Whoever wants to can be a pop-star. — **4** Take the lift up to the third floor and ask for room one-oh-one. — **5** Whose is this dictionary? I think it's David's.

11. Contudo, graças à televisão, muitos ingleses e, particularmente, [os] adolescentes, conhecem (são familiares com) estas palavras.
12. A ortografia também é diferente, graças a um professor de New York chamado Noah Webster.
13. Em 1838, (ele) publicou o (seu) "Dicionário Americano da língua Inglesa".
14. Nem todas as suas reformas foram adoptadas, mas certas maneiras de escrever foram aceites e [ainda] hoje existem.
15. As palavras inglesas que terminam em -our (por exemplo, "neighbour" -vizinho - "favour" - favor - "honour" - honra) são escritas, em americano, sem o "u" ;
16. e as palavras que terminam em -re ("theatre" - teatro, "centre" - centro) são escritas, nos E.U.A. como se pronuncia : "theater" - **ç**iater - "center" - **cen**tâ
17. Consulte "Let's Start" e "Let's Get Better" para mais detalhes.

NOTES (continued)
(6) *To spell* : soletrar ; *the spelling* : a ortografia. *How do you spell that word?* : como se escreve essa palavra?

EXERCÍCIOS
1. Vale a pena aprender a falar americano se for para/aos E.U.A. – **2.** É fácil, graças ao método "Let's Start" – **3.** Quem quiser pode [vir a] ser uma estrela de "pop" – **4.** Tome o elevador até ao 3° andar e pergunte pelo quarto 101 – **5.** De quem é este dicionário? Penso que é do David.

Fill in the missing words:

1 *Apesar do seu conselho, não deveríamos comprar estas acções.*

. . . . his advice, we . . . . buy these shares.

2 *Sempre consigo evitar (provocar) uma discussão.*

I always . . . . . . to avoid . . . . an . . . .

3 *Não se esqueça de apagar a televisão antes de ir para a cama.*

. . . . . forget to turn . . . the television before . . . . . to bed.

HUNDRED AND FORTY-THIRD (143rd) LESSON

1 When Pierre was in **Lon**don he had with him a list of **use**ful ex**pres**sions. Let's have a look at them:
2 I beg your **par**don - I'm **sor**ry - Please ex**cuse** me.
3 I w**on**der (1) if you could help me? - Could you tell* me...? - Would you re**peat** that, please?

PRONUNCIATION
1. **iuse**ful – 2. **páh**dân – 3. **uân**dâ... kud... ri**piit**.

4 *Não deveria ter perguntado pelo "toilet", mas [sim] pela sala de banho.*

You . . . . . . not . . . . asked . . . the toilet but the

. . . .

5 *Vale a pena tomar o elevador? Há apenas 2 andares.*

. . it . . . . the lift (elevator) . . . . .

. . . only two . . . . . .

Correcção

1 Despite - should not —**2** manage - causing - argument —**3** Don't - off - going. —**4** should - have - for - bathroom. —**5** Is - worth - taking - There are - floors.

Second wave : 93rd Lesson

CENTÉSIMA QUADRAGÉSIA TERCEIRA LIÇÃO

1. Quando [o] Pierre estava em Londres tinha com ele uma lista de expressões úteis. Vejemo-as :
2. Peço-lhe desculpa - lamento - desculpe-me, por favor.
3. Pergunto-me se me poderia ajudar? - Podia dizer-me...? - Queira repetir (isso), por favor?

NOTES

(1) *To wonder,* como vimos, significa perguntar-se. É muito utilizado nas formas de cortesias. *I wonder if you would mind... I wonder if you could tell me...* Mas também pode querer dizer admirar-se, surpreender-se, querer saber. *The wonder :* maravilha, prodígio.

4 **Thank**you. I'm very **grat**eful - That is very kind of you.

5 Would you mind...? - Is this seat **tak**en*? - May I sit* down?

6 It **does**n't **mat**ter - It's not im**por**tant - I don't mind - Of course - Of course not.

7 I'm de**lig**hted to meet* you - Give* my re**gards** (**2**) to your wife.

8 What a **pi**ty - I'm **afraid** I won't be **a**ble to come* - I'd love to.

9 Did you have a good trip? - How was the **cross**ing (**3**)? - How was the **wea**ther?

10 Could you tell* me the way to...? - Is there a bank **near** here? Where?

11 Could you tell* me the time please? - It's **ra**ther late - I seem to be **ear**ly (**4**).

12 Where do you come* from? - I'm from Lyons - We've just ar**ri**ved.

13 Do you know* a good **rest**aurant? - There might be one in **Ox**ford Street.

14 I'm **afraid** I can't help you, I'm a **for**eigner - I don't know* **Lon**don.

PRONUNCIATION

4. greitful – **5.** sit **tei**ken... mei – **6. mé**tâ... im**póh**tant – **7.** di**lai**ted – **8.** â**freid** – **9. ué**dâ – **10.** kud – **11. ráh**dâ... **â**li – **13. rés**tront... maite – **14.** â**freid**... **fóh**rinâ.

EXERCISES

1 Let me intro**duce** you to **Pe**ter whose **fa**ther is a **far**mer. — **2** Do you mind if I bring my wife?—Of course not. — **3** Ex**cuse** me, what did you say? It **does**n't **mat**ter. — **4** We are **look**ing **for**ward to **meet**ing you. — **5** It has been a long time since I last saw you.

4. Obrigado, estou-lhe muito grato – É muito amável da sua parte.
5. Importar-se-ia...? - Este lugar está tomado [ocupado]? - Posso sentar-me?
6. Não faz mal - Não é importante - Não me importo - Claro -Claro que não.
7. Prazer (estou encantado) em conhecê-lo/a - Dê os meu cumprimentos à sua mulher.
8. Que pena - Receio que não possa vir - gostaria muito.
9. Fez uma boa viagem? - Como foi a travessia? - Que tempo fazia?
10. Podia dizer-me o caminho para... - Há um banco perto daqui? Onde?
11. Podia dizer-me as horas, por favor? - É bastante tarde - Parece que cheguei adiantado (cedo).
12. De onde vem? - Sou de Lyon - Acabámos de chegar.
13. Conhece um bom restaurante? - Pode ser que haja um na rua Oxford.
14. Receio que não o possa ajudar, sou estrangeiro - Não conheço Londres.

NOTES (continued)

(2) A alguém que se conhece mais intimamente diríamos : *give my love to...*

(3) *To cross :* atravessar ; *a cross :* uma cruz ; *a crossing :* uma travessia. *A level crossing :* uma passagem de nível ; *a zebra crossing :* uma passagem para piões. *He's cross :* ele está zangado. *He crossed his arms :* ele cruzou os braços.

(4) *Early :* cedo, mas também tem o sentido de chegar adiantado.

EXERCÍCIOS

1. Deixe-me apresentá-lo a[o] Peter cujo pai é (um) agricultor – **2.** Importa-se se eu trouxer a minha mulher? - Claro que não – **3.** Desculpe-me, o que é que disse? - Não tem importância – **4.** Esperamos impacientemente encontrá-lo. – **5.** Já passou muito tempo desde a última vez que o vi.

Fill in the missing words:

1 *Poderia dizer-me [indicar-me] o caminho para o banco mais próximo?*

. . . . . you . . . . me the . . . to the . . . . bank?

2 *Espero que ambos estejam bem, há muito tempo que não os tenho visto.*

I hope you . . . . well, I haven't . . . . you . . . a long time.

3 *De onde vêm? - De Marselha, acabámos de chegar.*

. . . . . do you . . . . ?—From Marseilles, we've . . . .

4 *Há um mês que trabalho (tenho estado a trabalhar) muito, mas não encontrei informação suficiente.*

I . . . . working hard . . . a month, but I . . . . enough information.

HUNDRED AND FORTY-FOURTH (144th) LESSON

In a bank

1 I'd like to change some **mo**ney. What is the rate to**day**?

PRONUNCIATION
Bénk – I aid... tchandje... reite.

5 *Este lugar está ocupado? - Não, (senhor) - Posso-me sentar?*

. . this seat . . . . . ? — No, sir. — . . . I . . .

. . . . ?

Correcção

1 Could - tell - way - nearest. — **2** are both - seen - for. — **3** Where - come from - just arrived. — **4** have been - for - haven't found. — **5** is - taken - May - sit down.

Second wave : 94th Lesson

CENTÉSIMA QUADRAGÉSIMA QUARTA LIÇÃO

Num banco

1. Quero (gostaria) trocar dinheiro. Qual é o câmbio (a tarifa) hoje?

2 **Twen**ty pounds in five-pound **no**tes (**1**) and ten in one-pound **no**tes.
3 Do you have **a**ny change? May I use my **cheque**-book?

In a post-o**ffice**

4 I'd like to send* a **te**legram. How much per word?
5 I need some stamps. How much is it to send* a **post**-card to France?
6 I'd like to cash (**2**) this **mo**ney-**or**der.

At the hotel

7 I'd like a **sin**gle room please. You only have a **dou**ble left (**3**)?
8 Does the room have a **show**er and a **toi**let?
9 If **any**one (**4**) calls while I'm out, could you take* a **mes**sage?
10 Please pre**pare** my bill, I'm **lea**ving in the **mor**ning.

PRONUNCIATION
2. nôhts – **3.** iuze... **tchék - pôhst** – **4. té**legram... pâ – **5.** stamps... pôhst káhd – **7. sin**guel... **dâ**bel – **8.** sháu-â – **9.** kud... **més**sidje – **10.** pri**pér.**

2. 20 £ em notas de 5 £ e 10 em notas de 1 £
3. Tem troco? Posso utilizar o meu livro de cheques?

Nos correios

4. Gostaria [queria] enviar um telegrama. Quanto é por palavra?
5. Preciso de selos. Quanto custa enviar um postal para a França?
6. Gostaria de [queria] receber (em dinheiro) esta ordem de pagamento.

No hotel

7. Gostaria de [queria] um quarto individual, por favor. Apenas lhe resta [um quarto] para 2 pessoas (duplo)?
8. O quarto tem chuveiro e casa de banho?
9. Podia receber (tomar) um recado se alguém telefonar enquanto eu estiver fora?
10. Por favor prepare a minha conta, parto de manhã.

NOTES

(1) Já falámos das palavras compostas : é necessário traduzir, primeiro, o substantivo a que se referem, pois as palavras compostas têm função de adjectivo. *A ten-pound note :* uma nota de 10 £ ; *a four-star hotel :* um hotel de 4 estrelas (não existe um "s" porque, como sabemos, os adjectivos não têm plural). Uma moeda : *a coin ;* mas diz-se a *ten-pence piece, a fifty pence piece.*

(2) *Cash :* dinheiro. *Would you prefer a cheque or cash?* prefere um cheque ou dinheiro?
To cash : receber em dinheiro ; *a cashier :* um caixeiro/uma caixeira ; a caixa : *cash-desk.*

(3) Repare nesta fórmula familiar : *I've only got two cigarettes left :* apenas me restam dois cigarros. *How many do you have left :* quantos lhe restam?

(4) Não se emprega *someone* porque, neste caso, o sentido é de "quem quer que seja".

Shop**ping**

11 I'm **afraid** I don't know* my size. Do you have **any**thing **smal**ler?

12 May I try it on (**5**)? It **does**n't fit very well. It **does**n't suit me.

13 I'll think* it **o**ver (**6**). It's a **lit**tle too ex**pen**sive.
I'll come* back **la**ter.

PRONUNCIATION
11. saize... **smóh**lâ – **12.** siut – **13.** **ôh**vâ.

EXERCISES

1 Where can I change my **tra**vellers-cheques? — 2 **Hu**rry up, there are only five **min**utes left. — **3** I have been **wai**ting to be served for a **quar**ter of an **hour**. — **4** We ex**pect** you to pay your own bill. — 5 This **ja**cket **does**n't fit very well.

Fill in the missing words:

1 *Se quiser comprá-lo deve decidir-se [já]. Apenas restam 5.*

If you . . . . to buy it you . . . . make . . your . . . . , there are only . . . .

2 *Pense bem (reflicta) nisso e chame-me quando tiver tomado uma decisão.*

. . . . . it . . . . and . . . . me when you . . . . your decision.

3 *Não o esperava antes das 2 h. Fez uma boa viagem?*

I didn't . . . . . . you . . . . . . two o'clock. Did you have . . . . ?

As compras

11. Receio não saber a minha medida. Tem qualquer coisa mais pequena?
12. Posso prová-lo [vesti-lo]? Não me fica (cabe) muito bem. Não me convem.
13. Vou pensar nisso (vou reflectir). É um pouco caro demais. Voltarei mais tarde.

NOTES (continued)

(5) *To put something on :* pôr qualquer coisa (peça de vestuário, disco, etc.). *To try on :* experimentar. *To try a hat on :* provar um chapéu, ver se fica bem.

(6) *Think it over :* reflectir, ponderar.
P.T.O. (iniciais que aparecem em documentos) : *Please turn over :* por favor veja o verso da página.

---

4 *Alguém telefonou enquanto eu estive fora?*

Did . . . . . . call . . . . . I was . . .?

5 *Há 4 anos que ela vem regularmente a Inglaterra e ainda não sabe a sua medida.*

She has . . . . to England . . . four years and she . . . . . doesn't know . . . size.

EXERCÍCIOS

1. Onde posso trocar os meus cheques de viagem – **2.** Despache--se, tem apenas 5 minutos – **3.** Há um quarto de hora que espero que me atendam (ser servido) – **4.** Esperamos que pague a sua própria conta – **5.** Este casaco não fica muito bem.

Correcção

1 want - must - up - mind - five left. — **2** Think - over - call/ring/phone - have taken/made. — **3** expect - before - a good trip? — **4** anyone/anybody - while - out. — **5** been coming - for - still - her.

Second wave : 95th Lesson

HUNDRED AND FORTY-FIFTH (145th) LESSON

Signs and notices

1 Way In (**Entrance**) - Way out (**Exit**) - No **admittance** - **Private** - **Admission** free - **Enquiries**.
2 No **smoking** - **Spitting** Pro**hibi**ted (**1**) - Do not lean out of the **window**.
3 **Pub**lic con**ven**iences (**2**) - Gents - **Ladies** - House full.
4 The **Man**agement is not res**pon**sible for loss or **dam**age to guests' **pro**perty.
5 **Early Clo**sing Day (**3**) - Closed for lunch - Closed for re**pairs**.
6 One Way Street - Keep left - **Cul** de sac - No **U**-turns.

7 **Some**times, **no**tices are a waste (**4**) of time. This was George **Ber**nard Shaw's (**5**) **opin**ion

PRONUNCIATION
1. **é**gzist... **prai**vate... en**kuai**riz – **2.** prô**hi**bited... liin – **3.** pâblic con**vi**niensez... djents... **lei**diz – **4.** **ma**nédjement... **dá**midje... guéssts – **6.** **Kâl**dessák... iù-tânz – **7.** ueiste... ô**pi**nion.

CENTÉSIMA QUADRAGÉSIMA QUINTA LIÇÃO

Sinais e avisos

1. Entrada - Saída - Proibida a entrada - Privado - Entrada (admissão) gratuita - Informações
2. Proibido fumar - Proibido cuspir - Não se debruce à janela.
3. W.C. públicos - Cavalheiros - Senhoras - Esgotado (sala de espectáculos)
4. A administração não é responsável pela perda ou detrimento de bens pertencentes à sua clientela
5. Dia de encerramento [mais] cedo - Fechado para o almoço - Fechado para obras
6. Sentido único (trânsito) - Mantenha-se à esquerda - Beco sem saída - Proibido fazer meia-volta.
7. Os avisos, por vezes, são uma perda de tempo. Tal (esta) era a opinião de George Bernard Shaw

---

NOTES

(1) *To prohibit, to forbid* : proibir. Prohibition : a lei seca nos E.U.A. entre 1920 e 1933.
Betting forbidden : É proibido fazer apostas.

(2) *Convenient* : conveniente, cómodo, prático. Neste caso, um eufemismo para W.C.

(3) Na Inglaterra, todas as lojas têm o direito de fechar à tarde uma vez por semana. esse dia chama-se *Early Closing Day*.

(4) *To waste* : desperdiçar, esbanjar, perder tempo e dinheiro. *Waste* : desperdício, desgaste. *Waste-ground* : terreno vago, baldio ; *waste-paper basket* : cesto de papeis ; *waste-pipe* : cano de esgoto.

(5) George Bernard Shaw (1856-1950), escritor e dramaturgo irlandês, conhecido pelas suas opiniões peremptórias.

8 when he saw* a **fish**monger, out**side** his shop, **try**ing to put* up a **no**tice.
9 On the board was **writ**ten* : FRESH FISH SOLD HERE. — Where can I put* it? There's no room (**6**)
10 — My good man, your sign is **use**less, said Shaw. — Why? en**quir**ed the **o**ther.
11 — FRESH : Would you sell* stale (**7**) fish? Shaw de**le**ted the word with a piece of chalk.
12 — FISH : one can see*—and smell—**per**fectly well that you do not sell* **ta**ble-cloths (**8**). The **sec**ond word was crossed out.
13 — SOLD : Since when has a **fish**monger **gi**ven* **away** (**9**) his **mer**chandise?
14 And this **last** word is ri**di**culous; he said, **put**ting* a line through the word HERE.
15 — It is **ev**ident that you do not sell* your fish (**10**) else**where**. Good day, sir.

PRONUNCIATION
8. fishmânguâ – **9.** bóhd – **10. íu**seless... en**kuai**-âd – **11.** steil... di**li**ted... tchóhk – **12. tei**bel-klóhc... krósst – **13. mât**chandaize – **14.** laine çru – **15. évi**dent... élss**uêre.**

NOTES (continued)
(6) *There's no room :* não há lugar ; *make room please :* faça lugar, por favor.

EXERCISES

1 Whose is this watch? — I think it's hers. — **2** It's a waste of time in**vi**ting him. — **3** He gave **away** all his **mo**ney and be**came** a priest. — **4** You an**noy** me sir! Take your bad **man**ners else**where**. — **5** If the bread is stale, you can throw it **away**.

8. quando viu um vendedor de peixe (peixeiro), diante da sua loja, a tentar colocar um aviso.
9. No anúncio estava escrito : VENDE-SE AQUI PEIXE FRESCO. - Onde é que o posso pôr? Não há lugar.
10. Meu caro senhor, o seu sinal é inútil, disse Shaw - Porquê?, indagou o outro.
11. FRESCO : venderia você [por acaso] peixe estragado? Shaw riscou a palavra com um pedaço de giz.
12. FISH : pode-se ver - e cheirar - perfeitamente bem que você não vende toalhas de mesa. A segunda palavra foi riscada.
13. VENDE-SE (vendido) : desde quando um vendedor de peixe oferece a sua mercadoria?
14. E esta última palavra é ridícula, disse, passando uma linha ao longo da palavra AQUI.
15. É óbvio que (você) não vende o seu peixe noutro lugar. Passe um bom dia.

NOTES (continued)

(7) *Stale :* velho, seco, não fresco (emprega-se em relação a comida). *Stale bread :* pão seco, de ontem. *Rotten :* podre. Uma velha peúga : *an old sock.*

(8) Não confunda *clothes,* roupa (uma peça de vestuário diz-se *a piece of clothing*) com *cloth,* um trapo, um pano. *Table-cloth :* toalha de mesa. *Towel :* toalha de banho.

(9) *To give :* dar ; *to give away :* oferecer, distribuir bens ; *to give oneself away :* trair-se, comprometer-se.

(10) *Fish* tanto pode ser singular como plural. *Five fish :* cinco peixes ; *your fish :* o seu peixe, ou, os seus peixes.

EXERCÍCIOS

1. De quem é este relógio - Acho que é dele – **2.** É uma perda de tempo convidá-lo – **3.** (Ele) ofereceu todo o seu dinheiro e fez-se padre – **4.** O senhor está a incomodar-me (incomoda-me) ; leve os seus maus modos para outro lado, – **5.** Se o pão está seco pode deitá-lo fora.

Fill in the missing words:

1 *Temos que pagar para entrar? Não, olhe : Entrada gratuita.*

. . we . . . . . . pay . . go in? No, look : ". . . . .".

2 *O seu rendimento era demasiado baixo - Pelo menos, era essa a opinião de George.*

. . . . is much too . . . — At least that was . . . . opinion.

3 *A gerência não é responsável pela perda de objectos dos clientes.*

The . . . . is not responsible . . . the . . . . of . . . . property.

HUNDRED AND FORTY-SIXTH (146th) LESSON

Our last lesson

1 You have reached the last **les**son, but not the end!

2 You can con**gra**tulate your**self** be**cause** the bulk (**1**) of the work has been com**ple**ted.

3 From now on, it will be "plain **sai**ling" (**2**).

PRONUNCIATION
1. riitch – **2.** con**grâ**tiuleite... bálk... kom**pli**ted – **3.** plein **sei**ling.

4 *Certifique-se [de] que o seu texto não tem palavras inúteis.*

. . . . that your text . . . . have any

. . . . words.

5 *Nada é permitido. Olhe : É proibido fumar, Não se debruce à janela.*

. . . . is . . . . Look : ". . . . .",

"Do not . . . . the window".

Correcção

1 Do - have to - to - Admission free. — **2** His/Her income - low - George's. — **3** Management - for - loss - customers'/guests'. — **4** Make sure - doesn't - useless. — **5** Nothing - allowed/permitted - No smoking - lean out of.

Second wave : 96th Lesson

CENTÉSIMA QUADRAGÉSIMA SEXTA LIÇÃO

A nossa última lição

1. Chegou (alcançou) à última lição, mas não ao fim!
2. Pode felicitar-se pois a maior parte do trabalho está terminada.
3. A partir de agora será fácil (vogar de vento em popa).

NOTES

(1) *Bulk :* volume, massa, parte principal ; *a bulky parcel :* um pacote volumoso ; *a bulk order :* uma encomenda importante.

(2) *To sail :* velejar, fazer vela (*a sail :* uma vela).

4 Of course, you **can**not ex**pect** to speak* like an **Eng**lishman **af**ter only a few months of **part**-time **stu**dy.

5 but now you know* **some**thing **about** the **coun**try and its **cus**toms;

6 If you went to **Eng**land now, you could get by **fai**rly **eas**ily.

7 But re**mem**ber the **mo**tto of the "Méthode Assimil" : **dai**ly **prac**tice.

8 So, do not let* this book col**lect** dust at the back (**3**) of a shelf :

9 pick it up from time to time and read* a **par**agraph or an **an**ecdote.

10 Re**peat** them out loud, then do the "**sec**ond wave" **les**son; learn the ir**reg**ular verbs.

11 In short, keep* in touch (**4**)!

12 By **rea**ding* the **news**papers, **lis**tening to **rec**ords and the **ra**dio, by **ta**king* **eve**ry oppor**tun**ity to speak*,

13 and by not **be**ing **afraid** of **mak**ing* mis**takes**,

14 you will feel* the **lan**guage and use it **na**turally.

15 We hope you have en**joyed** **us**ing this **me**thod, and that you will en**joy** **speak**ing* **Eng**lish, "**pain**lessly".

PRONUNCIATION
4. stâdi – **5.** nau... nâu – **7. dei**li – **8.** dâst – **9. pá**râgráph... **á**nekdôt – **10.** laud... ueive – **11.** tâtch – **12. nius**peipâz... **rei**diôh – **13. bi**ing – **14. lan**gu-âge... **ná**tchrâli – **15. iú**sing... **pein**eléssli.

4. Claro que não pode esperar falar como um inglês após apenas uns meses de estudo parcial,
5. mas, agora, sabe alguma coisa sobre o país e os seus costumes ;
6. Se fôsse à Inglaterra agora, poderia desembaraçar-se razoavelmente bem (facilmente).
7. Mas lembre-se da divisa do Método Assimil : prática diária.
8. Assim, não deixe que este livro apanhe poeira no fundo de uma estante :
9. pegue nele de tempos a tempos e leia um parágrafo ou um episódio.
10. Repita-os em voz alta e, depois, recapitule a lição da segunda vaga ; aprenda os verbos irregulares.
11. Em poucas palavras, mentenha-se em contacto!
12. Lendo jornais, ouvindo a rádio, aproveitando-se de todas as ocasiões para falar
13. e sem ter medo de cometer erros,
14. [começará] a sentir a língua e a empregá-la naturalmente.
15. Esperemos que tenha passado um bom momento usando este método e que tenha prazer em falar inglês sem esforço.

NOTES (contiued)
(3) *At the back* : no fundo, atrás ; *at the front* : diante, em frente.
(4) *Keep in touch* : mantenha-se em contacto, dê notícias.

EXERCISES

1 My **tail**or is still rich. — **2** From now on, you will be **a**ble to speak **En**glish. — **3** The bulk of the work has been com**ple**ted. — **4** Don't be **afraid** of **ma**king mi**stakes**. — **5** I'm **afraid** I had to **can**cel the ap**point**ment.

Fill in the missing words:

1 *Se fôsse a Inglaterra desembaraçar-se-ia razoavelmente bem.*

If you . . . . . . England you . . . .

fairly easily.

2 *Lendo os jornais e ouvindo a rádio (você) deveria ser capaz de fazer progressos.*

By . . . . the . . . . . . and . . listening

. . the radio, you . . . . . . be able to make progress.

3 *Quando partir não se esqueça de dar notícias.*

When . . . . don't forget to . . . . . .

. . . . .

Depois de ter terminado a 2ª vaga, pode aperfeiçoar-se com :

as "**Histórias inglesas a americanas**"

um pequeno livro humorístico (com gravações) que lhe permitirá completar o seu vocabulário e aperfeiçoar os seus conhecimentos da língua inglesa.

4 *Deixe-me felicitá-lo pelo seu sucesso, você trabalhou bem.*

. . . me . . . . you on your . . . . ,

you have . . . .

5 *Não deixe este livro apanhar poeira ; leia-o de tempos a tempos.*

Don't . . . . book collect . . . .; read it

. . . . to . . . .

EXERCÍCIOS

1. O meu alfaiate continua (ainda é) rico – **2.** A partir de agora será capaz de falar inglês – **3.** A parte mais importante do trabalho terminou – **4.** Não receie fazer erros – **5.** Lamento [mas] tive que anular o encontro.

Correcção

1 went to - could get by. — **2** reading - (news)papers - by - to - should. — **3** you leave (go) - keep in touch. — **4** Let - congratulate - success - worked well. — **5** let this - dust - from time - time.

Second wave : 97th Lesson

PRINCIPAIS VERBOS IRREGULARES

Para cada verbo incluímos o infinitivo, o passado e o particípio passado. Estas três formas são, por vezes, diferentes : *To do, did, done (I do, I did, I have done)* ; por vezes, dois dos tempos são iguais : *To come, came, come (I come, I came, I have come)* ; e, finalmente, dá-se o caso das três formas serem idênticas : *To cost, cost, cost (I cost, I cost, I have cost).* É importante memorizar bem estes tempos : repita, no decorrer das lições, estas três formas de todos os verbos marcados com um asterisco. Aprenderá, assim, os verbos mais usados. Releia, no final do curso, toda a lista várias vezes.

To arise, arose, arisen .... *erguer-se, elevar-se*

To awake, awoke, awaked .... *acordar*

To be, was, been .... *ser/estar*

To bear, bore, borne (born = *né*) .... *carregar, portar, suportar*

To beat, beat, beaten .... *bater*

569 five hundred and sixty-nine

To become, became, become .... *tornar-se*

To begin, began, begun .... *começar*

To bend, bent, bent .... *curvar(-se)*

To bid, bade, bid *ou* **bidden** .... *ordenar, declarar, oferecer um preço*

To bind, bound, bound .... *ligar, obrigar, encadernar*

To bite, bit, bitten .... *morder*

To bleed, bled, bled .... *sangrar*

To blow, blew, blown .... *soprar*

To break, broke, broken .... *quebrar*

To breed, bred, bred .... *produzir, criar*

To bring, brought, brought .... *trazer*

To build, built, built .... *construir*

To burn, burnt, burnt *(ou burned)* .... *queimar*

To burst, burst, burst .... *rebentar*

To buy, bought, bought .... *comprar*

To catch, caught, caught .... *apanhar*

To choose, chose, chosen	*escolher*
To cling, clung, clung	*agarrar-se*
To come, came, come	*vir*
To cost, cost, cost	*custar*
To creep, crept, crept	*arrastar-se, rastejar*
To cut, cut, cut	*cortar*
To deal, dealt, dealt	*negociar, ocupar-se*
To dig, dug, dug	*cavar*
To do, did, done	*fazer*
To draw, drew, drawn	*tirar, puxar, desenhar*
To dream, dreamt, dreamt *(ou dreamed)* .	*sonhar*
To drink, drank, drunk	*beber*
To drive, drove, driven	*guiar, conduzir*
To dwell, dwelt, dwelt	*habitar*
To eat, ate, eaten	*comer*

571 five hundred and seventy-one

To fall, fell, fallen	*cair*
To feed, fed, fed	*alimentar*
To feel, felt, felt	*sentir*
To fight, fought, fought	*lutar*
To find, found, found	*encontrar*
To flee, fled, fled	*fugir*
To fling, flung, flung	*lançar*
To fly, flew, flown	*voar*
To forbid, forbade, forbidden	*proibir*
To forget, forgot, forgotten	*esquecer*
To forgive, forgave, forgiven	*perdoar*
To freeze, froze, frozen	*gelar*
To get, got, got	*obter (releia o que dissemos sobre este verbo)*
To give, gave, given	*dar*
To go, went, gone	*ir*
To grind, ground, ground	*moer*

To grow, grew, grown .... *crescer*

To hang, hung, hung (1) .... *pendurar, enforcar*

To have, had, had .... *ter*

To hear, heard, heard .... *ouvir*

To hide, hid, hidden .... *esconder(-se)*

To hit, hit, hit .... *bater*

To hold, held, held .... *segurar*

To hurt, hurt, hurt .... *ferir, fazer mal*

To keep, kept, kept .... *guardar*

To kneel, knelt, knelt .... *ajoelhar-se*

To knit, knit, knit .... *tricotar*

To know, knew, known .... *saber, conhecer*

To lay, laid, laid .... *deitar, colocar*

---

(1) *to hang one self :* enforcar-se ; *to be hanged :* ser enforcado.

To lead, led, led	*guiar*
To lean, leant, leant	*encostar-se*
To leap, leapt, leapt	*saltar*
To learn, learnt, learnt	*aprender*
To leave, left, left	*deixar, partir*
To lend, lent, lent	*emprestar*
To let, let, let	*deixar, permitir, alugar*
To lie, lay, lain (2)	*deitar-se, estar deitado, repousar, jazer*
To light, lit, lit	*acender (a luz)*
To lose, lost, lost	*perder*
To make, made, made	*fazer*
To mean, meant, meant	*significar, querer dizer*
To meet, met, met	*encontrar(-se) - emprega-se somente em relação a pessoas*
To mistake, mistook, mistaken	*enganar-se*
To mow, mowed, mown	*ceifar*

---

(2) *To lie* : mentir, é regular : *lied, lied.*

To **pay, paid, paid** .... *pagar*

To **put, put, put** .... *pôr*

To **read, read, read** .... *ler*

To **rid, rid, rid** .... *desembaraçar-se*

To **ride, rode, ridden** .... *ir a cavalo, montar*

To **ring, rang, rung** .... *tocar*

To **rise, rose, risen** .... *levantar(-se)*

To **run, ran, run** .... *correr*

To **saw, sawed, sawn (3)** .... *serrar*

To **say, said, said** .... *dizer*

To **see, saw, seen** .... *ver*

To **seek, sought, sought** .... *procurar*

To **sell, sold, sold** .... *vender*

To **send, sent, sent** .... *enviar*

---

(3) Não confundir *to saw,* serrar, com *saw,* passado do verbo *to see. A saw* : uma serra, logicamente.

To **set, set, set**	*assentar, regular*
To **shake, shook, shaken**	*sacudir, tremer*
To **shine, shone, shone**	*brilhar*
To **shoot, shot, shot**	*disparar, ferir (com tiro)*
To **show, showed, shown**	*mostrar*
To **shrink, shrank, shrunk**	*encolher*
To **shut, shut, shut**	*fechar*
To **sing, sang, sung**	*cantar*
To **sink, sank, sunk**	*afundar(-se)*
To **sit, sat, sat**	*sentar(-se)*
To **sleep, slept, slept**	*dormir*
To **slide, slid, slid**	*escorregar*
To **slit, slit, slit**	*fender*
To **smell, smelt, smelt**	*cheirar*
To **sow, sowed, sown (4)**	*semear*

---

(4) Não confunda com *to sew,* coser, costurar, que se pronuncia da mesma maneira, mas que é um verbo regular.

To **speak, spoke, spoken**	*falar*
To **spell, spelt, spelt** (5)	*soletrar*
To **spend, spent, spent**	*passar, (período de tempo) gastar (dinheiro)*
To **spill, spilt, spilt** (6)	*derramar*
To **spin, spun, spun**	*fiar, fazer girar*
To **spit, spat, spit**	*cuspir*
To **split, split, split**	*rachar, dividir*
To **spread, spread, spread**	*expandir, estender*
To **spring, sprang, sprung**	*saltar, emergir*
To **stand, stood, stood**	*estar de pé, estar situado ou locali-zado*
To **steal, stole, stolen**	*roubar*
To **stick, stuck, stuck**	*colar*
To **sting, stung, stung**	*picar*
To **stink, stank, stunk**	*cheirar mal*
To **strike, struck, struck**	*bater, acender (fósforo)*

(5) Também se emprega a forma *spelled*.
(6) Ou : *spilled, spilled*.

577 five hundred and seventy-seven

To **swear, swore, sworn** .... *jurar, praguejar*

To **sweep, swept, swept** .... *varrer*

To **swell, swelled, swollen** .... *inchar*

To **swim, swam, swum** .... *nadar*

To **swing, swung, swung** .... *balançar*

To **take, took, taken** .... *tomar, levar*

To **teach, taught, taught** .... *ensinar*

To **tear, tore, torn** .... *rasgar*

To **tell, told, told** .... *dizer, contar (uma história)*

To **think, thought, thought** .... *pensar*

To **throw, threw, thrown** .... *lançar*

To **tread, trod, trodden** .... *pisar*

To **understand, understood, understood** . *compreender*

To **upset, upset, upset** .... *desarranjar, perturbar fazer cair*

To wake, woke, woke (7) .... *acordar*

To wear, wore, worn .... *usar, vestir*

To weep, wept, wept .... *chorar*

To win, won, won .... *ganhar, vencer*

To write, wrote, written .... *escrever*

---

(7) *Ou : woke, woken.*

NOTES

Eyshila

Achevé d'imprimer en mars 2009
N° d'édition 2781 / N° d'impression 120249
Dépôt légal mars 2009
Imprimé en France